SEGURANÇA E SAÚDE NO TRABALHO

Princípios Norteadores

CLÉBER NILSON AMORIM JUNIOR

Auditor Fiscal do Trabalho na Superintendência Regional do Trabalho e Emprego no Maranhão.
Especialista em Segurança e Saúde no Trabalho pela Universidade Estácio de Sá
Graduado em Direito pela Universidade Federal do Maranhão (UFMA)

SEGURANÇA E SAÚDE NO TRABALHO

Princípios Norteadores

LTr®

LTr®

EDITORA LTDA.

Rua Jaguaribe, 571
CEP 01224-001
São Paulo, SP — Brasil
Fone (11) 2167-1101
www.ltr.com.br

Produção Gráfica e Editoração Eletrônica: RLUX
Projeto de capa: FELIPE FRAZÃO — e-mail: felipefrazao.dzn@hotmail.com
Impressão: ORGRAFIC

LTr 4872.3
Julho, 2013

Dados Internacionais de Catalogação na Publicação (CIP)
(Câmara Brasileira do Livro, SP, Brasil)

Amorim Junior, Cléber Nilson
Segurança e saúde no trabalho : princípios norteadores / Cléber Nilson Amorim Junior. — São Paulo : LTr, 2013.

Bibliografia.
ISBN 978-85-361-2619-7

1. Doenças profissionais 2. Higiene do trabalho 3. Segurança do trabalho 4. Trabalho e classes trabalhadoras — Doenças I. Título.

13-06564 CDD-363.11

Índice para catálogo sistemático:

1. Ambiente de trabalho : Manual de segurança e saúde : Bem-estar social 363.11

Ao meu amor Bélgica Amorim, com quem divido minha existência há 20 anos, e aos meus filhos Sara, Davi e Daniel, joias preciosas que Deus me deu;

À minha avó Naisa Amorim (*in memoriam*), que plantou em mim a semente da fé, exemplo de professora, de retidão e de amor ao próximo.

AGRADECIMENTOS

A Deus, razão de ser da minha vida. A Ele toda Honra, Glória e Louvor.

À minha esposa Bélgica Amorim, videira frutífera no nosso lar, e, aos meus filhos Sara, Davi e Daniel, rebentos da oliveira à roda de nossa mesa.

À minha mãe, minha primeira professora, e ao meu pai, artista nato — pintor, compositor e poeta —, por todo amor e formação que me deram.

Ao meu irmão William Douglas, pelo incentivo em tudo que empreendo.

Às professoras Marília Cerveira e Debora Mendes, que imprimiram ao texto do livro correção e coerência, traços marcantes dessas mulheres valorosas.

À bibliotecária Betânia Lúcia, pela normalização do livro e pelas sempre bem-vindas palavras de sabedoria.

Aos amigos Rubens Guedes, Leonardo Braz, Lourival Souza, Mônica Duailibe, Luiz Roberto, Anna Beatryz, Antônio Borba, Luizão, Raimundo Lira, dona Fátima, José Castro, José Costa Júnior, Hélio Bittencourt, Sílvio Conceição, Mauro Sérgio e Regiane Ribeiro, pela consideração que sempre me dispensaram.

Aos engenheiros e Auditores Fiscais do Trabalho Jomar Ferreira, Joaci Macedo e Luis Lombreiras, por todos os ensinamentos comigo partilhados sobre engenharia de segurança e inspeção do trabalho.

Aos médicos e Auditores Fiscais do Trabalho Eduardo Abdala, Graça Everton e Wolfran Bastos, com quem tive preciosas lições na área da saúde do trabalhador.

Ao professor e amigo James Magno, Desembargador do *Tribunal Regional do Trabalho da 16ª Região,* referência como ser humano e profissional, com quem aprendi preciosas lições de Direito do Trabalho e pelo generoso prefácio à obra.

À minha professora pós-doutora Cláudia Gonçalves, com quem aprendi profundas lições de Direitos Humanos.

Aos Procuradores do Trabalho Maurel Mamed e Virgínia Saldanha e ao Juiz do Trabalho Saulo Fontes, pelas palavras de incentivo.

A todos os meus amigos dos cursos de Direito, Filosofia e Engenharia Elétrica da Universidade Federal do Maranhão, com quem partilhei grandes momentos de alegria e aprendizagem.

A todos os meus colegas da Superintendência Regional do Trabalho e Emprego no Maranhão, com quem convivo e aprendo diariamente.

AGRADECIMENTOS

"A democracia é a sociedade dos cidadãos, e os súditos só se tornam cidadãos quando lhes são reconhecidos alguns direitos fundamentais." (Norberto Bobbio)

"Não há democracia efetiva sem um verdadeiro poder crítico." (Pierre Bourdieu)

LISTA DE SIGLAS

ABNT	Associação Brasileira de Normas Técnicas
ACGIH	American Conference of Governamental Industrial Hygienists
AET	Análise Ergonômica do Trabalho
APR	Análise Preliminar de Risco
ASO	Atestado de Saúde Ocupacional
CAT	Comunicação de Acidente de Trabalho
CLT	Consolidação das Leis do Trabalho
CPN	Comitê Permanente Nacional
CTB	Código de Trânsito Brasileiro
CTSST	Comissão Tripartite de Saúde e Segurança no Trabalho
DORT	Distúrbios Osteomusculares Relacionados ao Trabalho
DOU	Diário Oficial da União
DUDH	Declaração Universal de Direitos Humanos
EJA	Educação de Jovens e Adultos
EPC	Equipamento de Proteção Coletiva
EPI	Equipamento de Proteção Individual
FGV	Fundação Getulio Vargas
FUNDACENTRO	Fundação Jorge Duprat Figueiredo de Segurança e Medicina do Trabalho
GEISAT	Grupo Executivo Interministerial de Segurança e Saúde do Trabalhador
INRS	Instituto Nacional de Pesquisas sobre Segurança do Trabalho da França
INSS	Instituto Nacional de Seguridade Social
LDB	Lei de Diretrizes e Bases da Educação

LER	Lesões por Esforços Repetitivos
LT	Limite de Tolerância
MTE	Ministério do Trabalho e Emprego
NRs	Normas Regulamentadoras
OCT	Organização Científica do Trabalho
OIT	Organização Internacional do Trabalho
OMS	Organização Mundial da Saúde
ONU	Organização das Nações Unidas
PCA	Programa de Conservação Auditiva
PCMAT	Programa de Condições e Meio Ambiente de Trabalho na na Indústria da Construção
PCMSO	Programa de Controle Médico em Saúde Ocupacional
PGR	Programa de Gerenciamento de Riscos
PIDCP	Pacto Internacional de Direitos Civis e Políticos
PIDESC	Pacto Internacional de Direitos Econômicos, Sociais e Culturais
PNSST	Política Nacional de Segurança e Saúde no Trabalho
PPR	Programa de Proteção Respiratória
PPRA	Programa de Prevenção de Riscos Ambientais
SESMT	Serviços Especializados em Engenharia de Segurança e em Medicina do Trabalho
SINDUSCON	Sindicato da Indústria da Construção Civil
SME	Sistema Musculoesquelético
SST	Segurança e Saúde no Trabalho
STF	Supremo Tribunal do Trabalho
STRE	Superintendência Regional do Trabalho e Emprego
SUS	Sistema Único de Saúde
TLVs	Threshold Limit Values
TST	Tribunal Superior do Trabalho

SUMÁRIO

PREFÁCIO

Segurança e Saúde no Trabalho: Princípios Norteadores, a obra de estreia de Cléber Nilson Amorim Junior, é um trabalho primoroso.

O autor menciona, logo no início do livro, que a abordagem dada às normas de saúde e segurança do trabalhador normalmente restringe o assunto apenas às NRs — Normas Regulamentadoras do Ministério do Trabalho e Emprego; isso revela uma visão atomizada, represando o contexto de normas com relações particulares entre si, quando é importante apresentar os princípios do direito à segurança e saúde no trabalho como disciplina autônoma.

É certo que não é novidade o tema da segurança e saúde no Trabalho no Brasil. Porém, uma abordagem mais rigorosa é quase recente, notoriamente após a promulgação da Constituição Federal de 1988, que prega a "redução dos riscos inerentes ao trabalho por meio de normas de saúde, higiene e segurança", bem como depois da Emenda Constitucional n. 45, de 2004, que aumentou a competência da Justiça do Trabalho sobre a questão acidentária. O próprio Tribunal Superior do Trabalho criou o projeto "Trabalho Seguro" em 2011 para provocar um debate nacional sobre a prevenção de acidentes laborais.

Tudo isso estimulou a crescente produção literária sobre o tema, que é tão atual e preocupante, e onde a doutrina de Sebastião Geraldo de Oliveira tornou-se obrigatória para o estudo referencial.

Cléber Nilson aumentará o rol de autores a serem lidos, pois, além da visão de jurista, tem atuação profissional como Auditor Fiscal do Trabalho na área da segurança e saúde no trabalho, o que lhe possibilita uma percepção aguda de todas as normas e princípios que regem a matéria. Essa interface com diversos campos do conhecimento, como o direito, medicina do trabalho, engenharia de segurança, por exemplo, permite que o autor traga um volume de informações preciosas.

O autor não se limita a analisar os princípios do Direito do Trabalho. Ele faz uma perfeita ligação com as Convenções da OIT, notadamente as de n. 148, 155 e 161, e traz muitas informações de direito comparado.

Pertinente a lembrança feita pelo autor ao desenvolvimento de métodos e organização do trabalho por Frederick W. Taylor, que aplicou métodos científicos aos problemas de controle de trabalho nas grandes empresas que se desenvolviam na sequência da Segunda Revolução Industrial. Os princípios tayloristas dizem que o processo do trabalho deve ser dissociado e independente do ofício, do conhecimento e da tradição dos trabalhadores, devendo ser vinculado unicamente às políticas gerenciais, quando deverá a gerência descobrir e pôr em prática novos métodos, mais rápidos e econômicos, a fim de que os trabalhadores aprimorem o conhecimento prático que possuem.

A partir do ideário taylorista, o trabalho passou a ser pensado de modo diferente do que era no passado, exigindo uma nova postura na jornada de trabalho, no intuito de se obter o máximo de produtividade, na forma e nos moldes ditados pelo poder gerencial, de modo que o processo de produção passou a ser planejado antes de ser executado, abandonando-se a mera experiência de rotinas práticas.

A segmentação do mercado laboral no mundo pós-moderno rendeu uma diversificação do trabalho adaptável aos níveis de produção e demanda, na qual na estrutura industrial há concentração de capital ligado ao mercado de trabalho e à tecnologia e fatores econômicos. Mas isso gerou uma série de fatores que devem ser lembrados, dentre os quais aparece a necessidade de proteção sanitária ao trabalhador, nitidamente para reduzir os acidentes laborais, que mutilam, matam e impedem que o trabalhador possa exercer sua profissão com total capacidade, o que traz impacto para o próprio trabalhador, para a previdência estatal e para as empresas, que perdem muitas vezes a força produtiva de profissionais qualificados.

No pensamento de Anthony Giddens, "o governo existe para, dentre outras coisas, prover meios para representação dos interesses diversos, garantir um fórum para a conciliação das reivindicações de classe e prover uma diversidade de bens públicos, entre as quais formas de seguridade coletiva e de bem-estar social, mediante a garantia de um sistema jurídico eficaz". Verifica-se que proteger efetivamente o trabalho, com a diminuição dos acidentes na planta industrial, a fim de salvaguardar a saúde do trabalhador é uma das questões que desafiam nosso tempo. Essa proteção passará naturalmente pela normatização e pela tutela judicial eficiente.

O domínio de toda essa complexa temática é marcante na obra de Cléber Nilson, traduzindo-se em um livro objetivo, profundo e elegantemente bem escrito. Esta obra essencial logo será referência no país para o estudo de todos os profissionais que atuam na área de segurança e saúde no Direito do Trabalho.

Boa leitura.

JAMES MAGNO A. FARIAS

Desembargador do Tribunal Regional do Trabalho da 16ª Região, Professor do Departamento de Direito da UFMA, Mestre em Direito Público pela UFPE.

INTRODUÇÃO

No pós-guerra, no Brasil, assistiu-se ao recrudescimento da torrente demográfica oriunda do Nordeste rumo ao Rio, a São Paulo e a Brasília — então em construção. Nesses centros seria formado um exército de serventes de pedreiro, caracterizado pelo trabalho precário e aleatório. Foram as mãos desses trabalhadores que procederam à verticalização de São Paulo e do Rio de Janeiro, especialmente nos anos em que se criou o epíteto *paraíba de obra*.

Nesse sentido, a elaboração de títulos na área de segurança e saúde no trabalho é resultado de anos de experiência acumulados, durante os quais se assistiu a um grande número de vidas sendo ceifadas pelos acidentes de trabalho em canteiros de obras e nos demais setores produtivos.

Deve-se registrar que a elaboração de obras sobre segurança e saúde no trabalho só é possível em virtude de que a maioria dos eventos adversos é previsível e prevenível e, ao contrário de constituir obra do acaso (visão fatalista), como sugere a palavra acidente, são fenômenos socialmente determinados, relacionados a fatores de risco presentes nos sistemas de produção.

Com base nesse raciocínio e na vocação cosmopolita do Direito do Trabalho, foram produzidas normas internacionais, notadamente, pela Organização Internacional do Trabalho, e nacionais, como as que constam da Constituição Federal, da Consolidação das Leis do Trabalho (CLT) e das Normas Regulamentadoras (NRs) do Ministério do Trabalho e Emprego (MTE), visando assegurar condições de labor dignas para os trabalhadores, que lhes garantissem sua segurança e saúde.

Na realidade, sempre chamou a atenção do autor a abordagem dada às normas de segurança e saúde dos trabalhadores, como é o caso daquelas cujo núcleo normativo é centrado nas NRs do MTE, entendidas, por vezes, como regras, que nascem e deságuam nelas mesmas. Essa visão atomizada não se coaduna com as exigências da ciência jurídica.

Em virtude disso e tendo em vista que as normas jurídicas nunca existem isoladas, mas sempre em um contexto de normas com relações particulares entre si, o objetivo desse livro é apresentar os Princípios do Direito à Segurança e Saúde no Trabalho e sua importância como disciplina autônoma, para estudantes, advogados, juízes, promotores, procuradores do trabalho e outros profissionais do Direito, auditores fiscais do trabalho, médicos do trabalho, engenheiros de segurança, ergonomistas, técnicos de segurança e demais profissionais de áreas afins, conclamando-os a participar de um aprofundamento científico com enfoque jurídico, histórico, sociológico e técnico sobre as normas de segurança e saúde dos trabalhadores.

Para tanto, faz-se necessário prospectar os princípios específicos do direito tutelar da saúde e segurança do trabalhador, considerando-os verdades fundantes admitidas como condição básica de validade das demais asserções que compõem esse campo do saber.

Como diria Kurt Lewin, "não existe nada mais prático do que uma boa teoria". A prospecção desses princípios surge, então, como necessidade fundamental de conhecer os princípios-guia que devem nortear a elaboração, interpretação e aplicação das normas de segurança e saúde no trabalho.

O autor deste livro viu-se desafiado a fazer essa incursão teórica, a fim de entender melhor o seu próprio objeto de trabalho. O exercício de suas funções institucionais como auditor fiscal do trabalho, cargo que tem natureza generalista e interdisciplinar, exige a realização de interfaces com diversos campos do saber (direito, contabilidade, engenharia de segurança, engenharia de produção, medicina do trabalho, ergonomia e outros). Tal vivência de-lhe a base para formar o ideólogo que organizou o mosaico de ideias constantes nesse livro, que, no dizer de Norberto Bobbio, na obra *Os intelectuais e o poder: dúvidas e opções dos homens de cultura na sociedade contemporânea*, define ideólogo como aquele que elabora os princípios-guia com base nos quais uma ação é justificada e, portanto, aceita — em sentido forte, a ação é legitimada —, pelo fato de estar conforme os valores acolhidos como guia da ação. Bobbio diz que, de outro modo, o *expert* indica os conhecimentos mais adequados para o alcance de um determinado fim, faz com que a ação a ele conformada possa ser chamada de racional segundo seu objetivo.

O *expert* domina um saber técnico de uma área específica.

Todavia, somente se pode tornar um verdadeiro ideólogo quando se ultrapassa sua área de aplicação especializada para defender, ilustrar e promulgar ideias que têm valor cívico, social ou político.

A menção feita a um mosaico de ideias deve-se ao fato de que a construção desse livro só foi possível devido ao trabalho de uma série de autores, de diferentes matizes, que contribuíram com suas obras para essa empreitada, em virtude de que livros são sementes, que, quando caem no solo da mente e são fertilizados pela reflexão, viram árvores, dão frutos, sementes e mudas: sublime reprodução.

Cada uma das obras consultadas e aqui compiladas é um tijolo usado nessa construção, cuja argamassa e forma de edificá-la e organizá-la é resultado da lavra do autor, que resultou na elaboração de uma principiologia para o Direito à Segurança e Saúde no Trabalho.

Para tanto, o livro começa apresentando a Constituição Federal e as Convenções Internacionais da Organização Internacional do Trabalho (OIT) como alicerces jurídicos nos quais se estabelecem os princípios específicos do direito tutelar da segurança e saúde do trabalhador.

As Convenções da OIT n. 148, 155 e 161, ratificadas pelo Brasil antes da Emenda Constitucional n. 45/2004 (com *status* de norma supralegal), que tratam de condições de segurança e saúde dos trabalhadores, essenciais para a elaboração dessa produção teórica, são relacionadas nos anexos desse livro.

Ainda, para facilitar a consulta, constam como anexo no livro a Convenção n.187 da OIT, que, apesar de ainda não ratificada pelo Brasil, teve a avaliação e proposição de medidas para a sua implementação realizada por meio do Decreto n. 7.602/2011, que dispõe sobre a Política Nacional de Segurança e Saúde no Trabalho no Brasil (também anexa), em atendimento ao art. 19 da Constituição da Organização Internacional do Trabalho.

A Diretiva n. 89/391 da União Europeia é o último anexo do livro e é um importante parâmetro, no plano internacional, como uma poderosa fonte de inspiração e de reflexão, uma vez que a sistemática que marca a evolução do trabalho é mundial.

Posteriormente, são apresentados, de forma detida, cada um dos 7 (sete) princípios norteadores da segurança e saúde no trabalho, a saber:

a) princípio da indisponibilidade da saúde do trabalhador;

b) princípio do risco mínimo regressivo;

c) princípio do direito de recusa do obreiro;

d) princípio da instrução do trabalhador;

e) princípio do não improviso;

f) princípio da retenção do risco na fonte;

g) princípio da adaptação do trabalho ao trabalhador.

No último item de, praticamente, cada um dos mencionados princípios é tratada a questão de sua efetividade. Sabe-se que no mundo jurídico são distintos os conceitos de efetividade e eficácia. Esta última é a possibilidade de aplicação da norma, no caso da convenção internacional, no território nacional. Já a efetividade é a eficácia social, a materialização no mundo dos fatos dos preceitos legais. Ela reflete a proximidade entre o dever-ser normativo e o ser da realidade social.

Também é abordada a recém-aprovada Política Nacional de Segurança e Saúde no Trabalho, que representa, em nível governamental, a consagração dos princípios específicos de tutela da segurança e saúde do trabalhador. Sendo assim, atendendo às tendências normativas internacionais, às estatísticas elevadas dos acidentes de trabalho, ao acervo doutrinário sobre o assunto, ao número crescente de demandas judiciais por parte de acidentados e seus dependentes, aos compromissos que o Brasil já assumiu ao ratificar diversas Convenções da OIT e às dificuldades do operador jurídico de abordar e compreender o tema, foi elaborada pela Comissão Tripartite (instituída em 2008 pela Portaria Interministerial n. 152) a Política Nacional de Segurança e Saúde no Trabalho, formalizada pelo Decreto n. 7.602, assinada pela Presidenta Dilma Rousseff no dia 7 de novembro de 2011. Sob a perspectiva democrática, as políticas devem ser desencadeadas por demandas da sociedade e apoiadas na determinação política e no conhecimento técnico para definir as ações que conduzam de maneira eficaz ao cenário desejado em confronto com a situação real.

E, ao final, apresenta-se o Direito à Segurança e Saúde no Trabalho como nova disciplina jurídica, uma vez que, como será demonstrado, possui objeto e princípios específicos.

CAPÍTULO 1

A FUNDAMENTALIDADE DOS PRINCÍPIOS DO DIREITO À SEGURANÇA E SAÚDE NO TRABALHO

"Todas as pessoas nascem livres e iguais em dignidade e direitos. São dotadas de razão e consciência e devem agir em relação umas às outras com espírito de fraternidade." Declaração Universal dos Direitos Humanos.

A lavra do presente livro foi motivada pela perplexidade que sempre fez parte do exercício das funções institucionais do seu autor, como auditor fiscal do trabalho, ao perceber, por parte dos profissionais do Direito, uma espécie de menoscabo e desinteresse pelas normas de tutela de saúde e segurança dos trabalhadores, por entenderem estes se tratar de matéria afeta ao escopo profissional de médicos do trabalho e engenheiros de segurança.

Outro aspecto, que sempre chamou a atenção do autor, mencionado na introdução desse livro, é a abordagem dada às normas de segurança e saúde dos trabalhadores, como é o caso daquelas cujo núcleo normativo é centrado nas Normas Regulamentadoras (NRs) do Ministério do Trabalho e Emprego (MTE), entendidas, por vezes, como regras, que nascem e deságuam nelas mesmas. Essa visão atomizada não se coaduna com as exigências da ciência jurídica.

Assim sendo, faz-se necessário prospectar os princípios específicos do direito tutelar da saúde e segurança do trabalhador, considerando-os verdades fundantes admitidas como condição básica de validade das demais asserções que compõem esse campo do saber.

O princípio jurídico é o mandamento nuclear de um sistema, verdadeiro alicerce dele, disposição fundamental que se irradia sobre diferentes normas compondo-lhes o espírito e servindo de critério para sua exata compreensão e inteligência, exatamente por definir a lógica e a racionalidade do sistema normativo, no que lhe confere a tônica e lhe dá sentido harmônico. [1]

O *Dicionário Houaiss da Língua Portuguesa* define "princípio" como:

> [...] o primeiro momento da existência (de algo), ou de uma ação ou processo; começo, início; o que serve de base a alguma coisa; causa primeira, raiz, razão; ditame moral; regra, lei, preceito (tb.us. no pl.);

(1) MELLO, Celso Bandeira de. *Curso de direito administrativo*. 22. ed. São Paulo: Malheiros, 2007. p. 922.

> proposição elementar e fundamental que serve de base a uma ordem de conhecimentos [...] lei de caráter geral com papel fundamental no desenvolvimento de uma teoria e da qual outras leis podem ser derivadas; proposição lógica fundamental sobre a qual se apoia o raciocínio [...]; fonte ou causa de uma ação; [...] proposição filosófica que serve de fundamento a uma dedução.[2]

Para Alonso Olea,[3] o princípio geral de direito é um critério de ordenação que inspira todo o sistema jurídico. Explica que, na verdade, os princípios de direito se dirigem não só ao juiz, mas também aos intérpretes, aos legisladores, aos demais operadores do direito, como também aos agentes sociais a que se destinam.

Tais princípios servem de parâmetro para a formação de novas regras jurídicas, e, ainda, de orientação para a interpretação e aplicação das normas já existentes. Designam a estruturação de um sistema jurídico através de uma ideia mestra que ilumina e irradia as demais normas e pensamentos acerca da matéria.

Segundo Sussekind:

> [...] são enunciados genéricos, explicitados ou deduzidos, do ordenamento jurídico pertinente, destinados a iluminar tanto o legislador, ao elaborar as leis dos respectivos sistemas, como ao intérprete, ao aplicar as normas ou sanar as omissões.[4]

Por este prisma, os princípios constitucionais são apenas fontes de inspiração, dedução, encaminhamento, integração e interpretação da lei ou do legislador.

Apesar de ser essa, ainda hoje, a posição majoritária de nossos tribunais trabalhistas e de boa parte da doutrina, a Constituição da República de 1988 elevou os princípios à categoria de norma, dando outra abordagem a partir de então.

A doutrina pós-positivista diferencia os princípios jurídicos dos princípios constitucionais, pois enquanto estes são espécies de norma jurídica, com força normativa, comando geral, abstrato, impessoal e imperativo, aqueles se destinam, quase sempre, a orientar o intérprete e inspirar o legislador.

No Brasil, o marco filosófico desse entendimento encontra guarita na lição de Paulo Bonavides, ao retratar com fidelidade todos os autores estrangeiros que defendiam a normatividade dos princípios.

A análise da matéria exige uma retrospectiva da evolução do direito constitucional, sintetizada a seguir em quatro fases pela doutora Vólia Bomfim Cassar.[5]

---

(2) HOUAISS, Antônio; VILLAR, Mauro de Salles. *Dicionário Houaiss da Língua Portuguesa*. Rio de Janeiro: Objetiva, 2009. p. 1552.

(3) OLEA, Alonso *apud* RODRIGUEZ, Américo Plá. *Princípios de direito do trabalho*. São Paulo: LTr, 1978. p. 31.

(4) SÜSSEKIND, Arnaldo. *Instituições de direito do trabalho*. 21. ed. São Paulo: LTr, 2003. p. 142.

(5) CASSAR, Vólia Bomfim. *Direito do trabalho*. 5. ed. Niterói: Impetus, 2001. p.168-169.

A primeira fase foi marcada pela Revolução Francesa, cuja consequência foi a criação de um Estado Moderno, com poderes separados e independentes, a fim de conter o poder absoluto existente até então. A ideia de criação de direitos fundamentais aparece, nesse primeiro momento, como direitos de defesa do cidadão em face do Estado, o que significava que o Estado deveria se abster de praticar alguns atos que violassem a liberdade dos particulares, limitando a intervenção deste nas relações privadas.

Os valores fundamentais do liberalismo eram: liberdade de contratar e defesa da propriedade, o que acabou por influenciar o Código Civil da época. Prevalecia o princípio da igualdade das partes no ato de contratar, e o trabalho era tratado como mercadoria, o que demonstrava a coisificação do trabalhador. O Direito do Trabalho surge para compensar a inferioridade econômica do trabalhador. Lógico concluir que nesse período o Estado não se interessava em intervir nas relações entre particulares.

A segunda fase foi marcada pela publicização do direito, fruto da pressão exercida pela reação dos trabalhadores explorados, que exigiu a intervenção do Estado nas relações privadas.

A partir do momento que o povo começou a eleger seus representantes, o Estado passa a ser pluriclassista, transformando o panorama anterior, pois passa a transpor direitos sociais, especialmente direitos trabalhistas, para a Constituição. Os direitos sociais, então, foram incluídos no corpo da Carta, marcando a terceira fase. Apesar deste esforço, algumas normas, dentre elas os princípios sociais constitucionais, eram interpretadas como normas não autoaplicáveis, portanto, nas palavras de Bonavides, serviram apenas como válvulas de escape.

Alguns fatos abalaram profundamente a forma de pensar o direito constitucional até então existente, entre eles a Segunda Guerra Mundial, o holocausto, o nazismo, o fascismo e a banalização do mal. Como forma de combater tais práticas nefastas à sociedade, a mudança do direito era necessária, já que, por meio desses vazios legais, os infratores de direitos humanos se beneficiaram, pois permaneciam impunes, uma vez que a lei "posta" não previa o caso como ato antijurídico. Daí a necessidade de se buscar nos princípios constitucionais o comando imperativo.

A decisão que marcou a ascensão dos direitos fundamentais foi proferida em 1958, pelo Tribunal Constitucional Federal da Alemanha, o chamado "Caso Lutis".

Eric Lutis, presidente do Colégio de Cineastas, contrapôs-se publicamente ao filme *Amantes Imortais*, produzido por outro cineasta alemão, sob argumento de que o produtor participava ativamente do movimento nazista. Lutis enviou carta aberta aos jornais conclamando todos contra o cineasta nazista. O ofendido, através de sua produtora, reagiu e propôs ação com base no § 826 do Código Civil alemão, para impedir Lutis de continuar o "boicote". O parágrafo referido proibia a prática de atos contrários aos bons costumes. A produtora ganhou a causa nas duas primeiras instâncias. Lutis, então, ajuizou queixa no Tribunal Federal Alemão, alegando o seu direito fundamental de liberdade de expressão, previsto na Constituição. A decisão da mais alta Corte alemã foi histórica e marcou o início de uma nova era no direito, pois pela primeira vez apontava o equívoco de se interpretar a lei ignorando os direitos fundamentais previstos na Constituição, determinando que a interpretação deve se dar conforme a Constituição. Declarou, ainda, que o sistema de direitos fundamentais representa ordem objetiva de valores e como tal influencia o direito infraconstitucional e vincula todas as funções e órgãos estatais. A partir daí nasce a constitucionalização do direito. Esta é a última fase.

Os direitos sociais, portanto, inserem-se no conjunto dos direitos fundamentais e, estes, no tema global dos direitos humanos. A expressão direitos humanos é utilizada para designar a proteção jurídica outorgada a esses direitos no âmbito do Direito Internacional, sem limitações de tempo e espaço, mas presente uma pretensão de validade universal; de outro modo, a expressão direitos fundamentais designa a dimensão interna e nacional desses direitos, uma vez que tenham sido contemplados, material e formalmente, pelo direito constitucional positivo brasileiro vigente.[(6)]

Feitas essas considerações, deve-se passar à análise acerca da proteção internacional dos direitos humanos, especialmente no que se refere aos atos normativos expedidos pela Organização das Nações Unidas (ONU) e, com arrimo neles, para a explicitação das consequências jurídicas advindas dos conceitos jurídicos daí depreendidos. Com efeito, a concepção do que sejam os direitos fundamentais, bem como o exame das condições e possibilidades que a eficiência desses direitos alcança, notadamente a dos direitos sociais, em muito está alicerçada nas noções construídas pela Declaração Universal de Direitos Humanos (DUDH) da ONU e dos demais documentos que a esse se seguiram.

A DUDH de 1948 e, mais tarde, o Pacto Internacional de Direitos Civis e Políticos (PIDCP) e o Pacto Internacional de Direitos Econômicos, Sociais e Culturais (PIDESC), ambos de 1966, carregam em si os objetivos que levaram à própria criação da ONU, após a falência da Liga das Nações na política internacional e o desrespeito genocida cometido contra o ser humano durante a Segunda Guerra Mundial. Assim sendo, a criação da ONU procurou atender, entre outros, à construção de uma ordem mundial fundada em novos conceitos de Direito Internacional, que fizessem frente à doutrina da soberania nacional absoluta e à exacerbação do positivismo jurídico. Mencionados documentos firmaram um novo rol de direitos humanos, cuja concretização foi assumida por todos os Estados signatários, ainda que ausente a taxação expressa de medidas punitivas a serem aplicadas em caso de descumprimento dessas normas internacionais. Com o tempo, entretanto, a efi-

---

(6) SARLET, Ingo Wolfgang. *A eficácia dos direitos fundamentais.* 5. ed. revista, atualizada e ampliada. Porto Alegre: Livraria do Advogado, 2005. p. 34-36.

cácia do direito costumeiro seria agregada à DUDH e, portanto, o reconhecimento da respectiva vincularidade enquanto *jus cogens,* a afastar posições mais cautelosas e formais que a viam como mera Recomendação da Assembleia Geral, sem força para gerar direitos subjetivos aos cidadãos, tampouco obrigações para os Estados.(7)

Na verdade, a DUDH e a concepção hoje vigente de direitos humanos relativizaram as noções clássicas de soberania e interesses nacionais. Cada vez mais se aceita que, ao subscrever uma convenção internacional, ou ao participar de organizações regionais sobre o assunto, ou ainda pelo mero ingresso na ONU, o Estado abdica de uma parcela da própria soberania e obriga-se a reconhecer o direito da comunidade internacional de observar e opinar acerca da própria situação interna, sem a contrapartida de vantagens concretas, como aconteceria nos acordos internacionais sobre outras matérias. À originária ausência de compulsoriedade da DUDH, por conseguinte, vem se substituindo uma reconhecida eficácia de *jus cogens,* quer pela ONU, quer pela comunidade internacional que a integra.(8)

Como recorda Rodrigues,(9) a DUDH transformou-se numa espécie de horizonte moral da humanidade, num código de princípios e valores internacionais, revigorando e reforçando a ideia da universalidade dos direitos humanos como direito de toda pessoa. Nesse sentido, propiciou a denominada "globalização dos direitos humanos", uma "globalização por baixo", aspirando ao desenvolvimento e à emancipação do ser humano pela conquista concreta desse rol de direito por todas as pessoas em contraposição à "globalização por cima", fenômeno típico das estruturas de comunicação, comércio e política.

A preeminência dos direitos humanos tem sido crescentemente reiterada. No campo da teoria constitucional mais moderna, por exemplo, propugna-se pela vinculação do poder constituinte originário a uma espécie de reserva de justiça, consubstanciada em princípios como a dignidade da pessoa humana, a justiça, a liberdade e a igualdade, priorizados a partir da DUDH. Conforme ressalta Canotilho,(10) "[...] torna-se cada vez mais juridicamente vinculativo o complexo de normas internacionais agrupadas sob o nome de *jus cogens,* a ponto de este direito vincular o próprio poder constituinte".

O caráter inicial e fundante do poder constituinte originário vem cedendo, assim, em favor da noção de que este poder não se exerce em um vácuo histórico-

---

(7) WEIS, Carlos. O pacto internacional dos direitos econômicos, sociais e culturais. *In: Direitos humanos*: construção da liberdade e da igualdade. São Paulo: Centro de Estudos da Procuradoria-Geral, 1998. p. 289-317.

(8) ALVES, José Augusto Lindgren. *Os direitos humanos como tema global.* 2. ed. revista e ampliada. São Paulo: Perspectiva, 2003. p. 5.

(9) RODRIGUEZ, Maria Helena. Os direitos econômicos, sociais e culturais: uma realidade inadiável. *PROPOSTA: Revista Trimestral de Debate FASE*, v. 31, n. 92, p.18-38, mar./maio 2002, p. 19.

(10) CANOTILHO, José Joaquim Gomes. Métodos de proteção de direitos, liberdades e garantias. *Boletim da Faculdade de Direito da Universidade de Coimbra*, Coimbra, p. 806, 2003. Número Especial.

-cultural, não parte do nada. Constituição legítima, por conseguinte, seria somente aquela materialmente justa, respaldada em princípios de justiça suprapositivos ou supralegais que assegurem relevância à garantia dos direitos humanos. Trata-se do abandono da ideia de ilimitação absoluta do poder constituinte originário em favor de uma vinculação jurídica ou juridicização ou caráter evolutivo desse poder.[11]

Um dos poucos consensos teóricos do mundo contemporâneo diz respeito ao valor essencial do ser humano. Ainda que muitas vezes restrito ao discurso ou que albergue concepções as mais diversas, e eventualmente até contraditórias, o fato é que a dignidade da pessoa humana, o valor do homem como um fim em si mesmo, é hoje um axioma da civilização ocidental e talvez a única ideologia remanescente.

A consagração de direitos sociais no ordenamento constitucional brasileiro ocorreu de forma ampla com a Constituição Federal de 1988. Muito embora possam ser citados textos constitucionais anteriores, como o de 1946, verdade é que a reabertura democrática trouxe consigo a inauguração de um novo momento constitucional, com evidente relevo à proteção dos direitos humanos, de modo geral, e dos direitos fundamentais, em particular. O amplo Título II, dedicado à proteção dos direitos e garantias fundamentais, dá indicativo disso, assim como toda a série de dispositivos que, nesse catálogo e ao longo do texto constitucional, reconhecem aos brasileiros um conjunto de direitos fundamentais sociais bastante rico e diversificado, pretendendo abarcar os mais diferentes aspectos da vida humana.

Como ponto de fechamento e equilíbrio de todo o sistema constitucional, o princípio da dignidade da pessoa humana foi elevado a fundamento do Estado e, juntamente com o restante das normas constitucionais, explica a prevalência da pessoa sobre outros valores.

Dentre as normas que definem o regime jurídico reforçando os direitos fundamentais, inclusive sociais, duas cláusulas gerais merecem realce: a que admite a integração da Constituição Federal por outros direitos implícitos ou decorrentes do regime e dos princípios, assim como de atos normativos internacionais; e aquela que assegura, em termos de eficácia jurídica, a aplicabilidade imediata de todas as normas de direitos fundamentais. Trata-se da interpretação das normas insertas no art. 5º, §§ 1º e 2º do texto constitucional, objeto das considerações que seguem:

> Art. 5º ....
>
> § 1º As normas definidoras dos direitos e garantias fundamentais têm aplicação imediata.
>
> § 2º Os direitos e garantias expressos nesta Constituição não excluem outros decorrentes do regime e dos princípios por ela adotados, ou tratados internacionais em que a República Federativa do Brasil seja parte.[12]

---

(11) CANOTILHO, José Joaquim Gomes. *Direito constitucional e teoria da constituição*. 3. ed. Coimbra: Almedina, 1998. p. 62.

(12) BRASIL. *Constituição da República Federativa do Brasil.* Antônio de Paulo (Ed.). 18. ed. Rio de Janeiro: DP & A, 2005. p. 20.

Premissa essencial à compreensão da norma contida no art. 5º, § 2º, do texto constitucional, e a partir da qual se pode afirmar a existência de uma abertura material do catálogo de direitos fundamentais, é a concepção da constituição federal como sistema aberto de regras e princípios e, por consequência, a admissão de que também os direitos fundamentais formam um sistema aberto de normas. Com base nas ponderações de Hesse sobre a Lei fundamental alemã, Sarlet exclui desde logo a possibilidade de reconhecimento de um sistema fechado e autônomo de direitos fundamentais no ordenamento brasileiro, porquanto a existência de direitos fundamentais dispersos no texto constitucional, a ausência de uma fundamentação direta de todos os direitos fundamentais no princípio da dignidade da pessoa humana e o restante das normas constitucionais assim não o permitem.

Neste sentido, assenta Sarlet:

> [...] em se reconhecendo a existência de um sistema dos direitos fundamentais, este necessariamente será, não propriamente um sistema lógico-dedutivo (autônomo e autossuficiente), mas, sim, um sistema aberto e flexível, receptivo a novos conteúdos e desenvolvimentos, integrado ao restante da ordem constitucional, além de sujeito aos influxos do mundo circundante. A constituição, portanto, é um sistema aberto de regras e princípios.(13)

A regra inferida do art. 5º, § 2º, do texto constitucional brasileiro é inspirada na IX Emenda à Constituição Norte-Americana, por meio da qual se admite a existência de outros direitos que, pelo conteúdo que apresentam, pertencem ao corpo fundamental da Constituição de um Estado, ainda que não previstos explicitamente. Na síntese de Freitas, o art. 5º, § 2º, consubstanciaria autêntica norma geral inclusiva.(14)

A mencionada norma constitucional é elemento que reitera a fundamentalidade formal e material dos direitos sociais.(15)

As possibilidades normativas decorrentes da interpretação da norma contida no art. 5º, § 2º, da Constituição de 1988 viabilizam, para além da abertura material do catálogo de direitos fundamentais expressamente positivados, a abertura do próprio sistema constitucional, colocando-o em permanente diálogo com o espaço e o tempo, em constante atualização e complementação por meio de normas de outros sistemas, nacional e estrangeiros.(16)

---

(13) SARLET, 2005, p. 82-84.
(14) FREITAS, Juarez. *A interpretação sistemática do direito.* 3. ed. revista e ampliada. São Paulo: Malheiros, 2002. p. 206.
(15) LOBATO, Anderson Cavalcante. Os desafios da proteção jurisdicional dos direitos sociais, econômicos e culturais. *Estudos jurídicos,* Porto alegre, v. 32, n. 86, p.11-12, set./dez. 1999.
(16) RODRIGUEZ, Maria Helena. Os direitos econômicos, sociais e culturais: uma realidade inadiável. *PROPOSTA: Revista Trimestral de Debate FASE*, v. 31, n. 92, p.25, mar./maio 2002.

A Emenda Constitucional n. 45/2004, em sintonia com a tendência mencionada, deu um passo significativo na valorização dos tratados e convenções internacionais, ao introduzir o § 3º no art. 5º da Constituição Federal, com o seguinte teor.

> Art. 5º ....
>
> § 3º Os tratados e convenções internacionais sobre direitos humanos que forem aprovados, em cada casa do Congresso Nacional, em dois turnos, por três quintos dos votos dos respectivos membros, serão equivalentes às emendas constitucionais.(17)

Diante das mudanças do texto constitucional, o STF alterou sua jurisprudência em 2008, atribuindo *status* normativo diferenciado aos Tratados e Convenções Internacionais ratificados pelo Brasil sobre direitos humanos. Durante o julgamento do RE n. 466.343, o Ministro Cezar Peluso, que atuou como relator, asseverou: "Eu estava até recentemente hesitante em relação à taxinomia dos tratados em face da nossa Constituição, mas estou convencido, hoje, de que o que a globalização faz e opera em termos de economia, no mundo, a temática de direitos humanos deve operar no campo jurídico. Os direitos humanos já não são propriedade de alguns países, mas constituem valor fundante de interesse de toda humanidade". Já o Ministro Gilmar Mendes registrou: "O Supremo Tribunal Federal acaba de proferir uma decisão histórica. O Brasil adere agora ao entendimento já adotado em diversos países no sentido da supralegalidade dos tratados internacionais sobre direitos humanos na ordem jurídica interna".(18)

Na linha desse novo entendimento é oportuno indicar alguns acórdãos do STF, enfatizando o caráter supralegal das convenções internacionais ratificadas pelo Brasil.

> **Direito processual. *Habeas corpus*. Prisão civil do depositário infiel. Pacto de São José da Costa Rica. Alteração de orientação da jurisprudência do STF. Concessão de ordem**. 1. A matéria em julgamento neste *habeas corpus* envolve a temática da (in)admissibilidade da prisão civil do depositário infiel no ordenamento jurídico brasileiro no período posterior ao ingresso do pacto de São José da Costa Rica no direito nacional. 2. Há o caráter especial do Pacto Internacional dos Direitos Civis Políticos (art.11) e da Convenção Americana sobre Direitos Humanos — Pacto San José da Costa Rica (art. 7º, 7), ratificados, sem reserva, pelo Brasil, no ano de 1992. A esses diplomas internacionais sobre direitos humanos é reservado o lugar específico no ordenamento jurídico, estando abaixo da Constituição, porém acima da legislação interna. O *status* normativo supralegal dos tratados internacionais de direitos humanos subscritos pelo Brasil, torna inaplicável a Legislação infraconstitucional com ele conflitante, seja ela anterior ou posterior ao ato de ratificação. 3. Na atualidade a única hipótese de prisão civil no Direito brasileiro é a do devedor de alimentos. O art. 5º, § 2º, da Carta Magna, expressamente estabeleceu que os direitos e garantias expressos no *caput* do mesmo dispositivo não

---

(17) BRASIL. *Constituição da República Federativa do Brasil*. Editado por Antônio de Paulo. 18. ed. Rio de Janeiro: DP & A, 2005. p. 20.

(18) BRASIL. Supremo Tribunal Federal. Julgamento conjunto dos Recursos Extraordinários n. 466.343 e 349.703, bem como do *Habeas Corpus* n. 87.585 e do de n. 92.566. *Diário Oficial da União*, 5 jun. 2009.

exclui outros decorrentes do regime dos princípios por ela adotado, ou dos tratos internacionais em que a República Federativa do Brasil seja parte. O pacto de São José da Costa Rica, entendido como um tratado internacional em matéria de Diretos Humanos, expressamente, só admite, no seu bojo, a possibilidade de prisão civil do devedor de alimentos e, consequentemente, não admite mais a possibilidade de prisão civil do depositário infiel. 4. *Habeas corpus* concedido". STF. 2ª Turma. HC 95967, Rela. Min. Ellen Gracie, DJ 28 nov. 2008.(19)

Ementa: *habeas corpus*. Salvo-conduto. Prisão civil. Depositário judicial. Dívida de caráter não alimentar. Impossibilidade. Ordem concedida. 1. O Plenário do Supremo Tribunal Federal firmou a orientação de que só é possível a prisão civil do "responsável pelo inadimplemento voluntário e inescusável de obrigação alimentícia" (inciso LXVII do art. 5º da CF/88). Precedentes: HCs 87.585 e 92.566, da relatoria do ministro Marco Aurélio. 2. A norma que se extrai do inciso LXVII do art. 5º da Constituição Federal é de eficácia restringível. Pelo que as suas exceções nela contidas podem ser aportadas por lei, quebrantando, assim, a força protetora da proibição, como regra, da prisão por dívida. 3. O Pacto de San José da Costa rica (ratificado pelo Brasil — Decreto n. 678 de 6 de novembro de 1992), para valer como norma jurídica interna do Brasil, há de ter como fundamento de validade o § 2º do art. 5º da Magna Carta. A se contrapor, então, a qualquer norma ordinária originalmente brasileira que preveja a prisão civil por dívida. Noutros termos: o Pacto de San José da Costa Rica, passando a ter como fundamento de validade o § 2º do art. 5º da CF/1988, prevalece como norma supralegal em nossa ordem jurídica interna e, assim, proíbe a prisão civil por dívida. Não é norma constitucional, à falta do rito exigido pelo § 3º do art. 5º, mas a sua hierarquia intermediária de norma supralegal autoriza afastar regra ordinária brasileira que possibilite a prisão civil por dívida. 4. No caso, o paciente corre o risco de ver contra si expedido mandado prisional por se encontrar na situação de infiel depositário judicial. 5. Ordem concedida. SFT. 1ª Turma. HC 94.013, Rel. Ministro Carlos Brito, DJ 13 mar. 2009.(20)

Ementa: *Habeas corpus*. Prisão Civil. Depositário judicial. A questão da infidelidade depositária. Convenção americana de direitos humanos (Art. 7º, n. 7), Natureza constitucional ou caráter de supralegalidade dos tratados internacionais de direitos humanos. Não mais subsiste, no sistema normativo brasileiro, a prisão por infidelidade depositária, independentemente da modalidade de depósito, trata-se de depósito voluntário (convencional) ou cuida-se de depósito necessário, como é o depósito judicial. Precedentes. Revogação da súmula n. 619/SFT. [...] Hermenêutica e direitos humanos: a norma mais favorável como critério que deve reger a interpretação do poder judiciário. Os magistrados e Tribunais, no exercício de sua atividade interpretativa, especialmente no âmbito dos tratados internacionais de direitos humanos, devem observar um princípio hermenêutico básico (tal como aquele proclamado no art. 29 da Convenção Americana de Direitos Humanos), consistente em atribuir primazia à norma que se revele mais favorável à pessoa humana, em ordem a dispensar-lhe a mais ampla proteção jurídica. O Poder Judiciário, nesse processo hermenêutico que prestigia o critério da norma mais favorável (que tanto pode ser aquela prevista no tratado internacional como a que se acha positivada no próprio direito interno do estado), deverá extrair a máxima eficiência das declarações internacionais e das proclamações constitucionais de direitos, como forma de viabilizar o acesso dos indivíduos e dos grupos sociais, notadamente

---

(19) BRASIL. Supremo Tribunal Federal. *Habeas Corpus* n. 95.967 da 2ª Turma. Direito processual. Prisão civil do depositário infiel. Pacto de São José da Costa Rica. Alteração de orientação da jusrisprudência do STF. Concessão de ordem. Relatora Ministra Ellen Gracie, 28 de novembro de 2008. Disponível em: <http://www.stf.jus.br/portal/principal/principal.asp>. Acesso em 10 mar. 2012.

(20) BRASIL. Supremo Tribunal Federal. *Habeas Corpus* n. 94.013 da 1ª Turma. Salvo-conduto. Prisão civil. Depositário judicial. Dívida de caráter não alimentar.Impossibilidade. Ordem concedida. Relator Ministro: Carlos Brito, 13 de março de 2009. Disponível em: <http://www.stf.jus.br/portal/principal/principal.asp>. Acesso em 10 mar. 2012.

> os mais vulneráveis, a sistemas institucionalizados de proteção aos direitos fundamentais da pessoa humana, sob pena de a liberdade, a tolerância e o respeito à alteridade humana tornarem-se palavras vãs. Aplicação, ao caso, do art 7º, n. 7, c/c o art. 29, ambos da Convenção americana de direitos humanos (Pacto de São José da Costa Rica): um caso típico de primazia da regra mais favorável à proteção efetiva do ser humano". STF. 2ª turma. HC n. 96.772, Rel. Ministro Celso de Mello, DJ 21 ago. 2009.[21]

Pode-se concluir, portanto, que as Convenções da OIT ratificadas antes da Emenda Constitucional n. 45/2004 ostentam no Brasil natureza supralegal, pelo que afastam a aplicação de toda legislação ordinária ou complementar com elas conflitantes. Só não podem contrariar a Constituição da República pela sua supremacia sobre todo o ordenamento jurídico nacional.

As Convenções ratificadas ocupam na hierarquia normativa um espaço intermediário entre a constituição e a lei ordinária; têm, assim, *status* infraconstitucional, mas, ao mesmo tempo, supralegal.

As Convenções da OIT sobre segurança, saúde e meio ambiente do trabalho devem ser enquadradas como convenções sobre direitos humanos, conforme art. 5º, § 3º, da Constituição da República. O Ministro do STF Sepúlveda Pertence, por ocasião do julgamento da ADI-MC n. 1.675, anotou: "Parece inquestionável que os direitos sociais dos trabalhadores enunciados no art. 7º da Constituição se compreendem entre os direitos e garantias constitucionais incluídos no âmbito normativo do art. 5º, § 2º, da CF/88, de modo a reconhecer alçada constitucional às convenções internacionais anteriormente codificadas no Brasil".[22]

É o mesmo o entendimento do Ministro do Tribunal Superior do Trabalho (TST) Maurício Delgado ao asseverar que as convenções internacionais sobre direitos trabalhistas têm óbvia natureza de direitos humanos.[23]

O primeiro e fundamental direito do ser humano, consagrado em todas as declarações internacionais, é o direito à vida, suporte necessário para existência e gozo dos demais direitos. Entretanto, não basta declarar o direito à vida sem assegurar os seus pilares básicos de sustentação: o trabalho e a saúde.

A vida digna é equiparada à vida saudável, aproximando os conceitos de qualidade de vida e dignidade da pessoa humana: o completo bem-estar físico, mental e social densifica o princípio da dignidade da pessoa humana, pois não se imagina que condições de vida insalubres e, de modo geral, inadequadas, sejam aceitas como conteúdo de uma vida com dignidade.[24]

---

(21) BRASIL. Supremo Tribunal Federal. *Habeas Corpus* n. 96.772 da 2ª Turma. Prisão Civil. Depositário judicial. A questão da infidelidade depositária. Convenção americana de direitos humanos (Art. 7º, n. 7), Natureza constitucional ou caráter de supralegalidade dos tratados internacionais de direitos humanos. Relator Ministro: Celso de Melo, 21 de agosto de 2009. Disponível em: <http://www.stf.jus.br/portal/principal/principal.asp>. Acesso em 10 mar. 2012.

(22) OLIVEIRA, Sebastião Geraldo de. *Proteção jurídica à saúde do trabalhador*. 5. ed. revisada, ampliada e atualizada. São Paulo: LTr, 2010. p. 74.

(23) DELGADO, Mauricio Godinho. *Curso de direito do trabalho*. 9. ed. São Paulo: LTr, 2010. p.145.

(24) SARLET, Ingo Wolfgang. Algumas considerações em torno do conteúdo, eficácia e efetividade do direito à saúde na Constituição de 1988. *Revista Diálogo Jurídico*, Salvador, n. 10, p. 2, jan. 2002.

O núcleo normativo em vigor no Brasil sobre a proteção jurídica à segurança e saúde do trabalhador está concentrado nas Normas Regulamentadoras, baixadas por intermédio de portarias do Ministério do Trabalho e Emprego, em decorrência de delegação normativa expressa na CLT e outras leis ordinárias, e têm plena eficácia normativa, como, aliás, já decidiu diversas vezes o STF (ADI ns. 360-7, 996, 1.258, 1.347, 1.388, 1.670, 1.946, 2.398, entre outras). Apesar disso, elas têm sido pouco reverenciadas pelos profissionais do Direito, sob a alegação de não se tratar de lei apta a criar direitos e obrigações.

E é justamente em virtude deste menoscabo jurídico de normas tão relevantes para a efetivação do direito à saúde e segurança do trabalhador no Brasil que se destaca a importância dos princípios norteadores de todo o ordenamento jurídico neste âmbito.

Por isso, feitas essas considerações, retoma-se o cerne do estudo, cujo foco concentra-se nos princípios jurídicos da segurança e saúde do trabalhador no Brasil. A teoria da supralegalidade, já abordada, apesar de não conferir nível constitucional às normas de direitos humanos internacionais, coloca tais normas num nível supralegal, conferindo-lhes efeitos jurídicos diversos, como a aplicação do princípio da vedação do retrocesso social em tais hipóteses.

A eficácia jurídica dos princípios constitucionais e dos princípios extraídos de direitos humanos internacionais pode ser desdobrada em três modalidades, como se pode depreender da lição de Ana Paula de Barcelos:

> [...] princípios constitucionais, pois aqui estarão associadas as suas características de norma-princípio com a superioridade hierárquica própria da Constituição. Como consequência da eficácia interpretativa, cada norma infraconstitucional, ou mesmo constitucional, deverá ser interpretada de modo a realizar o mais amplamente possível o princípio que rege a matéria.
>
> A eficácia negativa exige mais elaboração quando se trata dos princípios, igualmente por força de seus efeitos indeterminados [...] funciona como barreira de contenção, impedindo que sejam praticados atos ou editados normas que se oponham aos propósitos do princípio. [...]
>
> A vedação de retrocesso, por sua vez, desenvolveu-se especialmente tendo em conta os princípios constitucionais e em particular aqueles que estabelecem fins materiais relacionados aos direitos fundamentais, para cuja consecução é necessária a edição de normas infraconstitucionais.[25]

Nessa linha de raciocínio, entende-se que tanto os princípios constitucionais como os princípios extraídos das normas de direito humanos internacionais têm

(25) BARCELOS, Ana Paula de. *Eficácia jurídica dos princípios constitucionais*: o princípio da dignidade da pessoa humana. Rio de Janeiro: Renovar, 2002. p. 59.

eficácia jurídica e, com isso, força normativa. Deve-se registrar, ainda, que a eficácia é o atributo da norma possuidora de todos os elementos capazes de produzir efeitos jurídicos.

Antes de abordar os princípios específicos da segurança e saúde do trabalhador, insta registrar a importância crescente dos princípios na ciência jurídica, conforme abalizada lição de Bandeira de Mello:

> Violar um princípio é muito mais grave que transgredir uma norma qualquer. A desatenção ao princípio implica ofensa não apenas a um específico mandamento obrigatório, mas a todo o sistema de comandos. É a mais grave forma de ilegalidade ou inconstitucionalidade, conforme o escalão do princípio atingido, porque representa insurgência contra todo o sistema, subversão dos seus valores fundamentais, contumélia irremissível a seu arcabouço lógico e corrosão de sua estrutura mestra.(26)

É importante se registrar, também, do exposto, a percepção eminente do caráter cosmopolita do Direito do Trabalho. Esta característica traduz-se na verificação de grande número de aspectos comuns nos ramos jurídicos trabalhistas de diversos Estados Soberanos e na existência de um Direito Internacional do Trabalho em formação. Trata-se de uma consequência da tendência de ampliação do seu conteúdo em extensão territorial.

Conforme o ensino de Evaristo de Moraes Filho e Antonio Carlos Flores de Moraes:

> [...] apresenta-se o direito do trabalho, desde a sua origem, dominado por inequívoco espírito cosmopolita. Em que pese as pequenas diferenças locais, criaram a técnica moderna e os meios de comunicação e locomoção os mesmos problemas humanos e sociais por toda parte. A chamada sociedade industrial, com todas as suas consequências, é a mesma no mundo moderno, com maiores ou menores desenvolvimentos. Com ela instalou-se um estado econômico, de produção e de consumo, mais ou menos uniforme, que somente poderia condicionar uma capa de cultura jurídica também homogênea e uniforme.(27)

O reflexo mais evidente do caráter cosmopolita do Direito do Trabalho é a atividade exercida pela Organização Internacional do Trabalho (OIT) na formulação de regras de aplicação universal, que, paulatinamente, tendem a igualar as condições de trabalho em diversos Estados do mundo.

---

(26) BANDEIRA DE MELLO, Celso Antônio. *Curso de direito administrativo*. 22. ed. São Paulo: Malheiros, 2007. p. 923.

(27) MORAES FILHO, Evaristo de; MORAES, Antonio Carlos Flores de. *Introdução ao direito do trabalho*. 7. ed. São Paulo: LTr, 1995. p. 63.

Na realidade, a OIT vem promovendo, na medida do possível, a universalização internacional do Direito do Trabalho, de modo a propiciar uma evolução harmônica das normas de proteção ao trabalhador e alcançar a universalização da justiça social e o trabalho digno para todos.

Os fatores de internacionalização são de ordem humanitária (de tutela ao trabalho) e econômica, ligados à necessidade de evitar ou dissuadir as práticas de competição internacional, que impliquem redução dos patamares mínimos de condições de trabalho. Assim, pretende-se assegurar um nível mínimo e uniforme de condições de trabalho que impeça os países com patamares mais baixos de proteção social de se valerem dessa circunstância para competir de forma mais vantajosa.[(28)]

O Direito à Segurança e Saúde no Trabalho, enquanto segmento jurídico especializado, constitui um todo unitário, um sistema composto de princípios, categorias e regras organicamente integradas entre si. Sua unidade sela-se em função de um elemento básico, sem o qual seria impensável a existência do próprio sistema. Nesse ramo jurídico a categoria básica centra-se na intensidade da cogência como são tratadas as normas relativas à saúde e segurança do trabalhador. Trata-se de normas imperativas, indeclináveis e inderrogáveis.[(29)]

Considerando os argumentos acima elencados, expõem-se os Princípios Específicos do Direito Tutelar da Saúde e Segurança do Trabalhador, que não são trazidos a lume pela mente inventiva do autor deste livro, mas tão somente são identificados e reconhecidos como princípios já existentes no ordenamento jurídico pátrio, que reclamavam, há algum tempo, sua sistematização. Por essa razão, eles são apresentados e analisados, de modo detido e particularizado, em cada um dos capítulos dessa obra.

---

(28) BARROS, Alice Monteiro de. *Curso de direito do trabalho*. 8. ed. São Paulo: LTr, 2012. p. 90.
(29) BARRETO, Amaro. *Tutela geral do trabalho*. Rio de janeiro: Edições Trabalhistas, 1964. v. I, p. 19.

CAPÍTULO 2

PRINCÍPIO DA INDISPONIBILIDADE DA SAÚDE DO TRABALHADOR

"Eis aqui o que eu vi, uma boa e bela coisa: comer e beber, e gozar cada um do bem de todo o seu trabalho, em que trabalhou debaixo do sol, todos os dias de vida que Deus lhe deu, porque esta é a sua porção." Eclesiastes, 5:18.

Este capítulo apresenta a evolução do direito à saúde do trabalhador e contextualiza, no sistema constitucional brasileiro, a proteção ao meio ambiente do trabalho. Depois, demonstra que a saúde do trabalhador é um direito indisponível, e, como tal, impõe limites à vontade das partes no contrato de trabalho, notadamente, limitando a negociação coletiva e o exercício do direito de propriedade do empregador.

❑ 2.1. Evolução do direito à saúde do trabalhador

A noção de que saúde constitui um direito humano e fundamental, passível de proteção e tutela pelo Estado, de modo geral, e, pelo empregador, no caso do meio ambiente do trabalho no Brasil, é resultado de uma longa evolução na acepção não apenas do direito, mas da própria ideia do que seja saúde considerada em si mesma.

Apesar de o objetivo do presente trabalho não ser a análise cronológica desses conceitos, convém se realizar um breve histórico do assunto, a fim de permitir uma compreensão mais abrangente do que hoje se define como direito à saúde e, sobretudo, do conteúdo desse direito.

Nesses termos, a literatura especializada indica que a primeira acepção de saúde apareceu estritamente ligada a uma explicação mágica da realidade, em que os povos primitivos viam o doente como vítima de demônios e espíritos malignos, mobilizados talvez por um inimigo.[30]

Essa concepção foi questionada na antiguidade grega, sobretudo por estudos de Hipócrates, cujas observações empíricas não se limitaram ao paciente, estendendo-se ao ambiente onde vivia. A partir disso ele passou a discutir os

---

(30) SCLIAR, Moacyr. *Do mágico ao social:* a trajetória da saúde pública. Porto Alegre: L & PM, 1987. p. 10.

fatores ambientais ligados à doença, defendendo existir uma multicausalidade na gênese das doenças.(31)

Posteriormente, os rituais deram lugar ao uso de ervas e métodos naturais. Platão ainda defendeu a noção de equilíbrio interno entre alma e corpo, depois ampliada para afirmar o equilíbrio do homem com a organização social e com a natureza, compreendendo-se aí a concepção da saúde.(32)

A passagem para a Idade Média, todavia, consolidou um sério retrocesso na área sanitária. A doença voltou a ser vista como castigo divino, resumindo-se os cuidados sanitários à preocupação de afastar o doente do convívio social para evitar o contágio e a visão da própria doença.(33) O único contraponto se deu pelo fortalecimento da caridade, com o surgimento dos primeiros hospitais, mais apropriadamente hospícios, ou asilos, nos quais os pacientes recebiam, se não o tratamento adequado, pelo menos conforto espiritual.(34)

O Renascimento recrudescendo o conhecimento clássico greco-romano é, na área da saúde, um período polarizado entre as duas tradições anteriores, opondo-se o misticismo medieval e as práticas exotéricas reminiscentes ao progresso das ciências, às descobertas sobre o corpo humano, ao pensamento e aos métodos científicos.(35)

No século XVI as ideias de Hipócrates são recuperadas pelos estudos de Paracelso, médico e alquimista suíço-alemão, que mostrou a importância do mundo exterior, leis da física, da natureza e dos fenômenos biológicos na compreensão do organismo humano, demonstrando a interferência do ambiente de trabalho dos mineiros no desenvolvimento de certas doenças.(36)

Bernardino Ramazzini, em 1700, na Itália, efetuou a primeira sistematização de doenças do trabalho, em sua obra *De Morbis Artificum Diatriba*, marco histórico no estudo dessas enfermidades. Essa obra relacionava os riscos à saúde ocasionados por produtos químicos, poeira, metais e outros agentes encontrados por trabalhadores em 52 ocupações. Esse foi um dos trabalhos pioneiros e a base da medicina ocupacional, que desempenhou um papel fundamental em seu desenvolvimento.(37)

---

(31) SCLIAR, 1987, p. 17.

(32) DALLARI, Suelli Gandolfi; VENTURA, Deisy de Freitas Lima. Reflexões sobre a saúde pública na era do livre comércio. *In:* SCHWARZT, Germano (Org.). *A saúde sob os cuidados do direito*. Passo Fundo: UPF, 2003. p. 29.

(33) DALLARI, Suelli Gandolfi. Uma nova disciplina: o direito sanitário. *Revista de Saúde Pública*, São Paulo, v. 22, n. 4, p. 327-334, ago. 1988. Disponível em: <http://www.scielosp.org >. Acesso em 10 maio 2011.

(34) SCLIAR, 1987, p. 23-24.

(35) *Ibid.*, p. 29.

(36) DALLARI, Suelli Gandolfi. O direito à saúde. *Revista de Saúde Pública,* São Paulo, v. 22, n. 1, p. 57-63, fev. 1988. Disponível em: <http://www.scielosp.org> Acesso em 20 jun. 2012.

(37) BERNARDINO Ramazzini. *In:* Wikipédia: a enciclopédia livre. Disponível em: <http://pt.wikipedia.org/wiki/Bernardino_Ramazzini>. Acesso em 20 jun. 2012.

De fato, desse critério de classificação empírica utilizado por Ramazzini é possível pinçar as bases para uma sistematização da patologia do trabalho, na qual, no primeiro grupo, estariam as doenças profissionais ou tecnopatias, e, no segundo, as doenças adquiridas pelas condições especiais em que o trabalho é realizado, ou as mesopatias. Essa classificação é utilizada até hoje para fins médico-legais e previdenciários em muitos países, inclusive no Brasil.

Outra contribuição da obra de Ramazzini é a sua visão das inter-relações entre patologia do trabalho e o meio ambiente, quando estuda a doença dos químicos. Neste estudo ele descreve a utilização potencial de registros de óbito para o estudo dos impactos da poluição ambiental sobre a saúde das comunidades. Essa estratégia metodológica é utilizada até hoje.[38]

No século XIX, Engels, ao estudar as condições de vida dos trabalhadores ingleses à época da Revolução Industrial, também concluíra que a cidade, o tipo de vida dos habitantes e os diferentes ambientes de trabalho são responsáveis pelo nível de saúde das populações.[39]

A Revolução Industrial acarretou um grande movimento de urbanização, com a migração populacional do campo para as cidades e a formação de cinturões ao redor das fábricas que, pela proximidade espacial e absoluta falta de higiene, permitiam a rápida proliferação de doenças entre os operários, patrões e familiares. Tais fatos foram decisivos à reivindicação por melhores condições sanitárias, dada a necessidade de resguardo à saúde dos operários, seja pela manutenção dos níveis de produção das fábricas, seja pela proteção da saúde dos próprios patrões; assim como pelo atendimento às reclamações dos operários, já organizados em movimentos de luta social, que exigiam o estabelecimento de melhores condições sanitárias para si e respectivos familiares.

Como o Estado nada mais era do que instrumento do empresariado, mostrou-se relativamente simples a transferência dessas reivindicações, assumindo o Estado a função de garante da saúde pública.[40]

No século XX, a proteção sanitária seria finalmente tratada como saber social e política de governo. Desde a Segunda Guerra Mundial essa noção foi ampliada, estabelecendo-se a responsabilidade do Estado pela saúde da população, bem como reforçando-se a lógica econômica, a partir da evidente interdependência entre as condições de saúde do trabalhador e a atividade produtiva. Instituíram-se os sistemas de previdência social e, posteriormente, de seguridade social, a

---

(38) MENDES, René. *A atualidade de Ramazzini*: 300 anos depois. Disponível em: <http://www.saudeetrabalho.com.br/textos-miscelania-6.htm>. Acesso em 20 jun. 2012.

(39) DALLARI, Suelli Gandolfi. O direito à saúde. *Revista de Saúde Pública,* São Paulo, v. 22, n. 1, p. 57-63, fev. 1988. Disponível em: <http://www.scielosp.org> Acesso em 20 jun. 2012..

(40) DALLARI, S.; PILAU SOBRINHO, Liton Lanes. O direito à saúde em um contexto autopoiético. *In:* SCHWARZT, Germano (Org.). *A saúde sob os cuidados do direito*. Passo Fundo: UPF, 2003. p. 97-99.

abarcar os subsistemas de assistência, previdência e saúde públicas — tal como hoje se encontra previsto pela Constituição brasileira. O seguro social trouxe assistência médica à população enquanto direito adquirido por meio do trabalho e que também permitiu a disponibilidade de mão de obra sadia, melhor dizendo, menos doente.[41]

Deve-se lembrar, contudo, que o sistema de proteção ao meio ambiente do trabalho no Brasil impõe ao empregador as principais obrigações relacionadas à saúde do trabalhador, restando para o Estado, via de regra, as atribuições de produção normativa e fiscalização de sua aplicação.

Desse modo, os trabalhadores devem exigir um meio ambiente de trabalho seguro e saudável de seus empregadores, sejam eles pessoas físicas ou jurídicas, devendo o Estado complementar essa ação nos moldes da legislação nacional vigente.

❑ 2.2. Proteção ao meio ambiente do trabalho e sua contextualização no sistema constitucional brasileiro

O florescimento do direito à saúde do trabalhador é consequência da valorização do trabalho, como objeto de tutela jurídica. A elevação do trabalho enquanto valor a ser defendido por toda sociedade é refletida na produção legislativa, na interpretação das leis, conciliando o mundo do direito com a realidade fática a ele subjacente.

O trabalho considerado indigno em tempos remotos, com a escravidão e o servilismo, torna-se mercadoria lucrativa após a Revolução Industrial. A partir do século XX, todavia, adquire nova feição, ganhando valor dignificante, merecendo crescente proteção do legislador. Aliás, esta é a ideia sintetizada no art. 427, 1, do Tratado de Versailles, ao asseverar que "[...] o trabalho não pode ser considerado como mercadoria."

A busca de uma nova ética de segurança e saúde como pressuposto indispensável para alcançar o trabalho digno e decente é assim sinalizada pela OIT:

> A Agenda da OIT para o Trabalho Digno constitui uma resposta concreta aos desafios atuais. Entende-se por trabalho digno o direito a um trabalho produtivo em condições de liberdade, equidade, segurança e dignidade humana. O trabalho digno é indispensável em tempos de crise. O trabalho só pode ser digno se for seguro e saudável. Um trabalho bem remunerado, mas desenvolvido em condições pouco seguras,

---

(41) SCLIAR, 1987, p. 78.

> não é digno. Um trabalho exercido livremente, mas que expõe trabalhadores a perigos para a saúde, não é digno. Um contrato de trabalho equitativo que preveja a realização de tarefas prejudiciais ao bem-estar do trabalhador não é um trabalho digno. O trabalho digno é necessariamente um trabalho seguro.[42]

O destaque da dignidade como valor supremo do constitucionalismo contemporâneo ampliou o conceito do direito à vida. A Constituição não só protege o direito à vida, mas pretende assegurar o direito de viver com dignidade.

A dignidade da pessoa humana se espraia por todo o ordenamento jurídico nacional e é princípio estruturante do estado democrático de direito, como se pode inferir do ensino da ministra do STF Cármen Lúcia Antunes Rocha:

> A constitucionalização do princípio da dignidade da pessoa humana modifica, em sua raiz, toda a construção jurídica: ele impregna toda a elaboração do direito, porque ele é o elemento fundante da ordem constitucionalizada e posta na base do sistema. Logo, a dignidade da pessoa humana é princípio havido como superprincípio constitucional, aquele no qual se fundam todas as escolhas políticas estratificadas no modelo de direito plasmado na formação textual da Constituição.[43]

Feitas essas considerações sobre o conceito de saúde e de dignidade do trabalhador, pode-se apreender, com profundidade, o conteúdo e a extensão do direito à saúde do trabalhador e do meio ambiente de trabalho saudável.

Atualmente, a preocupação com o meio ambiente do trabalho e a busca da qualidade de vida do trabalhador, dentro e fora do local de trabalho, alcançaram espaço destacado em nossa sociedade. O art. 225 da Constituição da República espelha este anseio social ao estabelecer que: "Todos têm direito ao meio ambiente ecologicamente equilibrado, bem de uso comum do povo e essencial à sadia qualidade de vida, impondo-se ao Poder Público e à coletividade o dever de defendê-lo e preservá-lo para as presentes e futuras gerações".

A Conferência das Nações Unidas sobre meio ambiente e desenvolvimento (ECO 92) realizada na cidade do Rio de Janeiro, em junho de 1992, adotou a Declaração do Rio, cujo princípio estabelece: "Os seres humanos constituem o centro das preocupações relacionadas com o desenvolvimento sustentável. Têm direito a uma vida saudável e produtiva em harmonia com a Natureza."

Após vinte anos e marcando a realização da Conferência das Nações Unidas sobre Meio Ambiente e Desenvolvimento (Rio-92), durante a produção desse livro,

---

(42) ORGANIZAÇÃO INTERNACIONAL DO TRABALHO (OIT). *Saúde e vida no trabalho:* um direito humano fundamental. 2009. Disponível em: <http://www.ilo.org/public/english/protection/safework/worldday/products09/booklet_09-pt.pdf>. Acesso em 8 mar. 2010.

(43) ROCHA, Cármen Lúcia Antunes. *O direito à vida digna*. Belo Horizonte: Fórum, 2004. p. 38.

foi realizada a Conferência das Nações Unidas sobre Desenvolvimento Sustentável, a Rio+20, no período de 13 a 22 de junho de 2012, na cidade do Rio de Janeiro. A Rio+20 contribuiu para definir a agenda do desenvolvimento sustentável para as próximas décadas.

O objetivo dessa Conferência foi a renovação do compromisso político com o desenvolvimento sustentável, por meio da avaliação do progresso e das lacunas na implementação das decisões adotadas pelas principais cúpulas sobre o assunto e do tratamento de temas novos e emergentes.(44)

É público e notório o progresso do Direito Ambiental, que influencia positivamente a tutela jurídica da saúde do trabalhador e contribui na conjugação dos esforços de vários ramos da ciência jurídica em prol do meio ambiente saudável, nele incluído o do trabalho. Não obstante a doutrina juslaborista seja assente em enquadrar o estudo das normas relativas à saúde do trabalhador no campo do Direito do Trabalho, certo é que estas mesmas normas também são objeto de estudo do Direito Ambiental, do Direito Sanitário, do Direito da Seguridade Social e, numa perspectiva mais ampla, da Teoria Geral dos Direitos Humanos.(45)

É sabido que o homem passa a maior parte de sua vida em seu local de trabalho, dedicando sua força, energia e esforços para as organizações, disponibilizando maior parte do seu tempo ao trabalho do que propriamente à família e aos amigos.

Além disso, com o avanço tecnológico, o local de trabalho pode ser em qualquer lugar: em viagens, casa, hotéis etc. Assim sendo, em todos os locais se pode trabalhar para a organização.

Indo mais além, mesmo quando o homem tenta se desligar, não estando no local de trabalho e nem mesmo conectado, utilizando os recursos tecnológicos, mesmo assim, a vida do homem gira em função do trabalho. O nível de pressão por resultados, a concorrência e a complexidade por um espaço no mercado, fazem com que o trabalho seja uma constante na vida do homem moderno.(46)

Assim sendo, o trabalho determina estilo de vida, condições de saúde e, muitas vezes, forma de morte. E o instrumental multidisciplinar, inclusive, com a interação dos diversos ramos do direito citados, certamente, dará mais condições de alcançar as melhorias necessárias para a segurança e a saúde do trabalhador

---

(44) CONFERÊNCIA DAS NAÇÕES UNIDAS SOBRE O DESENVOLVIMENTO SUSTENTÁVEL, 2012. *Anais Eletrônicos...* Rio de Janeiro: Rio +20, 2012. Disponível em: <http://www.rio20.gov.br/clientes/rio20/rio20/sobre_a_rio_mais_20/sobre-a-rio-20>. Acesso em 20 jun. 2012.

(45) FIGUEIREDO, Guilherme José Purvin de. *Direito ambiental e saúde dos trabalhadores*. 2. ed. São Paulo: LTr, 2007. p. 46.

(46) CAVASSANI, Amarildo Pereira; CAVASSANI, Edlene Barbieri; BIAZIN, Celestina Crocetta. Qualidade de vida no trabalho: fatores que influenciam as organizações. *In:* SIMPEP, 13, 2006, Bauru. *Anais Eletrônicos...* Bauru: UNESP, 2006. Disponível: <http://www.simpep.feb.unesp.br/anais/anais_13/artigos/784.pdf>. Acesso em 20 jun. 2012.

O meio ambiente do trabalho está inserido no meio ambiente geral (art. 200, VIII, da Constituição da República), de modo que é impossível alcançar qualidade de vida sem ter qualidade de trabalho, nem se pode atingir meio ambiente equilibrado e sustentável, ignorando o meio ambiente do trabalho. Nesse sentido, a Constituição de 1988 estabeleceu expressamente que a ordem econômica deve observar o princípio de defesa do meio ambiente (art. 170, VI). O problema da tutela jurídica do meio ambiente manifesta-se a partir do momento em que sua degradação passa a ameaçar não só o bem-estar, mas a qualidade da vida humana, senão a própria sobrevivência do ser humano.[47]

Com o passar do tempo e o acúmulo da experiência, a legislação atua para garantir o ambiente de trabalho saudável, de modo a assegurar que o exercício do trabalho não prejudique outro direito humano fundamental: o direito à saúde, complemento inseparável do direito à vida. As preocupações ecológicas avançam para também preservar o homem enquanto trabalhador.[48]

Nessa linha de raciocínio, considerar o meio ambiente do trabalho seguro e saudável como direito fundamental implica considerar não só as normas inseridas no texto constitucional, mas também as previstas nos tratados de direitos humanos ratificados pelo Brasil.

Finalmente, adentrando a discussão sobre ser o meio ambiente do trabalho seguro e saudável um direito fundamental, cabe, neste primeiro momento, estabelecer algumas premissas.

A primeira delas diz respeito a uma constatação aparentemente óbvia, mas que precisa ser enfatizada: o meio ambiente do trabalho seguro e saudável não tutela apenas a vida e a saúde do trabalhador, mas também de todas as pessoas que o cercam. Isso pode ser depreendido do termo *todos* constante do *caput* do art. 225 da Constituição Federal de 1988, que prescreve: "[...] todos têm direito ao meio ambiente ecologicamente equilibrado, bem de uso comum do povo e essencial à sadia qualidade de vida [...]". Ora, partindo-se do ensinamento hermenêutico de que o texto constitucional não comporta termos inúteis, a interpretação dos mesmos deve buscar a máxima efetividade. Desse modo, sendo o meio ambiente laboral um aspecto do meio ambiente geral referenciado no citado art. 225, é razoável concluir que *todos* não exclui ninguém e, assim, não limita sua proteção somente aos trabalhadores, mas a todas as pessoas, indistintamente.

A segunda, decorrente da primeira, aduz serem a vida e a saúde os bens jurídicos que se quer, na verdade, proteger no ambiente de trabalho. Bens dos quais são titulares não somente os trabalhadores, mas toda a sociedade.

---

(47) SILVA, José Afonso da. *Direito ambiental constitucional*. 3. ed. São Paulo: Malheiros, 2000. p. 28.
(48) OLIVEIRA, 2010, p.119.

Desse modo, é possível afirmar que a tutela do meio ambiente laboral encerra proteção a pelo menos três bens jurídicos tidos por fundamentais na Constituição Federal de 1988: vida, saúde e o próprio meio ambiente.(49)

O ambiente de trabalho seguro constitui direito fundamental dos trabalhadores. As normas a ele aplicáveis são dotadas de cogência absoluta e asseguram aos trabalhadores direitos indisponíveis ante o caráter social de que se revestem e o interesse público que os inspira. O interesse público está presente quando se trata de meio ambiente do trabalho, cujo alcance ultrapassa o interesse meramente individual de cada trabalhador envolvido, embora seja ele o destinatário imediato da norma. (50)

Como assevera Sebastião Geraldo de Oliveira, é curioso constatar que o Direito Ambiental tem mais receptividade na sociedade e nos meios jurídicos, quando comparado com a proteção jurídica à saúde do trabalhador. O seu prestígio é tamanho que praticamente ninguém defende a sua flexibilização, como vem ocorrendo com os direitos trabalhistas. É provável que a explicação para essa diversidade de tratamento resida no fato de que o Direito Ambiental leva em conta o risco de exclusão do futuro de todos, enquanto o direito à saúde ocupacional só abrange a categoria dos trabalhadores. Em síntese, o Direito Ambiental tem como objetivo a salvação de todos, enquanto o direito à saúde do trabalhador fica restrito aos problemas de alguns.(51)

Resta claro que os avanços obtidos no campo do Direito Ambiental devem ser estendidos em benefício do trabalhador e do meio ambiente de trabalho; aliás, não é razoável a norma ambiental proteger a generalidade dos seres vivos, excluindo, justamente, o trabalhador, produtor direto de todos os bens de consumo e, em muitos casos, consumido no processo produtivo, sem a proteção adequada.

A respeito desse tema, por ocasião da 1ª Jornada de Direito Material e Processual na Justiça do Trabalho realizada em Brasília, em novembro de 2007, foi aprovado o Enunciado n. 38, com o seguinte teor: 38. "RESPONSABILIDADE CIVIL. DOENÇAS OCUPACIONAIS DECORRENTES DOS DANOS AO MEIO AMBIENTE DO TRABALHO. Nas doenças ocupacionais decorrentes dos danos ao meio ambiente do trabalho, a responsabilidade do empregador é objetiva. Interpretação sistemática dos arts. 7º, XXVIII, 200, VIII, 225, § 3º, da Constituição Federal e do art. 14, §1º, da Lei 6.938/81."(52)

---

(49) FREITAS, Ives Faiad. Meio ambiente laboral equilibrado: um direito fundamental dos trabalhadores. *Jus Navigandi*, Teresina, ano 17, n. 3204, 9 abr. 2012. Disponível em: <http://jus.com.br/revista/texto/21455>. Acesso em 25 jun. 2012.

(50) ROMITA, Arion Sayão. *Direitos fundamentais nas relações de trabalho*. 3. ed. São Paulo: LTr, 2009.

(51) OLIVEIRA, 2010, p. 119.

(52) SAAD, Eduardo Gabriel; SAAD, José Eduardo Duarte; BRANCO, Ana Maria Saad C. *CLT comentada*. 43. ed. atualizada, revisada e ampliada. São Paulo: LTr, 2010. p. 309.

Nesse sentido, o disposto no art. 7º, XXVIII, da Constituição Federal, que estabelece a responsabilidade subjetiva do empregador nos acidentes de trabalho, não pode ser interpretado de forma isolada, por constituir uma garantia mínima do trabalhador, sem que se exclua a existência de outros direitos "que visem à melhoria de sua condição social" (art. 7º, *caput,* CF), havendo a possibilidade de serem criados, por meio de normas constitucionais, infraconstitucionais ou convencionais, outros direitos mais favoráveis aos trabalhadores, ampliando aquele patamar mínimo de direitos fundamentais.

Dispõe o art. 14, § 1º, da Lei n. 6.938/81 que, "sem obstar a aplicação de penalidades previstas neste artigo, é o poluidor obrigado, independentemente da existência de culpa, a indenizar ou reparar os danos causados ao meio ambiente e a terceiros, afetados por sua atividade", enquanto que o art. 927, parágrafo único, do Código Civil, estabelece que "haverá obrigação de reparar o dano, independentemente de culpa, nos casos especificados em lei, ou quando a atividade normalmente desenvolvida pelo autor do dano implicar, por sua natureza, risco para os direitos de outrem".

As normas que protegem o meio ambiente, conceito no qual se inclui o meio ambiente do trabalho (art. 200, VIII, CF), objetivam, em última análise, proteger a vida humana, considerado como bem essencial à sadia qualidade de vida (art. 225, *caput,* CF), sendo direitos dos trabalhadores a "redução dos riscos inerentes ao trabalho, por meio de normas de saúde, higiene e segurança" (art. 7º , XXII, CF), razão pela qual o disposto no inciso XXVIII do art. 7° da Constituição Federal deve ser interpretado em harmonia com o seu art. 225, § 3°, que assegura a responsabilidade objetiva pelos danos causados ao meio ambiente.

Sendo assim, a natureza potencialmente perigosa da atividade de risco é a peculiaridade que a diferencia das outras atividades para caracterizar o risco capaz de ocasionar acidentes e provocar prejuízos indenizáveis, com base na responsabilidade objetiva (CC, art. 927). Deve-se considerar que, se no direito comum as dificuldades são grandes quanto à identificação das atividades de risco, no Direito do Trabalho tal não constitui novidade, por pelo menos duas razões. Já existem dois amplos campos de atividades consideradas de risco: as atividades insalubres (CLT, art. 189 e NR n. 15 da Portaria 3.214/78 do MTE) e as atividades perigosas (CLT, art. 193 e NR n. 16 da Portaria 3.214/78 do MTE).

Desse modo, o fato de um trabalhador perceber regularmente adicional de insalubridade ou periculosidade já evidencia a natureza insalubre ou perigosa da atividade desenvolvida, atraindo a incidência da responsabilidade objetiva do empregador em caso de acidente de trabalho (art. 927, parágrafo único, CC), sendo desnecessária qualquer discussão acerca de dolo ou culpa pelo evento danoso, bastando a comprovação do nexo causal e dos prejuízos sofridos pelo empregado acidentado.

Não há qualquer incompatibilidade, portanto, entre o art. 927, parágrafo único, do Código Civil e os arts. 7º, XXVIII, e 225, § 3º, da Constituição Federal, eis que os direitos sociais fundamentais dos trabalhadores podem ser melhorados por outras normas jurídicas, máxime ao se considerar que a responsabilidade objetiva por acidente de trabalho direciona-se à preservação da vida humana do trabalhador, sendo do empregador os riscos da atividade econômica, e não do empregado, que se subordina ao poder de direção patronal (art. 2º, CLT).

Considerando que vigora no âmbito justrabalhista o princípio da norma mais favorável, resta afastada qualquer alegação de inconstitucionalidade do art. 927, parágrafo único, do Código Civil, que estabelece a responsabilidade objetiva do empregador que desenvolve atividades de risco, pois referido princípio permite eleger como regra prevalente, em uma dada situação de aparente conflito de regras, aquela que for mais favorável ao trabalhador, máxime em se tratando de normas de ordem pública que versam sobre proteção da saúde, da vida e da integridade física do trabalhador, quando houver violação decorrente de acidente de trabalho.

Assim sendo, se o empregador desenvolve atividade econômica que traz risco inerente, responderá de forma objetiva, ante a adoção da teoria do risco-criado, em relação a todos os lesados, inclusive àqueles que sejam seus empregados. Não se poderia pensar que, em um acidente que atingisse diversas pessoas dentro do exercício de uma atividade empresarial com risco inerente, a empresa respondesse objetivamente em relação a todos, à exceção dos seus empregados.(53)

Desta forma, não há qualquer fundamento que justifique a criação de dificuldades para a reparação de prejuízos ao trabalhador em decorrência de dano ao meio ambiente.

Depreende-se do exposto que o dever geral de cautela do empregador lhe impõe a obrigação de proteger o patrimônio físico, psicológico e moral do trabalhador. É o dever de proporcionar segurança, higiene e saúde para os seus empregados, também denominada obrigação de custódia, dever de segurança ou cláusula de incolumidade".(54)

A jurisprudência vem adotando tal posicionamento, como se deflui das seguintes ementas:

> **ACIDENTE DE TRABALHO. DIREITO DE SEGURANÇA DA VÍTIMA. RISCO PROFISSIONAL. EMPREGADOR.** [...] Ademais, ao empregador cumpre observar o direito de segurança da vítima, seu empregado, em razão da assunção dos riscos advindos da atividade econômica

---

(53) Responsabilidade civil objetiva do empregador. *Hierarquia Dinâmica*, 27 jan. 2011. Disponível em: <http://hierarquiadinamica.blogspot.com.br/2011/01/responsabilidade-civil-objetiva-do.html>. Acesso em 20 jun. 2012.

(54) CAIRO JUNIOR, José. *O acidente de trabalho e a responsabilidade civil do empregador*. 5. ed. São Paulo: LTr, 2009. p. 69.

que explora. (Apelação Civil n. 70007539596, 9ª Câmara Cível, Tribunal de Justiça do RS, Relator: Nereu José Giacomolli, julgado em 26.11.2003).(55)

ACIDENTE DO TRABALHO. PERDA DA VISÃO DE UM OLHO PELO RECLAMANTE. RESPONSABILIDADE DA EMPREGADADORA. A lei incumbe o empregador de zelar pela integridade física dos seus empregadores. Nesse sentido, o art. 157 da CLT e o § 1º do art. 19 da Lei n. 8.213/91. O risco do negócio é sempre do empregador; assim sendo, deve ter os cuidados necessários quanto à prevenção de acidentes. Tem-se que violou os dispositivos legais supraditos, assim como as NRs 9 e 6 do Ministério do Trabalho, a conduta da empregadora que, malgrado ter fornecido ao reclamante o EPI, não fiscalizou o seu uso pelo trabalhador e permitiu que ele ficasse sem os óculos de proteção em determinados momentos, como naquele em que aconteceu o acidente. Assim, com fulcro no art. 159 do Código Civil/1916, vigente na época dos fatos, é cabível a indenização por danos morais. (TRT — 3ª Região, 2ª Turma, Rel.: Juiz Sebastião Geraldo de Oliveira, DEJT de 24.7.2012.).(56)

Observa-se que a prevenção de infortúnios no trabalho encerra valor jurídico muito maior que a mera reparação pecuniária do dano, considerando que o respeito à dignidade do trabalhador pressupõe a preservação de sua saúde física, mental e emocional. Conclui-se que o empregador tem a obrigação de zelar pela conservação da saúde de seus empregados, sendo que quanto maior for a exposição do empregado a riscos ambientais do trabalho, maior deverá ser o cuidado e a prevenção dos acidentes.

Conforme previsão feita no artigo 196 da Constituição da República, a saúde, à qual se acham umbilicalmente inseridas a segurança e a medicina do trabalho, é direito de todos e dever do Estado. Particularizando esse princípio geral na esfera do Direito do Trabalho, pode-se concluir que a manutenção do ambiente de trabalho saudável é direito do trabalhador e dever do empregador. O empresário tem a prerrogativa da livre-iniciativa, da escolha da atividade econômica e dos equipamentos de trabalho, mas, correlatamente, tem obrigação de manter o ambiente do trabalho saudável.

Neste sentido, o art. 6º da Convenção n. 148 da OIT (ANEXO A)(57): "Os empregadores serão responsáveis pela aplicação das medidas prescritas"; o art.16,

(55) RIO GRANDE DO SUL. Tribunal de Justiça. Apelação Civil n. 70007539596 da 9ª Câmara Cível do Tribunal de Justiça do Estado de Rio Grande do Sul. Acidente de trabalho. Direito de segurança da vítima. Risco profissional. Empregador. Relator Nereu José Giacomolli, 26 de novembro de 2003. Disponível em: <http://www.tjrs.jus.br/site/>. Acesso em 10 mar. 2012.

(56) MINAS GERAIS. Tribunal Regional do Trabalho (3ª Região). Acórdão n. 00017-2011-057-03-00-2 RO da 2ª Câmara Cível do Tribunal de Justiça do Estado de Minas Gerais. Acidente do Trabalho. Perda da visão de um olho pelo reclamante. Responsabilidade da empregadora. Relator Juiz Sebastião Geraldo de Oliveira, 25 de julho de 2012. Disponível em: <https://as1.trt3.jus.br/juris/consultaBaseCompleta.htm;jsessionid=8A99B626253CA8209E0293961A101665>.

(57) OIT. **Convenção n. 148**: Proteção dos Trabalhadores contra os Riscos Profissionais devidos à Contaminação do Ar, ao Ruído e às Vibrações no Local de Trabalho. Genebra, 1977. Disponível em: *<http://www.oit.org.br/node/500>*. Acesso em 10 mar. 2012. Entrou em vigor no plano internacional em 11.7.1979. Aprovada pelo Decreto Legislativo n. 56, de 9.10.1981, do Congresso Nacional. Ratificada em 14.1.1982. Promulgada pelo Decreto n. 93.413, de 15.10.1986. Vigora no Brasil desde 14.1.1983.

itens 1 e 2 da Convenção n. 155 da OIT (ANEXO B)[58]: "Art. 16 — 1. Deverá ser exigido dos empregadores que, na medida que for razoável e possível, garantam que os locais de trabalho, o maquinário, os equipamentos e as operações e processos que estiverem sob seu controle sejam seguros e não envolvam risco algum para a segurança e a saúde dos trabalhadores. 2. Deverá ser exigido dos empregadores que, na medida que for razoável e possível, garantam que os agentes e as substâncias químicas, físicas e biológicas que estiverem sob seu controle, não envolvam riscos para a saúde quando são tomadas medidas de proteção adequadas"; e, ainda, o art.157 da CLT: "Cabe às empresas: cumprir e fazer cumprir as normas de segurança e medicina do trabalho".

A Convenção n. 155 da OIT, ratificada pelo Brasil, no art. 3º, alínea "e", esclarece a extensão do conceito de saúde, com relação ao trabalho:

> e) o termo "saúde", com relação ao trabalho, abrange não só a ausência de afecção ou de doenças, mas também os elementos físicos e mentais que afetam a saúde e estão diretamente relacionados com a segurança e a higiene no trabalho.[59]

A respeito desse tema, por ocasião da 1ª Jornada de Direito Material e Processual na Justiça do Trabalho realizada em Brasília, em novembro de 2007, foi aprovado o Enunciado n. 39, com o seguinte teor: 39. "MEIO AMBIENTE DE TRABALHO. SAÚDE MENTAL. DEVER DO EMPREGADOR. É dever do empregador e do tomador de serviços zelar por um ambiente de trabalho saudável também do ponto de vista da saúde mental, coibindo práticas tendentes ou aptas a gerar danos de natureza moral ou emocional aos seus trabalhadores, passíveis de indenização.[60]

A saúde tem uma ação complementar à ação do trabalho, tendo como obrigação o estabelecimento de ações de vigilância sanitária quanto à saúde do trabalhador e de colaboração na proteção do meio ambiente do trabalho.

A segurança visa proteger a integridade física do trabalhador; enquanto a higiene tem por objetivo o controle dos agentes prejudiciais do ambiente laboral, visando à manutenção da saúde no seu amplo sentido. Atualmente, existe um grande desafio constitucional de integração na área da saúde e do trabalho.

O desafio a ser superado é o de se transcender a fragmentação que existe entre as instituições envolvidas com a saúde do trabalhador. Essas instituições, como o MTE, INSS, FUNDACENTRO e SUS, devem integrar ações visando desenvolver uma cultura nacional de saúde e segurança.

---

(58) OIT. **Convenção n. 155**: Segurança e Saúde dos Trabalhadores e o Meio Ambiente de Trabalho. Genebra, 1981. Disponível em: <http://www.oit.org.br/node/504>. Acesso em 10 mar. 2012. Entrou em vigor no plano internacional em 11.8.1983. Aprovada pelo Decreto Legislativo n. 2, de 17.3.1992, do Congresso Nacional. Ratificada em 18.5.1992. Promulgada pelo Decreto n. 1.254, de 29.9.1994. Vigora no Brasil desde 18.5.1993.

(59) OIT, **Convenção n. 155**: Segurança e Saúde dos Trabalhadores e o Meio Ambiente de Trabalho. Genebra, 1981. Vigora no Brasil desde de 18.5.1993.

(60) SAAD, 2010, p. 309.

Essa fragmentação, fruto de uma abordagem científica francamente ultrapassada, conduz a sofismas como as contraposições entre trabalho e saúde, saúde e segurança do trabalho, gerando a impressão de se tratar de realidades diversas, quando se está, de fato, diante de uma só realidade.[61] Sendo assim, pode-se dizer que as condições que envolvem a saúde e segurança do trabalhador e o meio ambiente de trabalho não são constituídas de fenômenos isolados, desconectados entre si e sem relação com o resto da vida do trabalhador. O trabalho deve respeitar a vida e a saúde do trabalhador em sua integralidade.

Todos os dispositivos pertinentes à saúde tratados na Ordem Social, arts. 193 a 204 da Constituição da República, revelam a preocupação que teve o legislador constituinte em programar um complexo ideário para atendimento desse direito indisponível, que é a saúde, diretamente relacionada com o mais importante direito humano: a vida.[62]

Abordando-se o tema em foco sob a ótica do direito do trabalho, deve-se atentar ao que preconiza a Constituição da República no art. 1º, inciso IV, ao proclamar os valores sociais do trabalho como um de seus fundamentos, e, ainda, o art. 6º, *caput*, ao ressaltar que os direitos sociais são a educação, a saúde, o trabalho, a moradia, [...], na forma da Constituição.

Nesse mesmo sentido citem-se o art. 194, *caput*, da Constituição Federal, que menciona a seguridade social como "[...] conjunto integrado de ações de iniciativas dos Poderes Públicos e da sociedade, destinadas a assegurar os direitos relativos à saúde [...]"; o art.196 coloca a saúde como "direito de todos e dever do Estado, garantido, mediante políticas sociais e econômicas que visem à redução do risco de doença e de outros agravos[...]"; o art. 197 qualifica como de "relevância pública as ações e serviços de saúde[...]"; cite-se, finalmente, o art. 200, II, que informa competir ao sistema único de saúde "executar as ações de vigilância sanitária e epidemiológica, bem como as de saúde do trabalhador".

O princípio da indisponibilidade da saúde do trabalhador se fundamenta na constatação, com matriz constitucional, de que as normas de medicina e segurança do trabalho são parcelas imantadas por uma tutela de interesse público, a qual a sociedade democrática não concebe ver reduzida em qualquer segmento econômico-profissional, sob pena de se afrontarem a própria dignidade da pessoa humana e a valorização mínima deferível ao trabalho (arts. 1º, III, e 170, *caput*, da Constituição Federal).

---

(61) MACHADO, Jorge; SORATTO, Lúcia; CODO, Wanderley (Org.). *Saúde e trabalho no Brasil:* uma revolução silenciosa: o NTEP e a Previdência Social. Petrópolis: Vozes, 2010. p. 29-30.
(62) FERRARI, Irany; MARTINS, Melchíades Rodrigues. *CLT:* doutrina — jurisprudência predominante e procedimentos administrativos: segurança e medicina do trabalho, artigos 154 a 201. São Paulo: LTr, 2007. p. 15.

❑ 2.3. A saúde do trabalhador: direito indisponível

Na mesma linha de pensamento acima abordada, e em nível infraconstitucional, encontra-se o princípio da irrenunciabilidade dos direitos da personalidade, neles incluídos o direito à vida e à integridade física e psíquica, constante do art. 11 do Código Civil. Esse fortalece o entendimento sobre o princípio da indisponibilidade da saúde do trabalhador e reforça a ideia de que esses direitos são inatos, absolutos, intransmissíveis, indisponíveis, irrenunciáveis, imprescritíveis, impenhoráveis, inexpropriáveis e ilimitados.(63)

O Novo Código Civil apresenta como uma das mais importantes inovações a introdução de um capítulo especial para o direito de personalidade, destituído de uma linguagem patrimonialista e conservadora, tão comuns ao Código Civil de 1916, e voltando-se para o indivíduo com a mesma importância pautada na Constituição Federal de 1988.

Dessa forma, versa sobre os direitos da personalidade como atributos físicos, psíquicos e morais da pessoa em si e em suas projeções sociais, tutelados pela ordem jurídica do direito à vida, à integridade física, à intimidade, à honra.

Infere-se, do exposto, que o homem, não deve ser protegido somente em seu patrimônio, mas, principalmente, em sua essência.

Sendo direitos ínsitos à pessoa, os direitos da personalidade são dotados de certas características particulares, como: caráter absoluto, generalidade, extrapatrimonialidade, imprescritibilidade, impenhorabilidade, vitaliciedade e indisponibilidade.

Em virtude do escopo do presente item, a indisponibilidade é destacada e abordada como característica particular do direito da personalidade.

A expressão "indisponibilidade dos direitos da personalidade" abarca tanto a intransmissibilidade (impossibilidade de modificação subjetiva, gratuita ou onerosa — inalienabilidade) quanto a irrenunciabilidade (impossibilidade de reconhecimento jurídico da manifestação volitiva de abandono do direito).

A irrenunciabilidade traduz a ideia de que os direitos personalíssimos não podem ser abdicados. Ninguém pode dispor de sua vida ou integridade física. Razões de ordem pública impõem o reconhecimento dessa característica.

O Pacto Internacional sobre Direitos Civis e Políticos de 1966, em seu art. 6º, III, referindo-se ao direito à vida, dispõe que: "1. O direito à vida é inerente à pessoa humana. Este direito deverá ser protegido pela lei, e ninguém poderá ser arbitrariamente privado de sua vida."

---

(63) BRASIL. *Novo Código Civil comentado.* Coordenação de Ricardo Fiúza. 3. ed. atualizada. São Paulo. Saraiva, 2004. p. 23.

Esse é o direito mais precioso do ser humano e por isso encabeça o art. 5º da Constituição Federal no título dos direitos e garantias fundamentais.

O direito à vida se reveste, em sua plenitude, de todas as características gerais dos direitos da personalidade, devendo-se enfatizar o aspecto da indisponibilidade, uma vez que a caracteriza, nesse campo, um direito à vida e não um direito sobre a vida. Constitui-se direito de caráter negativo, impondo-se pelo respeito que a todos os componentes da coletividade se exige. Com isso, tem-se presente a ineficácia de qualquer declaração de vontade do titular que importe em cerceamento a esse direito, uma vez que se não pode ceifar a vida humana, por si, ou por outrem, mesmo sob consentimento, porque se entende, universalmente, que o homem não vive apenas para si, mas para cumprir missão própria da sociedade. Cabe-lhe, assim, perseguir o seu aperfeiçoamento pessoal e também contribuir para o progresso geral da coletividade, objetivos esses alcançáveis ante o pressuposto da vida.[(64)]

Exemplo de entendimento jurisprudencial no qual foi invocada a cláusula geral de proteção à pessoa e aos direitos de personalidade, coibitiva de toda e qualquer forma de atentado ao ser humano, de modo a tutelar os bens jurídicos tais como a vida, a integridade corpórea e a saúde, é o acórdão abaixo vertido nos seguintes termos:

> **OFENSA AO DIREITO À INTEGRIDADE FÍSICA DO TRABALHADOR PROVADA MEDIANTE PERÍCIA — DESNECESSIDADE DE PROVA DO DANO MORAL — CLÁUSULA GERAL DE TUTELA À PESSOA E AOS DIREITOS DE PERSONALIDADE** (Art. 1º, inciso III, CR/88). Em se tratando dos chamados direitos de personalidade, que visam à tutela de bens jurídicos da pessoa tais como a vida, a integridade corpórea, a saúde, a honra, a imagem, a liberdade, a intimidade e a vida privada entre outros, a simples violação de uma delas, por si só, já caracteriza o dano moral, no caso, a lesão a bem jurídico de natureza extrapatrimonial. Noutros termos, a prova da violação de quaisquer direitos de personalidade faz presumir o dano moral. E, no presente caso, há prova técnica — robusta e cabal — da moléstia ocupacional, que acarretou a incapacidade da obreira para o desempenho de suas funções na empresa. O dano moral caracteriza-se, sobretudo, pela violação de direito concernente à integridade física do indivíduo: o direito à saúde. A proteção expressamente assegurada aos bens jurídicos extrapatrimoniais discriminados no art. 5º, inciso X, da CR/88 não exclui a proteção decorrente das normas infraconstitucionais (Código Civil e legislação especial). Ademais, ao inscrever a dignidade da pessoa humana entre os fundamentos da República e do Estado Democrático de Direito, a Constituição (art.1º, inciso III) consagrou cláusula geral de proteção à pessoa e aos direitos de personalidade, visando coibir toda e qualquer forma de atentado ao ser humano. (MINAS GERAIS. Acórdão TRT 3ª R. — 7ª Turma — Proc. 01099-2005-070-03-00-4 RO — Rel. Juíza Convocada Taísa Maria M. de Lima. Minas Gerais — Diário do Judiciário — Tribunal Regional do trabalho 3º Região, Poder Judiciário, Belo Horizonte, MG, 19 dez. 2006. p.21.).[(65)]

---

(64) BITTAR, Carlos Alberto. *Os direitos da personalidade.* 3. ed. Rio de janeiro: Forense Universitária, 1999. p. 67.

(65) MINAS GERAIS. Tribunal Regional do Trabalho (3ª Região). Acórdão Processo n. 01099-2005-070-03-00-4 RO da 7ª Turma. Ofensa ao direito à integridade física do trabalhador provada mediante perícia — desnecessidade de prova do dano moral — cláusula geral de tutela à pessoa e aos direitos de personalidade. Relatora: Juíza Convocada Taísa Maria M. de Lima. Minas Gerais, 19 de dezembro de 2006. Disponível em: < http://www.trt3.jus.br/>. Acesso em 10 mar. 2012.

Correlato ao direito à vida, reconhece-se, também, o direito à integridade física. Nesse caso, o direito tutelado é a higidez do ser humano no sentido mais amplo da expressão, mantendo-se, portanto, a incolumidade corpórea e intelectual, repelindo-se as lesões causadas ao funcionamento normal do corpo humano.

No âmbito de determinadas atividades e profissões (mineradores, mergulhadores etc.), o risco de lesões à saúde é inerente à atividade desenvolvida. Nesses casos, embora a prática seja lícita e autorizada, compete ao responsável pela atividade tomar todas as providências tendentes a evitar ou a minimizar as possibilidades de dano, com a adoção de todos os mecanismos de segurança previstos na legislação, respondendo, porém, independentemente de culpa, pelas lesões causadas, conforme prescrição do parágrafo único do art. 927 do Novo Código Civil.

❑ 2.4. Limites à autonomia da vontade em face da saúde e segurança do trabalhador

Outra questão importante que se afigura diz respeito aos limites do poder da vontade individual ou coletiva diante dos princípios constitucionais expostos ao longo do texto.

O direito à saúde constitui direito social pertencente ao gênero dos direitos fundamentais (arts. 6º e 196 da Constituição Federal) e, como tal, é dotado da característica da irrenunciabilidade. Direitos fundamentais não podem ser renunciados. Alguns deles podem até não ser exercidos, mas não se admite que sejam renunciados.[66]

Os direitos fundamentais interferem na autonomia privada e tornam ofensivas à dignidade e lesivas aos direitos de personalidade do trabalhador as exigências contratuais ou pré-contratuais que extrapolem a exata finalidade e os limites da operação econômica e venham a atingir o núcleo da pessoa.[67]

As condições da entrega da força de trabalho não refletem tão somente questões de natureza eminentemente patrimonial, senão também situações jurídicas pessoais traduzidas em direito. Assim, por exemplo, o trabalho em local insalubre não é juridicamente relevante só enquanto um adicional legal de 40%, 20% ou 10% sobre o salário mínimo, mas como um possível e eventual dano à saúde (direito fundamental).[68]

---

(66) SILVA, José Afonso da. *Curso de direito constitucional positivo*. 23. ed. revisada e atualizada. São Paulo: Malheiros, 2004. p.181.

(67) GEDIEL, José Antônio Peres. A irrenunciabilidade a direitos da personalidade pelo trabalhador. *In:* SARLET, Ingo Wolfgang (Org.). *Constituição, direitos fundamentais e direito privado*. 2. ed. revisada e ampliada. Porto Alegre: Livraria do Advogado, 2006. p. 162.

(68) COUTINHO, Aldacy Rachid. A autonomia privada: em busca da defesa dos direitos fundamentais dos trabalhadores. *In:* SARLET, Ingo Wolfgang (Org.). *Constituição, direitos fundamentais e direito privado*. 2. ed. revisada e ampliada. Porto Alegre: Livraria do Advogado, 2006. p.182.

A existência de assimétrica posição de poder contratual de uma das partes contratantes, como se dá na relação de emprego típica, serviu para desativar o fundamento teórico da autonomia da vontade e como contribuição para a reconstrução da tradicional dogmática dos direitos fundamentais, segundo a qual os direitos fundamentais continuam como direitos subjetivos, mas possuem uma dimensão objetiva com dois sentidos.

O primeiro sentido dos direitos fundamentais consiste na sua garantia pelo Estado, que geram para ele uma obrigação negativa de não interferir no seu exercício, e uma obrigação positiva consistente no dever de editar medidas capazes de facilitar de modo real e efetivo a aplicação desses direitos. O outro sentido implica estender a vinculação dos direitos fundamentais entre os particulares, pouco importando que sejam pessoas físicas ou jurídicas. É o que se chama eficácia horizontal dos direitos fundamentais, também denominado pela doutrina eficácia privada ou externa dos direitos fundamentais,[(69)] os quais se tornam oponíveis nas relações privadas, e nessas, nas de emprego, cujo âmbito tem se mostrado fértil ao desenvolvimento da eficácia pluridimensional desses direitos, segundo a teoria de Drittwirkung.[(70)]

Um exemplo de eficácia horizontal dos direitos fundamentais seria o caso de um empresário demitir um trabalhador, logo após este último ter se acidentado em sua empresa. Nesse caso, o Judiciário poderá (ou até deverá) reintegrar o trabalhador, já que o ato motivador da demissão, além de inaceitável, fere, frontalmente, o princípio da dignidade da pessoa humana, fundamento da Constituição da República Federativa do Brasil e princípio-matriz de todos os direitos fundamentais (art. 1º, III, da CF/88).

Assim é que, no caso brasileiro, em respeito ao texto constitucional, parece lícito considerar a personalidade não como um novo redutor de poder do indivíduo, no âmbito do qual seria exercida a sua titularidade, mas como valor máximo do ordenamento, modelador da autonomia da vontade privada, capaz de submeter toda a atividade econômica a novos critérios de validade.

■ 2.4.1. Limite à negociação coletiva

A Carta Política do país reconhece os instrumentos jurídicos clássicos da negociação coletiva — convenções e acordos coletivos de trabalho (art. 7º, inciso XXVI, CF/88). Entretanto, existem limites jurídicos objetivos à criatividade normativa da

---

(69) LENZA, Pedro. *Direito constitucional esquematizado*. 16. ed. revista, atualizada e ampliada. São Paulo: Método, 2012. p. 965.

(70) BARROS, Alice Monteiro de. *Curso de direito do trabalho*. 2. ed. São Paulo: LTr, 2006. p. 593 e 594.

negociação coletiva trabalhista. As possibilidades e limites jurídicos para a negociação coletiva são orientados pelo princípio da adequação setorial negociada, ou seja, os critérios da harmonização entre as normas jurídicas oriundas da negociação coletiva (através da consumação do princípio de sua criatividade jurídica) e as normas jurídicas provenientes da legislação heterônoma estatal. A adequação setorial negociada não prevalece se concretizada mediante ato estrito de renúncia (e não de transação). Também não prevalece a adequação setorial negociada se concernente a direitos revestidos de indisponibilidade absoluta, os quais não podem ser transacionados nem mesmo por negociação sindical coletiva.

Esses direitos revestidos de indisponibilidade absoluta constituem-se em parcelas imantadas por uma tutela de interesse público que a sociedade democrática não concebe ver reduzidos em qualquer segmento econômico-profissional, sob pena de se afrontarem a própria dignidade da pessoa humana e a valorização mínima deferível ao trabalho (arts. 1º, III e 170, *caput*, CF/88).

Na verdade, está-se aqui diante de uma das mais significativas limitações manifestadas pelo princípio da adequação setorial negociada, informador de que a margem aberta às normas coletivas negociadas não pode ultrapassar o patamar sociojurídico civilizatório mínimo característico das sociedades ocidental e brasileira atuais. Nesse patamar, evidentemente, encontram-se a saúde e suas repercussões no âmbito empregatício.[71]

Depreende-se, do exposto, que cláusulas coletivas que violam os direitos relativos à saúde e segurança no ambiente de trabalho, entre os quais a jornada de trabalho de 44 h semanais (arts. 7º, XIII, da CF/88) e concessão de intervalos mínimos intra e interjornada (arts. 66 e 71 da CLT), devem ter sua eficácia e validade declarada nula pelo Poder Judiciário.

A ementa colacionada espelha o entendimento esposado:

> **INTERVALO INTRAJORNADA. TURNO ININTERRUPTO DE REVEZAMENTO. REDUÇÃO. ACORDO COLETIVO. INVALIDADE.** A jurisprudência dominante desta Corte segue no sentido de que o intervalo intrajornada para refeição e descanso, previsto no artigo 71, § 4º, da CLT, é direito de todo trabalhador, independentemente de a jornada estipulada ser de 6 ou 8 horas ou o trabalho ser realizado em sistema de turnos ininterruptos de revezamento, devendo o período ser de uma hora sempre que a duração da jornada for superior a seis horas. Nos termos da Orientação Jurisprudencial n. 342, I, da SBDI-1 do Tribunal Superior do Trabalho, é considerada inválida cláusula de acordo ou convenção coletiva de trabalho que contempla a supressão ou redução do intervalo intrajornada porque este constitui medida de higiene, saúde e segurança do trabalho, garantido por norma de ordem pública. Recurso de revista de que se conhece e a que se dá parcial provimento. Processo: RR-129600-88.2007.5.15.0001. Data de julgamento: 16.5.2012, Relator Ministro: Pedro Paulo Manus, 7ª Turma, Data de Publicação: DEJT 25.5.2012.[72]

---

(71) DELGADO, Mauricio Godinho. *Introdução ao direito do trabalhador.* 4. ed. São Paulo: LTr, 2005. p. 1398-1401.

(72) BRASIL. Tribunal Superior do Trabalho. Acórdão 7ª Turma, RR-129600-88.2007.5.15.0001. Recorrente: Cláudio Henrique Gomes Leal. Recorridos: Pirelli Pneus S.A., Valmir Moraes e Luiz Carlos

Deve-se enfatizar também que, na questão relativa à saúde e segurança do trabalhador, todas as normas são cogentes e de ordem pública, porque o interesse visado protege não só o indivíduo, mas a sociedade como um todo. Por isso, não dispõem as partes de liberdade alguma para ignorar ou disciplinar de forma diversa os preceitos estabelecidos, a não ser para ampliar a proteção mínima estabelecida.

■ 2.4.2. Limite ao exercício do direito de propriedade privada (empresa)

Não obstante o limite imposto à autonomia da vontade dos contratantes e à própria negociação coletiva, quando se trata de aspecto relativo à manutenção da saúde do trabalhador, aborda-se, ainda, o limite imposto ao exercício da propriedade privada (empresa) diante da tutela da saúde do trabalhador (direto fundamental).

Se, de um lado, a Constituição Federal adota o sistema econômico, fundado na iniciativa privada, ao reconhecer o direito de propriedade como um dos princípios da ordem econômica, do outro, estabelece que toda propriedade, inclusive a empresa, não pode se afastar de sua função social (art. 5º, XXIII, da CF/88), a consistir na consecução da finalidade de assegurar a todos existência digna, conforme os ditames da justiça social.(73)

Infere-se daí que a Lei Maior condiciona a liberdade de iniciativa e o direito de propriedade à sua função social (arts. 1º, III, 170, III, 182, § 2º, e 186, da CF/88). Os incisos III e IV do art. 186 prescrevem que a propriedade atende sua função social quando atende às disposições que regulam a relação de trabalho e, ainda, quando a exploração da propriedade favorece o bem-estar dos proprietários e dos trabalhadores.

Soma-se a isso o entendimento de que a primazia do trabalho sobre a ordem econômica e social privilegia o trabalhador antes de avaliar sua atividade; valoriza o trabalho do homem em dimensões éticas que não ficam reduzidas a meras expressões monetárias. É a primazia do trabalho humano sobre o capital. Com esse avanço constitucional, a ordem jurídica brasileira está preparada para acolher, sem atritos, as modernas convenções e outros documentos internacionais que protegem a vida, a dignidade e a saúde do trabalhador.(74)

Com base nesses argumentos e para proteger a saúde e a segurança, direitos indisponíveis do trabalhador, o auditor fiscal do trabalho conta com os instrumentos legais do embargo e da interdição, a fim de garantir esses direitos, conforme previsto no art. 161 da CLT, e, em pleno vigor:

Antonio Canto. Relator Ministro Pedro Paulo Manus. *Diário Oficial da União,* Brasília, 16 de maio de 2012. Disponível em: <http://aplicacao5.tst.jus.br/consultaunificada2/>. Acesso em 20 jun. 2012.

(73) GOMES, Dinaura Godinho Pimentel. *Direito do Trabalho e dignidade da pessoa humana no contexto da globalização econômica:* problemas e perspectivas. São Paulo: LTr, 2005. p. 133.

(74) OLIVEIRA, 2010, p.117.

> Art. 161 — O Delegado Regional do Trabalho (Superintendente Regional do Trabalho e Emprego), à vista do laudo técnico do serviço competente que demonstre grave e iminente risco para o trabalhador, poderá interditar estabelecimento, setor de serviço, máquina ou equipamento, ou embargar obra, indicando na decisão, tomada com a brevidade que a ocorrência exigir, as providências que deverão ser adotadas para prevenção de infortúnios de trabalho.[75]

Risco grave e iminente pode ser conceituado como sendo toda e qualquer condição ambiental que esteja na iminência de propiciar a ocorrência de acidente de trabalho, inclusive, em suas variantes de doença profissional ou do trabalho, com lesões graves à saúde ou à integridade de pelo menos um trabalhador, ou mesmo a própria morte deste.

É essa condição descrita acima que autoriza, à vista de laudo técnico da auditoria fiscal do trabalho, o superintendente regional do Trabalho e Emprego, no exercício do seu poder de polícia, a limitar o exercício da propriedade privada pelo empregador, mediante embargo de obra ou interdição de setor de serviço da empresa, como medida extrema e adequada ao resguardo da saúde, vida e integridade física do trabalhador.[76]

É a auditoria fiscal do trabalho uma das manifestações do poder de polícia administrativo que age limitando ou regulando a atividade dos particulares e, eventualmente, se necessário, age por meio da coação a fim de proteger o todo social e suas partes contra danos que podem se originar da atividade humana.

Trata-se de interesse público que confere ao Estado o direito e o dever de exercer funções fiscalizadoras, sobretudo quando se trata de norma legal protetora da saúde e da integridade física do trabalhador.

Colaciona-se jurisprudência que ilustra o assunto abordado:

> **EMENTA: EMBARGO DE OBRA. RISCO IMINENTE. APURAÇÃO.** Evidenciado no laudo da auditoria fiscal do Ministério do Trabalho, lavrado após vistoria da obra da recorrida, que as atividades exercidas expunham os empregados a fumos metálicos intensos, capazes de causar risco grave e iminente à saúde, impõe-se cassar a liminar que suspendeu o ato administrativo de embargo parcial da obra, tendo em vista a inexistência do *fumus boni juris*. Processo RO-01712-2009-036-03-00-6. Juiz de Fora, 22 de fevereiro de 2011. Juiz Relator Rogério Valle Ferreira.[77]

Vê-se, portanto, que a legislação apresenta as referidas medidas extremas como aptas a garantir o mais importante direito humano: a vida.

Na escala de valores, acima dos direitos decorrentes do trabalho, devem figurar as garantias possíveis da preservação da vida e da integridade física e mental do trabalhador.

---

(75) *CLT acadêmica*. 3. ed. São Paulo: Saraiva, 2005. p. 78.

(76) AMORIM JUNIOR, Cléber Nilson Ferreira. O embargo de obra e a interdição de estabelecimento, de máquinas e de setor de serviço previstos no art.161 da CLT. Considerações jurídicas. *Jus Navigandi*, Teresina, ano 16, n. 2791, 21 de fevereiro de 2011. Disponível em: <http://jus.com.br/revista/texto/18541>. Acesso em 26 jun. 2012.

(77) MINAS GERAIS. Tribunal Regional do Trabalho (3ª Região). Processo RO-01712-2009-036-03-00-6. Embargo de obra. Risco iminente. Apuração. Juiz Relator: Rogério Valle Ferreira, 22 de fevereiro de 2011. Disponível em: < http://www.trt3.jus.br/>. Acesso em 10 mar. 2012.

Como preleciona o professor Sebastião Oliveira:

> Não basta assegurar direitos reparatórios aos lesados (visão da infortunística); é imperioso, também, exigir que o empregador ou tomador dos serviços adote todos os recursos e tecnologias disponíveis para evitar as lesões (visão prevencionista) [...]. [78]

Essa ideia está consubstanciada na Política Nacional de Segurança e Saúde no Trabalho, aprovada pelo Decreto n. 7.602, de 7 de novembro de 2011 (Anexo E), que tem como um de seus princípios "a precedência das ações de promoção, proteção e prevenção sobre as de assistência, reabilitação e reparação".[79]

O princípio constitucional da inviolabilidade do direito à vida (art. 5º, *caput*, da CF/88) abrange tanto o direito de não ser morto, privado da vida, portanto, o direito de continuar vivo, como também o direito de ter uma vida digna.[80] Assim sendo, deve-se considerar que o trabalhador põe à venda sua força de trabalho e não a sua vida ou dignidade.

De tudo que foi exposto, chega-se às seguintes conclusões:

a Constituição Federal erigiu a princípio constitucional o direito à saúde (art. 6º), o qual, aliás, mostra-se indissociável de dois outros princípios, também constitucionais: o da dignidade da pessoa humana e o da garantia a um meio ambiente do trabalho equilibrado (arts. 1º, III, e 225 c/c 200, VIII);

o princípio da indisponibilidade da saúde do trabalhador fundamenta-se na constatação, com matriz constitucional, de que as normas de medicina e segurança do trabalho são parcelas imantadas por uma tutela de interesse público, a qual a sociedade democrática não concebe ver reduzida em qualquer segmento econômico-profissional, sob pena de se afrontarem a própria dignidade da pessoa humana e a valorização mínima deferível ao trabalho (arts. 1º, III, e 170, *caput*, da Constituição Federal).

o dever geral de cautela do empregador lhe impõe a obrigação de proteger o patrimônio físico, psicológico e moral do trabalhador, pois é do empregador o risco do negócio (arts. 2º e 157 da CLT), cabendo ao Estado, via de regra, as atribuições de produção normativa e fiscalização da aplicação das normas relativas à saúde do trabalhador.

---

(78) OLIVEIRA, 2010, p.112.

(79) BRASIL. Decreto n. 7.602 de 7 de novembro de 2011. Dispõe sobre a Política Nacional de Segurança e Saúde no Trabalho — PNSST. *Diário Oficial da União*, Poder Executivo, Brasília, DF, 8 de novembro de 2011. Seção 1. Disponível em: <http://portal.saude.gov.br/portal/arquivos/pdf/decreto7602_2011_st.pdf>. Acesso em 10 set. 2012.

(80) LENZA, Pedro. *Direito constitucional esquematizado*. 16. ed. revista, atualizada e ampliada. São Paulo: Método, 2012. p. 970.

CAPÍTULO 3
PRINCÍPIO DO RISCO MÍNIMO REGRESSIVO

"A ciência dá passos e não saltos." Thomas Macaulay

O presente capítulo visa demonstrar a profunda relevância do princípio do risco mínimo regressivo para o sistema jurídico de tutela da saúde e segurança do trabalhador no país. A denominação do mencionado princípio foi cunhada pelo professor Sebastião Geraldo de Oliveira e traduz, com precisão, a essência do seu conteúdo[(81)].

Sabe-se que a lei é concebida diante da realidade da experiência humana e não deve ser interpretada de modo a levar ao inatingível, por isso a efetividade e a eficiência dos direitos sociais, especialmente de grande parte dos direitos fundamentais dos quais se extrai o princípio da indisponibilidade da saúde do trabalhador, só são possíveis levando-se em conta, na sua concretização, aspectos de natureza social, política e econômica.

Eis aí o problema da efetividade dos direitos sociais. Situado o ser humano como centro do processo de desenvolvimento, e presentes os caracteres social e democrático da ordem constitucional instaurada, devem ser concebidas políticas públicas que, além da edição de leis, promovam a interação entre Estado e sociedade, com vista ao fortalecimento dos direitos econômicos, sociais e culturais[(82)].

Conceitos, tais como direito de viver uma vida decente, somente podem se tornar operacionais numa sociedade construída de forma a torná-los possíveis, e podem ser abordados somente de forma indireta, por meio de políticas e mudanças institucionais permanentes, sem as quais tais direitos são totalmente inúteis.[(83)]

Na realidade, o problema da efetividade dos direitos sociais expõe a insuficiência do paradigma kelseniano, isto é, da concepção de um direito puro e neutro, alheio a questões empíricas, interações axiológicas ou considerações de justiça concreta. A efetividade dos direitos sociais depende de um enfoque necessariamente interdisciplinar, que abra o sistema jurídico aos dados econômicos e sociais. Outrossim, os problemas de falta de efetividade também decorreriam da carência de um desenvolvimento teórico da noção de Estado Social semelhante àquele exis-

---

(81) OLIVEIRA, 2010, p.124.

(82) RODRIGUES, Maria Helena. Os direitos econômicos, sociais e culturais: uma realidade inadiável. *PROPOSTA: Revista Trimestral de Debate FASE*, v. 31, n. 92, p. 26-27, mar./maio 2002.

(83) HOBSBAWN, Eric J. *Mundos do trabalho:* novos estudos sobre história operária**.** Tradução Waldea Barcellos e Sandra Bedan. São Paulo: Paz e Terra, 2000. p. 435-436.

tente para o conceito de Estado Liberal Clássico, e não propriamente à ausência de mecanismo de tutela dos direitos sociais em si. Por tal motivo, embora representem o grande trunfo do constitucionalismo do século XX, os direitos sociais ainda enfrentam dificuldades de efetivação prática.(84)

Nesta perspectiva, é apresentado, em item específico desse capítulo, o princípio da precaução, que contribui para o entendimento da aplicação do princípio do risco mínimo regressivo, com a indispensável visão multidimensional do problema dos riscos.

Objetiva-se, ainda, harmonizar o preceito da indisponibilidade da saúde do trabalhador ao princípio do risco mínimo regressivo, uma vez que, além de ambos possuírem matriz constitucional, perfazendo um todo monolítico, a efetivação do primeiro na realidade concreta se materializa dentro dos parâmetros estabelecidos pelo segundo. O primeiro é categórico ao tratar a saúde do trabalhador como bem indisponível. O segundo exprime o consenso que a sociedade, em cada época, estabelece para o que são riscos aceitáveis para os seus trabalhadores em dado momento.

O preceito a que se refere o art. 7º, XXII, da Constituição, prescrevendo a "redução dos riscos inerentes ao trabalho, por meio de normas de saúde, higiene e segurança", é um direito estrutural, encerra um princípio, qual seja que o risco de acidente de trabalho ou doença ocupacional deve decrescer com o avanço da tecnologia.

Esse entendimento é corroborado pelo art. 4º da Convenção n. 155 da OIT, ratificada pelo Brasil, que estabelece que se deve: "[...] reduzir ao mínimo, na medida que por razoável e possível, as causas dos riscos inerentes ao meio ambiente de trabalho".(85)

Pode-se dizer que o presente capítulo busca respostas para as seguintes indagações: Qual o limite da redução dos riscos à segurança e saúde do trabalhador? O empregador deve reduzir os riscos a zero ou é suficiente reduzi-los a limites toleráveis? Há critérios para a escolha de uma ou outra opção?

Nesse sentido, este capítulo dá continuidade à análise particularizada dos princípios específicos do direito tutelar da saúde e segurança do trabalhador. Para tanto, apresenta os riscos no meio ambiente de trabalho, discorre sobre a contribuição do princípio da precaução para o entendimento do princípio do risco mínimo regressivo, aborda os limites de tolerância sob a perspectiva do princípio do risco mínimo regressivo e, ao final, é realizada a aplicação prática do mencionado princípio.

---

(84) ARIZA, Santiago Sastre. Hacia uma teoria exigente de los derechos sociales. *Revista de Estudios Políticos*, Madrid, n. 112, abr./jun. 2001. p. 253-255.

(85) OIT. **Convenção n. 155**: Segurança e Saúde dos Trabalhadores e o Meio Ambiente de Trabalho. Genebra, 1981. Vigora no Brasil desde 18.5.1993.

❑ 3.1. Os riscos no meio ambiente de trabalho

O meio ambiente de trabalho constitui-se em espaço de concretização das relações de trabalho. Na realidade, a noção de um *locus* onde se presta o trabalho requer uma necessária correlação entre a atividade desempenhada, as condições e as performances do trabalho, bem como sobre os riscos que podem ocasionar efeitos físicos, psíquicos e sociais sobre o trabalhador.

Em discurso proferido no dia 26 de abril de 2012, no Workeres Memorial Day, em Los Angeles, na Califórnia, o secretário do trabalho Hilda L. Solis asseverou: "Todos os dias nos Estados Unidos, 13 pessoas vão trabalhar e nunca mais voltam para casa. Todos os anos nos Estados Unidos, cerca de 4 milhões de pessoas sofrem uma lesão no local de trabalho em virtude da qual alguns podem nunca se recuperar. Estas são tragédias evitáveis. Elas desestruturam nossos trabalhadores, destroem nossa família e prejudicam a nossa economia. Os trabalhadores americanos não estão procurando por um almoço grátis. Eles estão procurando um bom pagamento para um dia de trabalho duro. Eles só querem ir trabalhar, sustentar suas famílias, e chegar em casa em segurança."[86]

Por seu turno, no Brasil, dados fornecidos pelo anuário estatístico do Ministério da Previdência Social e do Ministério do Trabalho e Emprego (MTE) revelam que em 2009 foram registrados 723 mil acidentes de trabalho. Na avaliação de Alexandre Gusmão, editor do Anuário Brasileiro de Proteção, a retomada dos acidentes no país está ligada ao rápido crescimento da economia brasileira na última década. "Muitos postos de trabalho foram criados, o que expôs esses novos trabalhadores a situações de risco a que não estavam preparados".[87] Atualmente, no Brasil, a cada dia, quase dois mil trabalhadores se acidentam, defendendo o pão da família. Desses, 43 não retornam mais ao trabalho, ou porque ficaram incapacitados para sempre, ou porque morreram. Em média, 7 pessoas perdem suas vidas por dia trabalhando.[88]

Os dados apresentados sobre acidentes de trabalho são alarmantes e suficientes para situar o leitor no assunto tratado, dispensando a abordagem da subnotificação, que trata de acidentes não contabilizados oficialmente, acerca da qual um estudo detido, certamente, nos revelaria números ainda mais assustadores.

Em vista disso, as situações descritas revelam a ocorrência de riscos no trabalho. Não é sem sentido que a ideia de risco se associa à possibilidade de exposição

---

(86) HILDA, Solis. *Workers Memorial Day*. EUA: United States Department of Labor. Disponível em: < http://www.dol.gov/_sec/media/speeches/20120426_WMD.htm>. Acesso em 20 jun. 2012.

(87) Acidentes de trabalho no Brasil cresceram 13,4%. *Revista Proteção*, Novo Hamburgo, fev. 2010. Disponível em: <http://www.protecao.com.br/noticias/estatisticas/acdentes_de_trabalho_no_brasil_crescem_13,4/J9jgAA>. Acesso em 20 jun. 2012.

(88) ACIDENTES de trabalho provocam 7 mortes por dia. *Revista Proteção*, Novo Hamburgo, nov. 2011. Disponível em: < *http://www.protecao.com.br/noticias/estatisticas/acidentes_de_trabalho_provocam_sete_mortes_por_dia/J9y5AJyJ* >. Acesso em 25 mar. 2013.

a um evento danoso ou a uma série de circunstâncias e situações que podem colocar em perigo a saúde e a vida dos trabalhadores, principalmente através do acontecimento infortunístico.

Aqui merece ser registrado que o risco advém de uma decisão humana, não indicando, por conseguinte, surpresa. Existe uma expectativa, mesmo que remota, que possa acontecer. Um exemplo disso são as atividades desenvolvidas na pavimentação, na qual os trabalhadores se expõem a emissões tóxicas de asfalto que são agentes químicos cancerígenos.[89]

Apesar de não ser muito explorado pela literatura, distingue-se o risco do perigo. Este último é atribuído a uma causa externa, evento ocasionado pela natureza, ausente a noção de opção. Claro que se tendo antecipadamente ciência do perigo de determinado desastre, a omissão em preveni-lo transforma-o em risco.[90]

O termo risco surgiu primeiramente no período de transição entre a Alta Idade Média e o início da Era Moderna. Apesar de a etimologia da palavra ser desconhecida, alguns suspeitam que ela seja de origem árabe. Documentos medievais fazem referência ao vocábulo e, após o advento da imprensa escrita, ele se tornou bastante usual na Itália e Espanha, principalmente na aplicação aos campos da navegação e do comércio marítimo.[91]

Decerto que o risco no trabalho está diretamente associado ao ambiente e ao tipo de atividade exercida. Observa-se, por conseguinte, que existe um processo de seletividade do risco, determinado prioritariamente por aqueles que possuem os meios de produção, levando-se em conta os componentes ambientais, como temperaturas elevadas, agentes físico-químicos, máquinas, a performance do trabalho e as próprias relações humanas estabelecidas no local de trabalho.

Cabe entender que os riscos no trabalho são associados, frequentemente, à tomada de medidas de segurança. Em certo modo, a determinação de patamares mínimos de exposição, como *standards*, níveis de tolerância, limites legais a agentes agressivos, tem como base o estabelecimento de mensuração do risco a que deve ser submetido o trabalhador e o próprio ambiente de trabalho.

Além do mais, adverte-se que somente a percepção global do meio ambiente do trabalho e a análise de todos os seus elementos oferece possibilidade de prevenção do infortúnio e eliminação ou pelo menos redução do risco do trabalho.

Portanto, a identificação do ambiente de trabalho constitui *conditio sine qua non* para o mapeamento dos riscos relacionados com uma atividade específica.

---

(89) GUIMARÃES, João Roberto Penna de Freitas. Riscos para os trabalhadores de pavimentação de ruas. Disponível em: <http://bvsms.saude.gov.br/bvs/trabalhador/pdf/texto_pavimentacao_ruas.pdf>. Acesso em 20 jun. 2012.

(90) LUHMANN, Niklas. *Risk:* a sociological theory. Traduzido por Rhodes Barret. New York: Aldine de Gruyter, 1993. p. 1-31.

(91) LUHMANN, 1993, p. 9-10.

Evidentemente que o risco ao qual está submetido um operário de uma usina nuclear toma forma diferente daquele a que está exposto o trabalhador da construção, assim como é diverso do risco a que está submetido um alto executivo que exerce sua função em um escritório.

No entanto, a dimensão do risco está sempre presente, em maior ou menor grau, em qualquer atividade de trabalho, na medida em que a própria sociedade hodierna sofre coletivamente com essa problemática de forma diferenciada.

Nas indústrias tecnológicas de alto risco, como a nuclear e a química, o uso de substâncias nocivas têm maximizado os riscos para trabalhadores e para a própria sociedade. A necessidade de medidas de restrição parece ser inquestionável. Entretanto, qualquer tentativa concreta nesse sentido pode afetar a produção. Mais uma vez, então, o processo produtivo passa a ser meta, sendo que as condições de trabalho são vistas como qualquer outro fator produtivo.[92]

Além disso, considera-se oportuno mencionar que os riscos profissionais na industrialização primária, período inicial do processo industrial, podem ser considerados riscos peculiares a outra época, pois os perigos atuais constituem produto global da maquinaria do progresso tecnológico, adquirindo formas mais agudas e sistemáticas, conformando um novo paradigma societário: a sociedade do risco.[93]

Os riscos atuais não são tão somente pessoais, adquirem dimensões globais e ameaçam a coletividade, na medida em que se observam a produção social da riqueza e a desigualdade social acompanhada, sistematicamente, pela produção de riscos, como aqueles decorrentes da ameaça nuclear e dos impactos ambientais.

De fato, a sociedade de risco enfrenta, como questão fundamental, a tarefa de evitar, minimizar e canalizar os perigos produzidos no processo avançado de modernização.

Em vista disso, apesar do pressuposto da existência de riscos de massa, a forma em que são direcionados sistematicamente modifica-se para determinados setores da sociedade que suportam as cargas de substâncias nocivas com maior regularidade, volume e incidência. Consequentemente, a exposição ao risco assume significado completamente diferente para pessoas diferentes, de acordo com o tipo de trabalho, a informação, educação e camada social.[94]

Deve ser destacado que, na sociedade atual, existem aqueles que produzem os riscos nos ambientes de trabalho, como as empresas, multinacionais e indús-

---

(92) SIMITS, Spiros. Juridification of labor Law. *In:* ______. *Juridificacion of social spheres:* a comparative analysis in the areas of labor, corporate, antitrust and social welfare Law. Berlin: New York: Walter de Gruyter, 1987. p.146.
(93) BECK, Ulrich. *La sociedade del riesgo*: hacia uma nueva modernidad. Barcelona: Buenos Aires: México,1998. p. 25-28.
(94) *Ibid.*, p. 32.

trias pesadas, e outros que são diretamente afligidos por esse mesmo risco. Como resultado, importa acentuar que o cenário da flexibilização pode ser analisado como uma redistribuição dos riscos do Poder Público e do mercado para todos os indivíduos expostos ao trabalho precário.

Algo que seria restrito a contingente limitado de trabalhadores em determinadas categorias pode passar, em médio prazo, a constituir parcela significativa, pois cerca da metade da população ativa deve trabalhar sob condições incertas, como *part time* e trabalho autônomo, sendo atingida diretamente por riscos no trabalho.[(95)]

Especialmente graves e em decorrência da sociedade do risco, surgem os acidentes e doenças do trabalho em ritmo intenso. A situação indica que quanto maior a complexidade nos mundos do trabalho, em que se disseminam diferentes práticas e modos de produção, os riscos são, igualmente, proliferados. Em regra, esses riscos refletem fatalidades.[(96)]

Aqui reside a dimensão da seletividade da exposição ao risco, pois determinadas categorias são mais vulneráveis do que outras a determinados agentes agressivos. Como resultado, pode ser realmente questionado qual seria o risco aceitável, e em que parâmetros se estabelecem esses índices de aceitabilidade e de compensação monetária aos riscos a que estão expostos certos trabalhadores.

Em geral, os acidentes de trabalho possuem classicamente causa definida e determinada, acontecendo em um preciso instante, como a explosão de uma caldeira, queda de trabalhador de um andaime ou eletrocução em um sistema de alta voltagem. Diz-se que o acidente tem como critério a subitaneidade, devido à possibilidade de localizá-lo em específico tempo e espaço.

Talvez, esse seja um dos elementos distintivos entre o acidente e a doença ocupacional, na medida em que esta se manifesta de modo insidioso e aquele sempre acontece de forma súbita. No entanto, intoxicações agudas podem também possuir uma ruptura abrupta.

Por sua vez, como já foi pontuado anteriormente, as doenças do trabalho são resultantes diretamente do trabalho desempenhado e sob as condições em que é realizado. São resultado do contato dos trabalhadores com determinados agentes agressivos à saúde.

Nesse sentido, as patologias do trabalho podem ter longos períodos de latência, tornando a determinação da causa geralmente difícil, como, por exemplo, absorção de agentes químicos, como o benzeno, contato com substâncias, como amianto, ocorrência de lesões repetitivas e ambientes de severa pressão e esforço mental acentuado.[(97)]

---

(95) BECK, Ulrich. *World risk society*. Cambridge: Polity, 1999. p. 11.
(96) LUHMANN, 1993, p. 70.
(97) MENDES, René. Saúde e segurança no trabalho: acidentes e doenças ocupacionais. *In:* ______. *O trabalho no Brasil no limiar do século XXI*. São Paulo: LTr, 1995. p. 190.

As mudanças no mundo do trabalho ocasionam repercussões nos ambientes de trabalho e o aparecimento de novos riscos e repercussões sobre a vida e a saúde do trabalhador. Por conta do desenvolvimento de novas tecnologias, como os vídeo-terminais, surgem consequências para o obreiro, como, por exemplo, catarata, fadiga, dor de cabeça, dor muscular, estresse, depressão, problemas neurológicos.

René Mendes indica que o trabalho pode fazer com que as pessoas venham a morrer prematuramente por agravos que ocorrem excessivamente em algumas categorias. O trabalho pode, ainda, agregar sofrimento à morte, como é o caso de muitos trabalhadores silicóticos que somente alcançam a morte depois de intenso sofrimento, e prejudicar o direito de dignidade no ato de morrer, em caso de mortes drásticas como o esmagamento em um moinho.(98)

De outra forma, há quem coloque como elemento recorrente nas situações de infortúnio no meio ambiente de trabalho a existência do erro humano. Aqui importa salientar que, da noção inicial de que o erro é humano, passou-se, atualmente, ao entendimento de que o erro revela que algo não está bem na organização do trabalho.(99)

As ocorrências de erros são perceptíveis e associadas a defeitos de concepção das máquinas, dificuldades de comunicação e falhas humanas de uma forma geral. Por isso mesmo, a atitude preventiva constitui a única prática segura existente.

No entanto, é necessário registrar que pode ser muito simplista relacionar os acidentes e as doenças ocupacionais como falhas humanas. De fato, existem certas atividades em que se convive com riscos graves, agentes agressivos letais. Evidentemente que falhas em ambientes de trabalho de altíssimo risco são diferentes daquelas associadas a trabalhos prestados em situação de baixa periculosidade e insalubridade.

Na realidade, não se trata tão somente de compreender essa situação como originária do erro humano, mas como algo diretamente vinculado à exposição ao risco, produzido e engendrado por uma determinada lógica de produção, de consumo e de padrão de vida imposta na atualidade.(100)

Com essas considerações, ambiciona-se superar os limites das atuais abordagens de análise de acidentes, relacionando-se estes eventos aos aspectos sociais e organizacionais na sua geração, por meio de abordagens que integrem a dimensão social à dimensão técnica dos sistemas geradores de riscos, mediante abordagens denominadas sociotécnicas.

---

(98) *Ibid.*, p. 201.

(99) FARIA, Maria da Graça Lobato. *O erro humano.* Lisboa: MESS: DSICT: DICT, 1994. p. 7.

(100) ROCHA, Júlio César de Sá da. *Direito ambiental do trabalho:* mudança de paradigma na tutela jurídica à saúde do trabalhador. São Paulo: LTr, 2002. p. 132-139.

Tais abordagens permitem uma compreensão mais ampla e efetiva das dinâmicas que propiciam um acidente ao integrarem a análise da rede de fatores causais e imediatos que desencadeiam a ocorrência dos eventos dentro dos aspectos gerenciais e organizacionais de uma indústria específica.

A contribuição dos trabalhadores para os acidentes não deve ser considerada como se fossem simples erros ou falhas humanas isoladas, mas como tentativas fracassadas de controle das disfunções do sistema produtivo e, portanto, são importantes fontes de revelação das falhas gerenciais de uma organização.

Para além dos erros humanos ou falhas dos dispositivos técnicos de caráter imediato apontados como causa de acidentes, a sua análise deve almejar revelar as decisões e ações subjacentes à cadeia de eventos que culminaram na perda de integridade e segurança do sistema. Tais causas subjacentes aos acidentes, ao permanecerem ocultas, impedem que ocorra um efetivo aprendizado para o desenvolvimento de estratégias eficazes de controle e prevenção.[(101)]

Feitas essas considerações, segue no próximo item uma síntese do artigo *Le principe de précaution une nouvelle logique de l'action entre science et démocratie*, produzido por Olivier Godard, PHD em economia pela Universidade de Paris, cuja contribuição para a compreensão do assunto tratado é de valor inestimável.[(102)]

O referido autor defende a adoção do princípio da precaução para avaliar o problema dos riscos, segundo uma nova forma de ação entre a ciência e a democracia. Este modelo pressupõe que a análise e gestão de riscos seja baseada no conhecimento científico objetivo em oposição ao modelo clássico sustentado na legitimidade racional-legal.

❑ 3.2. Princípio da precaução e sua contribuição para o entendimento do princípio do risco mínimo regressivo

O princípio da precaução situa-se na interface entre duas formas macroscópicas de representação: a representação do mundo nas suas diferentes vertentes (mundo físico, social, objetos técnicos etc.) marcado pela tensão entre as representações sociais e as representações científicas, e, a representação da responsabilidade de salvaguardar os interesses e exigências dos cidadãos por parte das instituições públicas.

---

(101) FREITAS, Carlos Machado de; PORTO, Marcelo Firpo de Souza; MACHADO, Jorge Mesquita Huet (Org.). *Acidentes industriais ampliados:* desafios e perspectivas para o controle e a prevenção. Rio de Janeiro: Fiocruz, 2000. p. 75-76.

(102) GODARD, Olivier. Le principe de précaution: une nouvelle logique de l'action entre science et démocratie. *Le Risque,* Paris, v. 11, p. 17-56, 2000.

Neste contexto, a tomada de decisões bem fundamentadas sobre a problemática dos riscos depende, essencialmente, do nível científico da peritagem realizada pelo Estado. A importância do princípio da precaução resulta das evoluções econômicas e sociais recentes, uma vez que, até então, não existiam mecanismos de prevenção e proteção e, desta forma, a população, instituições públicas e altos funcionários não demonstravam real vontade de prevenir os riscos e gerir as respectivas crises.

O grande desafio do princípio da precaução consiste em dotar as instituições públicas dos fundamentos racionais de decisão, através da investigação de novas formas de relação entre as representações do mundo e dos cidadãos. Para esse efeito, é necessário, por um lado, que as ações sejam equacionadas no seu conteúdo e programadas em função das perspectivas de desenvolvimento dos conhecimentos e, por outro lado, o envolvimento de vários autores no estudo de ações geradoras de risco como meio de conhecer a sua natureza e amplitude e, consequentemente, tratar essas ações como uma experiência científica tal como ela se apresenta.

Entre os anos de 1986 e 1993 o Estado-Providência conduziu a sua política de análise de riscos sem intervenção direta da ciência, ou seja, sem recorrer à análise científica dos problemas em jogo e riscos associados. A razão para tal postura residiu em estudos estatísticos segundo os quais, nos domínios da saúde pública, alimentação e ambiente, a ciência não seria capaz de produzir, em tempo útil, os conhecimentos necessários e válidos para fundamentar as decisões das instituições públicas.

Nessas circunstâncias e em face da irreversibilidade ou gravidade de determinadas situações de risco, parte da sociedade adotou medidas de prevenção precoce, sem possuir um quadro científico global. Esta mesma atitude foi também adotada por altos dirigentes de empresas. Assim, agiu-se antes de conhecer os problemas na sua essência, conduzindo a uma falta de adequação entre as medidas de prevenção e a realidade dos riscos surgidos.

O princípio da precaução na perspectiva de Godard surge, assim, como a necessidade de se dispor de mecanismos (certezas) científicos dos casos em jogo para avaliação rigorosa dos riscos inerentes.

No seu estado embrionário, o princípio da precaução foi utilizado na Alemanha nos finais dos anos sessenta no domínio da proteção do ambiente e na gestão dos recursos naturais. Posteriormente, em 1987, o princípio da precaução foi claramente ventilado durante a Décima Conferência Internacional sobre a Proteção do Mar do Norte como meio de pressionar a adoção de medidas de controle de substâncias tóxicas.

No entanto, o princípio da precaução só foi proposto oficialmente na declaração do Rio de Janeiro em 1992, durante a Conferência das Nações Unidas sobre Meio Ambiente e Desenvolvimento, apresentando o princípio 15 o seguinte teor:

> De modo a proteger o meio ambiente, o princípio da precaução deve ser observado pelos Estados, de acordo com as suas capacidades. Quando houver ameaça de danos sérios e irreversíveis, a ausência de absoluta certeza científica não deve ser utilizada como razão para adiar medidas eficazes e economicamente viáveis para prever a degradação ambiental.(103)

Nessas circunstâncias, o princípio da precaução apresenta-se como instrumento político e jurídico de gestão de riscos, nos casos em que prevalece a incerteza científica sobre as repercussões que as novas descobertas da própria ciência e da técnica podem causar.

Na Europa, o princípio da precaução não se confinou apenas à área do ambiente, pelo contrário, verificou-se o seu rápido alargamento às áreas da segurança alimentar e da saúde pública. Foi o que aconteceu, por exemplo, no caso emblemático chamado *Mal da Vaca Louca*.

O Conselho de Estados propôs a adoção da seguinte medida: em situação de risco, uma hipótese subjetiva deverá ser considerada provisoriamente válida, mesmo que formalmente não tenha sido demonstrada.

Também a Corte de Justiça Europeia validou o princípio da precaução acerca da interdição da exportação da carne de vaca da Inglaterra ao adotar a seguinte posição: enquanto persistirem dúvidas quanto aos riscos para a saúde das pessoas, as instituições poderão tomar medidas sem esperar que a realidade e a gravidade dos riscos associados sejam plenamente demonstradas.

A questão de saber quando e como se deve utilizar o referido princípio suscita atualmente numerosas reflexões e tomadas de posição heterogêneas e por vezes contraditórias por parte de diversos países e atores sociais envolvidos.

A prevalência da dúvida sobre a causa e o grau de perigo potencial suscita o problema de ser possível distinguir entre a aplicação racional e a utilização irracional ou arbitrária do princípio da precaução como norma de direito. As diretrizes como a proporcionalidade e a coerência, que devem orientar as decisões de atuar ou de não atuar, tanto no campo político, como no do direito, exigem das instâncias decisórias o aprofundamento da compreensão do conteúdo e sentido do princípio da precaução.

Neste contexto, é interrogado se o princípio é uma simples extensão da prudência ou uma ruptura dos valores da modernidade; se é uma obrigação de prevenção ou um direito reconhecido de atuar às autoridades judiciais e administrativas; e finalmente se é uma regra de abstenção ou uma regra de ação.

Na realidade, as instâncias de decisão confrontam-se, constantemente, com o dilema de estabelecer o equilíbrio entre, por um lado, as liberdades e os direitos

---

(103) Declaração da ECO-92 sobre ambiente e desenvolvimento. Disponível em: <http://www.abdl.org.br/article/view/1824/1/247>. Acesso em 20 jun. 2012.

dos indivíduos, das empresas e das organizações, e, por outro, a necessidade de reduzir o risco de efeitos nocivos ao ambiente e à saúde das pessoas.

Por conseguinte, a obtenção de medidas coerentes demanda um processo de tomada de decisão estruturado e baseado em informações detalhadas de caráter objetivo e científico.

Escrevia Beck, em 1992, que "o risco atual não é produzido no contexto individual ou pessoal, mas é associado a situações globais de ameaça para toda a humanidade"(104). Trata-se de uma concepção ampliada do risco na qual se enquadra como causa determinante o desenvolvimento científico e tecnológico na medida em que este vem acompanhado de uma produção sistemática de riscos.

Já Godard partilha a ideia de que o princípio da precaução consiste numa nova visão do mundo, rompendo com certos valores e normas centrais de comportamento que precederam o desenvolvimento tecnológico, industrial e econômico do período contemporâneo. O autor sustenta que não se deve associar o princípio da precaução a uma regra de abstenção. A maior parte das situações necessitam de uma arbitragem entre um e outro risco e não entre uma opção de risco e outra de ausência completa de risco.

Segundo o autor, num mundo em que o conjunto de procuras concorrentes não pode ser satisfeito e no qual se impõem arbitragens sobre o modo de emprego dos recursos econômicos é impossível que o risco zero possa ser considerado como norma universal. Os novos riscos associados ao desenvolvimento científico e tecnológico comportam duas vias distintas de reflexão: por um lado, a gestão coletiva dos riscos potenciais e hipotéticos e, por outro lado, a restauração da confiança dos cidadãos no funcionamento das instituições públicas e na capacidade dos responsáveis públicos e privados e também dos cientistas para medirem os riscos que as suas decisões comportam para os cidadãos e para o ambiente.

O princípio da precaução se assenta sobre situações delicadas com componentes opostos. Neste contexto, renunciando-se às perspectivas de uma ação ajustada à natureza e às fontes de perigo que permitem um conhecimento suficientemente desenvolvido, a ação da precaução tende a sofrer de um defeito de legitimidade e de se expor a enormes controvérsias sociais.

É do lado do imperativo ético que alguns procuram a fonte de legitimidade necessária, trazendo a lume o princípio da responsabilidade proposto por Hans Jonas em 1990.(105)

Convém salientar que tanto a ética aristotélica como a kantiana, assim como a maioria das teorias éticas propostas até o século XX não levaram em conside-

---

(104) BECK, U. *Risk society*. London: Sage, 1992.

(105) JONAS, H. *Le principe responsabilité:* une éthique pour la civilisation technologique. Paris: Les Éditions Du Cerf, 1990.

ração a questão da manutenção das condições de sobrevivência no futuro. Por este motivo, não poderão ter expressão atual face aos problemas ambientais e de saúde com que a sociedade se debate.

Para se compreender melhor a importância do princípio da responsabilidade, transcrevem-se linhas do pensamento de Jonas:

> Nenhuma ética tradicional nos instrui sobre as normas do bem e do mal às quais se devem submeter as modalidades inteiramente novas do poder e de suas criações possíveis. O novo continente da *práxis* coletiva que construímos com a alta tecnologia constitui, para a teoria ética, uma terra de ninguém [...]. Neste contexto, o que pode servir de bússola? A previsão do perigo. Antes de tudo nos seus relâmpagos surdos e distantes, vindos do futuro, na manifestação da sua abrangência planetária e na profundidade do seu comportamento humano que podem revelar os princípios éticos dos quais se permitem deduzir as novas obrigações do novo poder.[106]

Existe aqui a ideia clara de sintonia entre a ética e a justificação de previsão de perigo, tendo em vista os novos poderes e a nova dimensão da capacidade humana de antever os riscos potencializados pelo desenvolvimento tecnológico.

Contudo, segundo Godard, além da questão ética, existem três eixos de tensão no campo da precaução que devem ser considerados: ciência/imaginação; opinião/razão e interesses/ética, porque é no cruzamento desses eixos que a precaução está situada. Com base nesta ideia, o autor propôs uma carta de precaução.

Para melhor entendimento do leitor de tal concepção, propõe-se a visualização mental de uma estrela de seis pontas, tal qual a que está presente na bandeira de Israel. Em cada uma de suas pontas se situa um fator relacionado à precaução, cada fator se agrupa em três pares em vértices opostos, como já se referiu: ciência/imaginação; opinião/razão; e interesses/ética. A precaução está bem no centro da estrela, como ponto de equilíbrio, em torno do qual orbitam diferentes fatores e fenômenos.

Assim, surgem fenômenos, produzidos pela interação entre os fatores acima mencionados e que devem ser considerados e conciliados na atividade da gestão de riscos, como é o caso, a título de exemplo, do medo experimentado pela opinião sob o efeito da imaginação ou a aproximação econômica dos custos e dos benefícios na interface entre ciência e interesses, ou, ainda, o interesse geral revelado pela interação dos vértices opostos da ética e dos interesses particulares.

O desafio, nestes termos, é encontrar na dinâmica da interação destes fatores o equilíbrio necessário, dentro de uma ponderação entre fatos constatados

---

(106) *Ibid.*

cientificamente, valores e interesses da sociedade, a solução que melhor venha se adequar à problemática dos riscos.

Dessa forma, o princípio da precaução é atualmente uma ferramenta de importância crucial na gestão de riscos nas áreas do ambiente, da alimentação e da saúde pública e do trabalhador. No entanto, este princípio encerra ainda alguma complexidade dado que, à luz da ética, permite análises distintas e, por esse motivo, a tomada de ações com algum caráter de subjetividade.

Por esse motivo, deverá existir um consenso, em nível mundial, em torno do grau de risco que certos valores morais comportam em função dos sucessivos avanços científicos tecnológicos.

Portanto, o princípio da precaução deverá ter suporte científico, para permitir a adoção de medidas bem fundamentadas por parte das instituições públicas e governamentais a fim de conduzir à minimização de riscos e ameaças à manutenção e bem-estar da humanidade.

❑ 3.3. Princípio do risco mínimo regressivo: limites de tolerância

Fixados os contornos do princípio da precaução, convém analisar o limite de tolerância, que é um conceito igualmente relevante à compreensão do princípio do risco mínimo regressivo, além de ser um conceito fundamental para o direito de tutela da saúde e segurança do trabalhador. Desta forma, através de estudos exaustivos, procurou-se estabelecer o limite compatível com a salubridade do ambiente em que vive o trabalhador, para as mais diversas substâncias.

O primeiro propósito da higiene ocupacional é a redução máxima dos riscos, a eliminação do agente prejudicial. Entretanto, quando isso for inviável tecnicamente, o empregador terá que, pelo menos, reduzir a intensidade do agente prejudicial para o território das agressões toleráveis.

Isso porque mesmo tendo sido a lei concebida diante da realidade da experiência humana, não deve ser interpretada de modo a levar ao inatingível. É impossível assegurar a pureza absoluta do ar respirável, dentro ou fora do ambiente do trabalho. O mesmo ocorre com relação ao ruído contínuo, que é tolerado até determinados limites conforme a duração da jornada de trabalho.

Outro exemplo de risco que pode ser reduzido, mas não eliminado completamente, é o que abrange os serviços de geração, transmissão, distribuição e consumo de energia elétrica. Sabe-se que a utilização dessa fonte de energia tornou-se essencial no mundo contemporâneo, pois quase todas as atividades humanas envolvem o seu consumo. Todavia, é sabido também que existem riscos consideráveis nos serviços com eletricidade, o que justifica, inclusive, a concessão do adicional de periculosidade para essas atividades.

Para se alcançar o equilíbrio nessas situações, o art. 4º da Convenção n. 155 da OIT, ratificada pelo Brasil, estabeleceu que se deve "[...] reduzir ao mínimo, na medida do razoável e possível, as causas dos riscos inerentes ao meio ambiente de trabalho."(107)

O item 15.1.5 da Norma Regulamentadora n. 15 do Ministério do Trabalho e Emprego define como limite de tolerância a concentração ou intensidade máxima ou mínima relacionada com a natureza e o tempo de exposição ao agente, que não causará dano à saúde do trabalhador durante sua jornada laboral.

Em tese, tal limite deve estabelecer a linha demarcatória que divide o risco da segurança e a saúde da doença.

Para tratar deste assunto, é indispensável se fixar o conceito de insalubridade, cujo significado deriva da palavra "insalubre", de origem latina que denota tudo aquilo que origina doença, ou seja, a insalubridade, enquanto qualidade de insalubre diz respeito àquilo que oferece risco à saúde do trabalhador; é a qualidade do local, da atividade ou da situação que não se apresenta como salubre, saudável.(108)

Para a caracterização da insalubridade, perante o nosso ordenamento jurídico, mister que alguns outros requisitos estejam presentes, não bastando a afirmação singela de que no ambiente de trabalho haja a presença de agentes nocivos ou riscos à saúde.

Por isso, para que assim seja considerada, a atividade insalubre deve apresentar uma exposição a agente nocivo ou insalutífero devidamente definido na CLT ou na NR-15, além de se desenvolver em níveis tais, que se possa, de acordo com o conhecimento científico atual, concluir sobre sua prejudicialidade ao trabalhador inserido no contexto analisado.

O conceito legal de insalubridade é dado pelo art. 189 da CLT, nos seguintes termos:

> Serão consideradas atividades ou operações insalubres aquelas que, por sua natureza, condições ou métodos de trabalho, exponham os empregados a agentes nocivos à saúde, acima dos limites de tolerância fixados em razão da natureza e da intensidade do agente e do tempo de exposição aos seus efeitos.

Por seu turno, caracterizar uma atividade como insalubre não é tarefa que incumba somente à lei. Isso porque, como se depreende do teor do art. 190 da CLT, bem como da Súmula n. 460 do STF, a seguir transcritos, a definição do tipo de atividade e do agente insalubre é legal e expressamente delegada ao Ministério do Trabalho e Emprego:

---

(107) OIT. **Convenção n. 155**: Segurança e Saúde dos Trabalhadores e o Meio Ambiente de Trabalho. Genebra, 1981. Vigora no Brasil desde 18.5.1993.

(108) SALIBA, Tuffi Messias; CORRÊA, Márcia Angelim Chaves. *Insalubridade e periculosidade:* aspectos técnicos e práticos. 9. ed. São Paulo: LTr, 2009. p. 11.

Art. 190 — O Ministério do Trabalho aprovará o quadro das atividades e operações insalubres e adotará normas sobre os critérios de caracterização da insalubridade, os limites de tolerância aos agentes agressivos, meios de proteção e o tempo máximo de exposição do empregado a esses agentes.

Parágrafo único. As normas referidas neste artigo incluirão medidas de proteção do organismo do trabalhador nas operações que produzam aerodispersoides tóxicos, irritantes, alérgicos ou incômodos.

Súmula n. 460 do STF — Para efeito do adicional de insalubridade, a perícia judicial, em reclamação trabalhista, não dispensa o enquadramento da atividade entre as insalubres, que é ato da competência do Ministro do Trabalho e Previdência Social (Ministro do Trabalho e Emprego).

Assim sendo, vê-se que o conceito de insalubridade, referido pelo art.189 da CLT, delegada sua definição ao Ministério do Trabalho e Emprego pelo art.190 supracitado, é enunciado que exige do referido órgão a definição de agentes insalubres, limites de tolerância e tempo de exposição.

Isso se deve ao fato de que a mera exposição eventual a agente insalubre, em sua grande maioria, não caracteriza risco à saúde do trabalhador, ao contrário da situação do obreiro que labora constantemente exposto a agentes nocivos, como ruído, calor, produtos químicos, dentre outros, durante toda sua jornada.

A definição de insalubridade sem critérios técnicos, como tempo de exposição, intensidade do agente e dose, ou procedimentos a serem seguidos, impregna sua caracterização de imenso subjetivismo a cargo de peritos ou profissionais afins que venham interpretar um caso concreto.

Ademais, deixar a um profissional, ainda que de absoluta confiança, a conclusão exclusiva, segundo seus próprios critérios, de situação considerada insalubre, é dar à referida pessoa o poder de legislar para o caso concreto, violando a segurança jurídica e inviabilizando a contestação por parte daquele que se sente prejudicado por sua ação.

Exemplo da situação referida é o que ocorre hoje com a definição de atividades insalubres por exposição à umidade. Por ser a definição da NR-15 do MTE muito ampla e genérica, consubstanciada na expressão "locais encharcados", a interpretação do que seja um local úmido ou encharcado acaba por ser extremamente variável, conforme entendimento de cada profissional que se depara com dada situação concreta. Por outro lado, torna-se quase impossível avaliar a correção do trabalho técnico-pericial, ante a ausência completa de critérios para essa situação na NR-15 do MTE.

Dessa maneira, por expressa determinação do texto da CLT, infere-se que, existindo possibilidade de quantificação do agente nocivo, diante da definição de seus limites e tempos de exposição, de acordo com as mais modernas técnicas e estudos científicos, deverá a regulamentação administrativa a cargo do Ministério do Trabalho e Emprego incorporar referidos critérios em norma, definindo os parâmetros para o enquadramento da atividade como insalubre.

É perfeitamente compreensível a ausência de quantificação para determinados agentes nocivos, como, por exemplo, os agentes biológicos, para os quais não se desenvolveu ainda meio adequado para avaliar sua quantificação no ambiente de trabalho, relacionando aos efeitos adversos sobre a saúde do trabalhador nas relações dose-efeito e dose-resposta.

Esse é caso clássico de aplicação do princípio da precaução, que preconiza a adoção de medidas preventivas em face do nível e grau de risco ambiental de determinadas atividades, quando da existência de incerteza científica. Havendo dúvida, deve-se decidir em prol do meio ambiente e contra o empreendedor. Tratando-se de meio ambiente do trabalho, o princípio correlato que deve ser aplicado *mutatis mutandi* é o *in dubio pro operario*.

Trata-se, porém, de impossibilidade técnico-científica e não opção livre e voluntária, como ocorre com outros agentes, de definição de insalubridade qualitativa. É o caso da injustificada definição qualitativa da insalubridade por frio, baixas temperaturas, para o qual existe ampla literatura definindo limites de tolerância, explicitamente não adotada na NR-15 do MTE.

Ainda que se adote, nos termos definidos em alguns anexos da NR-15, o critério qualitativo na avaliação da insalubridade, medida divorciada das melhores técnicas, o perito não deverá simplesmente apreciar a atividade exercida no ambiente de trabalho de forma pessoal e subjetiva, haja vista que tal profissional deve sempre fundamentar tecnicamente seu posicionamento, nunca ficando livre para, ao seu alvedrio, caracterizar como insalubre uma atividade.

Com esteio no preceito do art.190 da CLT que prescreve que "o Ministério do Trabalho e Emprego aprovará o quadro das atividades e operações insalubres e adotará normas sobre os critérios de caracterização da insalubridade, os limites de tolerância aos agentes agressivos, meios de proteção e o tempo máximo de exposição do empregado a esses agentes", o professor Tuffi Messias Saliba expõe a doutrina abaixo relacionada.(109)

Nos anexos 7, 8, 9, 10 e 13, a NR-15 do MTE estabelece que a insalubridade será comprovada pela inspeção realizada pelo perito no local de trabalho. Nesses anexos, o MTE não fixou limites de tolerância para os agentes agressivos, embora as normas internacionais, incluindo a *American Conference of Governamental Industrial Hygienists* (ACGIH), tenham-nos estabelecido para praticamente todos os agentes. Assim, na caracterização da insalubridade pela avaliação qualitativa, o perito deverá analisar detalhadamente o posto de trabalho, a função e a atividade do trabalhador, utilizando os critérios técnicos da higiene ocupacional.

---

(109) SALIBA; CORRÊA, 2009, p. 13-14.

Deve-se levar em conta na avaliação, dentre outros, o tempo de exposição, a forma de contato com o agente e o tipo de proteção usada, e até mesmo os limites internacionais existentes, visando à fundamentação do parecer técnico. A ausência dos limites de tolerância na NR-15 do MTE não significa, para a maioria dos agentes, que qualquer exposição seja perigosa.

Como demonstrado na síntese do pensamento de Olivier Godard sobre a gestão de riscos, no transcorrer do texto, a obtenção de medidas preventivas coerentes demanda um processo de tomada de decisão baseado em informações detalhadas e de caráter objetivo e científico.

Isso decorre, inclusive, dos princípios do direito do trabalho, como o da proteção e da primazia da realidade, que aplicados *mutatis mutandi* à situação analisada, informam que a proteção efetiva da segurança e saúde dos trabalhadores só pode ser realizada com base em dados científicos que demonstrem efetivamente a realidade das condições de risco em que se encontram os trabalhadores.

Essa ideia está consubstanciada na Política Nacional de Segurança e Saúde no Trabalho, aprovada pelo Decreto n. 7.602, de 7 de novembro de 2011, que preconiza no item VI, alínea "g", 1 e 2, e, item VII, alínea "e", que "Cabe ao Ministério do Trabalho e Emprego, por intermédio da Fundação Jorge Duprat Figueiredo de Segurança e Medicina do Trabalho — FUNDACENTRO: elaborar estudos e pesquisas pertinentes aos problemas que afetam a segurança e saúde do trabalhador e produzir análises, avaliações e testes de medidas e métodos que visem à eliminação ou redução de riscos no trabalho, incluindo equipamentos de proteção coletiva e individual". "Compete ao Ministério da Saúde: apoiar o desenvolvimento de estudos e pesquisas em saúde do trabalhador".[110]

Neste sentido é a tendência apontada pela jurisprudência, como se pode observar do acórdão de relatoria da atual Ministra do STF Rosa Weber, na época Ministra do TST:

> **RECURSO DE REVISTA. AÇÃO CIVIL PÚBLICA. OBRIGAÇÃO DE FAZER. INTERVALO INTRAJORNADA DO ART. 253 DA CLT. RECUPERAÇÃO TÉRMICA. AMBIENTES ARTIFICIALMENTE FRIOS. SIMILARIDADE COM AS CÂMARAS FRIGORÍFICAS. NÃO CONCESSÃO DAS PAUSAS.** 1. O art. 253 da CLT, que assegura intervalos para recuperação térmica aos empregados que laboram no interior de câmaras frigoríficas e aos que movimentam mercadorias do ambiente quente ou normal para o frio e vice-versa, merece interpretação extensiva, ao influxo não apenas do princípio da proteção, norteador do Direito do Trabalho, como também dos princípios da prevenção do dano ao meio ambiente — exteriorizado, na esfera trabalhista, no art. 7º, XXII, da Carta Política -, e da máxima efetividade dos preceitos constitucionais, este hábil a viabilizar a concretização do direito a um meio ambiente do trabalho equilibrado, saudável e seguro (CF, arts. 200, *caput* e inciso VIII, e 225) e do direito à

(110) BRASIL. Decreto n. 7.602 de 7 de novembro de 2011. Dispõe sobre a Política Nacional de Segurança e Saúde no Trabalho — PNSST. *Diário Oficial da União,* Poder Executivo, Brasília, DF, 8 nov. 2011. Seção 1. Disponível em: <http://portal.saude.gov.br/portal/arquivos/pdf/decreto7602_2011_st.pdf>. Acesso em 10 set. 2012.

saúde (CF, arts. 6º e 196), de fundamentalidade manifesta, dada a importância de que se revestem — tanto para o gozo dos direitos de vida, liberdade e igualdade, quanto para o próprio princípio da dignidade da pessoa humana — (SARLET, Ingo Wolfgang. A eficácia dos direitos fundamentais. 7ª ed. — Porto Alegre: Livraria do Advogado Editora, 2007). 2. À interpretação literal do art. 253 da CLT se sobrepõem a exegese sistemática e a teleológica, à luz em especial do princípio do *in dubio pro dignitate*, que respalda — e impõe — a concessão de tais intervalos também aos trabalhadores que permanecem, ao longo da jornada, sob temperaturas inferiores às previstas no parágrafo único do referido dispositivo legal. 3. Além do amparo do Anexo 9 da NR 15 da Portaria 3.214/78 do MTE, que trata da insalubridade causada pelo frio, a NR 29 também do MTE, ao disciplinar o trabalho portuário, fixa parâmetros para a — jornada de trabalho em locais frigorificados — com idênticos tempos de exposição e de pausa tanto para os sujeitos, em seu trabalho, a temperaturas típicas de câmaras frias, quanto para os que laboram em temperaturas superiores, mas aquém dos limites do art. 253 da CLT, considerada a zona climática dos serviços. 4. Impositivo considerar tais marcos, objeto de destaque também no Manual de Riscos Físicos da FUNDACENTRO (1991), para identificar os beneficiários do preceito, não estipuladas, na NR 15, Anexo 9, do MTE, temperaturas limítrofes para a caracterização da insalubridade. 5. Os óbices invocados em absoluto autorizam a pretendida restrição da tutela, até porque o mencionado Anexo 9 não visa a resguardar dos efeitos nocivos do frio apenas os trabalhadores expressamente citados na literalidade do *caput* do art. 253 da CLT, e sim todos os que laboram — em locais que apresentem condições similares, que exponham os trabalhadores ao frio —, caso dos setores de corte e desossa dos frigoríficos. Recurso de revista conhecido e provido. (RR — 4300-35.2009.5.24.0086, Relatora Ministra: Rosa Maria Weber, Data de Julgamento: 14.9.2011, 3ª Turma, Data de Publicação: 23.9.2011).(111)

Daí o fato de Olivier Gordard reivindicar a substituição do modelo clássico de gestão de riscos, sustentado na legitimidade racional-legal, para o modelo que atenda às reais necessidades preventivas, baseado no conhecimento científico objetivo.

Muito embora a definição de limites de exposição seja necessária para afastar o subjetivismo daquele que avalia a atividade do trabalhador, possibilitando a verificação e contestação do trabalho do profissional técnico, não se deve deduzir da argumentação até aqui exposta que sejam eles marcações infalíveis que separem a situação de risco e segurança, saúde e doença. (112)

Realmente, a definição de referidos patamares, estabelecendo-se concentrações admissíveis de agentes nocivos e tempos de exposição, não assegura, de forma absoluta, que, em se mantendo os níveis preconizados, não haverá agravos à saúde do trabalhador.

Na verdade, caracterizam-se os limites de tolerância por linhas de demarcação máximas para a exposição dos obreiros, dentro das quais se acredita que a maioria dos expostos não sofrerá os efeitos adversos à saúde que o limite pretende evitar.

---

(111) BRASIL. Tribunal Superior do Trabalho. Recurso de Revista — 4300-35.2009.5.24.0086 da 3ª Turma. Ação civil pública. Obrigação de fazer. Intervalo intrajornada do art. 253 da CLT. Recuperação térmica. Ambientes artificialmente frios. Similaridade com as câmaras frigoríficas. Não concessão das pausas. Relatora Ministra Rosa Maria Weber, 14 de setembro de 2011. Disponível em: < http://www.tst.gov.br/>. Acesso em 10 mar. 2012.

(112) PEREIRA, Alexandre Demetrius. *Tratado de segurança e saúde ocupacional*: aspectos técnicos e jurídicos: NR-13 a NR-15. São Paulo: LTr, 2005, v. 3, p. 102-111.

Dessa forma, não ficam excluídas, ainda que se respeitem os limites de tolerância, doenças causadas por condições individuais especiais dos trabalhadores, a chamada suscetibilidade individual.

Além disso, para se operar devidamente com um limite de tolerância, deve-se inicialmente conhecer de quais efeitos o limite de tolerância pretende proteger o trabalhador exposto. Muitas vezes, um limite de tolerância é eficaz para uma determinada proteção e não para outra. A título de exemplo, o limite de tolerância para asbesto do tipo crisólita pode ser efetivo quanto à proteção contra pneumoconioses, mas não quanto ao câncer pulmonar derivado da exposição.

Outrossim, deve-se salientar que o limite de tolerância representa o que de melhor existe na proteção do trabalhador, perante o atual estágio de evolução científica, devendo ser encarado como valor sujeito a constante evolução. A *American Conference of Governamental Industrial Hygienists* (ACGIH), por exemplo, publica regularmente listas de novos limites de exposição para diversos agentes nocivos.

Essa conferência norte-americana de higienistas industriais governamentais (ACGIH) é uma organização voluntária de profissionais de instituições governamentais ou educacionais americanas que desenvolve e publica, anualmente, limites recomendados de exposição ocupacional chamados valores limites de exposição (*Threshold Limit Values* — TLVs) para centenas de substâncias químicas e agentes físicos.

É fato que os valores consignados como limites de exposição, dada a evolução dos conhecimentos científicos, têm se tornado progressivamente mais restritivos, ou seja, têm sido definidos, sucessivamente, em valores inferiores aos anteriormente estabelecidos.

Outra questão que merece destaque é que o anexo 11, NR-15 do MTE, da Portaria n. 3.214/78, que estabelece critérios para caracterização de insalubridade, fixou limites de tolerância para 126 agentes químicos, valores estes baseados nos estabelecidos pela ACGIH em 1978, devidamente corrigidos para a jornada de trabalho brasileira, que, na época, era de 48 horas semanais.

É importante ressaltar que os limites de tolerância estabelecidos no Anexo 11 merecem revisão urgente, uma vez que estão totalmente defasados com relação aos fixados atualmente pela ACGIH, além do que a jornada de trabalho no Brasil é de 44 horas semanais e não mais 48 horas.[113]

O Brasil tem adotado os padrões da ACGIH, entretanto convém salientar que a adoção dos limites de tolerância da ACGIH devem ser corrigidos através da fórmu-

(113) CORRÊA, Márcia Angelim Chaves; SALIBA, Tuffi Messias. *Manual prático de avaliação e controle de gases e vapores:* PPRA. 3. ed. São Paulo: LTr, 2009. p. 31.

la BRIEF & SCALA, uma vez que a jornada de trabalho no Brasil é de 8 horas diárias e 44 horas semanais, enquanto os limites estabelecidos pela ACGIH são para jornada de 8 horas por dia e 40 horas semanais. Assim sendo, o limite de tolerância, por exemplo, de 10 mg/m^3, recomendado pela ACGIH para poeira de cimento, deverá ser corrigido no Brasil, em virtude de sua jornada semanal de trabalho, para 8,8 mg/m^3.[(114)]

Soma-se a isto o fato de a hora extraordinária no Brasil, paradoxalmente, ser habitual, e, de certa forma, ordinária, o que gera uma distorção maior ainda dos padrões preconizados pela ACGIH.

Como os anexos da NR-15, que relacionam os agentes insalubres, sofreram poucas alterações desde que foi publicada a Portaria n. 3.214 em 1978, eles estão totalmente defasados com a realidade técnica no atual estado da arte, pois, como é sabido, a cada ano vão sendo atualizados limites de tolerância, com base nos conhecimentos adquiridos ao longo do tempo. É exemplo dessa defasagem o caso do monômero de cloreto de vinila, utilizado na fabricação de PVC. No anexo 11 da NR-15 está estabelecido para esse agente químico um limite de 156 ppm, entretanto há muito tempo a ACGIH adota como limite de tolerância para essa mesma substância apenas 1 ppm.

Repise-se que, mesmo para a jornada de trabalho de 8 horas diárias e 44 semanais, os limites de tolerância se encontram defasados, deduzindo-se daí que os atuais limites suplicam a redução dos seus valores para a nossa atual jornada.

Sendo assim, mister se faz que o Ministério do Trabalho e Emprego efetue uma revisão completa de todos os anexos da referida NR, adequando, assim, seu regramento normativo ao que preconiza o princípio do risco mínimo regressivo e para que seja exigido o cumprimento dos padrões que realmente protejam a saúde dos trabalhadores.

Nesse sentido é o que determina o art. 8º, item 3, da Convenção n. 148 da OIT, sobre contaminação do ar, ruído e vibrações, ratificada pelo Brasil:

> Os critérios e limites de exposição deverão ser fixados, completados e revisados a intervalos regulares, de conformidade com os novos conhecimentos e dados nacionais e internacionais [...][(115)]

Deve-se registrar, assim, que, reconhecendo o intenso dinamismo das relações de trabalho e dos processos de produção, a técnica legislativa vem apresentando normas flexíveis, que se atualizam automaticamente, amoldando-se com rapidez

---

(114) SALIBA, Tuffi Messias. *Manual prático de avaliação e controle de poeira e outros particulados: PPRA*. 3. ed. São Paulo: LTr, 2007. p. 40.

(115) OIT. **Convenção n. 148**: Proteção dos Trabalhadores contra os Riscos Profissionais devidos à Contaminação do Ar, ao Ruído e às Vibrações no Local de Trabalho. Genebra, 1977. Vigora no Brasil desde 14.1.1983.

ao progresso da ciência, ou às novas necessidades de proteção. Além da mencionada Convenção n. 148, as Convenções da OIT n. 155 e n. 161 mencionam a necessidade de revisão periódica da política nacional de segurança e higiene e saúde dos trabalhadores. Também a Convenção da OIT n. 187 (ANEXO D), aprovada em 2006, estabelece a adoção de medidas de forma progressiva e que deverão ser reexaminadas periodicamente. (116)

A Diretiva n. 89/391 da União Europeia (ANEXO F) menciona, no art. 6º, item 2, alínea "e", como princípio geral, que o empregador deverá adotar as medidas de prevenção de segurança e saúde do trabalhador, levando em conta o avanço tecnológico. Assim sendo, justificando a relevância do progresso e da investigação científica para a adoção das medidas de proteção do trabalhador; a mencionada diretiva da União Europeia apresenta as seguintes considerações, que referendam suas normas: (117)

> Considerando que los empresarios tienen la obligación de informarse de los progresos técnicos y de los conocimientos científicos sobre el diseño de los puestos de trabajo, habida cuenta los riesgos inherentes para sus empresas, y de informar a los representantes de los trabajadores que ejerzan sus funciones de participación en el marco de la presente Directiva, de manera que se pueda garantizar un mejor nivel de protección de la seguridad y de la salud de los trabajadores.
>
> Considerando que las disposiciones de la presente Directiva se aplican, sin perjuicio de disposiciones comunitarias más rigurosas, existentes o futuras, a todos los riesgos y, entre otros, a los procedentes de la utilización durante el trabajo de los agentes químicos, físicos y biológicos [...]

Os itens 1 e 2 do art. 16 da Convenção n. 155 da OIT, sobre segurança e saúde dos trabalhadores e o meio ambiente de trabalho, ratificada pelo Brasil, contêm a seguinte prescrição: (118)

> 1. Deverá ser exigido dos empregadores que, **à medida que for razoável e possível**, garantam que **os locais de trabalho, o maquinário, os equipamentos e as operações e processos que estiverem sob seu controle** são seguros e não envolvem risco algum para a segurança e a saúde dos trabalhadores.
>
> 2. Deverá ser exigido dos empregadores que, **à medida que for razoável e possível**, garantam que **os agentes e as substâncias químicas, físicas e biológicas que estiverem sob seu controle**, não envolvam riscos para a saúde quando são tomadas medidas de proteção adequadas. (grifo nosso)

---

(116) OIT. **Convenção n. 187**: Convenção sobre o Marco Promocional da Segurança e Saúde no Trabalho. Genebra, 2006. Disponível em: <*http://www.ilo.org/dyn/normlex/es/f?p=NORMLEXPUB:12100:0::NO:12100:P12100_INSTRUMENT_ID:312332:NO*>. Acesso em 10 mar. 2012. Entrou em vigor no plano internacional em 20.2.2009.

(117) DIRECTIVA 89/391. La aplicacion de medidas para promover La mejora de La seguridad y de La salud de lós trabajadores em el trabajo. *CEE del Consejo,* de 12 junio de 1989. Arts. 8.3, 10.1 e 11. Disponível em: <*http://eur-lex.europa.eu/LexUriServ/LexUriServ.do?uri=CONSLEG:1989L0391:20081211:ES:PDF*>. Acesso em 10 mar. 2012.

(118) OIT. **Convenção n. 155**: Segurança e Saúde dos Trabalhadores e o Meio Ambiente de Trabalho. Genebra, 1981. Vigora no Brasil desde 18.5.1993.

Outro complicador sério na fixação do limite de tolerância é a presença simultânea de vários agentes agressivos. Os limites são considerados nas Normas Regulamentadoras do MTE separadamente. No entanto, na vida real, o empregado normalmente está ao mesmo tempo exposto a dois ou mais agentes agressivos, o que provoca a sinergia ou potencialização dos malefícios. Daí por que a Convenção n. 148, art. 8º, item 3, e a Convenção n. 155, art. 11, "b", ambas ratificadas pelo Brasil, determinarem que a exposição simultânea seja considerada ao se fixar os limites de tolerância.

O direito comparado põe de manifesto que, por toda parte, se dispensa tratamento especial ao empregado sujeito a condições insalubres. Passando em revista o procedimento de vários países no que tange à insalubridade e à periculosidade, verifica-se ser prevalecente o entendimento de que se deve sanear os ambientes de trabalho, o que torna os adicionais à remuneração, nesta perspectiva, irrelevantes.[119]

No Brasil persiste ainda o adicional de remuneração para atividades insalubres (inciso XXIII, art. 7º, da CF/88), que não deve ser entendido como a paga pela saúde do trabalhador, uma vez que este dispositivo deve se harmonizar ao comando constitucional contido no inciso XXII, do mesmo artigo 7º, que preconiza ser direito do trabalhador a redução dos riscos inerentes ao trabalho.[120]

Não obstante se ter abordado o limite de tolerância para agentes físicos e químicos, deve-se adotar, guardadas suas peculiaridades, raciocínio similar para os agentes mecânicos e ergonômicos, cujos riscos devem ser reduzidos a limites toleráveis pelo empregador.

Utiliza-se nesse texto, portanto, a expressão "limite de tolerância", sem distinção, para designar a necessidade de se reduzir a intensidade do agente prejudicial para o território das agressões toleráveis, tanto para os agentes físicos e químicos quanto para os mecânicos ou ergonômicos.

Os riscos mecânicos são gerados pelos agentes que demandam o contato físico direto com a vítima para manifestar a sua nocividade e, entre estes, pode-se citar a má organização de máquinas e dos equipamentos; ferramentas mal conservadas e sem manutenção, além de instalações elétricas em mau estado, que atuam geralmente sobre pontos específicos do ambiente, sobre os usuários diretos do agente causador de riscos e podem provocar lesões agudas e imediatas.

Os riscos ergonômicos são introduzidos no processo de trabalho por agentes (máquinas, métodos, ritmos e organização do trabalho etc.) inadequados às

---

(119) SAAD, 2010, p. 325.

(120) AMORIM JUNIOR, Cléber Nilson Ferreira. A inspeção do trabalho e sua competência para autorizar a prorrogação da jornada de trabalho em atividades insalubres. *Jus Navigandi,* Teresina, ano 15, n. 2473, abr. 2010. Disponível em: <http://jus.com.br/revista/texto/14656>. Acesso em 20 set. 2011.

limitações dos seus usuários e são caracterizados, em geral, por terem uma ação em pontos específicos do ambiente, por esta razão necessitam que o trabalhador esteja utilizando o agente de risco. São exemplos de riscos ergonômicos a postura viciosa de trabalho, que geralmente provoca lesões crônicas e é resultado do mau uso ou *design* inadequado de um equipamento utilizado para uma determinada função, cujos dados antropométricos dos seus usuários são desconsiderados, ou ainda dimensionamento e arranjo inadequado das estações de trabalho.

Assim como no caso dos agentes químicos e físicos, os riscos relacionados aos agentes mecânicos e ergonômicos devem ser reduzidos a limites toleráveis e também devem se tornar, progressivamente, mais restritivos.

A peculiaridade que se apresenta para a progressão das medidas a serem adotas no caso dos riscos mecânicos é que eles são afetos à segurança que tem como objetivo proteger a integridade física do trabalhador, enquanto a higiene, no caso dos riscos químicos, visa ao controle dos agentes prejudiciais ao ambiente laboral para manter a saúde no seu amplo sentido.

Sendo assim, por ser o acidente de trabalho *lato sensu* todo fato que, produzido como consequência do trabalho, causa dano ao empregado, podendo acontecer em um evento único e de repente ou ao longo de determinado tempo, têm sido exigidas das empresas medidas cada vez mais enérgicas a fim de evitar a sua ocorrência.

Constam em vários itens das normas regulamentadoras do Ministério do Trabalho e Emprego exemplos de normas que objetivam restringir progressivamente e de forma cabal a exposição de trabalhadores a riscos mecânicos e ergonômicos, como os a seguir referidos: "18.15.16 Os andaimes de madeira somente podem ser utilizados em obras de até três pavimentos ou altura equivalente e devem ser projetados por profissional legalmente habilitado."; "18.15.53 A cadeira suspensa deve apresentar na sua estrutura, em caracteres indeléveis e bem visíveis, a razão social do fabricante e o número de registro respectivo no Cadastro Nacional de Pessoa Jurídica (CNPJ)"; "18.15.54 É proibida a improvisação de cadeira suspensa"; "17.6.4. Nas atividades de processamento eletrônico de dados, deve-se, salvo o disposto em convenções e acordos coletivos de trabalho, observar o seguinte: a) o empregador não deve promover qualquer sistema de avaliação dos trabalhadores envolvidos nas atividades de digitação, baseado no número individual de toques sobre o teclado, inclusive o automatizado, para efeito de remuneração e vantagens de qualquer espécie".

As normas acima relacionadas têm o objetivo claro de diminuir os riscos mecânicos e ergonômicos a elas relacionados, como a queda de altura de trabalhadores de andaimes e de cadeira suspensa e os riscos relacionados aos distúrbios osteomusculares relacionados ao trabalho.

Para tanto, são elaboradas normas que visam adequar o ambiente, o maquinário e as condições de trabalho às exigências de sua execução com o mínimo de riscos à saúde do trabalhador. Isso deve ser realizado de forma gradual, nos moldes preconizados no presente estudo.

Essas normas devem ser aplicadas, paulatinamente, de forma que as empresas, obrigadas ao seu cumprimento, tenham tempo hábil para atender suas exigências. É o que se pode inferir dos vários prazos estabelecidos para o cumprimento dos diversos itens da nova Norma Regulamentadora n. 12 do Ministério do Trabalho e Emprego, que trata da segurança no trabalho em máquinas e equipamentos, como é o caso de novos arranjos físicos e sistemas de segurança a serem implementados em relação ao maquinário da empresa.

Desta forma, infere-se que, no caso dos riscos mecânicos e ergonômicos, devem-se fixar os níveis aceitáveis de exposição dos trabalhadores aos referidos riscos, visando evitar acidentes e outros tipos de comprometimentos à sua saúde, e, estabelecendo-se, para tanto, medidas de proteção e prazo para adequação das empresas a essas medidas, após o que a persistência da inadequação deve levar o Poder Público à adoção de medidas como embargo de obras e interdição de máquinas e setores de serviços, em caso de ser extrapolado o limite de tolerância estabelecido.

❑ 3.4. Aplicação prática do princípio do risco mínimo regressivo

Fixados os referenciais teóricos sobre o princípio do risco mínimo regressivo, passa-se à abordagem da questão dos riscos dos elevadores de obra para a segurança e a saúde dos trabalhadores no Brasil.

Objetiva-se, com a abordagem da mencionada questão, que o leitor visualize a aplicação do referido princípio na realidade concreta. Na oportunidade, restará demonstrado que tanto o princípio apresentado quanto outros, emanados também da Constituição Federal, só podem ser aplicados à luz do caso concreto, pois não há como se pensar em solução em tese para a resolução de conflitos que devem, necessariamente, ser conciliados no âmbito de uma visão multidimensional.

Feitas essas considerações, a situação a ser tratada se refere ao fato de os canteiros de obra no Brasil conviverem hoje com dois tipos de elevadores, quais sejam: os tracionados a cabo e os de cremalheira.

Os elevadores de passageiros são equipamentos de transporte vertical imprescindíveis ao processo produtivo na construção civil, pois dão celeridade e dinamizam as atividades no canteiro de obras, sendo, inclusive, de uso obrigatório nos canteiros com edifícios com oito ou mais pavimentos, nos termos do item 18.14.23.1 da Norma Regulamentadora n. 18 do MTE.

Em agosto de 2011, dois acidentes, um na cidade de Salvador e outro em São Luís, chamaram a atenção para a falta de segurança nos elevadores tracionados a cabo. Nove operários morreram com a queda em Salvador e em São Luís o acidente resultou na morte de um trabalhador e os outros seis sofreram graves lesões.

Os elevadores de cremalheira apresentam diversos fatores que determinam as vantagens do seu sistema de segurança, como é o caso da velocidade constante, que é uma das grandes vantagens em relação aos sistemas tradicionais. Enquanto os elevadores tracionados a cabo imprimem um deslocamento com velocidade variável de 33 m/min a 65 m/min, fazendo com que a parada do elevador seja acionada bruscamente quando há a detecção de mudanças expressivas de velocidade, aumentando a probabilidade de acidente, os elevadores de cremalheira realizam um amortecimento gradual, mantendo uma velocidade média de 35 m/min.

Ademais, o sistema de frenagem do elevador de cremalheira é de alta precisão mecânica, acionado por um mecanismo de engastamento do cone macho contra a carcaça que, auxiliado por um sistema de mola, freia progressivamente o elevador até pará-lo, desligando o freio motor.

Percebe-se, assim, que o elevador de cremalheira, que não é tracionado a cabo, tem um novo processo de engenharia que é muito mais seguro, fato consensual na área de engenharia de segurança.

Em maio de 2011, a Norma Regulamentadora n. 18 (NR-18) do MTE sofreu modificações relacionadas ao transporte vertical de pessoas e cargas nos canteiros da construção e passou a prever mais cuidados na operação de elevadores de obras. Essas novas exigências potencializaram a utilização de elevadores de cremalheira em detrimento dos elevadores a cabo, que ainda predominam nos canteiros do Brasil, cujas modificações necessárias para atender aos níveis de segurança impostos pela NR-18 do MTE dificultam a sua utilização nas obras e operações que exijam o transporte vertical constante de operários.

Mas, se os elevadores de cremalheira são bem mais seguros do que os a cabo, por que a Comissão Tripartite Paritária Permanente, responsável pela elaboração das normas regulamentadoras do Ministério do Trabalho e Emprego (que conta com a participação de representantes do governo, dos empregados, dos empregadores e da sociedade) não elaborou norma proibindo, terminantemente, a utilização dos elevadores a cabo?

Essa é uma situação clara de aplicação do princípio do risco mínimo regressivo ao caso concreto, nos moldes preconizados pelo presente estudo.

A análise do caso apresentado deve ser realizada levando-se em conta não apenas as questões técnicas envolvidas, mas devem ser avaliadas, ainda, questões de ordem social e econômica, além de outras relacionadas à própria saúde do trabalhador.

Em primeiro lugar, deve-se registrar que os elevadores a cabo ainda são a grande maioria dos elevadores utilizados em obra no Brasil, apesar de nos últimos dois anos a demanda pela nova tecnologia ter aumentado, sendo registrada uma velocidade de substituição dos elevadores um pouco maior. [(121)]

Outro ponto a ser abordado é que a construção civil é um setor estratégico da economia nacional. Para se ter ideia, de acordo com pesquisa realizada pelo Sindicato da Indústria da Construção Civil de São Paulo (SindusCon-SP) em parceria com a Fundação Getulio Vargas (FGV), a construção civil é um dos setores que mais empregam no Brasil, com cerca de 3,36 milhões de trabalhadores, contabilizados no final de maio de 2011. [(122)]

Soma-se, ainda, a necessidade do uso obrigatório de elevadores de passageiros nos canteiros de obras com edifícios com oito ou mais pavimentos, medida de caráter ergonômico e baseada no princípio da adaptação do trabalho ao trabalhador, evitando-se assim a exposição dos trabalhadores a riscos ergonômicos produzidos pelas inúmeras vezes em que teriam que subir e descer as escadas de prédios de oito, doze, dezoitos, trinta pavimentos, quando estivessem desenvolvendo suas atividades nos andares.

Deve-se registrar ainda que, na questão apresentada, não se trata de decidir entre uma opção segura e outra sem nenhuma segurança. Fosse assim, a questão seria resolvida com a aplicação do princípio geral da indisponibilidade da saúde do trabalhador, que é categórico quanto ao fato de ser a saúde do trabalhador um bem indisponível, em virtude do que se proibiria, de pronto, a utilização do elevador a cabo.

Todavia, a situação apresentada trata, sim, de duas opções, sendo que uma é menos segura e a outra apresenta um grau bem maior de segurança para o trabalhador.

Registre-se que o freio cunha utilizado no elevador a cabo é um tipo de freio que é acionado automaticamente quando a cabine do elevador atinge uma velocidade superior à velocidade normal de operação do equipamento. Ao superar essa velocidade, o freio é acionado e, através do atrito com os cabos de aço que ficam nas laterais da cabine, o elevador para.

E um fato de extrema importância, a título de exemplo, é que os cabos que ficam nas laterais da cabine do elevador a cabo servem para a frenagem do

---

(121) SEGURANÇA impulsiona o sistema de cremalheira. *Revista M&T Manutenção e Tecnologia,* fev. 2012. Disponível em: <http://www.revistamt.com.br/index.php?option=com_conteudo&task=viewMateria&id=887>. Acesso em 20 jun. 2012.

(122) MACIEL, Camila. Geração de emprego na construção civil é menor que em 2011. *Repórter News,* Nortelândia, 8 ago. 2012. Economia. Disponível em: <http://www.reporternews.com.br/noticia.php?cod=367022>. Acesso em 20 jun. 2012.

equipamento e funcionam por atrito. Assim, é imprescindível que esses cabos não estejam sujos de graxa, sob pena do não funcionamento do sistema de freio e da queda livre do elevador. Portanto, só a manutenção preventiva constante e correta do equipamento pode minimizar os riscos inerentes a esse tipo de tecnologia.

Ponderando os aspectos apresentados anteriormente e considerando não ser factível a substituição instantânea dos elevadores a cabo diante de uma proibição, que atingiria em cheio a indústria da construção, a Comissão Tripartite Paritária Permanente elaborou normas mais rigorosas, visando minimizar os riscos provenientes da utilização dos elevadores a cabo, dentre outras: teste de freio automático do equipamento, que devem ser realizados de 90 em 90 dias, e ensaios não destrutivos do eixo do motor.

Por outro lado, os auditores fiscais do Ministério do Trabalho e Emprego contam, ainda, no que tange à fiscalização de elevadores de obra, com as Normas Regulamentadoras n. 12 e n. 18 do MTE, que preveem a elaboração de um Programa de Manutenção Preventiva de equipamentos, aplicáveis aos elevadores de obra.

Sendo assim, as novas exigências do Ministério do Trabalho e Emprego sinalizam a necessidade de substituição gradual de tecnologia, que garanta maior segurança ao trabalhador, em conformidade com o princípio do risco mínimo regressivo, que preconiza que o risco de acidente de trabalho ou doença ocupacional deve decrescer com o avanço da tecnologia.

Consta, inclusive, da ata de reunião que o Comitê Permanente Nacional (CPN) sobre Condições e Meio Ambiente de Trabalho na Indústria da Construção Civil, em 1º.9.2011, concluiu (item 10.5), entre outras coisas, que a utilização de elevadores de obras tracionados a cabo deve ser proibida para o transporte de pessoas a partir de maio de 2013. Essa deliberação foi encaminhada à Comissão Tripartite Paritária Permanente e está sob análise.[(123)]

Deve-se registrar, ainda, que o relatório de investigação de acidente da Superintendência Regional do Trabalho e Emprego na Bahia (SRTE/BA) confirmou que o acidente mencionado no início deste item, que matou os nove operários no canteiro de obras de Salvador, foi causado por falta de inspeção e manutenção no elevador a cabo.[(124)]

Além disso, a perícia da polícia também indicou falha técnica e de manutenção do elevador, cujo laudo afirma que a quebra do eixo do motor e o não funcionamento eficiente do freio foram as causas imediatas da tragédia. Foi constatado também que havia graxa nos cabos que ficam nas laterais da cabine do elevador.

---

(123) COMITÊ PERMANENTE NACIONAL. *Ata de Reunião do CPN da Construção Civil.* Salvador, 2011.

(124) BA: Laudo técnico confirma falta de manutenção em elevador. *Notícias Terra,* 6 out. 2011. Disponível em: <http://noticias.terra.com.br/brasil/noticias/0,,OI5397575-EI8139,00-BA+laudo+tecnico+confirma+falta+de+manutencao+em+elevador+que+caiu.html>. Acesso em 20 jun. 2012.

O auditor fiscal do trabalho SRTE-BA, que investigou o acidente, afirmou que: "A ruptura (do freio) poderia ser detectada com antecedência, porque foi constatado indício do processo de trinca no equipamento, que poderia ser evitado com inspeção e manutenção no eixo do motor e freio de emergência".

Assim sendo, pode-se inferir do caso ora analisado que o empregador tem o dever de reduzir os riscos inerentes ao trabalho até onde for possível fazê-lo, em cada época, de modo que os danos sofridos pelo trabalhador por riscos que poderiam ter sido eliminados ou controlados ensejam a caracterização da conduta culposa ou até mesmo dolosa do empregador pela não observância do princípio do risco mínimo regressivo.

De tudo que foi exposto, chega-se às seguintes conclusões:

o princípio do risco mínimo regressivo, emanado do art. 7º, XXII, da Constituição, informa que o risco de acidente de trabalho ou doença ocupacional deve decrescer com o avanço da tecnologia e, na sua aplicação, deve-se levar em conta aspectos de natureza técnica, ética, social, política e econômica;

o mencionado princípio tem como meta a redução progressiva dos riscos ocupacionais em direção ao risco zero, de modo que o risco que hoje é considerado tolerável, no futuro poderá ser enquadrado como risco que deve ser eliminado ou minimizado, em razão de novos conhecimentos;

a fronteira onde termina a segurança e a saúde e começa a doença e o acidente deve ser estabelecida com base em informações detalhadas de caráter objetivo e científico. Na dúvida, devem ser implementadas ações preventivas baseadas nos direitos dos trabalhadores insculpidos nos princípios da precaução, na indisponibilidade da saúde do trabalhador e no do *in dubio* pro operario.

CAPÍTULO 4

PRINCÍPIO DO DIREITO DE RECUSA DO OBREIRO

"Entre o forte e o fraco, entre o rico e o pobre, entre o patrão e o operário, é a liberdade que oprime, e a lei que liberta." Abade Lacordaire

O princípio do direito de recusa do obreiro tem como finalidade proteger o trabalhador de consequências injustificadas caso julgue necessário interromper uma situação de trabalho por considerar, por motivos razoáveis, que ela envolve um perigo iminente e grave para a sua vida ou saúde. Assim sendo, o trabalhador não pode ser penalizado pelo empregador por estar exercendo o direito legítimo de defesa de sua vida e que é decorrência natural do princípio da indisponibilidade da saúde do trabalhador.

Neste capítulo é apresentado o fundamento da racionalidade do exercício do poder de mando do capitalista em relação aos seus empregados, a natureza jurídica desse poder e os limites do seu exercício no estado democrático de direito, no qual se situa o direito de recusa e a necessidade de sua efetivação prática.

❑ 4.1. Autoridade e subordinação: a justificação contratualista

A origem da teoria contratualista remonta às doutrinas jurídicas e políticas do iluminismo, nascida no contexto histórico da Revolução Burguesa. Nesse contexto, soergue-se a trilogia Revolução Industrial, Iluminismo e Contratualismo como modelos icônicos de uma nova racionalidade. Como resultado do avanço tecnológico, de uma complexa dinâmica econômica e social e do esgotamento do modo de produção feudal — baseado nos métodos de organização do trabalho, de produção manufatureira e nos vínculos de vassalagem — eclodem os conceitos de liberdade política e igualdade formal necessários à nova dinâmica das relações sociais capitalistas, cujo cerne é o contrato de compra e venda da força de trabalho.(125)

A propriedade privada e o contrato são o núcleo dessa concepção e são figuras jurídicas em que se plasmam a vontade e a razão humana, que agora subjugam o universo. Dentre todos os filósofos clássicos da ilustração, é *John Locke* o que melhor revela a concepção de direito de propriedade como derivado da razão natural. Segundo o pensador, a razão natural aceita e vê como inquestionável o

---

(125) BAYLOS, Antonio. *Derecho del Trabajo:* modelo para armar. Madrid: Trotta, 1991. p. 19-21.

direito à vida e à autoconservação extraída dos bens colocados pela natureza à disposição do homem.[126]

Essa concepção funda-se numa ideia de índole manifestamente antropocêntrica, a de que todas as riquezas do universo foram criadas por Deus para suporte e comodidade da vida humana, eixo em torno do qual o universo se movimenta. Ninguém tem originalmente um exclusivo domínio privado sobre nenhuma destas coisas tal como são dadas no estado natural. Ocorre, entretanto, que, como ditos bens estão aí para uso dos homens, deve haver necessariamente algum meio de apropriar-se deles, o que, por um lado, justifica a instituição da propriedade privada.

Por outro lado, a propriedade privada é fundamentada pelo próprio trabalho, enquanto valor universal e fenômeno que produz a transformação da natureza em proveito do próprio homem. Qualquer coisa que ele retira do estado em que a natureza a produziu e a deixou, e a modifica com seu labor e acrescenta a ela algo que é de si mesmo, é, por conseguinte, propriedade sua. [127]

O mundo moderno representa a glorificação do trabalho, e resultou na transformação efetiva de toda sociedade em uma sociedade operária. [128]

A fonte de todas as obrigações passa a ser o arbítrio do homem. O que a lei reconhece e ao que dá validade e vigor jurídico é a concorrência de consentimentos expressados em forma legal, de modo que todo acordo que reúna tais condições é um contrato válido e eficaz, e seu cumprimento pode ser reclamado e conseguido ante os tribunais.[129] Forja-se a ideia de que a restrição da liberdade é resultado de uma dada racionalidade: o indivíduo já não se submete como escravo a seu proprietário, ou como servo ao suserano. Ele é apenas sujeito de uma convenção, de algo instituído no plano das ideias por um cálculo de conveniências.

O ordenamento positivo é agora um contrato do tipo social que é o instrumento de libertação da escravidão[130] e passa a ser tomado como fonte das relações obrigacionais entre capital e trabalho e, portanto, como força geradora do fenômeno dos poderes diretivos e do estado de sujeição a eles correspondente. A subordinação ao contrato implica um juízo de valor das partes que o realizam: a aceitação do interesse plasmado no acordo de vontades em detrimento do seu interesse individual.

As relações de poder nascem do concerto de vontades entre as partes, de onde decorre a polaridade débito-responsabilidade, em que consiste o vínculo

---

(126) LOCKE, John. *Segundo tratado sobre el gobierno civil:* um ensayo acerca del verdadero origen, alcance e fin del govierno civil. Madrid: Alianza, 1990. p. 55.
(127) *Ibid.*, p. 56-57.
(128) ARENDI, H. *The humam condition.* Chicago: University of Chicago Press, 1958. p. 12.
(129) BERDEIO, J. L. Lacruz. *Manual de Derecho Civil.* 2. ed. Barcelona: Bosch, 1984. p. 604.
(130) RABAGLIETTI, M. F. *La subordinazione nel rapporto di lavoro:* fondamento e principii. Milano: Giuffré, 1959, p. 9., v. I.

contratual.[131] Ao realizar-se o negócio jurídico bilateral, obriga-se o trabalhador à prestação de uma atividade específica e, igualmente, a um dever geral de fidelidade, isto é, de acatamento às futuras determinações do empregador no sentido de estabelecer o conteúdo concreto da prestação.

Paralelamente aos deveres, são pactuadas as cláusulas penais aplicáveis em face do inadimplemento de uma das partes. O núcleo central da fundamentação localiza-se no campo da autonomia privada, em cujos domínios é representada a vontade humana.

A origem da doutrina contratualista estende-se aos séculos XVII e XVIII, nos primórdios da experiência jurisprudencial do liberalismo nascido do paradigma da Revolução Industrial, coincidindo com o protagonismo adquirido pelo contrato na sociedade burguesa. O contrato regula a vida e a morte, atua em todos os âmbitos da vida, desde o casamento, visto como contrato matrimonial, até o próprio contrato social que fundamenta a legitimidade do Estado, passando pela sucessão e por todos os demais atos civis e alcançando, até mesmo, os de soberania estatal, como nas relações do governo com os que lhe prestam serviços como funcionários. Na esteira deste protagonismo, o contrato acaba por penetrar em um território antes defeso à autonomia privada, as relações econômicas de produção.

A essencial peculiaridade material da vida jurídica moderna, especialmente a privada, é a enorme importância adquirida pelo negócio jurídico e, sobretudo, pelo contrato, como fonte de pretensões coativamente garantidas.[132]

As primeiras justificações contratualistas têm um papel instrumental de legitimação dos mecanismos de sanção adotados na práxis dos novos modelos de organização da produção capitalista. Como exemplo podem-se citar as decisões da Corte de Cassação Francesa, que negava tutela jurisdicional à pretensão deduzida por trabalhadores em face do aviltamento salarial produzido pela imposição de multas aplicadas por empresas diante de infrações de natureza simples. Baseado no conceito de intangibilidade do conteúdo do contrato — do qual decorre a ideia de que esse conceito enverga força de lei entre os contratantes —, aquele alto tribunal atribuía à prospecção exercitada pelo juiz um caráter meramente tangencial, supondo ser a ele vedada a cognição da racionalidade intrínseca do pacto firmado pelas partes.[133] Dessa forma, o órgão jurisdicional reduzia-se a mero protetor de conteúdo, pactuando e consagrando a adoção de um mecanismo de autotutela privada cujo núcleo duro, a sanção disciplinar, era e é, até nossos dias, comparável em natureza e função à sanção penal cuja natureza é repressiva e cuja função é intimidativa e de prevenção.[134]

---

(131) ALBALADEJO, M. *Derecho Civil.* 10. ed. Barcelona: Bosch, 1997. Tomo II, p. 16-17.

(132) WEBER, M. *Economia y sociedade.* 2. ed. México: FCE, 1964. p. 534.

(133) LÓPEZ, M. F. Fernández. *El poder disciplinario em La empresa.* Madrid: Civitas, 1991. p. 25.

(134) GLEZZI, G.; ROMAGNOLI, U. *Il rapporto di lavoro.* Bologna: Zanichelli, 1995. p. 228.

O contrato de trabalho tem por objeto uma série de comportamentos objetivamente idôneos a influir o mundo externo em proveito de terceiro, diferenciando-se, assim, de todos os demais contratos que se referem ao direito sobre as coisas e dos que se referem a transações tradicionais. O seu resultado se enquadra na organização objetiva da empresa e faz parte integrante do seu resultado final, que é adquirido pelo empresário a título original.[135]

Para Max Weber, o poder de caráter racional-legal é a base elementar sobre a qual se erigem as relações capitalistas de produção. Na composição do tipo ideal de dominação legal ou burocrática, ele dá ênfase ao estudo da relação estabelecida pelo trabalhador que está ligado por contrato à empresa capitalista.

Ao sintetizar didaticamente seus três tipos ideais de dominação, Weber faz referência expressa ao intercâmbio jurídico entre capitalista e operário como protótipo da autoridade do tipo burocrática. O poder tradicional é lastreado no hábito inveterado, como no caso dos vínculos entre a criança e o pai. O poder carismático pode ser simbolizado no liame entre o membro de uma comunidade religiosa e seu profeta. E o poder legal é representado pela relação contratual entre trabalhador e empresa. O traço mais característico deste último é o fundamento racional da relação, a impessoalidade da sujeição, que não se estabelece em face de um profeta dotado de poderes sobrenaturais ou de um chefe de família a quem se dedica uma devoção advinda de uma consciência imemorial, mas, sim, em virtude de um dever de disciplina, que é formal, racional e objetivo.[136]

Nesse sentido, a disciplina é expressa em instruções e ordens de serviço relacionadas ao trabalho e implica, também, a submissão a uma autoridade, numa relação de dominação. Neste caso, dominação é uma relação de autoridade marcada por um elemento específico: a aceitação. Já a disciplina denota uma ideia especial de sujeição, de obediência, sendo definida como a probabilidade de encontrar obediência pronta, simples e automática para um mandato por parte de um conjunto de pessoas, em virtude de práticas nelas arraigadas. Sendo assim, na relação disciplinar, via de regra, não há resistência nem oposição, pois os sujeitos aos quais se dirige o comando encontram-se racionalmente predispostos a submeter-se à determinação.[137]

Weber sabe e deixa claro que esta aceitação não quer dizer exercício pleno de livre escolha. Sabe que o trabalhador está obrigado a vender sua força de trabalho e sujeitar-se a uma relação de mando sob pena de perecer. Mas ele quer deixar assentado que, ao se submeter ao domínio do patrão, o trabalhador da empresa capitalista dá a si mesmo justificativas diversas das que prevaleciam no passado. Ele acredita estar obedecendo a um estatuto e a uma força vinculativa de um contrato que atribui autoridade ao empregador.

---

(135) SANSEVERINO, R. *Il lavoro nell'imprensa*. Torino: Torinese, 1960. p. 137.

(136) WEBER, 1964, p. 173-180.

(137) *Ibid*., p. 43.

Também para Karl Marx o contrato de trabalho é fundamento jurídico da subordinação, mas a liberdade do trabalhador é coarctada pela necessidade de sobrevivência e por sua situação de dependência permanente. Por isso, na representação ideológica que tem da realidade, o operário supõe que se sujeita aos ditames do empresário capitalista em razão da lógica contratual, na qual ele ajusta os meios de que dispõe, como sua capacidade de trabalho, ao fim perseguido, que é a sua sobrevivência e a de sua família. Desta forma, é impulsionado por necessidades impostergáveis, mas também por um sentimento de responsabilidade, e, portanto, por determinação livre. Nisto consiste a racionalidade: na adequação dos meios aos fins.[138]

Portanto, no modo de produção capitalista, os trabalhadores são livres, e esse simulacro de liberdade dá *status* de racionalidade à sua submissão ao capital. Há uma eleição voluntária que é inteiramente livre no plano jurídico, mas rigorosamente coercitiva no âmbito real em que a relação se dá. O negócio pelo qual o trabalhador vende sua capacidade de trabalho é um ato jurídico cerebral, alicerçado em uma postura de ponderação e racionalidade. O problema é que a especificidade das regras do mercado em que se realiza o intercâmbio não permite ao empregado condições estratégicas isonômicas. Antes há um desequilíbrio estrutural que se desdobra em um conflito social e político insolúvel.[139]

Hoje, de certa forma, já bastante afastada dos cânones de sua gênese instrumental, da qual a nota distintiva foi a justificação dos sistemas privados de autotutela e sanção, a teoria contratualista sobrevive hígida a seus dois séculos de conflituosa atuação no cenário em que o direito constrói e delimita seus conteúdos no território das relações entre o capital e o trabalho.

❑ 4.2. O poder diretivo no contrato de trabalho

Entendida a racionalidade em que se funda a subordinação do trabalhador ao capitalista que tem base contratual por ser plasmada no contrato de trabalho, passa-se à abordagem jurídico-doutrinária do assunto.

O legislador conceitua empregador, à luz do art. 2º da CLT, como sendo a empresa, individual ou coletiva, que, assumindo os riscos da atividade econômica, contrata, assalaria e dirige a prestação pessoal de serviços. Essa direção é vista pela doutrina como o comando exercido pelo empregador sobre a atividade do empregado.

Mauricio Godinho Delgado define poder diretivo como o conjunto de prerrogativas tendencialmente concentradas no empregador dirigidas à organização da

(138) MARX, Karl. *O capital:* livro I. São Paulo: Ciências Humanas, 1978, Cap. VI, p. 63.
(139) MELHADO, Reginaldo. *Poder e sujeição:* os fundamentos da relação de poder entre capital e trabalho e o conceito de subordinação. São Paulo: LTr, 2003. p. 210.

estrutura e espaço empresariais internos, inclusive o processo de trabalho adotado no estabelecimento e na empresa, com a especificação e orientação cotidianas no que tange à prestação de serviços.(140)

A concentração do poder de organização faz-se na figura do empregador. Isso se explica em face do controle jurídico, sob diversos ângulos, que o empregador tem sobre o conjunto da estrutura empresarial e em face também do princípio da assunção dos riscos do empreendimento que sobre ele recai.

O poder diretivo, assim, é definido pela capacidade atribuída ao empregador de dar conteúdo concreto à atividade do trabalhador, visando à realização das finalidades da empresa. Este poder deriva do direito subjetivo exatamente por se tratar de algo encerrado na esfera de uma relação jurídica.(141)

As vertentes doutrinárias que procuram explicar a natureza jurídica do poder diretivo são duas. A primeira o vê como um direito potestativo que, na concepção de Larenz,(142) é o que habilita uma pessoa a estabelecer uma relação jurídica com outra ou a determiná-la especificamente em seu conteúdo, modificá-la ou extingui-la mediante uma declaração de vontade unilateral e a outra parte tem que aceitar e tolerar a modificação jurídica e a invasão súbita em sua esfera jurídica.

A segunda vertente lhe atribui a natureza de um direito-função, o qual consiste na imposição do exercício de uma função pela norma jurídica a alguém, com o qual o titular do direito passa a ter obrigações.(143) Esse é um direito com fins altruístas, que deve ser exercido segundo sua finalidade, da maneira mais útil possível pela pessoa habilitada. A função não elimina o direito, simplesmente o coloca a seu serviço, como ocorre com o direito de propriedade.(144)

Dessa forma, o direito-função constitui o poder atribuído ao titular para agir em tutela de interesse alheio, e não de estrito interesse próprio. A potestade inerente ao direito-função não se esgotaria na prerrogativa favorável ao titular, importando também na existência correlata de um dever a ele atribuído.(145) O direito-função caracterizaria, ilustrativamente, as relações do pai perante a família, do administrador perante a fundação, do sindicato perante a categoria, do empresário perante a empresa. O empregador exerceria, desse modo, seu direito-função não em exclusivo interesse, mas tendo em vista o interesse da comunidade dos trabalhadores contratados.(146)

---

(140) DELGADO, Mauricio Godinho. *Curso de direito do trabalho.* 4. ed. São Paulo: LTr, 2005. p. 631.
(141) MAGANO, Octavio Bueno. *Do poder diretivo na empresa.* São Paulo: Saraiva, 1982. p. 114.
(142) LARENZ, Karl apud GIL Y GIL, José Luis. *Autotutela privada y poder disciplinario em La empresa.* Madrid: Din Impresores, 1994. p. 35.
(143) NASCIMENTO, Amauri Mascaro. *Iniciação ao direito do trabalho.* São Paulo: LTr, 2003. p. 213.
(144) DABIN, Jean. El dercho subjetivo. *Revista de Derecho Privado,* Madrid, 1995. p. 276- 294.
(145) MAGANO, 1982, p. 28.
(146) *Ibid.*

A concepção de direito-função traduz claro avanço teórico sobre as concepções anteriores. Trata-se, afinal, da primeira abordagem que se mostra sensível ao dado empírico da participação obreira no contexto empresarial interno e aos efeitos decorrentes dessa participação, principalmente os efeitos limitadores da vontade do sujeito-empresário. O unilateralismo pleno que as concepções precedentes conferem ao poder intraempresarial cede espaço a uma concepção unilateral atenuada, em que o titular do direito tem que apreender e reverenciar, de algum modo, os interesses que lhe sejam contrapostos no universo do estabelecimento e da empresa. O titular do direito está também submetido a um dever, cumprindo-lhe praticar condutas de tutela de interesses alheios.(147)

O conteúdo do poder diretivo é amplo e compreende três funções.(148) A primeira função é traduzida pelas decisões executivas, que dizem respeito à organização do trabalho e se manifestam por meio de atos meramente constitutivos, não determinando nenhuma conduta para os trabalhadores. A segunda é a instrução, que se exterioriza por intermédio de ordens ou recomendações, cuja eficácia real depende de uma observância do trabalhador. Finalmente, o poder de direção tem ainda a função de controle, que consiste na faculdade do empregador de fiscalizar as atividades profissionais de seus empregados.

Assim sendo, a autoridade do empregador exterioriza-se pelo poder de direção e torna-se efetiva pelo poder de controle e disciplinar.

O poder de controle é o conjunto de prerrogativas dirigidas a propiciar o acompanhamento contínuo da prestação de trabalho e a própria vigilância efetivada ao longo do espaço empresarial interno. Medidas como o controle de horário e frequência, o controle da produtividade e a prestação de contas são exemplos desse poder.

Aliado ao poder de controle, o empregador conta, também, com o poder disciplinar, por meio do qual ele impõe sanções aos empregados em face do descumprimento de obrigações contratuais, que, se fossem consideradas em uma gradação, representaria a advertência a pena mais leve, passando pela suspensão, e encontrando na dispensa por justa causa sua máxima expressão.

A análise acerca do fundamento jurídico do poder empregatício desdobra-se, como mencionado, em uma dimensão doutrinária e uma dimensão legal. Enquanto a primeira dimensão de pesquisa busca a efetiva fundamentação do poder empregatício, isto é, a causa ou fator que confere título e substrato jurídicos à própria existência do fenômeno e que permite sua incorporação pelo universo normativo vigorante, a dimensão legal da pesquisa busca os textos normativos vigorantes que conferem suporte à presença do poder empregatício no contexto do direito.

---

(147) DELGADO, 2005, p. 654.

(148) MARTIN MARCHESINI, Gualteiro. El poder de dirección. *Revista de Direito do Trabalho*, ano 12, n. 65, jan./fev. 1987, p. 18.

Esta última investigação não encontrará, certamente, no direito brasileiro, regra jurídica expressa que faça referência ao poder empregatício. De fato, não há no direito do trabalho do país regra ou conjunto de regras que explicitamente instituam e regulamentem o fenômeno do poder no estabelecimento ou na empresa. Essa existência deriva da estrutura e da dinâmica do próprio contrato do trabalho e do conjunto de prerrogativas a ele inerentes e distribuídas entre as partes contratuais. A legislação atual brasileira, portanto, por vias indiretas ou implícitas é que tende a tratar do poder empregatício, estabelecendo ou limitando prerrogativas no contexto intraempresarial.[149]

Entre essas normas que, indiretamente, reportam-se ao poder empregatício destaca-se, na CLT, o preceito contido no *caput* do art. 2º celetista, que menciona a prerrogativa deferida ao empregador no tocante à direção na prestação dos serviços. Destacam-se, também, na mesma linha, certos preceitos celetistas que reconhecem, em alguma proporção, o chamado *jus variandi* do empregador no contexto do contrato, como o que trata de transferência de local de trabalho (art. 469 da CLT) e o que fixa limites temporais à suspensão disciplinar no âmbito empregatício (art. 474 da CLT).

Ressalte-se, contudo, a tendência de o direito do trabalho criar mecanismos e processos de bilaterização ou multilaterização da dinâmica do exercício do poder no contexto empregatício. Essa tendência deve avançar, em vista da democratização da sociedade política e civil no país, em seguida à queda do regime autoritário de 1964. A Carta de 1988, por exemplo, situa o trabalho como fundamento da República e o posiciona no mesmo patamar da livre-iniciativa (art. 1º, IV), e, ainda, reconhece o direito de propriedade, desde que atenda a sua função social (art. 5º, XXII, e XXIII, CF/88).

Daí decorre que o exercício do poder diretivo possui limites externos, impostos pela Constituição, por outras leis, pelo contrato, pelas normas coletivas e limites internos impostos pela boa-fé e pelo seu exercício regular.

Neste esteio, cumpre ressaltar que as ordens emitidas por quem não está legitimado a fazê-lo, as ordens ilícitas ou capazes de lesar direitos à integridade física ou moral do empregado poderão ser desobedecidas. Logo, o empregado não está obrigado a acatar ordens que lhe exijam uma conduta ilegal, aliás, ele tem o dever de descumpri-la, sob pena de responder por ela criminalmente. Também não está obrigado a obedecer ordens que lhe acarretem perigo à vida, como é o caso do carpinteiro que se nega a desenvolver trabalho em telhado enquanto não for fornecido, pelo empregador, o cinto de segurança.

Neste quadro se insere o direito legítimo do trabalhador de interromper uma situação de trabalho por considerar, por motivos razoáveis, que ela envolve um

---

(149) DELGADO, 2005, p. 647.

risco iminente e grave para a sua vida ou saúde, sem sofrer qualquer penalidade por parte do empregador, em virtude de estar no exercício regular do seu direito.

A situação ora apresentada constitui o escopo do estudo e, por envolver uma teia de implicações sociais e jurídicas próprias, será analisada de forma detida no próximo tópico.

❑ 4.3. A função social do contrato e o princípio do direito de recusa do obreiro

A obrigação de trabalhar assumida pelo empregado ao celebrar o contrato vem acompanhada do dever de obediência às ordens, instruções e recomendações lícitas do empregador, que é uma característica manifesta da subordinação jurídica do empregado.

Evidentemente, o dever de obediência circunscreve-se às ordens lícitas, emanadas de quem esteja legitimado a fazê-lo, não contrárias à saúde, à vida ou à dignidade do trabalhador, quando então a recusa ao seu cumprimento é legítima.

Assim, a prática da recusa ao cumprimento de ordens ilícitas, neste caso, corresponde ao ato praticado em legítima defesa da vida, conforme o art. 188 do Código Civil Brasileiro, ao preconizar que "Não constituem atos ilícitos: os praticados em legítima defesa [...]".

Esta norma-princípio encontra-se plasmada no art. 13 da Convenção n. 155 da OIT, ratificada pelo Brasil, com a seguinte redação:

> De conformidade com a prática e as condições nacionais, deverá ser protegido, de consequências injustificadas, todo trabalhador que julgar necessário interromper uma situação de trabalho por considerar, por motivos razoáveis, que ela envolve um perigo iminente e grave para sua vida ou sua saúde.[150]

O perigo grave e iminente mencionado pode ser conceituado como sendo toda e qualquer condição ambiental que esteja na iminência de propiciar a ocorrência de acidente de trabalho, inclusive, em suas variantes de doença profissional ou do trabalho, com lesões graves à saúde ou a integridade de pelo menos um trabalhador, senão a própria morte deste.

O acidente do trabalho tem como critério a subitaneidade. Ele acontece de forma súbita e num local determinado. A doença ocupacional manifesta-se de forma insidiosa, pois progride e evolui ao longo do tempo e, geralmente, não é diagnosticada em seu estágio inicial.

---

(150) OIT. **Convenção n. 155**: Segurança e Saúde dos Trabalhadores e o Meio Ambiente de Trabalho. Genebra, 1981. Vigora no Brasil desde 18.5.1993.

O risco será iminente quando a exposição do trabalhador for direta, imediata, ou num futuro muito próximo. O dano físico ou a lesão grave provocada por exposição do trabalhador ao risco iminente, entretanto, não deverá, necessariamente, se manifestar de imediato.

Assim sendo, a lesão grave poderá ser imediata ou mediata. Desse modo, a probabilidade de efeito ou de dano poderá ocorrer de imediato (amputação de membro na operação de máquina perigosa; intoxicação aguda por agente tóxico) ou em tempo futuro (um câncer pulmonar pode ter período de latência de 10, 20 ou mais anos; uma pneumoconiose pode ser aguda, eclodindo após um a dois anos de exposição, ou crônica, eclodindo após 10, 15 ou mais anos de exposição).

Portanto, a probabilidade da ocorrência de dano físico e lesão grave provocada pela exposição ocupacional deve ser objeto de análise preliminar à atividade dos trabalhadores e, na sua avaliação, devem ser considerados os dados estatísticos e epidemiológicos da atividade econômica e os riscos a ela inerentes.

Em vista disso, as situações descritas acima revelam a ocorrência de riscos no trabalho. Não é sem sentido que a ideia de risco se associa à possibilidade de exposição a um evento danoso ou a uma série de circunstâncias e situações que podem colocar em risco a saúde e a vida dos trabalhadores, principalmente através do acontecimento infortunístico.

Aqui merece ser registrado que o risco advém de uma decisão humana, não indicando, por conseguinte, surpresa. Existe uma expectativa, mesmo que remota, que possa acontecer. Um exemplo disso são as atividades desenvolvidas na pavimentação, na qual os trabalhadores se expõem a emissões tóxicas de asfalto que são agentes químicos cancerígenos.[(151)]

Apesar de não ser muito explorado pela literatura, distingue-se o risco do perigo que é atribuído a uma causa externa, evento ocasionado pela natureza, ausente a noção de opção. Claro que se tendo antecipadamente ciência do perigo de determinado desastre, a omissão em preveni-lo transforma-o em risco.[(152)]

Desta forma, não obstante o mencionado art. 13 da Convenção n. 155 da OIT trazer em seu texto a expressão perigo iminente e grave, a terminologia mais adequada, no caso, é risco grave e iminente, uma vez que o risco se encontra dentro do campo da previsibilidade e, consequentemente, pode ser eliminado ou minimizado.

---

(151) GUIMARÃES, João Roberto Penna de Freitas. Riscos para os trabalhadores de pavimentação de ruas. Disponível em: < http://bvsms.saude.gov.br/bvs/trabalhador/pdf/texto_pavimentacao_ruas.pdf>. Acesso em 20 jun. 2012.

(152) LUHMANN,Niklas. *Risk:* a sociological theory. Traduzido por Rhodes Barret. New York: Aldine de Gruyter, 1993. p. 1-31.

Neste contexto, não é razoável se exigir do trabalhador o sacrifício de sua exposição à condição de risco grave e iminente à sua vida ou integridade física, uma vez que o maior avanço alcançado na seara trabalhista foi justamente a separação da atividade laboral da pessoa do trabalhador.(153) O Direito do Trabalho surge, justamente, para compensar a inferioridade econômica do trabalhador.

A jurisprudência do TST, ora colacionada, aclama e ratifica esse entendimento:

> **ABANDONO DE EMPREGO**. Comprovado nos autos o justo motivo para o reclamante não ter retornado ao serviço, não há falar em contrariedade à Súmula n. 32 desta Corte superior. Agravo de instrumento a que se nega provimento. (AIRR — 65540-66.2006.5.03.0069, Relator Ministro: Lelio Bentes Corrêa, Data de Julgamento: 20.8.2008, 1ª Turma, Data de Publicação: 29.8.2008).(154)

As linhas vertidas abaixo são extraídas de consulta ao inteiro teor do acórdão supramencionado:

> [...] o próprio médico do trabalho que lhe presta serviços faz o encaminhamento à perícia do INSS, certo é que há dúvida sobre a capacidade laborativa do trabalhador, fato confirmado, ainda, pelos documentos de f. 106/107, onde há registro de que o empregado não tem condições de exercer sua profissão, sob risco de morrer.

No caso acima relatado, a empresa demitiu por justa causa o trabalhador que se recusou a desenvolver suas atividades em condição de risco grave e iminente, que poderia custar sua vida. Em virtude disso, o Tribunal Superior do Trabalho afastou a demissão por justa causa, sob o fundamento de que o trabalhador possuía justo motivo para não retomar o trabalho.

Não obstante ser garantida a interrupção da atividade do trabalhador, enquanto indivíduo, em situação de risco grave e iminente, não se tem dúvida que igual direito assiste à coletividade de trabalhadores expostos em conjunto à mesma situação. Neste caso, dependendo das circunstâncias fáticas, abre-se precedente, inclusive, para o exercício do chamado direito de greve ambiental, com base no princípio da indisponibilidade da saúde do trabalhador e no princípio do direito de recusa apresentados, no princípio da dignidade da pessoa humana, no princípio da prevenção e da precaução e no princípio da proteção, e, ainda, com fundamento nos arts. 1º, III, 9º, *caput*, 196, 200, VIII, e 225, *caput*, da Constituição da República.

No estágio civilizatório em que se encontra a sociedade hoje não se deve mais admitir que o trabalhador continue vivendo as condições laborais do período da Revolução Industrial, que deixou à mostra a fragilidade do homem na competi-

---

(153) GOMES, Orlando; GOTTSCHALK, Elson. *Curso de direito do trabalho*. Rio de Janeiro: Forence. 1971.
(154) BRASIL. Tribunal Superior do Trabalho. AIRR — 65540-66.2006.5.03.0069. Abandono de emprego da 1ª Turma. Comprovado nos autos o justo motivo para o reclamante não ter retornado ao serviço, não há falar em contrariedade à Súmula n. 32 desta Corte superior. Agravo de instrumento a que se nega provimento. Relator Ministro: Lelio Bentes Corrêa, 20 de agosto de 2008. Disponível em: <http://www.tst.gov.br/>. Acesso em 10 mar. 2012.

ção desleal com a máquina, ao lado dos lucros crescentes e da expansão capitalista que aumentavam paradoxalmente a miséria, o número de doentes, de mutilados, dos órfãos e das viúvas, nos sombrios ambientes de trabalho.[155]

Na escala de valores, acima dos direitos decorrentes do trabalho, devem figurar as garantias possíveis da preservação da vida e da integridade física e mental do trabalhador.

O princípio constitucional da inviolabilidade do direito à vida (art. 5º, *caput*, da CF/88), aplicado ao caso, abrange tanto o direito de não ser morto ou privado da vida (o direito de continuar vivo), como também o direito de ter uma vida digna.[156] Assim sendo, deve-se considerar que o trabalhador põe à venda sua força de trabalho e não a sua vida ou dignidade.

Nesta mesma linha de pensamento, e em nível infraconstitucional, encontra-se o princípio da irrenunciabilidade dos direitos da personalidade, neles incluídos o direito à vida e à integridade física e psíquica, constante do art. 11 do Código Civil. Este fortalece o entendimento sobre o princípio da indisponibilidade da saúde do trabalhador e reforça a ideia de que esses direitos são inatos, absolutos, intransmissíveis, indisponíveis, irrenunciáveis, imprescritíveis, impenhoráveis, inexpropriáveis e ilimitados.[157]

Não obstante a relação estabelecida entre o princípio da indisponibilidade da saúde do trabalhador e o princípio do direito de recusa do obreiro, do qual este decorre naturalmente, deve-se somar o entendimento de que este princípio possui íntima relação com o princípio da função social do contrato.

Desde o início do capítulo foi deixado claro que o fundamento do poder do empregador está no contrato de trabalho e que este poder tem natureza de direito-função, que, tal qual na esfera pública, deve ser exercido no âmbito particular da empresa, tendo em vista não o seu exclusivo interesse, mas o da coletividade dos trabalhadores contratados. A função assim não elimina o direito, simplesmente o coloca a seu serviço, como ocorre com o direito de propriedade.

Essa teoria está em consonância com a função social do contrato, reconhecida pelo art. 421 do Código Civil de 2002, aplicável subsidiariamente ao Direito do Trabalho, por força do parágrafo único do art. 8º da CLT.

Segundo o art. 421 do Código Civil em vigor: "A liberdade de contratar será exercida em razão e nos limites da função social do contrato". Portanto, o princípio

---

(155) OLIVEIRA, 2010, p. 48-49.

(156) LENZA, Pedro. *Direito constitucional esquematizado*. 16. ed. rev. atual. ampl. São Paulo: Método, 2012. p. 970.

(157) BRASIL. *Novo Código Civil comentado.* Coordenação de Ricardo Fiúza. 3. ed. atual. São Paulo. Saraiva, 2004. p. 23.

da função social do contrato procura analisar o contrato a partir do meio social que o circunda, tendo eficácia não só entre as partes contratantes, como também para além delas.(158)

Dentro dessa proposta de análise de acordo com o meio social, o princípio da função social dos contratos chega a ser confundido com o próprio princípio da supremacia da ordem pública.

Na visão clássica, pelo princípio da supremacia da ordem pública, o contrato não pode trazer preceitos em conflito com a moral, com as normas de ordem pública e com os bons costumes. Por tal princípio, concebe-se a mais importante limitação à liberdade de contratar, não podendo o pacto trazer cláusulas que estejam em choque com as normas que interessam à coletividade, que é o caso das normas de tutela da saúde e segurança do trabalhador.

Além do mencionado art. 421 do Código Civil, o art. 2.035, parágrafo único, do mesmo código, prevê que: "Nenhuma convenção prevalecerá se contrariar preceitos de ordem pública, tais como os estabelecidos por este Código para assegurar a função social da propriedade e dos contratos."

É fundamental deixar claro que a dicção do dispositivo traz nova concepção ao instituto do contrato, de acordo com todas as tendências socializantes do direito, antenadas com a valorização da dignidade da pessoa humana, com a busca de uma sociedade mais justa e solidária e com a busca da isonomia ou igualdade *lato sensu*, princípios do Direito Civil Constitucional.(159)

Tratando-se de norma de ordem privada ou particular, não há qualquer limitação para se dispor de maneira diferente no instrumento negocial. Todavia, não se pode dizer o mesmo se a norma correlata for de ordem pública.

Assim sendo, deve-se enfatizar que, na questão relativa à saúde e à segurança do trabalhador, todas as normas são cogentes e de ordem pública, porque o interesse visado protege não só o indivíduo, mas a sociedade como um todo, por isso, não dispõem as partes de liberdade alguma para ignorar ou disciplinar de forma diversa os preceitos estabelecidos, a não ser para ampliar a proteção mínima estabelecida.

A respeito da limitação no convencionado entre as partes, a Constituição Federal de 1988 teve influência decisiva na intervenção estatal no mundo privado, eis que há previsão expressa de uma ordem econômica e social (art. 170), que consagra de forma indireta a solidariedade social (art. 3º, I). Ademais, com a atual

---

(158) GODOY, Cláudio Bueno de. *Função social do contrato:* de acordo com o novo Código Civil. São Paulo: Saraiva, 2004. (Coleção Professor Agostinho Alvim).

(159) TARTUCE, Flávio. *Função social dos contratos:* do Código de Defesa do Consumidor ao Código Civil de 2002. São Paulo: Método, 2007. p. 244. (Coleção Professor Rubens Limongi França, v. 2).

Constituição, a tão aclamada proteção da dignidade da pessoa humana encontra expressão máxima, conforme o seu art. 1º, III.

Do exposto, resta claro que o empregador não pode exigir que, em atendimento ao poder de direção, o empregado submeta sua vida ou saúde à condição de risco grave e iminente, pois, neste caso, não estaria o empregador exercendo um direito potestativo ou legítimo, mas, sim, estaria praticando violação de direitos fundamentais, que são constitucionalmente tutelados.

Desta forma, o princípio do direito de recusa do obreiro é decorrência natural do princípio da indisponibilidade da saúde do trabalhador e nos informa que o trabalhador não pode ser usado e queimado como lenha que alimenta a casa de máquinas da locomotiva do sistema capitalista de produção.

❑ 4.4. O princípio do direito de recusa do obreiro e sua efetivação

Apesar do que foi exposto, infere-se que, não obstante o trabalhador ter respaldo legal, constitucional e até em convenção internacional da OIT, ratificada pelo Brasil, para exercer o direito de recusa em caso de situação de trabalho que envolva risco grave e iminente para sua vida ou saúde, ele encontra, por outro lado, barreiras para o exercício desse direito, como é o caso de sua dispensa do emprego, que não precisa ser justificada pelo empregador, das condicionantes sociais nas quais o trabalhador se encontra imerso, enquanto parte hipossuficiente na relação do contrato de trabalho, e, ainda, da falta de preparo de muitos trabalhadores quanto ao reconhecimento dos riscos aos quais estão expostos.

Assim sendo, o princípio do direito de recusa do obreiro encontra-se, na prática, mitigado, em ordens jurídicas como a brasileira, uma vez que o risco do rompimento do contrato pelo empregador inibe eventual posição defensiva do empregado em face de determinações abusivas recebidas[160]. O homem médio busca a segurança e a estabilidade econômica sua e de sua família, o que acarreta presunção de que todos desejam uma colocação no mercado de trabalho, já que o desemprego assusta e traz instabilidade econômica.[161]

Nestes termos, andou mal o governo brasileiro ao denunciar, pelo Decreto n. 2.100, de 20 de dezembro de 1996, a Convenção n. 158 da OIT[162], que trata

(160) DELGADO, Mauricio Goldinho. *Curso de direito do trabalho*. 4. ed. São Paulo: LTr, 2005. p. 1003.

(161) CASSAR, Vólia Bomfim. *Direito do trabalho*. 5. ed. Niterói: Impetus, 2011. p. 207.

(162) OIT. **Convenção n. 158**: Término da Relação de Trabalho por Iniciativa do Empregador. Genebra, 1982. Disponível em: <*http://www.oit.org.br/content/t%C3%A9rmino-da-rela%C3%A7%C3%A3o-de-trabalho-por-iniciativa-do-empregador*>. Acesso em 10 mar. 2012. Entrou em vigor no plano internacional em 23.11.1985. Aprovada pelo Decreto Legislativo n. 68, de 16.9.1992, do Congresso Nacional. Ratificada em 5.1.1995. Promulgada pelo Decreto n. 1.855, de 10.4.1996. Passou a vigorar no Brasil em 5.1.1996 e foi denunciada em 20.12.1996 pelo Decreto n. 2.100.

do término da relação de emprego por iniciativa do empregador, depois de sete meses de sua vigência no Brasil. Passados mais de quinze anos, persiste a inquietação jurídica acerca da malfadada denúncia, o que provocou, inclusive, o reenvio da referida convenção pelo Presidente da República ao Congresso Nacional, para nova deliberação.

O art. 4 da Convenção n. 158 da OIT prescreve que "[...] *não se dará término à relação de trabalho de um trabalhador a menos que exista para isso uma causa justificada relacionada com sua capacidade ou seu comportamento ou baseada nas necessidades de funcionamento da empresa, estabelecimento ou serviço*".(163)

No que diz respeito ao comportamento obreiro, a situação-tipo estaria configurada quando o comportamento do trabalhador não se alinhasse aos padrões éticos e morais exigidos do homem médio. Aquele empregado que tumultua o ambiente de trabalho, que é descumpridor de suas funções e relapso no desempenho de suas atividades poderia ser dispensado motivadamente.

Neste caso, o princípio do direito de recusa do obreiro asseguraria o posto de trabalho do empregado, por estar o seu comportamento alinhado ao ordenamento jurídico laboral vigente e, assim, não haveria justificativa para a sua dispensa.

Nesta linha de raciocínio, o direito potestativo do empregador de resilir o contrato de trabalho passaria a ser obtemperado por circunstâncias objetivas presentes previamente no ato demissionário, constituindo uma forma de dispensa socialmente justificada.

Porém, o que acontece hoje é que, sob a hipocrisia do livre exercício do direito potestativo de resilir o contrato de trabalho, ocultam-se os escusos motivos de convicção filosófica, cor, origem, credo, gravidez, atuação sindical do trabalhador, doença profissional, estabilidade, dentre outras inúmeras causas discriminatórias, além, naturalmente, das dispensas realizadas com o único propósito de contratar nova mão de obra com salários menores, ou, até mesmo, a despedida do empregado que se negou a realizar trabalho em condições de risco grave e iminente à vida.

Desta forma, a restauração da vigência da Convenção n. 158 da OIT, por certo, traria respaldo jurídico ainda maior para o empregado exercer seu direito de recusa, evitando sua dispensa imotivada.

Todavia, a proteção contra a dispensa imotivada do trabalhador, apesar de ter eminente caráter social, por si só, não garante a efetividade do direito de recusa. Sendo assim, para o exercício deste direito é de fundamental importância que o trabalhador tenha um nível de instrução suficiente para capacitá-lo a reconhecer os riscos aos quais ele está exposto.

---

(163) OIT. **Convenção n. 158**: Término da Relação de Trabalho por Iniciativa do Empregador. Genebra, 1982. Passou a vigorar no Brasil em 5.1.1996 e foi denunciada em 20.12.1996 pelo Decreto n. 2.100.

Para perfeita compreensão desta ideia, faz-se necessário o retorno à dicção da norma-princípio plasmada no art. 13 da Convenção. 155 da OIT:

> De conformidade com a prática e as condições nacionais, deverá ser protegido, de consequências injustificadas, **todo trabalhador que julgar necessário interromper uma situação de trabalho** por considerar, por motivos razoáveis, que ela envolve um perigo iminente e grave para sua vida ou sua saúde[(164)]. (Grifo nosso).

A dicção da norma utiliza a expressão: julgar necessário. O *Dicionário Houaiss da Língua Portuguesa* atribui ao verbo julgar os seguintes significados: "[...] tomar decisão, deliberar na qualidade de juiz ou árbitro; [...] formar conceito, emitir parecer, opinião sobre (alguém ou algo); [...] considerar; decidir"[(165)]. Segundo Norberto Bobbio, o juízo de fato é uma ponderação sobre algo real. Ele representa uma tomada de conhecimento da realidade. Sua formulação tem como finalidade apenas informar, pois se trata de uma constatação objetiva.[(166)]

Como visto, antes de o trabalhador interromper uma situação de trabalho, ele tem que julgar que isso é necessário. Para fazer este julgamento, esta avaliação, ele precisa de um conjunto de conhecimentos mínimos sobre sua atividade e sobre o sistema com o qual está interagindo em seu trabalho, sob pena de não ser capaz sequer de reconhecer um risco, ainda que este seja considerável.

A abordagem do princípio do risco mínimo regressivo demonstrou que o risco no trabalho está diretamente associado ao ambiente e ao tipo de atividade exercida. Observa-se, por conseguinte, que somente a percepção global do meio ambiente do trabalho e a análise de todos os seus elementos oferecem a possibilidade de prevenção do infortúnio, sua eliminação ou pelo menos redução do risco do trabalho.

Portanto, a identificação do ambiente de trabalho constitui *conditio sine qua non* para mapeamento dos riscos relacionados com uma atividade específica, sem o que o trabalhador nem sequer terá condição de avaliar se deve interromper ou não uma atividade a qual ele desconhece os riscos a ela inerentes.

O art. 2º da CLT deixa claro que cabe ao empregador assumir os riscos gerados pela sua atividade empresarial, neles incluídos os riscos ocupacionais.

Não se admite mais hoje a prevalência da mentalidade reinante nos tempos da Revolução Industrial em que cabia ao próprio trabalhador zelar pela sua defesa diante do ambiente de trabalho, contando com a sorte e com o instinto de sobrevivência, porque as engrenagens aceleradas e expostas das engenhocas de

---

(164) OIT. **Convenção n. 155**: Segurança e Saúde dos Trabalhadores e o Meio Ambiente de Trabalho. Genebra, 1981. Vigora no Brasil desde de 18.5.1993.

(165) HOUAISS, Antônio; VILLAR, Mauro de Salles. *Dicionário Houaiss da Língua Portuguesa*. Rio de Janeiro: Objetiva, 2009. p. 1138.

(166) BOBBIO, Norberto. *Juízo de fato e juízo de valor*. Disponível em: <http://pt.shvoong.com/law-and-politics/law/1835106-ju%C3%ADzo-fato-ju%C3%ADzo-valor-segundo/>. Acesso em 10 set. 2012.

então estavam acima da saúde e da vida do operário. Segundo as concepções da época (o *laissez-faire*), os acidentes, as lesões e as enfermidades eram subprodutos inevitáveis da atividade empresarial e a prevenção era incumbência do próprio trabalhador.(167)

Nos tempos hodiernos ganha destaque o pensamento de que a melhor forma para garantir a efetividade das normas de proteção à saúde é a participação do trabalhador no processo produtivo com o seu efetivo conhecimento. Com isso, o trabalhador passou a ter direito à informação sobre os riscos aos quais está exposto, às formas de prevenção e à formação adequada para o desempenho de suas tarefas.

Essas medidas constituem um dos fundamentos normativos do direito à tutela da saúde e segurança do trabalhador e estão relacionadas especificamente ao princípio da instrução do trabalhador, que foi extraído das principais convenções da OIT que tratam da saúde do trabalhador e que será apresentado e analisado no próximo capítulo.

Na realidade, o empregado que está alheio aos perigos do sistema produtivo com o qual interage, por falta de instrução, encontra-se diante de um grande fator de risco, que pode provocar acidente. É o caso, a título de exemplo, de servente de obra que trabalha de chinelo e opera betoneira sem aterramento elétrico, durante a chuva, sofrendo descarga elétrica e vindo a óbito. Neste caso, a ausência de instrução colaborou decisivamente para o trabalhador não exercer o seu direito de recusa.

Depreende-se, do exposto, que da efetiva aplicação do princípio da instrução do trabalhador decorre a efetividade do princípio do direito de recusa do obreiro. O princípio da instrução, assim sendo, como norma supralegal deve impelir o empregador a responsabilizar-se por informar os trabalhadores, de maneira compreensível, dos perigos relacionados com o seu trabalho e de disponibilizar-lhes programas apropriados de formação, assim como em relação às tarefas que lhe são atribuídas, e, ainda, de instruções compreensíveis em matéria de segurança e saúde, deixando, inclusive, claro para o trabalhador que ele deve exercer o seu direito de recusa no momento oportuno.

De tudo que foi exposto, chega-se às seguintes conclusões:

o fundamento do poder do empregador está no contrato de trabalho e este poder tem natureza de direito-função, que, tal qual na esfera pública, deve ser exercido no âmbito particular da empresa, tendo em vista não o exclusivo interesse do capitalista, mas o da coletividade dos trabalhadores contratados;

o art. 2.035, parágrafo único, do Código Civil de 2002 prevê que: "Nenhuma convenção prevalecerá se contrariar preceitos de ordem pública, tais como os

(167) *El trabajo en el mundo*. Ginebra: Oficina Internacional del Trabajo, 1985. v. 2, p. 160.

estabelecidos por este Código para assegurar a função social da propriedade e dos contratos". Assim sendo, o princípio do direito de recusa do obreiro tem respaldo no princípio da função social do contrato, uma vez que, na questão relativa à saúde e segurança do trabalhador, todas as normas são cogentes e de ordem pública;

a efetividade do princípio do direito de recusa do obreiro decorre da efetiva aplicação do princípio da instrução do trabalhador. Na prática, o trabalhador só terá condições de interromper suas atividades quando se deparar com situação de risco grave e iminente para sua vida ou saúde se for devidamente instruído a fazê-lo, estando capacitado a avaliar as situações de consideráveis riscos ocupacionais.

CAPÍTULO 5
PRINCÍPIO DA INSTRUÇÃO DO TRABALHADOR

"O meu povo está sendo destruído, porque lhe falta o conhecimento." Oseias, 4.6

O princípio da instrução do trabalhador tem como finalidade impelir o empregador a responsabilizar-se por informar os seus trabalhadores, de maneira compreensível, dos perigos relacionados com o seu trabalho e de disponibilizar-lhes programas apropriados de formação e instruções claras em matéria de saúde e segurança, assim como em relação às tarefas que lhes são atribuídas.

No presente capítulo são apresentados a divisão social do trabalho a partir do modo de produção capitalista, em que um de seus subprodutos é a alienação do trabalhador do processo produtivo, as consequências trazidas por esta nova forma de organização econômico-social e o trabalho como princípio educativo, do qual decorre o princípio da instrução do trabalhador e a necessidade de sua efetivação prática.

❑ 5.1. Trabalho na sociedade capitalista e alienação

Inicia-se a abordagem deste tópico com o significado dado ao vocábulo "instrução", pelo *Dicionário Houaiss da Língua Portuguesa*: "[...] ato ou efeito de instruir(-se); transmissão de conhecimento ou formação de determinada habilidade; ensino, treinamento; educação formal, fornecida por estabelecimentos de ensino; corpo de conhecimentos adquiridos; cultura, educação, erudição; explicação (sobre o uso de algo ou para a realização de algo); ordem, prescrição (tb.us. no pl.)".[168] Neste esteio, exsurge o sentido do termo informar, delinear, conceber ideia, dar forma ou moldar na mente, instruir, treinar, capacitar, habilitar, qualificar.

Em sentido contrário, é a alienação, que significa: "[...] ato ou efeito de alienar(-se); alheação, alheamento, alienamento; Rubrica: termo jurídico. Transferência para outra pessoa de um bem ou direito; estado resultante do abandono ou privação de um direito natural; Rubrica: filosofia. No *hegelianismo*, processo em que a consciência se torna estranha a si mesma, afastada de sua real natureza; Rubrica: filosofia. No *marxismo*, processo em que o ser humano se afasta de sua real natureza, torna-se estranho a si mesmo, pois os objetos que produz passam

(168) HOUAISS, Antônio; VILLAR, Mauro de Salles. *Dicionário Houaiss da Língua Portuguesa*. Rio de Janeiro: Objetiva, 2009. p. 1091.

a adquirir existência independente do seu poder e antagônica aos seus interesses; Derivação: por extensão de sentido. Uso: informal. Indiferença aos problemas políticos e sociais." (169) Registre-se que a alienação não se adstringe ao mundo teórico, mas se manifesta na vida real do homem, na maneira pela qual, a partir da divisão do trabalho, o produto do seu trabalho deixa de lhe pertencer.

Fixados estes conceitos, passa-se à uma breve síntese histórica do mundo do trabalho.

Nos sistemas domésticos de manufatura era comum o trabalhador conhecer todas as etapas da produção, inclusive a de projeto do produto. A partir da implantação do sistema fabril, no entanto, isso não será mais possível, devido à crescente complexidade resultante da divisão do trabalho. Chama-se dicotomia concepção/execução do trabalho justamente o processo pelo qual um grupo de pessoas concebe, cria, inventa o que vai ser produzido, inclusive a maneira como vai ser produzido, e outro grupo é obrigado à simples execução do trabalho, sempre parcelado, pois a cada um cabe uma parte do processo.

Essa divisão foi intensificada no início do século XX, quando Henry Ford introduziu o sistema de linha de montagem na indústria automobilística. O homem é reduzido a gestos mecânicos, tornado esquizofrênico pelo parcelamento das tarefas, como retrata Chaplin em *Tempos Modernos*.

Enquanto prevalecem as funções divididas do homem que pensa e do homem que executa, permanece a alienação na produção, pois permanecerá a ideia de que só alguns sabem e devem saber e, portanto, decidem, e a maioria nada sabe, é incompetente e obedece. (170)

Na manufatura, o trabalhador coletivo e, por conseguinte, o capital, só pode enriquecer-se em força produtiva social se o trabalhador se empobrece em forças produtivas individuais. A ignorância é a mãe da indústria como da superstição. A reflexão e a imaginação são sujeitas ao erro, mas o hábito de mexer o pé ou a mão não depende nem de uma, nem de outra. Assim, pode-se dizer que, em relação às manufaturas, a perfeição consiste em não precisar da inteligência de modo que a oficina possa ser considerada como uma máquina, cujas partes seriam homens. (171)

Segundo Adam Smith, a mente da maioria dos homens desenvolve-se, necessariamente, de e por suas ocupações costumeiras. Um homem que passa toda a vida a executar algumas operações simples não tem oportunidade de usar a inteligência. Torna-se em geral tão estúpido e tão ignorante quanto possa tornar-se

---

(169) HOUAISS, Antônio; VILLAR, Mauro de Salles. *Dicionário Houaiss da Língua Portuguesa*. Rio de Janeiro: Objetiva, 2009. p. 95.

(170) ARANHA, Maria Lúcia de Arruda; MARTINS, Maria Helena Pires. *Filosofando:* introdução à filosofia. São Paulo: Moderna,1986. p. 60.

(171) FERGUSON, A. *An Essay on the history of civil society*. Edinburgh, 1767. p. 134-135.

uma criatura humana. Ademais, a uniformidade de sua vida estacionária corrompe-lhe também a coragem, destrói-lhe até a energia do corpo e torna-o incapaz de usar sua força, com vigor e perseverança, a não ser na ocupação fragmentada à qual foi destinado.[172]

Sendo assim, Adam Smith recomenda a instrução popular obrigatória para impedir o definhamento completo da massa operária, mas em doses homeopáticas. Em sentido contrário, G. Garnier assevera que, se ela fosse introduzida, todo o sistema social da época seria abolido, pois entende que a instrução popular é contrária à divisão do trabalho. E segue o seu raciocínio, como todas as outras divisões do trabalho, a que existe entre trabalho mecânico e trabalho intelectual vai-se acentuando de modo mais nítido à medida que a sociedade caminha para um estágio mais opulento. Esta divisão do trabalho, como as que lhe precederam, é efeito dos progressos passados e causa dos progressos futuros. Desta forma, deveria então o governo procurar contrariar essa divisão do trabalho e atrasar-lhe a marcha natural? Deveria empregar uma parte da receita pública para tentar confundir e misturar duas classes de trabalho que tendem a se separar por si mesmas?

Um definhamento intelectual e físico é inseparável da divisão do trabalho na sociedade em geral. Mas, como o período manufatureiro leva bem mais longe esta cisão social entre espécies de trabalho e atinge, só por meio da divisão que lhe é própria, a raiz da vida do indivíduo, é esse período que, primeiramente, fornece a ideia e a matéria da patologia industrial, que encontra em Ramazzini sua expressão maior com a obra *De morbus artificum diatriba*, publicada em 1700.[173]

Num momento posterior, na fábrica, constata-se que todo trabalho aí desenvolvido com máquinas exige, do trabalhador, uma aprendizagem precoce, para que ele saiba adaptar seu próprio movimento ao movimento uniforme e contínuo do autômato. Enquanto o conjunto da maquinaria constituir por si só um sistema de máquinas diferentes, combinadas e funcionando ao mesmo tempo, a cooperação à qual ele serve de base exige que os diferentes grupos de trabalhadores sejam distribuídos pelas diversas máquinas.

Todavia, já não há mais necessidade, como na manufatura, de dar forma definitiva a essa distribuição, condenando sempre os mesmos trabalhadores às mesmas funções. Como o movimento de conjunto de fábrica parte não do operário, mas da máquina, o pessoal pode mudar constantemente sem que haja interrupção do processo de trabalho.

Desta forma, a rapidez com que as crianças aprendem a trabalhar com as máquinas suprime a necessidade de formar especialmente classes de operários

(172) SMITH, Adam. *A riqueza das nações*. São Paulo: Nova Cultural, 1988. Livro V, cap. I, art. 2.
(173) MENDES, René. *A atualidade de Ramazzini*: 300 anos depois. Disponível em: <http://www.saudeetrabalho.com.br/textos-miscelania-6.htm>. Acesso em 20 jun. 2012.

para esse trabalho. Quanto aos serviços executados pelos trabalhadores manuais, podem ser feitos, parcialmente, por máquinas.

Um exemplo desta última situação são os diferentes aparelhos mecânicos que foram introduzidos, desde a Lei de 1844, nos lanifícios para substituir o trabalho das crianças. Se os filhos dos senhores fabricantes também fossem obrigados a frequentar a escola de ajudantes de fábrica, esse domínio quase inexplorado da mecânica tomaria notável impulso.

Os teares automáticos são máquinas perigosas. A maioria dos acidentes atingem as crianças porque elas, com as máquinas em movimento, passam por baixo para limpar o chão. Na época, os inspetores moveram processos judiciais contra certos fiscais e condenaram-nos por infrações desse tipo, mas sem conseguir mudança efetiva. Se os construtores inventassem uma vassoura automática que evitasse essa tarefa perigosa para as crianças, estariam contribuindo de modo significativo para as medidas de proteção da sua saúde e segurança.(174)

Deve-se considerar, ainda, que a tecnologia capitalista e a divisão capitalista do trabalho não se desenvolveram por causa da sua eficácia produtiva em si, mas em razão da sua eficácia no contexto do trabalho alienado e forçado, em virtude de um trabalho dominado por um objetivo que lhe era desconhecido. As técnicas capitalistas não visavam maximizar a produção e a produtividade em geral de trabalhadores quaisquer, mas eram concebidas a fim de maximizar a produtividade para o capital de trabalhadores que não tinham razão alguma para se empenharem em suas atividades, já que os objetivos de sua produção lhes eram ditados por vontade inimiga.

Sendo assim, para obrigá-los a dobrarem-se a essa vontade, era preciso que eles perdessem não somente a propriedade dos meios de produção, mas também, e, na medida do possível, o controle sobre o funcionamento desses meios. O poder do trabalhador, representado pela sua habilidade, pelo seu conhecimento profissional, pelo seu *know-how*, assegurando o funcionamento das máquinas, sem o auxílio de um enquadramento hierárquico, escalonado através de técnicos, engenheiros, profissionais da manutenção e preparadores, é perdido no meio da dinâmica dessas interpostas pessoas. Tais pessoas, na fábrica, têm a função de subtrair o controle operário às condições e às modalidades do funcionamento das máquinas, tornando a função de controle uma função separada. Somente desse modo os meios e o processo de produção podem apresentar-se como potência estranha, tornada autônoma, exigindo submissão dos trabalhadores.

A história da tecnologia capitalista pode ser interpretada, no conjunto, como a história da desqualificação dos agentes diretos da produção. O processo de

---

(174) Reports of the Inspectory of Factories for 31st Oct, 1866. p. 63, *apud* GORZ, André. *Crítica da divisão do trabalho*. 3. ed. São Paulo: Martins Fontes, 1996. p. 35.

desqualificação não é, por certo, linear, pois aparece e inverte-se parcialmente no início de cada revolução técnica. Mas, logo após, a tendência geral volta a se impor: as novas qualificações exigidas pelo funcionamento de novas técnicas são outra vez decompostas, as competências profissionais dos operários de produção mais qualificados são divididas em subespecializações desprovidas de autonomia, e, a parte de controle, e, portanto, de poder sobre o processo de produção, que comportavam inicialmente, é transferida a não operários, como uma função separada. [(175)]

Assim sendo, a automatização está inteiramente amoldada ao processo, nos seus efeitos, acompanhando uma mecanização que desqualifica e fragmenta as tarefas de controle. Depois que a mecanização despoja os operários de qualquer poder de controle, transferindo-o a agentes separados, a automatização, por sua vez, transfere a função de controle a máquinas que controlam os controladores precedentes, produzindo, assim, a completa alienação do trabalhador do processo produtivo.

A separação entre trabalho intelectual e trabalho manual, portanto, irá se ampliando na medida em que a sociedade humana se desenvolve, na medida em que se amplia a divisão social do trabalho e a divisão desigual da riqueza conduz à divisão da sociedade em classes.

Ao contrário dos primórdios da humanidade, quando tudo pertencia a todos, inclusive o conhecimento, agora os que possuem quase tudo se apropriam do conhecimento também. E mais, dispõem de meios para pôr a seu serviço os produtores do saber. E desse modo se chega a uma estranha situação: o trabalhador manual, de cuja atividade brotou todo o conhecimento original do homem e que, com a produção dos meios de subsistência, possibilitou o desenvolvimento da especulação livre, não tem mais acesso a este conhecimento.

❑ 5.2. Trabalho como princípio educativo: educação básica e profissional

Para milhões de pessoas que vivem da venda da sua força de trabalho ou estão desempregadas, subempregadas ou trabalhando em condições precárias é muito difícil entender como pode ser educativo um trabalho explorado, cujo exercício é fundado na falta de opção, e, muitas vezes, repetitivo, vigiado e mal remunerado.

O trabalho pode ser visto sob um ângulo positivo enquanto criação e reprodução da vida humana. Por outro lado, como já abordado, sua face negativa é revelada na medida em que ele se apresenta, no capitalismo, de forma alienada.

---

(175) GORZ, André. *Crítica da divisão do trabalho.* 3. ed. São Paulo: Martins Fontes, 1996. p. 83-84.

Ademais, três outros aspectos podem ser acrescentados como dificuldade para se visualizar o trabalho como princípio educativo.

Primeiramente, o Brasil foi a última sociedade no continente a abolir a escravidão. Foram séculos de trabalho escravo, cujas marcas são ainda profundamente visíveis na sociedade. O Brasil até hoje não se recuperou da formação escravagista. A mentalidade empresarial e das elites dominantes tem a marca cultural da relação escravocrata. Em sociedades assim, montadas com base nesse sistema, a própria ideia de trabalho remete à escravidão. Portanto, trabalho é coisa menor, indecente, imoral ou de gente que está sendo punida. O trabalho é visto como *tripalium*, instrumento de tortura formado por três paus cravados no chão em forma de pirâmide usado para supliciar os escravos.

O segundo aspecto é a visão moralizante do trabalho. Nessas sociedades marcadas pelo trabalho escravo só faltava um concepção religiosa na qual o trabalho aparecesse como castigo e isso foi oferecido pelo judaísmo. O mundo semita trouxe essa ideia à tona, porque a religiosidade semítica expressa no mundo hebraico traz a ideia do trabalho como castigo. Adão e Eva desobedeceram à ordem de Deus. A mulher recebeu uma condenação: pagar com as dores do parto pelo seu erro. E o homem recebeu outra condenação: trabalhar.

Por fim, muito frequente é a perspectiva de se reduzir a dimensão educativa do trabalho à sua função instrumental didático-pedagógica, qual seja a de aprender fazendo.[176]

Com efeito, ao fazer uma exegese da perspectiva de Marx sobre a relação trabalho e educação, e o trabalho como princípio educativo, Manacorda[177] mostra que estas relações não se reduzem à dimensão didático-pedagógica ou instrumental, e, ainda que estas dimensões não sejam excluídas, não são o seu fundamento. De acordo com Marx, o trabalho transcende, de modo necessário, toda a caracterização didático-pedagógica, seja como objetivo meramente profissional, seja como função didática, para se identificar com a própria essência do homem.

O trabalho como princípio educativo vincula-se, então, à própria forma de ser dos seres humanos, como parte da natureza e que dela depende para reproduzir a sua vida. E é pela ação vital do trabalho que os seres humanos transformam a natureza em meios de vida. É por demais conhecida aquela passagem de *O Capital* na qual Marx diferencia o pior arquiteto da melhor abelha: aquele obtém um resultado que já no início deste existiu na imaginação do trabalhador e portanto idealmente. Ele não apenas efetiva uma transformação da forma da matéria natural; realiza, ao mesmo tempo, na matéria natural seu

---

(176) FRIGOTTO, Gaudêncio. Trabalho como princípio educativo: por uma superação das ambiguidades. *Boletim Técnico do SENAC,* Rio de Janeiro, p. 175-192, set./dez. 1985.
(177) MANACORDA, M. *Marx y la pedagogia de nuestro tiempo*. Roma: USPG, 1975.

objeto, que ele sabe que determina, como lei, espécie e o modo de sua atividade e ao qual tem de subordinar sua vontade.[178]

Se essa é uma condição imperativa, socializar o princípio do trabalho como produtor de valores de uso, para manter e reproduzir a vida, é crucial e educativo. É dentro desta perspectiva que Marx sinaliza a dimensão educativa do trabalho, mesmo quando o trabalho se dá sob sua face negativa na divisão do trabalho social no capitalismo. Na relação dos seres humanos para produzirem os meios de vida pelo trabalho, não acontece apenas, pela transformação da natureza, a transformação do próprio homem, mas, também, pela atividade prática ele produz o conhecimento, a cultura e a sua conscientização.

Etimologicamente, a palavra trabalho em latim é labor. A ideia de *tripalium* aparecerá dentro do latim vulgar como sendo, de fato, um instrumento de tortura, forma de castigo. Mas esse entendimento se opõe a ideia de obra, que os gregos chamavam de *poiesis*, que significa minha obra, aquilo que faço, que construo, em que me vejo. O mundo protestante luterano e calvinista retoma dos gregos essa acepção para o trabalho, que nasce junto com o capitalismo como a continuidade da obra divina. Nessa ótica, o trabalho é extremamente valorizado, como se pode depreender da obra *A Ética Protestante e o Espírito do Capitalismo*, de Max Weber, na qual o nascimento do capitalismo é associado à doutrina calvinista da predestinação e à consequente interpretação do êxito material como garantia da graça divina.[179]

Neste sentido, o trabalho pode ser considerado como princípio educativo em três sentidos diversos, mas articulados entre si. Num primeiro sentido, o trabalho é princípio educativo na medida em que determina, pelo grau de desenvolvimento social atingido historicamente, o modo de ser da educação em seu conjunto. Nesse sentido, aos modos de produção correspondem modos distintos de educar com uma correspondente forma dominante de educação. Em um segundo sentido, o trabalho é princípio educativo na medida em que coloca exigências específicas que o processo educativo deve preencher, em vista da participação direta dos membros da sociedade no trabalho socialmente produtivo. Finalmente, o trabalho é princípio educativo, num terceiro sentido, na medida em que determina a educação como uma modalidade específica e diferenciada de trabalho: o trabalho pedagógico.[180]

O conceito de educação tecnológica estaria no segundo nível de compreensão do trabalho como princípio educativo: a educação básica, em suas diferentes

---

(178) MARX, Karl. *O Capital*. Abril Cultural: São Paulo, vol. 1, Livro Primeiro, tomo 1, 1983. p. 149-150.
(179) CORTELLA, Mário Sérgio. *Qual é a tua obra?:* inquietações propositivas sobre ética, liderança e gestão. 18. ed. São Paulo: Vozes, 2012.
(180) SAVIANI, Dermeval. *A nova lei da educação:* LDB, trajetória e perspectivas. 8. ed. São Paulo: Autores Associados, 2003.

etapas, deve explicitar o modo como o saber se relaciona com o processo de trabalho, convertendo-se em força produtiva. [181]

Para as pessoas que constroem suas trajetórias formativas em tempos lineares e considerados regulares — isto é, por um processo de escolarização que acompanha seu desenvolvimento etário —, a relação entre conhecimento e atividade produtiva ocorre de forma mais imediata a partir de uma determinada etapa educacional.

No caso brasileiro, isto tende a ocorrer no ensino médio por dois motivos. O primeiro, porque, nesse momento, os jovens estão delineando seus horizontes em termos de cidadania e de vida economicamente ativa, que são dimensões também indissociáveis. A experiência educativa, nessa etapa, então, deve proporcionar o desenvolvimento intelectual e a apreensão de elementos culturais que possibilitem a configuração desses horizontes. Dentre esses elementos, estão as características do mundo do trabalho, incluindo aquelas que contribuem para a realização de escolhas profissionais. [182]

O segundo motivo pelo qual a relação entre mundo do trabalho e conhecimento tende a se aproximar mais no ensino médio é o fato de, nesta etapa, ser possível compreender o processo histórico de transformação da ciência em força produtiva por meio do desenvolvimento tecnológico.

Nesse momento, então, o acesso ao conhecimento sistematizado proporciona a formação cultural e intelectual do estudante, permitindo a compreensão do significado da ciência, das letras e das artes; o processo histórico de transformação da sociedade e da cultura; a língua portuguesa como instrumento de comunicação, acesso ao conhecimento e exercício da cidadania, nos termos do que preconiza o inciso I, art. 36, da Lei n. 9.394/96, denominada Lei de Diretrizes e Bases da Educação (LDB). A tendência natural, neste contexto, é que se forme um cidadão consciente de seu papel na sociedade e de suas potencialidades.

Todavia, no caso das pessoas jovens e adultas que não traçaram sua vida escolar com esta mesma linearidade, a relação entre educação e mundo do trabalho ocorre de forma muito mais imediata e contraditória. Para elas, o sentido do conhecimento não está em proporcionar, primeiro, a compreensão geral da vida social e, depois, instrumentalizar-se para o exercício profissional. Na realidade, muitas vezes, o acesso ou o retorno à vida escolar ocorre motivado pelas dificuldades enfrentadas no mundo do trabalho, pela necessidade de nele se inserir e permanecer. Neste caso, o trabalho tende a ser visto por estas pessoas como *tripalium* e não como *poiesis*.

---

(181) *Ibid.*
(182) RAMOS, Marise Nogueira. O projeto unitário de ensino médio sob os princípios do trabalho, da ciência e da cultura. *In:* FRIGOTTO, Gaudêncio; CIAVATTA, Maria (Orgs.). *Ensino médio:* ciência, cultura e trabalho. Brasília: MEC: SEMTEC, 2004.

A vida contemporânea tem aumentado significativamente os desafios que implicam essa relação. A reestruturação produtiva, somada às dificuldades ao usufruto dos direitos sociais, ameaça os trabalhadores com o desemprego, deles exigindo maior flexibilidade para enfrentar tanto as mudanças internas ao trabalho — caracterizadas pela automação da produção e dos serviços e pelos novos paradigmas de gestão —, quanto às externas, configuradas pelo trabalho precário, de tempo parcial, autônomo e desregulamentado. O conceito de educação continuada vem definir o sentido da educação de jovens e adultos frente a essa realidade: a necessidade de aprender durante toda a vida.

O problema, entretanto, está no fato de que, na realidade, não foi universalizada a educação básica para todos os sujeitos sociais. Assim, exige-se das pessoas jovens e adultas com pouca escolaridade que demonstrem a capacidade de, permanentemente, reconverterem seus saberes profissionais, mas não se garantiu a elas a formação básica necessária que lhes permitiria o seu reconhecimento como sujeitos sociais, que de fato são como cidadãos e trabalhadores. Se não se pode ignorar a importância da educação como pressuposto para enfrentar o mundo do trabalho, não se pode reduzir o direito à educação — subjetivo e inalienável — à instrumentalidade da formação para o trabalho com um exclusivo sentido economicista. É, portanto, um desafio para a política de Educação de Jovens e Adultos (EJA) reconhecer o trabalho como princípio educativo, primeiro por despertar a consciência do homem para sua capacidade de se representar de modo ideal, de colocar finalidades às suas ações, de transformar suas perguntas em necessidades e de a elas dar respostas, e, a partir disso, na sua especificidade histórica, enfrentar as instabilidades do mundo contemporâneo.[(183)]

Por essa razão, um projeto de EJA que exclui o trabalho como realidade concreta da vida dessas pessoas não as considera como sujeitos que produzem sua existência sobre relações contraditórias e desiguais. Outro projeto, que tome o trabalho somente em sua dimensão econômica, a educação como redentora das mazelas enfrentadas no mercado de trabalho, imputando às pessoas a responsabilidade de superá-las pelo uso de suas capacidades individuais, reduz o sujeito a fator econômico e aliena o direito dessas pessoas de se reconhecerem e se realizarem plenamente como seres humanos.

Um verdadeiro projeto de educação de jovens e adultos deve capacitá-los a desmitificar a visão de educação com sentido meramente instrumental, inclusive devido ao fetiche com que é tratada, ao se conferir a ela um poder sobrerreal de possibilitar a permanência das pessoas no mercado de trabalho, induzindo o trabalhador a crer numa aparência de igualdade de condições de acesso e ocultando a real essência da desigualdade social.

---

(183) LUKÁCS, Georg. As bases ontológicas do pensamento e da atividade do homem. *Temas de Ciências Humanas*, São Paulo. p. 1-18, 1978.

Analisando-se as formas históricas do trabalho, contudo, infere-se que o trabalho pode ser assumido como princípio educativo na perspectiva do capital ou do trabalhador. Isso exige que se distinga criticamente o trabalho humano em si, por meio do qual o homem transforma a natureza e se relaciona com os outros homens para a produção de sua própria existência, do trabalho assalariado, forma específica da produção da existência humana sob o capitalismo, portanto, como categoria econômica da práxis produtiva.

Do ponto de vista do capital, a dimensão essencialmente humana do trabalho é subsumida à dimensão econômica e produtiva, pois, nas relações capitalistas, o sujeito é o capital e o homem é o objeto. Assim, assumir o trabalho como princípio educativo na perspectiva do trabalhador implica superar a visão utilitarista, reducionista do trabalho. Implica inverter a relação, situando o homem como sujeito do devir.

> Esse é um processo coletivo, organizado, de busca prática de transformação das relações sociais desumanizadoras e, portanto, deseducativas. A consciência crítica é o primeiro elemento deste processo que permite perceber que é dentro destas velhas e adversas relações sociais que se pode construir outras relações, nas quais o trabalho se torne manifestação de vida e, portanto, seja considerado educativo.[184]

Analisando-se a legislação educacional brasileira em face dessa natureza dialética do trabalho, observa-se que, a partir da Lei de Diretrizes e Bases da Educação — LDB, o trabalho é tomado como princípio educativo da educação básica. Aproximando-se da ideia defendida pelos teóricos da educação, o trabalho aparece, no ensino fundamental, de forma implícita, isto é, em função da incorporação de exigências mais genéricas da vida em sociedade, enquanto que, no ensino médio, os mecanismos que caracterizam o processo de trabalho devem ser explicitados.

Entretanto, a apropriação desse princípio sob a ótica do capital é demonstrada quando a função da preparação básica para o trabalho é também justificada pelo fato de, nas condições contemporâneas de produção de bens, serviços e conhecimentos, a preparação de recursos humanos para um desenvolvimento sustentável supor o desenvolvimento da capacidade de assimilar mudanças tecnológicas e adaptar-se a novas formas de organização do trabalho.[185]

Assim, diante da instabilidade social contemporânea, a cidadania não se apresenta no mundo da realidade como um valor universal, mas uma cidadania

---

(184) FRIGOTTO, 1985, p. 175-192.

(185) BRASIL. Conselho Nacional de Educação. *Parecer no 15/98*. Brasília, 1998. Disponível em: <http://portalsme.prefeitura.sp.gov.br/Documentos/BibliPed/TextosLegais/LegislacaoEducacional/Parecer_CNB_CEB_15_98_InstituiDiretrizesCurricularesNacionaisEnsinoMedio.pdf>. Acesso em 10 out. 2012.

possível, conquistada de acordo com o alcance dos próprios projetos individuais e segundo os valores que permitam uma sociabilidade pacífica e adequada aos padrões produtivos e culturais contemporâneos.

❑ 5.3. Princípio da instrução: formação e informação em segurança e saúde no trabalho

Sendo assim, o princípio da instrução do trabalhador é abordado na perspectiva do possível, de como se apresenta, na realidade, o mundo do trabalho na atualidade: hierarquizado e sob a égide de uma relação de subordinação entre patrão e empregado.

Aspira-se, por certo, que o trabalhador se reaproprie do saber técnico e dos meios de produção dos quais ele foi alienado ou que, pelo menos, realize suas atividades dentro de um viés democratizante. Todavia, enquanto isso não acontece, deve-se pensar a saúde e a segurança do trabalhador no âmbito de suas condições materiais de existência, garantindo-lhe a dignidade que o atual momento histórico lhe permite, assegurada pela Constituição da República, no art. 6º "São direitos sociais a educação, a saúde, o trabalho [...]".

Aliás, o art. 219 da Constituição Federal estabelece que o mercado interno integra o patrimônio nacional e será incentivado de modo a viabilizar o desenvolvimento cultural e socioeconômico, o bem-estar da população e a autonomia tecnológica do país, nos termos de lei federal.

A previsão do mercado interno enquanto patrimônio nacional afasta, assim, a ideia liberal clássica e consagra uma perspectiva de Estado Social de Direito, fixando uma concepção social do mercado.[186]

É neste sentido que se situa o princípio da instrução do trabalhador, objeto deste estudo. Ele foi, assim, extraído das principais convenções da OIT que tratam da saúde do trabalhador. Prevê a Convenção n. 148 da OIT, ratificada pelo Brasil, que "[...] os trabalhadores ou seus representantes terão direito a apresentar propostas, receber informações e orientação e a recorrer a instâncias apropriadas, a fim de assegurar a proteção contra riscos profissionais devidos à contaminação do ar, ao ruído e às vibrações no local de trabalho".[187] Para enfatizar o direito, repete no art. 13 que "[...] todas as pessoas interessadas deverão ser apropriadas e suficientemente informadas sobre os riscos profissionais que possam originar-se no

(186) LENZA, Pedro. *Direito constitucional esquematizado.* 16. ed. revista, atualizada e ampliada. São Paulo: Saraiva, 2012. p. 1185.

(187) OIT. **Convenção n. 148**: Proteção dos Trabalhadores contra os Riscos Profissionais devidos à Contaminação do Ar, ao Ruído e às Vibrações no Local de Trabalho. Genebra, 1977. Vigora no Brasil desde 14.1.1983.

local de trabalho devido à contaminação do ar, ao ruído e às vibrações e receber instruções suficientes e apropriadas quanto aos meios disponíveis para prevenir e limitar tais riscos, e proteger-se dos mesmos."(188)

A Convenção n. 155, art. 5º, alínea "c", ratificada pelo Brasil, além de repetir o direito à informação, estabelece que "[...] os trabalhadores e seus representantes na empresa devem receber treinamento apropriado no âmbito da segurança e da higiene do trabalho".(189) De forma semelhante, prescreve a Convenção n. 161 (ANEXO C), também ratificada pelo Brasil, que "todos os trabalhadores devem ser informados dos riscos para a saúde inerentes a seu trabalho".(190)

A Diretiva n. 89/391 da União Europeia menciona, no art. 6º, item 2, alínea "i", art. 8º, item 3, art. 10, item 1, e art. 11 a obrigação do empresário de informar a todos os trabalhadores sobre os riscos a que possam estar expostos, com as instruções necessárias. Além disso, estabelece que os empresários deverão formular consultas aos trabalhadores ou a seus representantes sobre todas as questões que afetam a segurança e saúde no trabalho. A própria norma esclarece que os trabalhadores poderão formular propostas e apresentar observações.(191)

Contemplando estas e outras aspirações dos trabalhadores, foi elaborada, pelo grupo tripartite composto pelo governo e pelas principais organizações que representam empregados e empregadores, a Política Nacional de Segurança e Saúde no Trabalho (Decreto n. 7.602, de 7 de novembro de 2011)(192), que tem como uma de suas diretrizes a reestruturação da formação em saúde do trabalhador e em segurança no trabalho e o estímulo à capacitação e à educação continuada dos trabalhadores.

A educação continuada é uma das diretrizes a ser seguida com a inclusão de conhecimentos básicos em prevenção de acidentes e segurança e saúde do trabalhador no currículo do ensino fundamental e médio da rede pública e privada,

---

(188) *Ibid.*

(189) OIT. **Convenção n. 155**: Segurança e Saúde dos Trabalhadores e o Meio Ambiente de Trabalho. Genebra, 1981. Vigora no Brasil desde 18.5.1993.

(190) OIT. **Convenção n. 161**: Serviços de Saúde do Trabalho. Genebra, 1988. Disponível em: <http://www.oit.org.br/node/507>. Acesso em 10 mar. 2012. Entrou em vigor no plano internacional em 17.2.1988. Aprovada pelo Decreto Legislativo n. 86, de 14.12.1989, do Congresso Nacional. Ratificada em 18.5.1990. Promulgada pelo Decreto n. 127, de 22.5.1991. Vigora no Brasil desde 18.5.1991.

(191) DIRECTIVA 89/391. La aplicacion de medidas para promover La mejora de La seguridad y de La salud de lós trabajadores em el trabajo. *CEE del Consejo,* de 12 junio de 1989. Disponível em: <http://eur-lex.europa.eu/LexUriServ/LexUriServ.do?uri=CONSLEG:1989L0391:20081211:ES:PDF>. Acesso em 10 mar. 2012.

(192) BRASIL. Decreto 7.602 de 7 de novembro de 2011. Dispõe sobre a Política Nacional de Segurança e Saúde no Trabalho — PNSST. *Diário Oficial da União,* Poder Executivo, Brasília, DF, 8 nov. 2011. Seção 1. Disponível em: <http://portal.saude.gov.br/portal/arquivos/pdf/decreto7602_2011_st.pdf>. Acesso em 10 set. 2012.

bem como a revisão de referências curriculares para a formação de profissionais em saúde e segurança no trabalho, de nível técnico, superior e pós-graduação.[(193)]

Como se sabe, nos termos do art. 21 da Lei n. 9.394/96 (Lei de Diretrizes e Bases da Educação), a educação escolar compõe-se de: educação básica, composta por educação infantil, ensino fundamental e ensino médio; e educação superior.

Nos termos do art. 22 dessa Lei, a educação básica tem por finalidade desenvolver o educando, assegurar-lhe a formação comum indispensável para o exercício da cidadania e fornecer-lhes meios para progredir no trabalho e em estudos posteriores, aí incluídos os estudos da segurança e da saúde do trabalhador, até porque não seria razoável se pensar a preparação do estudante para sua inclusão no processo produtivo, descurando-se de sua formação para a conscientização da proteção de sua saúde dos riscos criados e que são inerentes a este processo.

A formação profissional do trabalhador é importante fator para seu aproveitamento no processo produtivo, uma vez que o avanço da tecnologia requer novos tipos de profissionais e de habilidades técnicas dos empregados.

Não é por outra razão que a Organização Internacional do Trabalho — OIT aprovou, dentre as suas diversas normas, a Convenção n. 142, de 1975, ratificada pelo Brasil em 24 de novembro de 1981, que no art. 2º orienta os Estados-Membros a "estabelecer e desenvolver sistemas abertos, flexíveis e complementares de ensino geral técnico e profissional, assim como de orientação escolar e profissional e de formação profissional, tanto dentro do sistema oficial de ensino como fora dele".[(194)]

Na mesma diretriz põe-se a Declaração Sociolaboral do Mercosul, aprovada no Rio de Janeiro, em 17 de dezembro de 1998, art. 16, pela qual os Estados se comprometem a instruir, com as entidades envolvidas que voluntariamente assim o desejem, serviços e programas de formação e orientação profissional contínua e permanente, de maneira a permitir aos trabalhadores obter as qualificações exigidas para o desempenho de uma atividade produtiva, aperfeiçoar e reciclar conhecimentos e habilidades, considerando fundamentalmente as modificações resultantes do progresso técnico.

Segue-se que a qualificação profissional é um direito/dever diante de sua dupla face: apresenta um dever da empresa em proporcionar meios para que ela se

---

(193) BRASIL. Ministério do Trabalho e Emprego. Governo lança Plano Nacional de Segurança e Saúde no Trabalho. Brasília, *Portal do Trabalho e Emprego*, 20 abr. 2012. Disponível em: <http://portal.mte.gov.br/imprensa/governo-lanca-plano-nacional-de-seguranca-e-saude-no-trabalho.htm>. Acesso em 10 out. 2012.

(194) OIT. **Convenção n. 142**: Desenvolvimento de Recursos Humanos. Genebra, 1975. Disponível em: < http://www.oit.org.br/node/496>. Acesso em 10 mar. 2012. Entrou em vigor no plano internacional em 19.7.1977. Aprovada pelo Decreto Legislativo n. 46, de 23.9.1981, do Congresso Nacional. Ratificada em 24.11.1981. Promulgada pelo Decreto n. 98.656, de 21.12.1989. Vigora no Brasil desde 24.11.1982.

efetive, e um direito do trabalhador para que possa concretizar as oportunidades de aumentar os seus conhecimentos e dedicar-se ao aperfeiçoamento técnico-profissional.

Sabe-se que, no que diz respeito, especificamente, à saúde e segurança do trabalhador, é do empregador a assunção dos riscos (art. 2º da CLT), notadamente daqueles produzidos pela falta de segurança do trabalhador, neles incluídas a sua falta de formação e informação sobre os riscos ocupacionais existentes em seu ambiente laboral.

Todavia, os atores sociais podem desempenhar relevante papel no sentido de colaborar para o aperfeiçoamento da mão de obra, cabendo não só às empresas, mas também aos sindicatos, contribuir para a efetivação de ações efetivas de qualificação profissional.

No âmbito do trabalho, da educação e da Administração Pública, a formação profissional abrange um complexo quadro mais amplo do que o das relações de emprego, uma vez que se enquadra no âmbito das atividades desenvolvidas pelo Estado, pelos sindicatos ou por órgãos que se ocupam da qualificação profissional do trabalhador. (195)

A pluralidade de regimes jurídicos da formação profissional está relacionada com o órgão que a ministra, uma vez que, sendo prestada pela Administração Pública do Trabalho, é parte do direito administrativo e integra um plano de política de qualificação profissional ou de preparação profissional para o emprego, desenvolvido pelo Estado, utilizando-se dos recursos e meios institucionais de que dispõe.

A formação profissional pode ser prestada também pelo próprio setor patronal através de mecanismos próprios ou conveniados, subsidiados pelo próprio setor ou valendo-se de recursos direcionados para esse fim, pelo Estado, ou diretamente pela empresa.

Quando a formação profissional é prestada pela própria empresa, diversas são suas finalidades, uma vez que a faz para incorporar ao trabalho quem está fora do sistema educacional ou profissional e com a finalidade de ministrar conhecimentos técnicos de uma profissão, como, também, para preparar alguém diante da necessidade de sua reintegração no emprego e em face de motivos subjetivos do empregado, como a redução da sua capacidade de trabalho, ou por motivos objetivos da empresa, como, por exemplo, nos casos de mudanças na tecnologia, ou para aperfeiçoar aqueles que já são seus empregados e que querem adquirir maiores conhecimentos.

---

(195) NASCIMENTO, Amauri Mascaro. *Direito contemporâneo do trabalho.* São Paulo: Saraiva, 2011, p. 447-448.

A temática foi alvo de pesquisa, quando da produção da dissertação sobre "O Acidente de Trabalho Fatal na Indústria da Construção Civil" (Grande Natal: 1990-1999), durante a realização do curso de Mestrado em Ciências Sociais, pelo professor Edwar Abreu Gonçalves, na Universidade Federal do Rio Grande do Norte, oportunidade em que o mencionado autor compartilha com o leitor alguns dados e observações evidenciadas ao longo da citada investigação sociológica, na qual destaca que, não obstante ao recorte geográfico e temporal investigados, essa realidade laboral não deve se diferenciar muito das condições de trabalho vivenciadas em diversos canteiros de obras existentes em tantas outras cidades dos demais estados brasileiros.

Especificamente em relação aos trabalhadores mortos em canteiros de obras nos municípios que compõem a Grande Natal, constatou-se que os mesmos possuíam características predominantes que conduzem a um perfil comum, isto é, são trabalhadores com baixíssimo nível de escolaridade (28% eram analfabetos, 61% possuíam apenas o ensino fundamental incompleto e 11% haviam concluído o ensino fundamental) e, igualmente, são desprovidos de qualificação profissional específica, posto que a maioria deles (82%) aprendeu o exercício profissional de servente ou de pedreiro, de maneira empírica.[196]

Neste sentido, o saber operário se elabora por meio do confronto entre equipamentos monstruosos e ameaçadores e operários sem nenhuma preparação ou formação efetiva, pressionados pela situação ansiógena a se adaptarem o mais depressa possível, graças à descoberta e à produção de conhecimentos pragmáticos sobre os próprios instrumentos de trabalho. [197]

Essa pressão, no sentido da ordem social, estimula o processo de produção de macetes, dicas, truques e gambiarras, indispensáveis, sob essa ótica, ao funcionamento da empresa.

O conhecimento de tais macetes, ao longo dos anos de experiência profissional, é que leva o trabalhador a descobrir a sequência de variações, de flutuações e de alarmes que conduzem ao incidente ou acidente, que poderá ser produzido minutos mais tarde e que poderá ser evitado. Esse tipo de saber operário não se articula com qualquer conhecimento teórico. É puramente intuitivo e pragmático e resulta da experiência e da observação. Tais dicas compõem um modo operatório que somente os operários mais experientes chegam a conhecer de verdade, detectando algumas ameaças industriais e riscos ocupacionais no cotidiano do trabalho.[198]

---

(196) GONÇALVES, Edwar Abreu. *Manual de segurança e saúde no trabalho*. 3. ed. São Paulo: LTr, 2006. p. 568-569.
(197) DEJOURS, Christophe. *A loucura do trabalho*: estudo de psicopatologia do trabalho. São Paulo: Cortez-Oboré, 1988.
(198) DEJOURS, Christophe. *A loucura do trabalho*: estudo de psicopatologia do trabalho. São Paulo: Cortez-Oboré, 1988.

Na realidade, o empregado que está alheio aos perigos do sistema produtivo com o qual interage, por falta de instrução, encontra-se diante de um grande fator de risco, que pode provocar acidente. É o caso, do exemplo mencionado no capítulo anterior, de servente de obra que trabalha de chinelo e opera betoneira sem aterramento elétrico, durante a chuva, sofrendo descarga elétrica e vindo a óbito.

Neste sentido, é a prescrição do comando inserto no art. 10 da Convenção 167 da OIT sobre Segurança e Saúde na Construção, ratificada pelo Brasil:

> A legislação nacional deverá prever que em qualquer local de trabalho os trabalhadores terão o direito e o dever de participarem no estabelecimento de condições seguras de trabalho na medida em que estes controlem o equipamento e os métodos de trabalho adotados, naquilo que estes possam afetar a segurança e a saúde.(199)

Ainda sobre a necessidade de informação e formação dos trabalhadores, pode ser citado o art. 33 da Convenção 167 da OIT sobre Segurança e Saúde na Construção, ratificada pelo Brasil:

Dever-se-á facilitar aos trabalhadores, de maneira suficiente e adequada:

> a) informação sobre os riscos para sua segurança e sua saúde aos quais possam estar expostos nos locais de trabalho;
>
> b) instrução e formação sobre os meios disponíveis para prevenirem e controlarem esses riscos e se protegerem dos mesmos.(200)

Neste sentido, a jurisprudência do Tribunal Superior do Trabalho, a seguir colacionada:

> **RECURSO DE REVISTA. ACIDENTE DO TRABALHO. RESPONSABILIDADE SUBJETIVA.** Ainda que o Regional formule tese acerca da aplicabilidade da modalidade objetiva de responsabilidade em relação ao dano decorrente de acidente de trabalho, é certo que o acórdão recorrido fundou a manutenção da condenação da Reclamada com base na verificação concreta de sua culpa. Não conhecido. CULPA EXCLUSIVA. As razões recursais relativas às alegações de exclusiva ou concorrente culpa do trabalhador não estão fundadas em alegada violação de dispositivo legal ou em comprovada divergência jurisprudencial, como exige o artigo 896 da CLT. Não conhecido. ACIDENTE DE TRABALHO. RESPONSABILIDADE. ÔNUS DA PROVA. Na espécie, o Regional cuidou de minucioasa e precisa análise do conjunto probatório, para confirmar comprovada a culpa da Reclamada na ocorrência do sinistro em que se esmagou a mão do trabalhador em prensa de fardos de alumínio, resultando na perda dos dedos. No caso, o Regional relata que não existia proteção na máquina ou enclausuramento da zona de prensagem — medidas que evitariam o acidente. **Verificou-se, ademais, a falta de ordens de segurança e de treinamento do Reclamante.** Não conhecido. ACIDENTE DE TRABALHO.

---

(199) OIT. **Convenção n. 167**: Segurança e Saúde na Construção. Genebra, 1988. Disponível em: <http://www.oit.org.br/content/conven%C3%A7%C3%A3o-sobre-seguran%C3%A7a-e-sa%C3%BAde-na-constru%C3%A7%C3%A3o>. Acesso em 10 mar. 2012. Entrou em vigor no plano internacional em 17.2.1991. Aprovada pelo Decreto Legislativo n. 61, de 18.4.2006, do Congresso Nacional. Ratificada em 19.5.2006. Promulgada pelo Decreto n. 6.271, de 22.11.2007. Vigora no Brasil desde 19.5.2007.

(200) OIT. **Convenção n. 167**: Segurança e Saúde na Construção. Genebra, 1988. Vigora no Brasil desde 19.5.2007.

RESPONSABILIDADE. INDENIZAÇÃO. DANO MATERIAL. CULPA CONCORRENTE. O Regional reafirma que não houve culpa concorrente do Reclamante para a ocorrência do sinistro. Não conhecido. ACIDENTE DE TRABALHO. RESPONSABILIDADE. INDENIZAÇÃO. DANO MORAL. PROVA. DANO — *IN RE IPSA*. Conforme assenta firme linha de jurisprudência dessa Corte, a reparação do dano moral prescinde da comprovação do efetivo prejuízo a direito da personalidade do trabalhador. Cabe, entretanto, comprovar a existência de conduta de potencial lesivos dos direitos da personalidade e o nexo causal entre essa conduta e a alegada lesão. Precedentes. Não conhecido. (RR — 9954400-49.2006.5.09.0242, Relator Ministro: Emmanoel Pereira, Data de Julgamento: 6.10.2010, 5ª Turma, Data de Publicação: 15.10.2010) (Grifo Nosso).(201)

Apesar de já abordado no livro, deve-se repisar que somente a percepção global do meio ambiente do trabalho e a análise de todos os seus elementos oferece possibilidade de prevenção do infortúnio e sua eliminação ou pelo menos redução do risco do trabalho.

Todavia, não obstante o direito à instrução em segurança do trabalhador, assegurado no ordenamento jurídico pátrio e em normas internacionais, ainda falta uma conscientização efetiva dos trabalhadores e dos empresários acerca deste tema.

A norma jurídica, por si só, não muda as condições do ambiente de trabalho. O empregador está atento, prioritariamente, ao resultado econômico do empreendimento. Assim, para tornar o meio ambiente do trabalho seguro e saudável, e dar mais efetividade às normas legais a respeito, é imprescindível contar com a participação ativa dos destinatários diretos da tutela jurídica: os trabalhadores e seus representantes. (202)

Se o empregado não se preocupa com a sua própria saúde no ambiente de trabalho, haverá sérias dificuldades para se implementarem as normas protetoras.

O cotidiano das relações de trabalho no Brasil tem demonstrado a veracidade da ideia segundo a qual, do ponto de vista do capital, a dimensão essencialmente humana do trabalho tem sido subsumida à dimensão econômica e produtiva, pois, nas relações capitalistas, o sujeito é o capital e o homem é o objeto.

Um exemplo ilustra bem essa afirmação: no Brasil, não raras vezes, o mesmo trabalhador que desenvolve sua atividade em situação de risco, sem opor qualquer resistência, em altura sem o uso do cinto de segurança ou que interage no sistema elétrico sem os equipamentos adequados de proteção individual para seu isolamento, quando compra um aparelho celular e entende que o serviço não está a contento, sabe procurar, inconformado, os caminhos administrativos ou judiciais para reivindicar seus direitos.

---

(201) BRASIL. Tribunal Superior do Trabalho. Recurso de Revista n. 9954400-49.2006.5.09.0242 da 5ª Turma. Acidente do trabalho. Responsabilidade subjetiva. Relator Ministro: Emmanoel Pereira, 6 de outubro de 2010. Disponível em: <http://www.tst.gov.br/>. Acesso em 10 mar. 2012.
(202) OLIVEIRA, 2010, p. 95.

Surgem duas reflexões do exemplo citado. A primeira inferência seria no sentido de que é uma realidade veemente no capitalismo a coisificação do homem e a humanização do objeto. A segunda de que, na relação de consumo, o cliente, ainda que sendo a parte hipossuficiente da relação, tem convicção de que a legislação pertinente fará valer o seu direito e de que, de modo diverso, na condição de trabalhador, não obstante ter ciência de seus direitos, sabe, todavia, que o seu exercício pode que lhe custar o emprego e o sustento de sua família.

Não obstante, os problemas de formação do trabalhador não se circunscrevem apenas ao nível operacional. Profissionais de nível superior de várias áreas do conhecimento têm deficiente formação técnica na área de saúde e segurança do trabalhador.

Ainda faltam profissionais com conhecimentos multidisciplinares para o devido equacionamento da questão da saúde do trabalhador. É oportuno mencionar que, nos cursos de Direito, por exemplo, os estudos acerca da saúde do trabalhador quase não existem. A doutrina trabalhista tradicional praticamente não aborda o tema da saúde do trabalhador. Espera-se que brevemente as questões de segurança, saúde e meio ambiente do trabalho componham uma disciplina autônoma na matriz curricular das faculdades de Direito. (203)

Sabe-se que, na escala de valores, acima dos direitos decorrentes do trabalho, devem figurar as garantias possíveis da preservação da vida e da integridade física e mental do trabalhador.

Todavia, para se ter a ideia de como é tímido o progresso na formação técnica na área de saúde do trabalhador, nos últimos anos, notadamente, na área jurídica, é só se observar a vasta literatura jurídica produzida em termos de responsabilização civil e criminal (reparação pecuniária e aplicação de pena aos causadores de acidentes do trabalho), e a diminuta produção doutrinária sobre a proteção jurídica da segurança e saúde do trabalhador (pautada no princípio da prevenção).

Aliás, o Direito à Segurança e Saúde no Trabalho está, em termos de representação, no ponto de interseção de dois traços que se cortam em forma de "X", cujas quatro pontas são o Direito do Trabalho, o Direito Previdenciário, o Direito Sanitário e o Direito Ambiental. O Direito à Segurança e Saúde no Trabalho surge da interação dessas quatro disciplinas afins, mas com elas não se confunde, pois possui objeto próprio e princípios específicos.

Também, na área médica, verifica-se a mesma deficiência de formação mencionada. Assegura a médica do trabalho Raquel Rigotto que "infelizmente aprende-se pouco sobre a saúde e o trabalho nas escolas que formam os profissionais de saúde". A começar pela anamnese clínica, que inclui a profissão do

(203) OLIVEIRA, 2010, p. 137.

paciente em sua identificação, mas não aprofunda sua história ocupacional, onde poderiam ser detectados os riscos aos quais este paciente está exposto em pelo menos um terço de seu dia. (204)

A mesma questão foi abordada por Carlos Minayo Gomez e outros, quando assinalou que: "Pode-se afirmar que, tanto na rede pública como nos serviços privados, a grande maioria dos casos de silicose e asbestose é diagnosticada como tuberculose; a tenossinovite como artrite reumatoide; intoxicações que afetam o sistema nervoso central e periférico como distúrbios psicossomáticos, sem que nenhum vínculo com o trabalho seja estabelecido". (205)

O autor desse livro também tem constatado, no exercício de suas funções como auditor fiscal do trabalho, que a mesma realidade se apresenta na área da engenharia, notadamente em muitos dos canteiros de obra fiscalizados.

O que se percebe é que a formação acadêmica do engenheiro é totalmente focada na produção. Percebe-se, claramente, a preocupação que o consome de atender o cronograma da obra. Neste aspecto, a prevenção que deveria caminhar em harmonia e passo a passo com a produção, parece estar, na prática, em verdadeiro confronto com ela, como se os cuidados com a prevenção representassem embaraço à boa marcha da produção.

Não são raras as vezes em que se presencia engenheiros encarregados de obra desautorizando ou desmoralizando técnicos de segurança, por entenderem que as medidas preventivas adotadas por estes últimos irão atrasar o cronograma da obra.

Desta forma, necessário que se realize um trabalho de conscientização com estes profissionais de nível superior e, para isto, disciplinas de caráter prevencionista devem ser introduzidas na matriz curricular da própria faculdade com o fim de preparar esses profissionais para o mercado de trabalho.

Deve-se enfatizar, ainda, que a premência dessa formação dá-se em virtude de que a sua ausência ou deficiência tem como subproduto a falta de conscientização dos trabalhadores e empresários a respeito do tema. O desconhecimento acarreta a inércia dos trabalhadores e do movimento sindical que prosseguem dando pouca atenção ao assunto, até que sejam surpreendidos por um acidente ou problema de saúde decorrente das más condições do ambiente de trabalho.

Desta forma, a formação é compreendida como a trajetória educacional percorrida pelos trabalhadores para a aquisição de competências de maneira a fazer

---

(204) RIGOTTO, Raquel Maria. Saúde e Trabalho. *In:* PEREIRA, William César Castilho. *O adoecer psíquico do subproletariado.* Belo Horizonte: SEGRAC, 1990. p. 152.

(205) GOMEZ, Carlos Minayo; CARVALHO, Sonia M. de; PORTO, Marcelo Firpo de Souza. Por uma ecologia do trabalho. *In:* LEAL, Maria do Carmo (Org.). *Saúde, ambiente e desenvolvimento:* processos e consequências sobre as condições de vida. São Paulo: Hucitec/Abrasco, 1992, v. 2, p. 85.

frente às atividades demandadas nas suas dimensões profissionais e políticas. Essa trajetória será fruto de uma combinação de operações educacionais desenvolvidas nos locais de trabalho, em escolas do ensino formal, em centros de formação das empresas, dentre outros.

Essas competências são definidas como um novo modelo de gestão da força de trabalho, consistindo em induzir ao uso e ao exercício da inteligência, da atenção, do senso de responsabilidade, da antecipação, da autonomia e da imaginação dos trabalhadores. (206)

Pode-se definir, então, competência como "[...] capacidade que um indivíduo possui de expressar um juízo de valor sobre algo a respeito de que é versado; idoneidade; soma de conhecimentos ou de habilidades". (207) Uma competência tem, portanto, caráter cognitivo, representado pela condição para o desenvolvimento de uma determinada atividade ou um grupo de atividades presentes num projeto, por exemplo. Ela pode ser traduzida, então, no conjunto organizado de conhecimentos, raciocínio lógico e afetividade, que permite a realização de uma ou várias ações.

As competências devem ser sempre contextualizadas e atualizadas, tendo em vista seu caráter de ligação com um objetivo bastante definido em termos práticos, que são as ações a serem realizadas. Sendo assim, devem responder às questões sobre o que o sujeito é capaz de realizar, independentemente do seu contexto de trabalho. Referem-se a aspectos individuais e não são visíveis senão nas manifestações concretas.

Essas competências são classificadas, basicamente, em três categorias: as competências específicas correspondem a conhecimentos, destrezas e atitudes requeridas para o desempenho de uma atividade profissional específica; as competências genéricas são comuns ao conjunto de setores, mas correspondem a uma mesma ocupação, e, as competências essenciais, também chamadas habilidades, referem-se a resoluções de problemas, a comunicação, as atitudes pessoais, o uso de informações tecnológicas e o uso da linguagem moderna. (208)

As mencionadas competências se articulam de maneira indissociável às competências de dimensão política, de maneira a propiciar ao homem capacidade de refletir, tendo por base categorias de análise que possibilitem a compreensão histórico-crítica da sociedade e sua atuação na realidade social como sujeito integral e ator social com interesses próprios.

---

(206) DELUIZ, Neise. *Formação do trabalhador:* produtividade e cidadania. Rio de Janeiro: Shape, 1995.

(207) HOUAISS, Antônio; VILLAR, Mauro de Salles. *Dicionário Houaiss da Língua Portuguesa.* Rio de Janeiro: Objetiva, 2009. p. 504.

(208) SILVA FILHO, José Augusto da. *Ciências sociais e políticas:* na área de segurança, saúde e meio ambiente. São Paulo: LTr, 2003. p. 285-287.

As capacidades, por sua vez, podem ser consideradas como a visibilidade das competências, constituindo-se na ação ou ações que o desenvolvimento de uma determinada competência permita ao sujeito realizar. Elas são transversais, exprimindo as potencialidades de uma pessoa, independentemente dos conteúdos específicos de determinada área. Não são atitudes inerentes ou dons, mas se manifesta e se desenvolve para favorecer a aprendizagem. (209)

A verificação de uma capacidade se dá pela observação das ações que a pessoa foi capaz de realizar, tendo uma forma visível e concreta, como, por exemplo, administrar conflitos causados por interesses divergentes; negociar e gerenciar a aplicação das políticas de segurança e saúde do trabalhador; identificar aportes implícitos e explícitos dessas políticas.

Neste sentido, é importante se construir novas competências e os profissionais da área de segurança e saúde do trabalhador devem voltar suas atenções para o contínuo estudo e atualização dos seus conhecimentos, pois, além de a educação continuada assegurar uma formação geral, humanística e cultural, ela se coloca nos dias de hoje como um imperativo, diante da própria dinâmica e mudanças contínuas existentes no processo produtivo.

Essa realidade é retratada, com clareza, pelo sociólogo Domenico De Masi, ao lecionar que, nas oficinas artesanais, a criança crescia ao mesmo tempo que aprendia, com o pai ou a mãe, e, mesmo enquanto ainda era aprendiz, já produzia. Com a divisão do trabalho, esta mistura é abolida. Também na sociedade industrial aquilo que se aprende como estagiário serve por muito tempo, de modo que a formação pode limitar-se a um tempo circunscrito. Na sociedade pós-industrial, este esquema entra de novo em colapso, pois, como as mudanças são contínuas, requerem uma formação também ininterrupta: seja na escola ou na universidade, seja no trabalho. (210)

E ainda continua, apresentando um exemplo: atualmente na escola de executivos da Telecom, a empresa estatal italiana de telefonia, os engenheiros fazem cursos de atualização que duram nove meses. Mas, no final do curso, parte do que aprenderam já se tornou ultrapassado, porque nesse meio tempo um novo tipo de celular ou de fibra ótica já foi introduzido no mercado. (211)

Desta forma, infere-se, do exposto, que existe um emaranhado de relações, conceitos e legislações que passam a integrar o espaço privilegiado de formação para o trabalho, notadamente relativo à instrução necessária para o exercício de um labor que preserve as condições de segurança e saúde no trabalho.

---

(209) LEITÃO, Ana. *Capacidades e competências.* Disponível em: <http://etea07.blogspot.com.br/2007/12/capacidades-e-competncias.html>. Acesso em 10 out. 2012.
(210) DE MASI, Domenico. *O ócio criativo:* entrevista a Maria Serena Palieri. Tradução de Léa Manzi. Rio de Janeiro: Sextante, 2000. p. 62-63.
(211) *Ibid.*

Há que se considerar que essas novas referências favorecem o deslocamento de ações pedagógicas para o espaço de realização do trabalho, onde a rubrica da educação permanente aparece como mediadora importante. Essa opção, no entanto, requer ações de caráter estratégico para a obtenção de um impacto adequado, levando-se em conta as peculiaridades de cada segmento produtivo.

❑ 5.4. O princípio da instrução do trabalhador e sua efetivação

Como visto, a prevenção de riscos profissionais nos diferentes locais de trabalho é essencial e engloba desde a formação de médicos e enfermeiros do trabalho, os engenheiros e os técnicos de segurança, à própria educação, formação e informação de todos os trabalhadores, os operários, os administrativos, os quadros superiores, entre outros. Assim, segurança e saúde no trabalho devem ser responsabilidade de técnicos especializados, mas também de todos os intervenientes (níveis estratégico, intermediário e operacional da empresa) em cada um dos segmentos produtivos existentes.

A formação de profissionais especializados em segurança e saúde no trabalho e a educação, a formação e a informação de todos os trabalhadores torna-se de extrema importância para se encarar a saúde e segurança no trabalho como prioridade e responsabilidade de todos os intervenientes. A inexistência ou reduzida integração de conteúdos de segurança, higiene e saúde no trabalho na formação de todos intervenientes, a falta de elo entre a produção e a segurança, o baixo nível escolar e profissional de muitos trabalhadores e operários devem ser levados em consideração na definição de estratégias educativas, formativas e informativas no âmbito da prevenção.[(212)]

A educação e a formação para a segurança, higiene e saúde no trabalho de responsáveis superiores (nível estratégico da empresa) contribuirão para uma maior conscientização da importância da temática e, consequentemente, para a adoção de uma atitude preventiva por parte de todos. Esta formação desenvolverá valores essenciais para a segurança e saúde no trabalho e o estabelecimento de uma cultura de segurança na própria empresa.

O profissional especializado em higiene e segurança, tendo como prioridade na sua intervenção a segurança e a saúde dos trabalhadores, deve ser promotor e agente de disseminação da educação, formação e informação de todos os intervenientes, como medida preventiva, conforme previsão da alínea "i", art. 5, da Convenção n. 161 da OIT, ratificada pelo Brasil.[(213)] Essa educação, formação e

---

(212) PEREIRA, Isa Gonilho; PEREIRA, Cristiana Gonilho; SILVA, Almeida José. *Educação e formação para a segurança e saúde do trabalho,* 2007. Disponível em: <http://cis.engenheiros.pt/2007/comunicacoes/Cristiana_Pereira.pdf>. Acesso em 10 out. 2012.

(213) OIT. **Convenção n. 161**: Serviços de Saúde do Trabalho. Genebra, 1988. Vigora no Brasil desde 18.5.1991.

informação deve ser permanente, durante toda a vida profissional. Desta forma, promove-se a aquisição de valores, responsabilidades, empenho e motivação no que diz respeito à segurança, à higiene e à saúde no trabalho.

Neste aspecto, o princípio da instrução do trabalhador deve ser considerado primordial para que no desenrolar de todas as atividades todos adotem atitudes coerentes e promotoras de segurança e saúde. É importante que conheçam os perigos aos quais estão sujeitos, medidas de prevenção e proteção relativas ao seu próprio posto de trabalho, mas também os presentes na empresa de modo global. Só assim podem ser indivíduos ativos e conscientes na definição de medidas preventivas e responsáveis pelo cumprimento de prescrições de segurança, higiene e saúde no trabalho, zelando pela sua segurança e pela dos outros.

Numa primeira fase, as estratégias de educação deverão partir de um plano de formação resultante de uma política de qualidade interna das próprias empresas, que deverá prever todos os tipos de ações de formação e informação a serem realizadas nos diferentes âmbitos e respectivo público-alvo. Com esta preocupação, é possível consolidar esta equiparação com as especificidades inerentes ao programa de gestão de segurança, constante das diretrizes do Plano Nacional de Segurança e Saúde do Trabalhador(214), que contempla a formação e a informação de todos os aspectos relacionados com a segurança e saúde na empresa.

Contudo, normalmente, ao se implementar o plano de formação, apenas são abrangidas a formação e informação dos trabalhadores. A formação e informação dos responsáveis superiores envolvidos no processo são, frequentemente, descuradas. Apesar de ser fundamental o conhecimento do programa de gestão de segurança, para que haja a sua correta implementação, é essencial que os superiores hierárquicos sejam esclarecidos sobre as medidas preventivas que garantam a segurança e saúde no trabalho.

Assim, a formação e informação devem, inicialmente, ser colocadas em prática no nível de gestão da empresa, uma vez que este, inteirado e esclarecido sobre todos os aspectos relacionados com a segurança e saúde, conseguirá coordenar as suas atividades e intervenções. Posteriormente, em todas as empresas, os empregados e os trabalhadores autônomos, pertencentes à cadeia de subcontratação, se for o caso, receberão igualmente formação e informação no mesmo sentido, conforme inteligência do item 2 do art.8º, da Convenção n. 167 da OIT sobre Segurança e Saúde na Construção, ratificada pelo Brasil.(215)

---

(214) BRASIL. Decreto 7.602 de 7 de novembro de 2011. Dispõe sobre a Política Nacional de Segurança e Saúde no Trabalho — PNSST. *Diário Oficial da União,* Poder Executivo, Brasília, DF, 8 nov. 2011. Seção 1. Disponível em: <http://portal.saude.gov.br/portal/arquivos/pdf/decreto7602_2011_st.pdf>. Acesso em 10 set. 2012.

(215) OIT. **Convenção n. 167**: Segurança e Saúde na Construção. Genebra, 1988. Vigora no Brasil desde 19.5.2007.

Como reflexo da preocupação na formação dos intervenientes no processo produtivo existem vários níveis de formação que deverão ser tidos em conta, com o intuito de garantir a consolidação do conhecimento e, notadamente, em atendimento ao que preconiza a alínea "c" do art. 5 da Convenção n. 155 da OIT, ratificada pelo Brasil, com a seguinte redação: (216)

> A Política Nacional de Segurança e Saúde no Trabalho deverá levar em consideração as grandes esferas de ação que se seguem, na medida em que possam afetar a SST e o meio ambiente de trabalho:
>
> [...]
>
> c) treinamento, incluindo o treinamento complementar necessário, qualificações e motivação das pessoas que intervenham, de uma ou de outra maneira, para que sejam atingidos níveis adequados de segurança e higiene.

Os referidos níveis de formação podem ser desdobrados nas seguintes ações da empresa: Ações de Acolhimento que consistem em, logo após a entrada de um novo colaborador, fazer uma ambientação no meio laboral, fazendo-o conhecer a estrutura organizacional da empresa, seus objetivos, suas diretrizes gerais da política de segurança e de qualidade e do ambiente da empresa e apresentar o programa de gestão de segurança vigente. Ações de Formação Específicas direcionadas para um público-alvo específico, constituído por trabalhadores que executam tarefas com riscos especiais, com o intuito de alertá-los dos perigos inerentes. Ações de Sensibilização que poderão ser realizadas no local de trabalho e são de curta duração, realizadas no decorrer das atividades, onde são reforçados alguns aspectos de segurança, qualidade e ambiente, previamente abordados, que deverão ser salientados na execução das respectivas atividades. Ações de Formação de Especialização destinadas aos trabalhadores sem especialização para utilização de determinados equipamentos, com o objetivo de formar-lhes e sensibilizar-lhes para as respectivas características e particularidades de sua utilização. (217)

O programa de gestão de segurança deve ser elaborado a partir da fase de projeto das instalações da empresa e deve ser implementado no estabelecimento em atividade, e para que seja corretamente implementado é necessário que haja comunicação entre os autores do programa e o nível estratégico da empresa e o coordenador em matéria de segurança e saúde.

Assim, deve-se conhecer o programa de gestão de segurança, no qual se incluem os riscos das diversas atividades, de medidas preventivas e de proteção. Este aspecto é crucial para que os trabalhos implementados transcorram sob con-

---

(216) OIT. **Convenção n. 155**: Segurança e Saúde dos Trabalhadores e o Meio Ambiente de Trabalho. Genebra, 1981. Vigora no Brasil desde 18.5.1993.

(217) PEREIRA, Isa Gonilho; PEREIRA, Cristiana Gonilho; SILVA, Almeida José. *Educação e formação para a segurança e saúde do trabalho,* 2007. Disponível em: <http://cis.engenheiros.pt/2007/comunicacoes/Cristiana_Pereira.pdf>. Acesso em 10 out. 2012.

dições de segurança e saúde desejáveis, igualmente importante para a evolução do próprio programa. Com o seu completo conhecimento, todos os intervenientes podem sugerir que sejam realizadas alterações e melhorias nos métodos de trabalho e nas condições de segurança e saúde no decorrer dos trabalhos.

Do mesmo modo, havendo coordenação e harmonia entre todos os superiores hierárquicos, é com maior facilidade e eficiência que se transmite uma cultura de segurança e saúde aos demais trabalhadores.

A sensibilização dos responsáveis superiores acaba demonstrando a importância da coordenação de todos os intervenientes e de suas vantagens, quais sejam: o cumprimento eficiente dos requisitos legais; o aumento da segurança e saúde no trabalho; a diminuição de custos associados a acidentes de trabalho e doenças profissionais; a redução de prejuízos materiais resultantes de incidentes; a melhoria da imagem da empresa; o maior controle sobre as condições de segurança e saúde; a integração de todos os trabalhadores no melhoramento de condições de saúde e segurança; e a melhoria do clima organizacional.

Registre-se, também, que, ainda que alguns dos superiores hierárquicos tenham alguma formação na área, existe necessidade de reforçá-la. Ainda que o especialista em higiene e segurança tenha um papel primordial na implementação e articulação dos mecanismos de segurança, higiene e saúde no trabalho entre os superiores hierárquicos, sugere-se que os programas curriculares de formação superior em áreas que estão intimamente ligadas a setores específicos de produção compreendam mais do que meros conceitos sobre a temática e dotem, efetivamente, os intervenientes de conhecimentos e valências na área da segurança e saúde pertinentes e com as particularidades inerentes a cada área de atividade econômica.[218]

Neste sentido, é a dicção do art. 14 da Convenção n. 155 da OIT, ratificada pelo Brasil:[219]

> Medidas deverão ser adotadas no sentido de promover, de maneira conforme à prática e às condições nacionais, a inclusão das questões de segurança, higiene e meio ambiente de trabalho em todos os níveis de ensino e de treinamento, incluídos aqueles de ensino superior técnico, médio e profissional, com o objetivo de satisfazer às necessidades de treinamento de todos os trabalhadores.

A formação e informação de encarregados, terceirizados, empregados e trabalhadores autônomos é essencial e é dever do empregador, tal como definido na legislação trabalhista pátria e, notadamente, nos arts. 18, 19 e 20, da Convenção n. 155 da OIT, ratificada pelo Brasil.[220] Apenas sendo detentores e conhecedores

---

(218) OIT. **Convenção n. 155**: Segurança e Saúde dos Trabalhadores e o Meio Ambiente de Trabalho. Genebra, 1981. Vigora no Brasil desde de 18.5.1993.

(219) *Ibid.*

(220) OIT. **Convenção n. 155**: Segurança e Saúde dos Trabalhadores e o Meio Ambiente de Trabalho. Genebra, 1981. Vigora no Brasil desde de 18.5.1993.

dos riscos a que estão sujeitos e das medidas de prevenção e de proteção pertinentes, os trabalhadores conseguem cumprir as suas obrigações, quais sejam: as prescrições de segurança, higiene e saúde estabelecidas legalmente e por documentos internos da empresa; zelar pela sua segurança e saúde, bem como pela dos outros; utilizar corretamente máquinas, equipamentos, substâncias perigosas, equipamentos de proteção coletiva e individual, assim como cumprir os procedimentos de trabalho estabelecidos; cooperar na melhoria do sistema de segurança e saúde; atuar em caso de emergência e exercer o direito de recusa.

Recebendo a contento esta formação e informação, os trabalhadores sentir-se-ão mais responsabilizados no cumprimento e promoção da segurança e saúde no trabalho. Consequentemente, a implementação de medidas preventivas será mais eficiente. Sendo que os trabalhadores são agentes ativos em nível operacional e mais expostos a riscos, a sua formação e informação é da maior relevância, devendo por isso ser contínua.

Sempre que ocorrerem alterações no âmbito dos trabalhos tais como: novos métodos construtivos, a utilização de novos equipamentos, ou seja, o aparecimento de novos riscos profissionais, a formação e informação correspondente deve ser proporcionada ao trabalhador. A formação inicial, abrangendo a maioria dos aspectos relativos à segurança e à saúde no trabalho, com o tempo, acaba não tendo a mesma eficiência entre os trabalhadores.

Sendo assim, deve-se privilegiar a formação específica e de reciclagem para determinadas áreas. A título de exemplo, trabalhadores envolvidos em serviços elétricos devem ser submetidos a cursos sobre as medidas de prevenção e de proteção pertinentes e, periodicamente, devem fazer cursos de reciclagem (art. 180, da CLT e item 10.8 e 10.8.8.2 da NR-10, conforme Portaria do Ministro de Estado do Trabalho e Emprego n. 598/2004).

Deve-se esclarecer que a falta de atendimento ao princípio da instrução do trabalhador, neste caso, caracteriza condição de risco grave e iminente para a sua saúde e segurança, o que deve implicar, necessariamente, a paralisação imediata de sua atividade, em atendimento ao princípio da indisponibilidade da saúde do trabalhador e ao que preconizam os itens 10.14.1 e 10.14.3 da NR-10 do MTE.

Um outro aspecto importante na formação e informação dos trabalhadores é a forma como é implementada. Muitos trabalhadores possuem baixo nível de formação escolar e profissional e não têm o domínio da língua portuguesa. Esses fatos contribuem para que a formação e a informação disponibilizadas teoricamente não sejam devidamente assimiladas.

Dessa forma, a utilização de manuais de segurança, fixação de regras de segurança e explicações meramente teóricas não são a forma mais eficiente para formar e informar um número significativo de trabalhadores. A formação e informação devem, assim, levar em consideração a realidade dos trabalhadores. Como forma de simplificar e clarificar os conteúdos, sugere-se a utilização de recursos didáticos e de novas tecnologias, instrumentos audiovisuais, data-show, teatro, encenações, esquemas, vídeos exemplificativos, estudo de casos, exemplos práticos, entre outros, tudo isso aliado a um sistema de avaliação de aprendizagem.

A formação e informação no ambiente de trabalho e o contato direto com possíveis casos de acidentes de trabalho, os chamados simulacros, permitem que todos os intervenientes se conscientizem da realidade dos riscos. Desta forma, os trabalhadores aprendem, na prática, a importância da temática.

Portanto, o princípio da instrução do trabalhador deve se espraiar por todos os intervenientes em cada área de atividade econômica. Os especialistas em higiene e segurança devem implementar e coordenar ações de formação e informação nos mais diversos níveis, desde o nível de gestão, passando pelo nível intermediário, até chegar no nível operacional.

De tudo que foi exposto, chega-se às seguintes conclusões:

a tomada de consciência crítica de que é por meio do trabalho que o homem transforma a natureza e se relaciona com os outros homens para a produção de sua própria existência é o primeiro elemento de um processo que permite perceber que é dentro de velhas e adversas relações sociais que se pode construir outras relações, nas quais o trabalho se torne manifestação de vida e, portanto, seja considerado educativo;

a falta de aplicação do princípio da instrução do trabalhador, como norma supralegal que deve impelir o empregador a responsabilizar-se por informar os trabalhadores, de maneira compreensível, dos perigos relacionados com o seu trabalho e de disponibilizar-lhes programas apropriados de formação e de instruções compreensíveis em matéria de segurança e saúde, assim como em relação às tarefas que lhe são atribuídas, tem se caracterizado como relevante fator de risco, que deve ser combatido com a adoção das medidas pertinentes inspiradoras do princípio comentado;

a efetividade da aplicação do princípio da instrução do trabalhador decorre da efetiva educação, formação e informação em saúde e segurança de todos os intervenientes (níveis estratégico, intermediário e operacional da empresa) em cada um dos seguimentos produtivos existentes e nao apenas dos trabalhadores em nível operacional ou de profissionais especializados na área de segurança e saúde.

CAPÍTULO 6

PRINCÍPIO DO NÃO IMPROVISO

"Os planos bem elaborados levam à fartura, mas a pressa excessiva, à miséria" Provérbios, 21.5

No presente capítulo é apresentada a transição, de forma sintética, da cultura baseada no improviso para a cultura do planejamento, a importância da administração para as organizações, a gestão de segurança e saúde do trabalho como manifestação do princípio do não improviso e a Política Nacional de Saúde e Segurança no Trabalho como sua consagração institucional no Estado Brasileiro.

❑ 6.1. Da improvisação à precisão

Antes de se adentrar o referido postulado no âmbito jurídico, faz-se necessário realizar breve consideração sociológica sobre a nação brasileira neste aspecto.

O sociólogo Sérgio Buarque de Holanda assevera em Raízes do Brasil que "[...] a colonização do Brasil foi promovida pelo espírito do português aventureiro, que exibe a mobilidade e a adaptabilidade, que nega a estabilidade e o planejamento [...]". [221]

Os portugueses orientaram prioritariamente a ocupação do Brasil colônia com a instalação de vilas na costa, pois isto facilitava o transporte de mercadorias para o porto e seu envio a Portugal. Prevalecia a intenção aventureira e não de planejamento. A atitude do colonizador português tinha mais do espírito aventureiro da exploração de riquezas em função também do fato de a coroa portuguesa ter optado pelo sistema das capitanias e ter doado terras aos donatários e pelo surgimento das cidades não se ter dado por uma orientação racional.

Na mesma linha leciona o antropólogo Darcy Ribeiro: [222]

> A contraparte dialética da intencionalidade do projeto colonial é o caráter anárquico, selvagem e socialmente irresponsável da expansão dos núcleos brasileiros. Atuando sobre uma realidade diferente, que obrigava a buscar soluções próprias ajustadas à sua natureza e agindo longe das vontades oficiais, a ação do colono exerceu-se quase sempre

(221) HOLANDA, Sérgio Buarque de. *Raízes do Brasil.* São Paulo: Companhia das Letras, 1995.
(222) RIBEIRO, Darcy. *O povo brasileiro:* a formação e o sentido do Brasil. 3. ed. São Paulo: Companhia das Letras, 1995. p. 245.

> improvisadamente e ao sabor das circunstâncias. Sendo imprevisível, ela crescia desgarrada até que, por reiteração, constituísse uma pauta de ação suscetível de ser copiada e regulada. [...] Em muitos campos a regra jamais vingou.

Ainda hoje, e com este ranço histórico, quando se fala com orgulho do jeitinho brasileiro, está-se referindo à improvisação, à crença de que *no final, dá tudo certo*, ainda corrente, como se isto fosse qualidade de nossa gente e de nossa sociedade. É como se pairasse no inconsciente coletivo do brasileiro uma mentalidade de substituir o conhecimento consciente e elaborado por uma atitude irrefletida, e isso fosse uma vantagem.

Considerando o que foi exposto, retoma-se o cerne do postulado ora em análise, devendo-se registrar, de início, que o lema Planejar para Prevenir adotado atualmente, no plano internacional, para a efetivação do direito do trabalhador à segurança e saúde no trabalho, emerge na contramão do senso comum acima abordado.

Por outro lado, o ensaio *Do Mundo da Aproximação ao Universo da Precisão*, publicado em 1948, pelo filósofo russo Alexandre Koyré, certamente, lança luzes sobre o assunto estudado.(223)

Para o filósofo, os gregos e os romanos, apesar da complexidade refinada de sua cultura, negligenciaram o progresso tecnológico a ponto de detestá-lo. Nos mitos greco-romanos, qualquer herói que tenta introduzir uma inovação é punido, como é o caso dos castigos sofridos por Ícaro, Prometeu, Sísifo e Ulisses.

E continua Koyré, "por mais que nos pareça surpreendente, pode-se edificar templos, palácios e até catedrais, escavar canais e construir pontes, desenvolver a cerâmica e a metalurgia sem possuir nenhum saber científico, ou possuindo somente seus rudimentos".

Por si só, a prática cotidiana do pedreiro ou do carpinteiro, ainda que perfeita, permanece baseada na simples experiência técnica e, desta forma, não se torna tecnologia. Para que isso aconteça, para que se dê o salto de qualidade, é preciso que existam pessoas desligadas da prática, que disponham de um tempo livre do esforço físico e tenham gosto em teorizar, seja através de especulações mentais, seja através de experimentos por intermédio dos quais a natureza é observada.(224) Um bom exemplo é Taylor, que nasceu rico, trabalhava por hobby e estudava a organização do trabalho porque era sua paixão. Ele foi o maior importador do racionalismo para o interior dos Estados Unidos e das fábricas.

---

(223) KOYRÉ, Alexandre. *O mundo da precisão*. Disponível em: < http://www.filoinfo.bem-vindo.net/book/export/html/6>. Acesso em 20 nov. 2012.
(224) DE MASI, 2000, p. 305-309.

Os gregos acreditavam que a precisão era uma característica exclusiva do mundo celeste e, portanto, perfeitamente mensurável através da paciência e da exatidão dos astrônomos. Já o mundo sublunar, isto é, o mundo humano, era dominado pela imprecisão, o acaso e a imprevisibilidade. E, assim, não valia a pena tentar medi-lo, contá-lo, avaliá-lo de forma alguma com a mesma exatidão matemática reservada ao mundo sideral.

Somente com Galileu o movimento, o tempo e o espaço serão submetidos a observações sistemáticas, medidos com instrumentos precisos, avaliados através de experimentos pontuais que são a própria encarnação da teoria. Só a partir do século XV a reflexão precederá a ação e a técnica se tornará tecnologia. Os gregos tinham usado a astronomia matemática para medir o céu, e Newton usará a física matemática para medir a Terra.[225]

Com Descartes, a teoria penetrará a prática e a guiará. É através do instrumento de medida que a ideia de exatidão se apossa deste mundo e que o mundo da precisão passa a substituir o mundo aproximativo.

Depois de Galileu, Newton e Descartes, a exatidão marchou triunfalmente por trezentos anos e colonizou, aos poucos, os vários campos da ciência e da técnica. A sociedade industrial, encarnação histórica desta marcha, caracteriza-se pelo frenesi da precisão, pela planificação da produção e do consumo, que obedecem a procedimentos específicos nos mínimos detalhes. Por intermédio do cronômetro de Taylor, a precisão conquista a fábrica e a organização espontânea se transforma em administração científica, que, pelas suas peculiaridades e importância para a temática tratada, será abordada de forma detida no próximo item deste capítulo.

Deve-se, ainda, antes de se iniciar a abordagem propriamente dita do postulado apresentado, justificar a sua denominação adotada pelo autor do livro. Ora, por que se adotar a terminologia princípio do não improviso ao invés de princípio do planejamento, por exemplo?

A resposta para a questão tem inspiração no Direito Hebraico. A lei mosaica tem mais que conteúdo religioso. Ela transcende um estilo de linguagem em forma de recomendação para impor limites à ação de fazer ou não fazer como instrumento coercitivo e intimidativo. Daí a norma trazida a lume pelo Legislador do Sinai: "Não matarás. Não adulterarás. Não furtarás."[226] Trata-se de um princípio ético convertido em lei, como comando obrigatório, condicionada à responsabilidade da sociedade, à obediência do Estado, à censura e à própria consciência humana, ou, para usar a expressão de Immanuel Kant, ao imperativo categórico.[227]

---

(225) *Ibid.*, p. 307.
(226) NASCIMENTO, Walter Vieira do. *Lições de história do Direito.* Rio de Janeiro: Zahar, 1979. p. 29-30.
(227) *Torá:* a lei de Moisés e as Haftarót. Tradução do rabino Meir Matzliah Melamed. São Paulo: Sêfer, 2001. p. 214-215.

É dessa inspiração que emana a força da denominação aplicada ao princípio apresentado. Pretende-se que a eloquência do estilo de linguagem adotado no Decálogo traduza a essência do conteúdo do princípio. É como se o princípio do não improviso encerrasse um mandamento no âmbito da tutela da segurança e saúde do trabalhador, qual seja: não improvisarás.

Sabe-se que a eficácia negativa exige mais elaboração quando se trata de princípio jurídico, por força dos seus efeitos indeterminados. Nesta modalidade de eficácia jurídica o princípio funciona como barreira de contenção, impedindo que sejam praticados atos ou editadas normas que se oponham ao seu propósito.

O princípio do não improviso é baseado na constatação de que, no campo da atividade preventiva, em termos de segurança e saúde nos locais de trabalho, é considerada improvisada toda atividade que não é fruto de orientação racional, de conhecimento consciente e elaborado, de projeto, que não é planejada, programada, concebida para o fim a que se destina.

❑ 6.2. A importância da administração para as organizações

No despontar do século XX, dois engenheiros desenvolveram os primeiros trabalhos a respeito da Administração. Um era americano, Frederick Winslow Taylor, e iniciou a chamada Escola da Administração Científica, preocupada em aumentar a eficiência da indústria por meio da racionalização do trabalho do operário. O outro era europeu, Henri Fayol, e desenvolveu a chamada Teoria Clássica, preocupada em aumentar a eficiência da empresa por meio de sua organização e da aplicação de princípios gerais da administração em bases científicas.

Para Taylor, a organização e a Administração devem ser estudadas e tratadas cientificamente, e não empiricamente. A improvisação deve ceder lugar ao planejamento e o empirismo à ciência: a Ciência da Administração. Como pioneiro, o mérito de Taylor reside em sua contribuição para encarar sistematicamente o estudo da organização. O fato de ter sido o primeiro a fazer uma análise completa do trabalho, incluindo tempos e movimentos, a estabelecer padrões de execução, treinar os operários, especializar o pessoal, inclusive o de direção, instalar uma sala de planejamento, em resumo, assumir uma atitude metódica ao analisar e organizar a unidade fundamental de trabalho, adotando esse critério até o topo da organização, tudo isso eleva Taylor a uma altura incomum no campo da organização.[228]

Os elementos de aplicação da Administração Científica nos padrões de produção são: padronização de máquinas e ferramentas, métodos e rotinas para

---

(228) WAHRLICH, Beatriz Marques de S. *Uma análise das teorias de organização*. Rio de Janeiro: Fundação Getúlio Vargas, 1971. p. 17.

execução de tarefas e prêmios de produção para incentivar a produtividade. (229) Embora Taylor se preocupasse mais com a filosofia, com a essência da ideia que exige uma revolução mental tanto da parte da direção como da parte dos operários, a tendência de seus seguidores foi uma preocupação maior com as técnicas do que com a filosofia da Administração Científica. (230)

Taylor verificou que os operários aprendiam a maneira de executar as tarefas do trabalho por meio da observação dos companheiros vizinhos. Notou que isso levava a diferentes métodos para fazer a mesma tarefa e uma grande variedade de instrumentos e ferramentas diferentes em cada operação.

Como há sempre um método mais rápido e um instrumento mais adequado que os demais, esses métodos e instrumentos melhores podem ser encontrados e aperfeiçoados por meio de uma análise científica e um acurado estudo de tempos e movimentos, em vez de ficar a critério pessoal de cada operário. Essa tentativa de substituir métodos empíricos e rudimentares pelos métodos científicos recebeu o nome de organização racional do trabalho, que se fundamenta nos seguintes aspectos: divisão do trabalho e especialização do operário, desenho de cargos e tarefas, incentivos salariais, padronização de métodos e máquinas e supervisão funcional.

Depreende-se desse método que: o gerente planeja e controla o trabalho e os trabalhadores o executam, aquele pensa e manda, este obedece e cumpre o plano; o método estabelecido pelo gerente é a única e melhor maneira de executar a tarefa, os trabalhadores devem utilizar o método sem questioná-lo; e a força de trabalho é a mão de obra contratada sem qualquer envolvimento da pessoa na organização, pois, como a oferta de trabalhadores era abundante, a empresa nada devia a eles, embora esperasse lealdade da parte deles.

Enquanto Taylor e outros engenheiros desenvolviam a Administração Científica nos Estados Unidos, em 1916, surgia na França, espraiando-se rapidamente pela Europa, a Teoria Clássica da Administração. Se a Administração Científica se caracterizava pela ênfase na tarefa realizada pelo operário, a Teoria Clássica se caracterizava pela ênfase na estrutura que a organização deveria possuir para ser eficiente. Na realidade, o objetivo de ambas as teorias era o mesmo: a busca da eficiência das organizações. Segundo a Administração Científica, essa eficiência era alcançada por meio da racionalização do trabalho do operário e do somatório da eficiência individual.

Na Teoria Clássica, ao contrário, partia-se do todo organizacional e da sua estrutura para garantir eficiência a todas as partes envolvidas, fossem elas órgãos (como seções, departamentos) ou pessoas (como ocupantes de cargos e execu-

---

(229) TAYLOR, Frederick W. *Princípios de administração científica*. São Paulo: Atlas, 1998. p. 126.
(230) WAHRLICH, *op. cit.*, p. 11.

tores de tarefas). A microabordagem no nível individual de cada operário com relação à tarefa é enormemente ampliada no nível da organização como um todo em relação a sua estrutura organizacional. Fayol, um engenheiro francês, fundador da Teoria Clássica da Administração, partiu de uma abordagem sintética, global e universal da empresa, inaugurando uma abordagem anatômica e estrutural que rapidamente suplantou a abordagem analítica e concreta de Taylor.[231]

Na Teoria Clássica da Administração, Fayol define o ato de administrar como: prever, organizar, comandar, coordenar e controlar. Esses são os elementos da Administração que constituem o chamado processo administrativo e são localizáveis no trabalho do administrador em qualquer nível ou área de atividade da empresa. Em outros termos, tanto o diretor, o gerente, o chefe, como o supervisor, cada qual em seu respectivo nível, desempenham atividades de previsão, organização, comando, coordenação e controle, como atividades administrativas essenciais.

Desta forma, quando considerados em um todo integrado, as funções administrativas formam o processo administrativo. De outro modo, quando considerados isoladamente o planejamento, a organização, o comando, a coordenação e o controle constituem funções administrativas.

O planejamento estabelece os objetivos da empresa, especificando a forma como serão alcançados. Parte de uma sondagem do futuro, desenvolvendo um plano de ações para atingir as metas traçadas. É a primeira das funções, já que servirá de base diretora à operacionalização das outras funções.

A organização é a forma de coordenar todos os recursos da empresa, sejam humanos, financeiros ou materiais, alocando-os da melhor forma segundo o planejamento estabelecido.

O comando faz com que os subordinados executem o que deve ser feito. Pressupõe que as relações hierárquicas estejam claramente definidas, ou seja, que a forma como administradores e subordinados interagem esteja explícita, assim como o grau de participação e colaboração de cada um para a realização dos objetivos definidos.

A coordenação (direção) é imprescindível à implantação de qualquer planejamento, pois visa ligar, unir, harmonizar todos os atos e esforços coletivos, almejando as metas traçadas.

O controle é o estabelecimento de padrões e medidas de desempenho que permitam assegurar que as atitudes empregadas sejam as mais compatíveis com o que a empresa espera. O controle das atividades desenvolvidas permite maximizar a probabilidade de que tudo ocorra conforme as regras estabelecidas e ditadas.

---

(231) CHIAVENATO, Idalberto. *Administração geral e pública.* 2. ed. Rio de Janeiro: Elsevier, 2008. p. 11-13.

Apesar de todas as críticas, a Teoria Clássica é ainda a abordagem mais utilizada para os iniciantes em Administração, pois permite uma visão simples e ordenada. Também para a execução de tarefas administrativas rotineiras, a abordagem clássica disseca o trabalho organizacional em categorias compreensíveis e úteis. Os princípios proporcionam guias gerais que permitem ao administrador manipular os deveres do cotidiano do seu trabalho com mais segurança e confiança.[232] A Teoria Clássica é indispensável na compreensão das bases da moderna Administração.

Como movimento de reação e oposição aos conceitos rígidos e mecanicistas da Teoria Clássica, surge, em 1930, nos Estados Unidos, a Escola Humanística da Administração. Ocorre uma revolução conceitual: a transferência da ênfase antes colocada na tarefa pela Administração Científica e na estrutura organizacional pela Teoria Clássica para a ênfase nas pessoas que trabalham ou participam das organizações.

A Escola Humanística surge com o aparecimento da Teoria das Relações Humanas, graças ao desenvolvimento das ciências sociais, notadamente a psicologia e, em particular, a psicologia do trabalho.

O advento da Teoria das Relações Humanas trouxe uma nova linguagem que passou a dominar o repertório administrativo, pois fala-se agora em motivação, liderança, comunicação, organização informal, dinâmica de grupo etc. Os conceitos clássicos de autoridade, hierarquia, departamentalização, racionalização do trabalho, passam a ser contestados. Subitamente, explora-se o reverso da moeda. O engenheiro e o técnico cedem lugar ao psicólogo e sociólogo. O método e a máquina perdem a primazia em favor da dinâmica de grupo. A felicidade passa a ser vista sob um ângulo diferente, pois o *homo economicus* cede lugar ao homem social. Essa revolução na Administração ocorreu nos prenúncios da Segunda Guerra Mundial, ressaltando o caráter democrático da Administração.[233]

Apesar das críticas, não resta dúvida de que a Escola das Relações Humanas abriu novos horizontes à teoria administrativa em duas orientações bem definidas. A primeira orientação é a chamada equação humana: o sucesso das organizações depende diretamente das pessoas. Hoje se reconhece que a maneira como a organização trata e gerencia as pessoas é o segredo do seu sucesso e competitividade.[234]

Atualmente, essa herança inestimável da escola humanística está sendo assumida pelas organizações bem-sucedidas do mundo todo. A segunda orientação é o novo papel do administrador. Este deve saber comunicar, liderar, motivar e conduzir as pessoas. Precisa deixar de ser o gerente autocrático e impositivo para ganhar a aceitação das pessoas e seu comprometimento com a organização.

---

(232) WADIA, Maneck S. *The nature and scope of management*. Chicago: Foresman & Co, 1966. p. 33.
(233) CHIAVENATO, 2008, p. 15-23.
(234) PFEFFER, Jeffrey. *The human equation*. Boston: Harvard Business School Press, 1988.

Assim sendo, dentro desta abordagem que credita ao ser humano o sucesso das organizações e, levando-se em conta as estatísticas mundiais de acidente de trabalho, e, principalmente, de grandes desastres, as organizações perceberam que a competitividade e o lucro não são suficientes para sua permanência no mercado.

Nos tempos hodiernos, as empresas precisam demonstrar atitudes éticas e responsáveis quanto à segurança e saúde no trabalho e, para serem eficientes em seu gerenciamento, devem desenvolver e implementar um sistema de gestão de segurança e saúde no trabalho.

❑ 6.3. O princípio do não improviso e a gestão de segurança e saúde no trabalho

As organizações têm enfrentado problemas quanto ao desempenho diante das constantes mudanças ocorridas no cenário competitivo. Cada vez mais os estudiosos e administradores estão em busca de modelos para melhorar o desempenho organizacional.

Atualmente, o mercado passou a exigir que as organizações agreguem a seus produtos e serviços o comprometimento no atendimento a padrões de normas internacionais de qualidade, sustentabilidade ambiental e proteção à integridade física e à saúde de seus trabalhadores. Assim, o gerenciamento das questões ambientais e de saúde e segurança no trabalho, com foco na prevenção de acidentes e no tratamento dos problemas potenciais, passaram a ser vitais para a sobrevivência do empreendimento.[235]

O Sistema de Gestão de Saúde e Segurança do Trabalho é parte integrante de um sistema de gestão de toda e qualquer organização, que proporciona um conjunto de ferramentas que potencializam a melhoria da eficiência da gestão dos riscos em saúde e segurança no trabalhado, relacionados com todas as atividades da organização.

Os sistemas de gestão de saúde e segurança no trabalho estão normalmente apoiados em políticas com uma visão mais generalista. Um exemplo de política generalista é apresentado pela OIT (ILO-OSH 2001), que possui um espectro amplo de aplicações em organizações de diferentes nacionalidades, porém não contempla, de forma detalhada, as orientações necessárias para o estabelecimento de um programa ou sistema voltado à gestão da saúde e segurança do trabalhado, cujo papel tem sido assumido por normas mais específicas em cada país, como, por exemplo, a OHSAS 18001 e a norma BS 8800.

---

(235) ARAÚJO, N. M. *Sistema de gestão de segurança e saúde ocupacional OHSAS 18001*: 2007 e OIT SSO: 2001. 2. ed. Rio de Janeiro: GVC, 2008, v. 1.

Cada organização deve refletir, a partir de seu porte e da natureza de seus riscos, e adequar os aspectos referidos, em face de suas características e especificidades, com o propósito de definir, tornar efetiva, rever e manter a política de saúde e segurança do trabalhador da organização, com base que poderá definir e estabelecer: a estrutura operacional, as atividades de planejamento, as responsabilidades, as práticas, os procedimentos, os processos e os recursos. (236)

Definida a política da saúde e segurança do trabalhador, a organização deve desenhar um sistema de gestão que englobe desde a estrutura operacional até a disponibilização dos recursos, passando pelo planejamento, pela definição de responsabilidades, pelas práticas, pelos procedimentos e processos, aspectos decorrentes da gestão e que atravesse horizontalmente toda organização.

O sistema deve ser orientado para a gestão dos riscos, devendo assegurar a identificação de perigos, a avaliação e o controle dos riscos.

Durante a implantação de sistemas de gestão de saúde e segurança do trabalhador a organização deve atentar para quatro atividades básicas: o planejamento, a implementação e operação, a verificação e as ações corretivas. Esses quatro blocos de atividades são baseados na metodologia do ciclo PDCA, como transcrito a seguir: *Plan* (planejar) é estabelecer os objetivos e processos necessários para atingir os resultados de acordo com a política de saúde e segurança no trabalho; *Do* (fazer) é a atividade de implementar processos; *Check* (verificar) trata-se de monitorar e medir os processos em relação à política e aos objetivos de saúde e segurança no trabalho, aos requisitos legais e outros e relatar os resultados; e *Act* (agir) como a atividade de executar ações para melhorar continuamente o desempenho nesta área. (237)

A grande vantagem da utilização da metodologia PDCA está no sentido de promover a melhoria contínua da gestão em saúde e segurança no trabalho.

A alta direção da organização deve aprovar uma política de saúde e segurança no trabalho. A política deve incluir comprometimento com a prevenção de lesões e doenças, a melhoria contínua da gestão e desempenho nesta área, o atendimento aos requisitos legais aplicáveis e outros requisitos pela organização que se relacionem aos perigos para a saúde e segurança do trabalhador.

A política deve ser comunicada a todas as pessoas que trabalham na organização, com o intuito de que tenham ciência de suas obrigações individuais em relação às questões da saúde e segurança do trabalhador.

---

(236) *Ibid.*

(237) ASSOCIACION ESPAÑOLA DE NORMALIZACION. *OHSAS 18001: 2007: Sistema de Gestion de La Seguridad y Salud en el Trabajo*: requisitos. Espanha, 2007. Disponível em: <http://www.sgcconsultora.com.ar/pdf/OHSAS_18001-2007(ES).pdf>. Acesso em 20 nov. 2012.

Os procedimentos para a identificação de perigos e para a avaliação de risco devem considerar uma série de fatores, quais sejam: as atividades de rotina e não rotineiras de todas as pessoas que tenham acesso aos locais de trabalho, a identificação de perigos originados fora dos locais de trabalho, as mudanças na organização, em suas atividades ou materiais, as modificações no sistema de gestão de saúde e segurança do trabalho, qualquer obrigação legal aplicável relacionada à avaliação de riscos e implementação dos controles necessários e a disposição das áreas de trabalho, processos, instalações, máquinas e equipamentos, procedimentos operacionais e organização do trabalho.

A metodologia da organização para a identificação de perigos e para a avaliação de risco deve fornecer subsídios para a identificação, priorização e documentação dos riscos, bem como para a aplicação dos controles.

A organização deve assegurar que os resultados dessas avaliações sejam levados em consideração quando da determinação dos controles e, ainda, documentar e manter atualizados os resultados da identificação dos perigos, da avaliação de riscos e dos controles determinados.

Deve-se considerar, também, que a organização deve implementar objetivos de saúde e segurança do trabalho documentados nas funções e níveis pertinentes. Os objetivos devem ser mensuráveis, sempre que possível, e consistentes com a política de saúde e segurança no trabalho.

Esses objetivos devem ser atingidos com a implementação de programas voltados para este fim. Os programas devem incluir a atribuição de responsabilidade, os meios e o prazo para os objetivos serem atingidos.

Outro item a ser atendido pela organização é a identificação dos requisitos legais aplicáveis e outros eventualmente subscritos, relacionados à saúde do trabalhador. Para sua efetivação, a organização deve comunicar as informações sobre estes requisitos legais às pessoas que trabalham sob seu controle e às outras partes interessadas.

O art. 626 da CLT estabelece, como regra geral, que incumbe ao Ministério do Trabalho e Emprego a fiscalização pelo fiel cumprimento de suas normas e declara competir às Delegacias Regionais do Trabalho (atuais Superintendências Regionais do Trabalho e Emprego) a promoção e a fiscalização das normas de segurança e medicina do trabalho.

> Art. 626 — Incumbe às autoridades competentes do Ministério do Trabalho, Indústria e Comércio, ou àquelas que exerçam funções delegadas, a fiscalização do fiel cumprimento das normas de proteção ao trabalho.
>
> Parágrafo único — Os fiscais dos Institutos de Seguro Social e das entidades paraestatais em geral dependentes do Ministério do Trabalho, Indústria e Comúrcio serão competentes para a fiscalização a que se refere o presente artigo, na forma das instruções que forem expedidas pelo Ministro do Trabalho, Industria e Comercio.

A Convenção n. 81 da Organização Internacional do Trabalho vigorante no país desde 29 de maio de 1956 dispõe sobre a inspeção do trabalho na indústria e no comércio, que é incumbida de: velar pelo cumprimento das disposições legais relativas às condições de trabalho e à proteção dos trabalhadores no exercício da sua profissão; dar assessoria aos empregadores e aos empregados sobre a maneira mais efetiva de cumprirem as disposições legais; levar ao conhecimento da autoridade competente as deficiências ou abusos que a lei não previu. (238)

O art. 9º da Convenção n. 155 da OIT, tratando também da fiscalização do trabalho, determina que o controle da aplicação das normas relativas à saúde e segurança deve estar assegurado por um sistema de inspeção apropriado e suficiente. Por outro lado, o seu art. 10 dispõe que devem ser tomadas medidas no sentido de orientar os parceiros sociais com o objetivo de ajudá-los a cumprir as obrigações legais. (239)

Na verdade, o papel institucional da inspeção do trabalho tem esteio na Constituição Federal, com fulcro no seu art. 21, inciso XXIV, que dispõe que "Compete à União: [...] organizar, manter e executar a inspeção do trabalho". Sua missão institucional é bem definida e não se confunde com a de outras instituições afins. Em síntese, ao magistrado do trabalho compete aplicar a lei aos casos concretos que lhes são apresentados (pressupõe-se a ação/reclamação e o processo), ao Ministério Público do Trabalho incumbe a defesa da ordem jurídica, do regime democrático e dos interesses sociais e individuais indisponíveis, e ao auditor fiscal do trabalho compete orientar e fiscalizar, administrativamente, o cumprimento das normas legais de proteção ao trabalho. (240)

É a inspeção do trabalho uma das manifestações do poder de polícia administrativa, que age limitando ou regulando a atividade dos particulares e eventualmente, se necessário, age por meio da coação, a fim de proteger o todo social e suas partes contra danos que podem se originar da atividade humana.

Neste conceito, estão presentes as ideias predominantes de prevenção e de perigo. A prevenção é para impedir que os perigos se transformem em danos. Logo, a fiscalização do trabalho se reveste de particular importância no direito do trabalho, porque não é suficiente a edição de leis especiais para a proteção do trabalhador, importa, também, fiscalizar o cumprimento dessas leis e torná-las efetivas.

---

(238) OIT. **Convenção n. 81**: Inspeção do Trabalho na Indústria e no Comércio. Genebra, 1947. Disponível: <*http://www.oit.org.br/node/457*>. Acesso em 10 mar. 2012. Entrou em vigor no plano internacional em 7.4.1950. Aprovada pelo Decreto Legislativo n. 24, de 29.5.1956, do Congresso Nacional. Ratificada em 25.4.1957. Promulgada pelo Decreto n. 41.721, de 25.6.1957. Vigora no Brasil desde 25.4.1958. Denunciada em 5.4.1971. Revigorada em 11.12.1987 pelo Decreto n. 95.461.

(239) OIT. **Convenção n. 155**: Segurança e Saúde dos Trabalhadores e o Meio Ambiente de Trabalho. Genebra, 1981. Vigora no Brasil desde de 18.5.1993.

(240) REIS, Jair Teixeira dos. *Processo administrativo do trabalho:* doutrina e prática. São Paulo: LTr, 2009. p. 14.

Trata-se de interesse público que confere ao Estado o direito e o dever de exercer funções fiscalizadoras, sobretudo quando se tratar de norma legal protetora da saúde e da integridade física do trabalhador.

Neste sentido, colacionam-se duas jurisprudências que podem aclarar o entendimento sobre a relevância do Ministério do Trabalho e Emprego e o seu papel na produção e fiscalização de normas de proteção ao trabalhador:

> Ministério do Trabalho e Emprego. Previsão constitucional e legal para instituir Normas Regulamentadoras sobre segurança e medicina do trabalho. Nos termos do Art. 7º, inciso XXII, da CF/88, a matéria sobre segurança e medicina do trabalho pode ser regulamentada por normas, e não, necessariamente, por lei no sentido estrito, as quais, por sua vez, podem ser editadas pelo poder executivo. A teor do Art. 200 da CLT, cabe ao Ministério do Trabalho estabelecer disposições complementares às normas de que trata este capítulo, tendo em vista as peculiaridades de cada atividade ou setor de trabalho, especialmente sobre: I. Medidas de prevenção de acidentes e os equipamentos de proteção individual em obras de construção, demolição ou reparos. Tal dispositivo cuida de delegação de atividade administrativa e não legislativa, o que não se insere nas competências dos ministros do estado, a teor do Art. 87, parágrafo único, inciso II, da Constituição Federal. TRT 3ª R., RO 000483-2005-108-03-00-8, 8ª T., Rel. juiz Heliberton de Castro, DJMG 3.9.2005.(241)

> Normas de proteção ao trabalhador. Fiscalização. Administração Pública. Poder de Polícia. De acordo com o art. 200 da CLT, incumbe ao Ministério do Trabalho estabelecer disposições complementares às normas relativas à proteção ao trabalho, dentre outras, sobre prevenção de acidentes e equipamentos de proteção individual em obras de construção, demolição e reparos (inciso I). O art. 155, inciso II, também da CLT, prevê, ainda, que cabe ao órgão de âmbito nacional competente coordenar, orientar, controlar e supervisionar a fiscalização e as demais atividades relacionadas com a segurança e medicina do trabalho em todo território nacional, inclusive a Campanha Nacional de prevenção de Acidentes do Trabalho. Pertence à Administração Pública o dever de fiscalizar as condições de segurança do trabalho e, consequentemente, o de aplicar penalidades pelo descumprimento às respectivas normas, atribuição que decorre do poder de polícia, consistente em atividade limitadora do exercício de direitos individuais em benefício do interesse coletivo. Esse poder se exerce pela regulamentação de leis e controle de sua aplicação em caráter preventivo, por meio de notificações, licenças e alvarás, ou repressivo, mediante imposição de medidas coercitivas. Constatada a irregularidade, sem que a hipótese exigisse a dupla visita (com notificação prévia à autuação) — foi correta a imposição da multa. Recurso a que se nega provimento. TRT 9ª Reg. REPA 80058-2005-001-09-00-9 — (Ac. SE 09975/06) — Relª Juíza Marlene T. Fuverki Suguimatsu. DJPR 4.4.2006, p. 258).(242)

---

(241) MINAS GERAIS. Tribunal Regional do Trabalho (3ª Região). RO 000483-2005-108-03-00-8 da 8ª Turma do Tribunal Regional do Trabalho de Minas Gerais. Ministério do trabalho e Emprego. Previsão constitucional e legal para instituir Normas Regulamentadoras sobre segurança e medicina do trabalho. Relator: Juiz Heliberton de Castro, 3 set. 2005. Tribunal Regional do Trabalho (3ª Região). Disponível em: <http://www.trt3.jus.br/>. Acesso em 10 mar. 2012.

(242) PARANÁ. Tribunal Regional do Trabalho (9ª Região). REPA 80058-2005-001-09-00-9. Ac. SE 09975/06. Normas de proteção ao trabalhador. Fiscalização. Administração Pública. Poder de Polícia. Relatora: Juíza Marlene T. Fuverki Suguimatsu, 9 de março de 2006. Disponível em: <*http://www.trt9.jus.br/internet_base/processoman.do?evento=Editar&chPlc=AAAS5SABaAACyc6AAI*>. Acesso em 10 mar. 2012.

Infere-se das jurisprudências citadas que o Ministério do Trabalho e Emprego exerce tanto a regulamentação de leis sobre a saúde do trabalhador, quanto o controle de sua aplicação, visando garantir sua efetivação.

Essa ideia está consubstanciada na Política Nacional de Segurança e Saúde no Trabalho, aprovada pelo Decreto n. 7.602, de 7 de novembro de 2011, que preconiza que "Cabe ao Ministério do Trabalho e Emprego: a) formular e propor as diretrizes da inspeção do trabalho, bem como supervisionar e coordenar a execução das atividades relacionadas com a inspeção dos ambientes de trabalho e respectivas condições de trabalho; b) elaborar e revisar, em modelo tripartite, as Normas Regulamentadoras de Segurança e Saúde no Trabalho; c) participar da elaboração de programas especiais de proteção ao trabalho, assim como da formulação de novos procedimentos reguladores das relações capital-trabalho; d) promover estudos da legislação trabalhista e correlata, no âmbito de sua competência, propondo o seu aperfeiçoamento; e) acompanhar o cumprimento, em âmbito nacional, dos acordos e convenções ratificados pelo Governo brasileiro junto a organismos internacionais, em especial à Organização Internacional do Trabalho — OIT, nos assuntos de sua área de competência".[243]

O Decreto n. 4.552, de 27 de dezembro de 2002, que aprova o Regulamento da Inspeção do Trabalho, preconiza no art.18, inciso I, alínea "d", que "Compete aos Auditores-Fiscais do Trabalho, em todo o território nacional: verificar o cumprimento das disposições legais e regulamentares, inclusive as relacionadas à segurança e à saúde no trabalho, no âmbito das relações de trabalho e de emprego, em especial: [...] (d) o cumprimento dos acordos, tratados e convenções internacionais ratificadas pelo Brasil".

O núcleo normativo em vigor no Brasil sobre a proteção jurídica à segurança e saúde do trabalhador está concentrado nas Normas Regulamentadoras, baixadas por intermédio de Portarias do Ministério do Trabalho e Emprego, em decorrência de delegação normativa expressa na CLT e outras leis ordinárias e têm plena eficácia normativa, como aliás já decidiu diversas vezes o STF (ADI ns. 360-7, 996, 1.258, 1.347, 1.388, 1.670, 1.946, 2.398, dentre outras).

Desta forma, o Ministério do Trabalho e Emprego, por meio da Secretaria de Inspeção do trabalho, considerando o disposto no art. 200 da CLT, com redação dada pela Lei n. 6514, de 22.12.1977, instituiu a Portaria n. 3.214, de 8.6.1978, que aprova as Normas Regulamentadoras (NRs) do Capítulo V, Título II, da CLT, relativas à segurança e Saúde do Trabalhador.

As 36 (trinta e seis) NRs, relativas à segurança e à medicina do trabalho, são de observância obrigatória pelas empresas privadas e públicas e pelos órgãos

---

(243) BRASIL. Decreto 7.602 de 7 de novembro de 2011. Dispõe sobre a Política Nacional de Segurança e Saúde no Trabalho — PNSST. *Diário Oficial da União,* Poder Executivo, Brasília, DF, 8 nov. 2011. Seção 1. Disponível em: <http://portal.saude.gov.br/portal/arquivos/pdf/decreto7602_2011_st.pdf>. Acesso em 10 set. 2012.

públicos da Administração direta e indireta, bem como pelos órgãos dos Poderes Legislativo e Judiciário, que possuam empregados regidos pela CLT.

Neste esteio, foi instituído em 1994, por exigência legal, o Programa de Prevenção de Riscos Ambientais — PPRA (NR 9), que deve ser elaborado e implementado por todos os empregadores e instituições que admitam trabalhadores como empregados.

O PPRA monitora os agentes físicos (ruído, vibrações, umidade, calor, frio, radiações e pressões anormais), químicos (gases, vapores, fumos, poeiras, névoas, neblinas) e biológicos (vírus, bacilos, bactérias, protozoários, parasitas, fungos).

A elaboração, implementação, o acompanhamento e avaliação do PPRA podem ser feitos pelos Serviços Especializados em Engenharia de Segurança e em Medicina do Trabalho — SESMT (NR 4) ou por pessoa ou equipe de pessoas que, a critério do empregador, sejam capazes de desenvolver o programa.

O PPRA possui quatro pontos básicos: antecipação, reconhecimento, avaliação e controle dos riscos.

Na antecipação dos riscos são adotadas medidas de caráter preventivo (bloqueios) que têm a função de evitar que o risco se instale mediante o uso de um mecanismo de controle.

Para se realizar o reconhecimento dos riscos, é necessária a escolha de uma técnica de análise de riscos. A mais comum é a Análise Preliminar de Risco — APR que envolve os seguintes tópicos: identificação dos riscos, tempo de exposição ao risco, localização das fontes de risco, identificação de suas trajetórias e dos meios de propagação, levantamento do número de trabalhadores expostos aos agentes, caracterização das atividades por função, doenças profissionais já diagnosticadas no setor, literatura técnica sobre os agentes e medidas de controle já existentes, como a existência de equipamentos de proteção coletiva, medidas administrativas de prevenção e equipamentos de proteção individual.

A avaliação deve ser qualitativa ou quantitativa. Na avaliação quantitativa deverá ser comprovado o controle da exposição ou a inexistência do risco, dimensionada a exposição dos trabalhadores e subsidiado o equacionamento das medidas de controle.

As medidas de controle devem ser postas em prática logo após a identificação do risco. A prioridade são os controles na fonte. Só em último caso se deve pensar em utilizar um equipamento de proteção individual nos trabalhadores. Os equipamentos de proteção individual devem ser usados em serviços de curta duração, em situações de emergência, quando não for possível instalar um equipamento de proteção coletiva ou enquanto este estiver sendo fabricado, de acordo com o princípio da retenção do risco na fonte, extraído dos arts. 9º e 10 da Convenção n. 148 da OIT, ratificada pelo Brasil, que apresentam uma ordem de preferência, uma escala hierárquica entre as medidas a serem adotadas para a eliminação de todo risco. [244]

O PPRA deve conter um planejamento (com metas, prioridades e cronogramas), avaliação ambiental geral, avaliações ambientais parciais, treinamentos, auditorias, análise crítica do programa e a forma do registro, manutenção e divulgação dos dados, cujas ações devem ser integradas ao Programa de Controle Médico de Saúde Ocupacional — PCMSO (NR 7).

O PCMSO foi criado pela Portaria n. 24 de 29.12.1994. A portaria prevê a obrigatoriedade da elaboração e implementação desse programa por parte dos empregadores e instituições, com o objetivo de promover e preservar a saúde do conjunto dos seus trabalhadores.

Anualmente deve ser emitido um relatório em que constem todas as ações de saúde que foram executadas. O relatório deverá discriminar os setores da empresa, o número e a natureza dos exames médicos, incluindo avaliações clínicas e exames complementares, estatísticas de resultados considerados anormais, assim como o planejamento para o próximo ano.

O PCMSO deve desenvolver duas ações básicas: a promoção de saúde e a prevenção de doenças. No que se refere à promoção de saúde, as técnicas mais utilizadas são: exibição de filmes de cunho educativo, reuniões de grupo, distribuição de folhetos educativos com temas como AIDS, tabagismo, alcoolismo, uso de drogas e higiene pessoal. No que se refere à prevenção de doenças, o PCMSO prevê a realização obrigatória dos exames médicos admissionais, periódico, de mudança de função e demissional. Esses exames são definidos pelo médico coordenador do PCMSO.

Deve-se registrar que dados produzidos nestes programas devem ser mantidos por período mínimo de 20 anos, de acordo com os itens 7.4.5.1 da NR 7 e 9.3.8.1 da NR 9.

Existem outros programas, cujo cumprimento é obrigatório pelo empregador, relacionados à segurança e à saúde do trabalhador e os mais utilizados são: o Programa de Condições e Meio Ambiente de Trabalho na Indústria de Construção — PCMAT, o Programa de Gerenciamento de Riscos — PGR, o Programa de Conservação Auditiva — PCA e o Programa de Proteção Respiratória — PPR.

Retomando, para se concluir, o ponto sobre o ciclo PDCA e os requisitos da OHSAS 18001:2007, é imprescindível se repisar que a alta administração deve rever o sistema de gestão em saúde e segurança do trabalho da organização,

---

(244) OIT. **Convenção n. 148**: Proteção dos Trabalhadores contra os Riscos Profissionais devidos à Contaminação do Ar, ao Ruído e às Vibrações no Local de Trabalho. Genebra, 1977. Vigora no Brasil desde 14.1.1983.

em intervalos planejados, para assegurar sua contínua adequação, pertinência e eficiência. Estas revisões devem incluir a avaliação de oportunidades de melhoria e a necessidade de alterações no sistema de gestão em saúde do trabalhador, incluindo uma política nesta área e os seus objetivos. Os registros das revisões pela alta administração devem ser mantidos na organização.

A análise crítica realizada pela direção deve ser coerente com o comportamento da organização com a melhoria contínua e deve incluir quaisquer decisões e ações relacionadas a possíveis mudanças no desempenho, nos recursos, nos objetivos e na política de saúde e segurança no trabalho.

Atualmente não se discute mais quanto à importância dos sistemas de gerenciamento da qualidade, meio ambiente e segurança e saúde do trabalho. Entretanto, o desafio é realizar a integração entre esses sistemas.

O Sistema Integrado de Gestão tem permitido integrar os processos de qualidade com os de saúde e segurança, gestão ambiental e responsabilidade social. Entretanto, a gestão se torna complexa à medida que a organização tem diversos processos.

Os processos produtivos geram produtos desejáveis pela organização e clientes e os produtos indesejáveis, como poluentes, resíduos e condições inseguras, que podem impactar negativamente o ambiente, a sociedade, a saúde e segurança dos empregados. O gerenciamento desses dois aspectos do processo produtivo será extremamente facilitado se o gestor dispuser de um sistema de gestão único, que trate de questões relativas à qualidade, ao meio ambiente, à segurança e à responsabilidade social do seu processo.[(245)]

A integração dos sistemas de gestão apresenta uma série de vantagens, das quais três devem ser aqui destacadas: abordagem holística para o gerenciamento dos riscos organizacionais ao assegurar que todas as consequências de uma determinada ação sejam consideradas, melhoria na comunicação ao utilizar um único conjunto de objetivos e uma abordagem integrada e, ainda, melhoria no desempenho organizacional ao estabelecer uma única estrutura para aperfeiçoar a qualidade, o meio ambiente, a responsabilidade social e a saúde e segurança do empregado, ligada aos objetivos corporativos.

❑ 6.4. A política nacional de segurança e saúde no trabalho como efetivação do princípio do não improviso

Os sistemas de gestão de segurança e saúde no trabalho apresentados sinalizam a necessidade e a obrigação que as organizações têm de zelar pela pre-

---

(245) CHAIB, E. B. D'Angelo. *Proposta para implementação de sistema de gestão integrada de meio ambiente, saúde e segurança do trabalho de empresas de pequeno e médio porte:* um estudo de caso da indústria metal-mecânica. Dissertação de Mestrado. Rio de Janeiro: UFRJ, 2005.

servação da integridade física e psíquica do trabalhador como direito fundamental, respaldado na Constituição Federal, art. 6º e art. 7º, XXII, em normas internacionais, Convenções da OIT, na CLT, Capítulo V, Título II, em inúmeras instruções normativas, Normas Regulamentadoras e portarias expedidas pelo Ministério do Trabalho e Emprego.

O princípio do não improviso tem *status* supralegal e foi extraído das principais convenções da OIT que tratam da saúde do trabalhador. A Convenção n. 148 da OIT, ratificada pelo Brasil, no seu art. 15 assim determina:

> Segundo as modalidades e nas circunstâncias que a autoridade competente determinar, o empregador deverá designar uma pessoa competente ou recorrer a um serviço especializado, exterior ou comum a várias empresas, para que se encarregue das questões de prevenção e limitação da contaminação do ar, o ruído e as vibrações no lugar de trabalho.(246)

O art. 5º, alínea "d", da Convenção n. 161 sobre Serviços de Saúde do Trabalho, ratificada pelo Brasil, preconiza que:

> Sem prejuízo da responsabilidade de cada empregador a respeito da saúde e a segurança dos trabalhadores que emprega e considerando a necessidade de que os trabalhadores participem em matéria de saúde e segurança no trabalho, os serviços de saúde no trabalho deverão assegurar as funções seguintes que sejam adequadas e apropriadas aos riscos da empresa para a saúde no trabalho:
>
> [...]
>
> d) participação no desenvolvimento de **programas** para o melhoramento das práticas de trabalho, bem como nos testes e a avaliação de novos equipamentos, em relação com a saúde [...] (Grifo nosso).(247)

A Convenção n. 155 da OIT, ratificada pelo Brasil, no seu art. 5º, "a", art. 11, "a", art. 16, item 2, e art. 18 assim determina:

> Artigo 5
>
> A política à qual se faz referência no artigo 4 da presente Convenção (política nacional coerente em matéria de segurança e saúde dos trabalhadores e o meio ambiente de trabalho) deverá levar em consideração as grandes esferas de ação que se seguem, na medida em que possam afetar a segurança e a saúde dos trabalhadores e o meio ambiente de trabalho:
>
> a) **projeto, teste, escolha, substituição, instalação, arranjo, utilização e manutenção** dos componentes materiais do trabalho (locais de trabalho, meio ambiente de trabalho, ferramentas, maquinário e equipamento; substâncias e agentes químicos, biológicos e físicos; operações e processos);
>
> Artigo 11
>
> Com a finalidade de tornar efetiva a política referida no artigo 4 da presente Convenção, a autoridade ou as autoridades competentes deverão garantir a realização das seguintes tarefas:

---

(246) OIT. **Convenção n. 148**: Proteção dos Trabalhadores contra os Riscos Profissionais devidos à Contaminação do Ar, ao Ruído e às Vibrações no Local de Trabalho. Genebra, 1977. Vigora no Brasil desde 14.1.1983.

(247) OIT. **Convenção n. 161**: Serviços de Saúde do Trabalho. Genebra, 1988. Vigora no Brasil desde 18.5.1991.

a) a determinação, quando a natureza e o grau de risco assim o requererem, das condições que regem **a concepção, a construção e o acondicionamento** das empresas, sua colocação em funcionamento, as transformações mais importantes que forem necessárias e toda modificação dos seus fins iniciais, assim como a segurança do equipamento técnico utilizado no tratado e a aplicação de procedimentos definidos pelas autoridades competentes;

Artigo 16

2. Deverá ser exigido dos empregadores que, na medida que for razoável e possível, garantam que os agentes e as substâncias químicas, físicas e biológicas que estiverem **sob seu controle** não envolvem riscos para a saúde quando são tomadas medidas de proteção adequadas.

Artigo 18

Os empregadores deverão **prever**, quando for necessário, **medidas** para lidar com situações de urgência e com acidentes, incluindo meios adequados para a administração de primeiros socorros. (Grifo nosso).[(248)]

Infere-se dos vocábulos grifados nos artigos da convenção transcrita acima que o planejamento das atividades a serem desenvolvidas no local de trabalho, inclusive a própria concepção do local, deve ser um imperativo da atividade preventiva no plano internacional.

A Diretiva n. 89/391 da União Europeia, no art. 6º, item 2, alínea "g" estabelece, como princípio geral, que o planejamento da prevenção deve buscar um conjunto coerente, que integre a técnica, a organização do trabalho, as condições de trabalho, as relações sociais e a influência dos fatores ambientais do trabalho.[(249)]

Deve-se registrar, ainda, que se encontra plasmado no art. 17, item 1, alínea "c", da Convenção n. 167 da OIT sobre Segurança e Saúde na Construção, ratificada pelo Brasil, o princípio do não improviso, com clareza solar, ao preconizar que "as instalações, as máquinas e os equipamentos, inclusive as ferramentas manuais, sejam ou não acionadas por motor, deverão: [...] c) ser utilizados exclusivamente nos trabalhos para os quais foram concebidos [...]".[(250)] No Brasil, entretanto, muitos equipamentos sem manutenção adequada, velhos e obsoletos continuam em funcionamento por meio de gatilhos, gambiarras ou soluções improvisadas, que provocam o que os ergonomistas chamam de modo degradante de produção e afetam as condições de segurança. [(251)]

---

(248) OIT. **Convenção n. 155**: Segurança e Saúde dos Trabalhadores e o Meio Ambiente de Trabalho. Genebra, 1981. Vigora no Brasil desde 18.5.1993.

(249) DIRECTIVA 89/391. La aplicacion de medidas para promover La mejora de La seguridad y de La salud de los trabajadores en el trabajo. *CEE del Consejo,* de 12 junio de 1989. Arts. 8.3, 10.1 e 11. Disponível em: *<http://eur-lex.europa.eu/LexUriServ/LexUriServ.do?uri=CONSLEG:1989L0391:2008 1211:ES:PDF>*. Acesso em 10 mar. 2012.

(250) OIT. **Convenção n. 167**: Segurança e Saúde na Construção. Genebra, 1988. Vigora no Brasil desde 19.5.2007.

(251) PORTO, Marcelo Firpo de Souza; MILANEZ, Bruno. Proteção contra riscos químicos. *In:* MATTOS, UBIJARA, Aluizio de Oliveira; MÚSCULO, Francisco Soares (Org.). *Higiene e segurança do trabalho.* Rio de Janeiro: Elsevier, 2011, cap. 9, p. 200-201.

Essa realidade pode ser inferida da jurisprudência do TST ora colacionada:

ACIDENTE DE TRABALHO. INDENIZAÇÃO POR DANOS MORAIS. CONFIGURAÇÃO DE CULPA. Os argumentos da reclamada, no sentido de que o reclamante estava orientado e expôs-se indevidamente ao risco, não se coadunam com o quadro fático descrito pelo Regional, no sentido de que ficou demonstrado que a empresa foi negligente no cumprimento de normas regulamentares de segurança do trabalho. Óbice da Súmula 126 do TST. Agravo de instrumento conhecido e não provido. (AIRR — 1106-41.2010.5.10.0002 , Relatora Ministra: Dora Maria da Costa, Data de Julgamento: 18.12.2012, 8ª Turma, Data de Publicação: 7.1.2013).(252)

As linhas vertidas abaixo são extraídas de consulta ao inteiro teor do acórdão supramencionado:

A perícia de engenharia e segurança do trabalho diagnosticou que a reclamada "não promoveu análise ergonômica dos locais de trabalho do acidentado conforme determinação da Portaria n. 3.214/78, NR-17", **"não promoveu o PPRA — Programa de Prevenção de Riscos Ambientais — conforme determinação da Portaria n. 3.214/78, NR-9"** (a fls. 144). Pontuou, ainda, que "A esteira não possui anteparo que venha a impedir o acesso às suas partes móveis de tração. Caso existisse o acidente não teria ocorrido"

[...] infere-se da aludida prova técnica que a causa principal do acidente foi a ausência de aplicação de medidas ativas e passivas por parte da empresa ré que redundou no cometimento de ato inseguro pelo reclamante. Assim, a prova pericial de engenharia e segurança do trabalho produzida não deixa dúvida quanto à negligência empresarial, exteriorizada, inclusive, no descumprimento de normas regulamentares de segurança do trabalho" (fl. 411), além do que *"a prova oral produzida também corrobora a culpa, exclusiva, da reclamada no evento danoso que assolou o autor"* (fl. 412), o qual mostra-se incapacitado para o trabalho como motorista. (Grifo nosso).

O autor deste estudo tem constatado, no exercício de suas funções institucionais como auditor fiscal do trabalho que, não raras vezes, na indústria da construção civil, o mesmo canteiro de obras que se preocupa em elaborar e implementar um projeto estrutural e arquitetônico, imprescindível ao planejamento da obra e ao atendimento das determinações da legislação federal, estadual e municipal, não tem tido igual empenho na elaboração dos projetos de segurança do trabalhador, em virtude do que as ações relativas à sua segurança são relegadas ao plano da improvisação.

Neste sentido, os acidentes por queda de trabalhador, choque elétrico e soterramento, que grassam na construção civil, são apenas sintomatológicos, uma vez que suas reais causas podem ser creditadas, na maioria dos casos, à falta de planejamento na área de saúde e segurança do trabalho na obra. Deve-se registrar, todavia, que a realidade apresentada não se circunscreve à construção civil, mas abrange muitos outros setores econômicos.

---

(252) BRASIL. Tribunal Superior do Trabalho. Agravo de Instrumento AIRR — 1106-41.2010.5.10.0002 da 8ª Turma. Acidente de trabalho. Indenização por danos morais. Configuração de culpa. Relatora: Ministra Dora Maria da Costa, 18 de dezembro de 2012. Disponível em: <http://www.tst.gov.br/>. Acesso em 10 mar. 2012.

Sabe-se que, na indústria da construção civil, os projetos de segurança, como o projeto das proteções coletivas com suas especificações técnicas e o projeto das instalações elétricas provisórias, são indispensáveis à garantia da integridade física e saúde do trabalhador, e a sua ausência caracteriza improviso e, portanto, condição de risco grave e iminente à vida e saúde do trabalhador, que impõe a imediata paralisação de suas atividades, com fundamento no princípio da indisponibilidade da saúde do trabalhador.

Aliás, merece registro, ainda, o fato de que toda atividade desenvolvida na construção civil deveria ser precedida do correspondente Programa de Condições e Meio Ambiente de Trabalho na Indústria da Construção — PCMAT.

A Norma Regulamentadora n. 18 do Ministério do Trabalho e Emprego (NR-18) estabelece diretrizes de ordem administrativa, de planejamento e de organização, que objetivam a implementação de medidas de controle e sistemas preventivos de segurança nos processos, nas condições e no meio ambiente de trabalho na indústria da construção.

O PCMAT é de elaboração e cumprimento obrigatório para os estabelecimentos com 20 (vinte) trabalhadores ou mais, contemplando os aspectos da NR-18 e outros dispositivos complementares de segurança. Este Programa deve contemplar as exigências contidas na NR 9 — Programa de Prevenção e Riscos Ambientais, e deve ser elaborado e executado por profissional legalmente habilitado na área de segurança do trabalho.

Para que o PCMAT seja instrumento apto para a gestão de segurança do trabalhador na obra, ele deve ser integrado, conforme NR-18, pelos seguintes itens: memorial sobre condições e meio ambiente de trabalho nas atividades e operações, levando-se em consideração riscos de acidentes e de doenças do trabalho e suas respectivas medidas preventivas; projeto de execução das proteções coletivas em conformidade com as etapas de execução da obra; especificação técnica das proteções coletivas e individuais a serem utilizadas; cronograma de implantação das medidas preventivas definidas no PCMAT; *layout* inicial do canteiro de obras, contemplando, inclusive, previsão de dimensionamento das áreas de vivência; e programa educativo contemplando a temática de prevenção de acidentes e doenças do trabalho, com sua carga horária.

Desta forma, não se pode negar que os programas de prevenção instituídos representam avanço na relevante questão da saúde dos trabalhadores. A própria denominação utilizada (programa) indica sintonia com o que prevê o art. 4º da Convenção n. 155 da OIT, ratificada pelo Brasil, que preconiza que todo Estado-Membro signatário deverá formular, pôr em prática e reexaminar periodicamente uma política nacional coerente em matéria de segurança e saúde dos trabalhadores e o meio ambiente de trabalho.(253) Os programas indicam, portanto, um

(253) OIT. **Convenção n. 155**: Segurança e Saúde dos Trabalhadores e o Meio Ambiente de Trabalho. Genebra, 1981. Vigora no Brasil desde 18.5.1993.

conjunto de objetivos que dão forma à ação governamental coordenada e coerente na busca da saúde dos trabalhadores.

Apesar de suas virtudes, esses programas apresentam algumas deficiências. Primeiramente, nas questões de saúde e segurança do trabalhador, a grande maioria da normatização está situada em portarias do Ministério do Trabalho e Emprego, sendo diminuta a produção em nível legal. Decorre daí que, nas obras doutrinárias de Direito do Trabalho, as normas regulamentares são praticamente ignoradas, tanto que não constam dos currículos escolares dos cursos de Direito. Um outro ponto a ser destacado é que a regulamentação não disciplina convenientemente a participação dos trabalhadores nos Serviços Especializados em Segurança e Medicina do Trabalho, nem nos programas de prevenção, sobretudo de forma equitativa, como prevê o art. 8º da Convenção n.161 da OIT.[(254)]

Além disso, os trabalhadores não têm qualquer parcela de poder decisório de modo a interferir nos rumos da política empresarial relativa à saúde dos trabalhadores e ao meio ambiente de trabalho. No Chile, por exemplo, as empresas estão obrigadas a adotar as medidas de prevenção indicadas pelo Comitê Paritário, de acordo com a Lei n. 16.744, 1º.2.1968, art. 66:

> [...] Las empresas estarán obligadas a adoptar y poner em práctica las medidas de prevención que les indique el Departamento de Prevención y/o el Comité Paritário; pero podrán apelar de tales resoluciones ante el respectivo organismo administrador, dentro del plazo de 30 dias, desde que le sea notificada la resolución del Departamento de Prevención o del Comité Paritário de Higiene y Seguridad.[(255)]

Diversos países têm consagrado uma atuação mais participativa dos trabalhadores, chegando até ao instituto da cogestão. Na esteira desta tendência, a Constituição da República de 1988, repetindo dispositivo da Constituição de 1967, acolheu o sistema de cogestão no inciso XI do seu art. 7º, experiência essa que pode ter início no campo da saúde do trabalhador.

Os sistemas jurídicos dos povos cultos da atualidade avançam pelo instrumento da cogestão, que, superando a oposição empregado e empregador, capital e trabalho, integra-os numa unidade eficiente e harmônica, em que a cooperação substitui a oposição e a igualdade se coloca no lugar da subordinação, valorizando igualmente ambos os fatores na atividade econômica e social que se propõem.[(256)]

Soma-se às deficiências apontadas nas normas regulamentares o fato destas não disciplinarem adequadamente a participação sindical nas questões relativas à

---

(254) OIT. **Convenção n. 161**: Serviços de Saúde do Trabalho. Genebra, 1988. Vigora no Brasil desde 18.5.1991.

(255) GONZALEZ, Carlos A. *Ley de accidentes del trabajo y enfermedades professionales*. Santiago: Jurídica Manuel Monti, 1995. p. 28.

(256) SILVA, Antônio Álvares da. *Cogestão no estabelecimento e na empresa*. São Paulo: LTr, 1991. p. 264.

saúde do trabalhador. Além do que prevê a Convenção n. 135, ratificada pelo Brasil,(257) a Lei Orgânica da Saúde, em seu inciso V, § 3º, art. 6º, estabeleceu o dever de "informação ao trabalhador e à sua respectiva entidade sindical e às empresas sobre os riscos de acidente do trabalho, doença profissional e do trabalho, bem como o resultado das fiscalizações, avaliações ambientais e exames de saúde de admissão, periódicos e de demissão, respeitados os preceitos da ética profissional".(258)

Do exposto, infere-se que as normas regulamentadoras são minuciosas em várias questões, mas omissas em outros aspectos fundamentais para o êxito de uma política nacional coerente em matéria de segurança, higiene e saúde do trabalhador.

Há quase duas décadas é debatida a intenção de se formular uma Política Nacional de Segurança e Saúde para o local de trabalho. Desde 18 de maio de 1993, quando entrou em vigor a Convenção n. 155 da OIT, o Brasil assumiu o compromisso, como já ventilado, de formular, pôr em prática e reexaminar periodicamente uma política nacional coerente em matéria de segurança e saúde dos trabalhadores e o meio ambiente de trabalho. De forma semelhante, a Convenção n. 161, em vigor desde 1991, estabeleceu que o país deverá formular, pôr em prática e reexaminar periodicamente uma política nacional coerente em relação aos serviços de saúde no trabalho. Mais recentemente, a Convenção n. 187 da OIT disciplinou o desenvolvimento de uma política, um sistema e um programa nacionais para implantação do marco promocional da segurança e saúde no trabalho.(259)

Atendendo, assim, às tendências normativas internacionais, às estatísticas elevadas dos acidentes de trabalho, ao acervo doutrinário sobre o assunto, ao número crescente de demandas judiciais por parte de acidentados e seus dependentes, aos compromissos que o Brasil já assumiu ao ratificar diversas Convenções da OIT e às dificuldades do operador jurídico em abordar e compreender o tema, foi elaborada pela Comissão Tripartite (instituída em 2008 pela Portaria Interministerial n. 152) a Política Nacional de Segurança e Saúde no Trabalho, formalizada pelo Decreto n. 7.602, assinado pela Presidenta Dilma Rousseff, no dia 7 de novembro de 2011.

---

(257) OIT. **Convenção n. 135**: Proteção de Representantes dos Trabalhadores. Genebra, 1971. Disponível: <http://www.oit.org.br/node/489>. Acesso em 10 mar. 2012. Entrou em vigor no plano internacional em 30.6.1973. Aprovada pelo Decreto Legislativo n. 86, de 14.12.1989, do Congresso Nacional. Ratificada em 18.5.1991. Promulgada pelo Decreto n.131, de 22.5.1991. Vigora no Brasil desde 18.5.1991.

(258) BRASIL. Lei n. 8.080, 19 setembro de 1990. Dispõe sobre as condições para a promoção, proteção e recuperação da saúde, a organização e o funcionamento dos serviços correspondentes e dá outras providências. Disponível em: <http://www.planalto.gov.br/ccivil_03/leis/L8080.htm>. Acesso em 20 nov. 2012.

(259) OIT. **Convenção n. 187**: Convenção sobre o Marco Promocional da Segurança e Saúde no Trabalho. Genebra, 2006. Disponível em: <http://www.ilo.org/dyn/normlex/es/f?p=NORMLEXPUB:12100:0::NO:12100:P12100_INSTRUMENT_ID:312332:NO>. Acesso em 10 mar. 2012. Entrou em vigor no plano internacional em 20.2.2009.

Denomina-se política o conjunto de diretrizes desencadeadas pelo Estado para suprir as necessidades ou anseios de setores da sociedade civil. As políticas públicas podem ser desenvolvidas somente pelo Estado ou, em um formato mais moderno, em parceria com diferentes entidades representativas de segmentos da comunidade afetados pela problemática a ser enfrentada. Sob a perspectiva democrática, as políticas devem ser desencadeadas por demandas da sociedade e apoiadas na determinação política e no conhecimento técnico para determinar as ações que conduzam de maneira eficaz ao cenário desejado em confronto com a situação real.(260)

Para que o Estado cumpra seu papel na garantia dos direitos básicos de cidadania é necessário que a formulação e implementação das políticas e ações de governo sejam norteadas por abordagens transversais e intersetoriais. Nessa perspectiva, as ações de segurança e saúde do trabalhador exigem uma atuação multiprofissional, interdisciplinar e intersetorial capaz de contemplar a complexidade das relações produção-consumo-ambiente e saúde.(261)

Aliás, o Direito Tutelar à Segurança e Saúde no Trabalho está, em termos de representação, no ponto de interseção de dois traços que se cortam em forma de "X", cujas quatro pontas são o Direito do Trabalho, o Direito Previdenciário, o Direito Sanitário e o Direito Ambiental. O Direito à Segurança e Saúde no Trabalho surge da interação dessas quatro disciplinas afins, mas com elas não se confunde, pois possui objeto próprio e princípios específicos.

A Comissão Tripartite de Saúde e Segurança no Trabalho — CTSST, instituída em 2008, representa um marco na construção de uma política para a segurança e saúde no trabalho, um direito social básico. Composta paritariamente por representações de governo, trabalhadores e empregadores, vem atuando no sentido de definir diretrizes para uma atuação coerente e sistemática do Estado na promoção do trabalho seguro e saudável e na prevenção dos acidentes e doenças relacionados ao trabalho.

Em sua composição, tripartite e paritária, são representados os três ministérios (Trabalho e Emprego, Previdência Social e Saúde), empregadores (Confederação Nacional da Agricultura e Pecuária do Brasil, Confederação Nacional da Indústria, Confederação Nacional das Instituições Financeiras, Confederação Nacional do Comércio de Bens, Serviços e Turismo e Confederação Nacional do Transporte) e trabalhadores (Central Única dos Trabalhadores, Central Geral dos Trabalhadores do Brasil, Força Sindical, Nova Central Sindical dos Trabalhadores e União Geral dos Trabalhadores). A coordenação é efetuada pelos representantes de governo, em sistema de rodízio anual.

---

(260) PLANO Nacional de Segurança e Saúde no Trabalho. Disponível em: <http://portal.mte.gov.br/data/files/8A7C816A38CF493C0138E890073A4B99/PLANSAT_2012. pdf>. Acesso em 20 nov. 2012.
(261) *Plano Nacional de Segurança e Saúde no Trabalho.* Disponível em: <http://portal.saude.gov.br/portal/arquivos/pdf/insumos_portaria_interministerial_800.pdf>. Acesso em 20.11.2012.

Em sua 9ª reunião, a Comissão aprovou, por consenso, o texto básico da Política Nacional de Segurança e Saúde no Trabalho, que foi submetido à apreciação dos Ministros do Trabalho e Emprego, da Previdência Social e da Saúde, e oportunamente à decisão da Presidência da República. Este movimento culminou com a publicação do Decreto n. 7.602 de 7 de novembro de 2011.

É importante destacar a experiência de construção coletiva do documento, bem como do próprio funcionamento da Comissão, tendo como base o exercício e a concretização do princípio do diálogo social, explicitado inclusive como um dos princípios da Política.

A partir de sua 13ª reunião, a CTSST passou a discutir a formulação do Plano Nacional de Segurança e Saúde no Trabalho, propondo as estratégias e ações a serem desenvolvidas para cada uma das diretrizes da Política Nacional de Segurança e Saúde no Trabalho.

O esforço conjunto está de acordo com a Convenção n. 155 da OIT, que dispõe sobre Segurança e Saúde dos Trabalhadores e o Meio Ambiente de Trabalho e estabelece o dever do Estado-Membro de elaborar uma política nacional sobre o tema, e o Plano de Ação Mundial sobre a Saúde dos Trabalhadores da Organização Mundial da Saúde — OMS, que reforça a necessidade de uma política com coordenação intersetorial das atividades na área.

A execução das diretrizes da PNSST está embasada na atuação dos órgãos governamentais envolvidos por meio de plano de ações. Formado por oito objetivos, este plano é dividido em tarefas de curto, médio e longo prazo, além de um conjunto de tarefas de caráter permanente.

As ações no âmbito da PNSST devem constar do Plano Nacional de Segurança e Saúde no Trabalho e desenvolver-se de acordo com as seguintes diretrizes: a) inclusão de todos trabalhadores brasileiros no sistema nacional de promoção e proteção da saúde; b) harmonização da legislação e a articulação das ações de promoção, proteção, prevenção, assistência, reabilitação e reparação da saúde do trabalhador; c) adoção de medidas especiais para atividades laborais de alto risco; d) estruturação de rede integrada de informações em saúde do trabalhador; e) promoção da implantação de sistemas e programas de gestão da segurança e saúde nos locais de trabalho; f) reestruturação da formação em saúde do trabalhador e em segurança no trabalho e o estímulo à capacitação e à educação continuada de trabalhadores; e g) promoção de agenda integrada de estudos e pesquisas em segurança e saúde no trabalho.

A adoção de medidas especiais para atividades laborais de alto risco se reveste de importância fundamental. No caso dos serviços envolvendo eletricidade já existem medidas preconizadas pela NR-10 do Ministério do Trabalho e Emprego, que trata de segurança em instalações e serviços em eletricidade, adotando medidas especiais de segurança nesse caso. É o caso das normas previstas nos itens 10.11.1, 10.11.2, 10.11.3, 10.11.7 e 10.11.8 da NR-10 do MTE relacionadas a seguir:(262)

> 10.11.1 Os serviços em instalações elétricas devem ser planejados e realizados em conformidade com procedimentos de trabalho específicos, padronizados, com descrição detalhada de cada tarefa, passo a passo, assinados por profissional que atenda ao que estabelece o item 10.8 desta NR.
>
> 10.11.2 Os serviços em instalações elétricas devem ser precedidos de ordens de serviço específicas, aprovadas por trabalhador autorizado, contendo, no mínimo, o tipo, a data, o local e as referências aos procedimentos de trabalho a serem adotados.
>
> 10.11.3 Os procedimentos de trabalho devem conter, no mínimo, objetivo, campo de aplicação, base técnica, competências e responsabilidades, disposições gerais, medidas de controle e orientações finais.
>
> 10.11.7 Antes de iniciar trabalhos em equipe os seus membros, em conjunto com o responsável pela execução do serviço, devem realizar uma avaliação prévia, estudar e planejar as atividades e ações a serem desenvolvidas no local, de forma a atender os princípios técnicos básicos e as melhores técnicas de segurança aplicáveis ao serviço.
>
> 10.11.8 A alternância de atividades deve considerar a análise de riscos das tarefas e a competência dos trabalhadores envolvidos, de forma a garantir a segurança e a saúde no trabalho.

Para a rotina do trabalhador, por exemplo, serão adotados dispositivos legais e princípios comuns de saúde e segurança no trabalho para todos os trabalhadores (do setor público e privado), independentemente de sua inserção no mercado, com elaboração, aprovação, implementação e fiscalização conjunta do poder público, em processo dialogado com as organizações dos empregadores e dos trabalhadores.

Um ponto que afirma o viés intersetorial é a padronização dos critérios quanto à caracterização de riscos e agravos relacionados aos processos de trabalho e construção de banco de dados relativo aos indicadores de gestão. Isso significa que os três ministérios irão compartilhar informações para fomentar as práticas pertinentes à área.

A abordagem integrada das inter-relações entre as questões de segurança e saúde do trabalhador, meio ambiente e o modelo de desenvolvimento adotado no país, traduzido pelo perfil de produção-consumo, representa, na atualidade, um grande desafio para o Estado Brasileiro.

Tradicionalmente, no Brasil, as políticas de desenvolvimento têm se restringido aos aspectos econômicos e vêm sendo traçadas de maneira paralela ou pouco articuladas com as políticas sociais, cabendo a estas últimas arcarem com os ônus dos possíveis danos gerados sobre a saúde da população, dos trabalhadores em particular e a degradação ambiental. Para que o Estado cumpra seu papel para a

---

(262) NR-10 — Segurança em instalações e serviços em eletricidade. *In: Segurança e medicina do trabalho*. 70. ed. São Paulo: Atlas, 2012. p. 109.

garantia desses direitos, é necessária a formulação e implementação de políticas e ações de governo transversais e intersetoriais.(263)

Esse documento propõe uma Política Nacional de Segurança e Saúde no Trabalho — PNSST buscando a superação da fragmentação, desarticulação e superposição das ações implementadas pelos setores Trabalho, Previdência Social, Saúde e Meio Ambiente. Assim sendo, a PNSST adota o princípio da integralidade, devendo considerar nas suas ações as relações de trabalho, produção, consumo, ambiente e saúde e é nessa perspectiva que devem ser implantados os sistemas e programas de gestão da segurança e saúde nos locais de trabalho.

A PNSST define as diretrizes, responsabilidades institucionais e mecanismos de financiamento, gestão, acompanhamento e controle social, que deverão orientar os planos de trabalho e ações intra e intersetoriais.

A PNSST, além de estar diretamente relacionada com as políticas dos setores Trabalho, Previdência Social, Meio Ambiente e Saúde, apresenta interfaces com as políticas econômicas, de Indústria e Comércio, Agricultura, Ciência e Tecnologia, Educação e Justiça, em uma perspectiva intersetorial e de transversalidade.

A gestão da PNSST será conduzida pelo Grupo Executivo Interministerial de Segurança e Saúde do Trabalhador — GEISAT, integrado, no mínimo, por representantes do Ministério do Trabalho e Emprego, Previdência Social e Saúde.

Caberá ao GEISAT elaborar o Plano de Ação de Segurança e Saúde do Trabalhador, assim como coordenar a implementação de suas ações.

A partir das deliberações do GEISAT, serão constituídos Grupos Executivos Intersetoriais Regionais de Segurança e Saúde do Trabalhador, com a atribuição de coordenar as ações de Segurança e Saúde do Trabalhador, em suas respectivas áreas de abrangência.

Os integrantes do GEISAT serão designados por portaria interministerial, dentre os ocupantes de cargos em comissão na esfera federal.

O funcionamento do GEISAT será estabelecido em Regimento Interno, estabelecendo, entre outros aspectos: coordenação rotativa, com mandato de um ano; definição de periodicidade das reuniões; estrutura de apoio a cargo do órgão em exercício da coordenação.

A formulação de Normas e Regulamentos na área de segurança e saúde do trabalho seguirá as metodologias próprias de cada unidade e serão levadas ao GEISAT, para a informação e discussão de possíveis conflitos de interesses ou superposição de áreas, antes de sua publicação.

---

(263) PLANO Nacional de Segurança e Saúde no Trabalho. Disponível em: <http://portal.saude.gov.br/portal/arquivos/pdf/insumos_portaria_interministerial_800.pdf>. Acesso em 20.11.2012.

Caberá ao GEISAT propor a revisão periódica dessa Política e estabelecer os mecanismos de validação e controle social.

Os setores de governo envolvidos na implementação e execução desta Política (Ministério do Trabalho e Emprego, FUNDACENTRO, Ministério da Previdência Social e Ministério da Saúde), respeitados os respectivos âmbitos de competências, serão responsáveis pelo desenvolvimento das atribuições relacionadas no Plano Nacional de Segurança e Saúde do Trabalho.

A sociedade civil organizada deverá exercer o papel de controle social, participando de todas as etapas e espaços consultivos e deliberativos relativos à implementação dessa Política.

A Política Nacional de Segurança e Saúde no Trabalho, formalizada pelo Decreto n. 7.602, representa a consagração do princípio do não improviso ora abordado, uma vez que aponta para a efetividade de ações planejadas, coordenadas e integradas, com objetivos, princípios e diretrizes claras, e, ainda, responsabilidades bem definidas para os intervenientes, dentro de um modelo de gestão participativa, que envolve o governo, o trabalhador e o empregador, conforme ato conjunto dos Ministros de Estado do Trabalho e Emprego, da Saúde e da Previdência Social.

Acredita-se que essa Política trará um impacto positivo para a abordagem da proteção à saúde e segurança do trabalhador, bem como despertará a doutrina especializada para aprofundar seu exame e colaborar no progresso desse importante ramo do Direito. Trata-se de demonstração para a sociedade que as autoridades assumiram o compromisso de fomentar uma cultura preventiva de segurança e saúde no local de trabalho.

De tudo que foi exposto, chega-se às seguintes conclusões:

o princípio do não improviso estabelece que a conduta improvisada na área da saúde e segurança do trabalho deve ser terminantemente condenada, uma vez que coloca em risco a saúde, integridade física e, em alguns casos, até mesmo a vida do trabalhador;

o mencionado princípio alcançou um considerável avanço com o desenvolvimento dos sistemas de gestão de segurança e saúde do trabalho, inclusive os do tipo integrado, e com os programas de segurança do trabalhador institucionalizados no Brasil. Todavia, eles, por si só, não se mostraram capazes de superar a fragmentação, desarticulação e superposição das ações implementadas pelos setores Trabalho, Previdência Social, Saúde e Meio Ambiente, nas questões afetas à saúde e segurança do trabalhador;

atendendo, assim, às tendências normativas internacionais, notadamente, aos compromissos que o Brasil já assumiu ao ratificar diversas Convenções da OIT e à necessidade de se integrar as políticas públicas em torno do tema abordado, foi elaborada a Política Nacional de Segurança e Saúde no Trabalho, que representa, por tudo o que ela significa e foi comentado neste estudo, a consagração institucional do princípio do não improviso.

CAPÍTULO 7

PRINCÍPIO DA RETENÇÃO DO RISCO NA FONTE

"Uma pessoa inteligente resolve um problema, um sábio o previne." Albert Einstein

O princípio da retenção do risco na fonte tem por objetivo eliminar na raiz os problemas que ameaçam a saúde, a segurança e integridade física dos trabalhadores, em vez de se tentar contornar apenas as suas consequências danosas.

Neste capítulo será apresentada a mudança de paradigma da abordagem do acidente, visto, inicialmente, como fatalidade, passando, posteriormente, por uma visão monocausal, até se chegar ao entendimento de que na sua gênese existe uma multicausalidade. Também é demonstrada a adoção do mencionado princípio como medida prioritária de prevenção e a necessidade de sua efetivação prática.

❑ 7.1. Acidente, morte e fatalidade

Nada mais sorrateiro, e por que não dizer até traiçoeiro, que a morte resultante de acidente. Ela surge como uma espécie de ceifeiro que chega do nada e colhe o que quer. De súbito, quem falava e trabalhava há pouco cai inerte sem voz, sem gesto. Em agosto de 2011, dois acidentes, um na cidade de Salvador e outro em São Luís, chamaram a atenção para a falta de segurança nos elevadores tracionados a cabo dos canteiros de obra no Brasil. Nove operários morreram com a queda em Salvador e em São Luís o acidente resultou na morte de um trabalhador e outros seis sofreram graves lesões.

Uma cena nem tanto incomum no ramo da construção civil. A vida que se expressava nas faces e nos corpos destes trabalhadores desmanchou-se como que tomada por uma repentina e inesperada rajada de vento. O relatório de investigação de acidente da Superintendência Regional do Trabalho e Emprego na Bahia — SRTE/BA, apresentado no capítulo sobre o princípio do risco mínimo regressivo, confirmou que o acidente que matou os nove operários, no referido canteiro de obras de Salvador, foi causado por falta de inspeção e manutenção no elevador a cabo. O auditor fiscal do trabalho da SRTE/BA, que investigou o acidente, afirmou que: "A ruptura (do freio) poderia ser detectada com antecedência, porque foi constatado indício do processo de trinca no equipamento, que poderia ser evitado com inspeção e manutenção no eixo do motor e freio de emergência".[264]

---

(264) BA: Laudo técnico confirma falta de manutenção em elevador. *Notícia Terra*, 06 out. 2011. Disponível em: <http://noticias.terra.com.br/brasil/noticias/0,,OI5397575-EI8139,00-BA+laudo+tecnico+confirma+falta+de+manutencao+em+elevador+que+caiu.html>. Acesso em 20 jun. 2012.

Esse evento é apenas um dentre outros que compõem uma estatística assustadora. Segundo dados do Instituto de Seguridade Social — INSS, verifica-se, através do Anuário Estatístico do INSS, [265] que o número total de acidentes de trabalho nos últimos anos tem apresentado uma tendência crescente, a saber: em 1999 foram registrados 370 mil acidentes, em 2004 foram 465 mil, em 2005 foram 499 mil, em 2006 foram 512 mil, em 2007 foram 653 mil e em 2009 foram registrados 723 mil. As estimativas do Ministério da Previdência apontam para três mil mortes anuais no ambiente de trabalho, o que, se for considerada a questão da subnotificação, deve levar a um número bem mais expressivo. Atualmente, no Brasil, a cada dia, quase dois mil trabalhadores se acidentam, defendendo o pão da família. Desses, 43 não retornam mais ao trabalho, ou porque ficaram incapacitados para sempre, ou porque morreram. Em média, 7 pessoas perdem suas vidas por dia trabalhando.[266]

Ora, números como estes lembram baixa de guerra, com a diferença que quem vai para o fogo cruzado de uma batalha sabe que lá está para matar ou morrer, mas quem, pela manhã, sai ao trabalho espera fazê-lo unicamente para viver.

O problema é que, em várias atividades, a vida parece se equilibrar numa corda bamba, ameaçada a todo o tempo pelas condições inseguras que oferecem alguns trabalhos dentro de determinadas empresas. Aqui a construção civil figura como um dos ramos produtivos mais perigosos, principalmente pela ausência de uma política de segurança em muitas construtoras. [267] Os trabalhadores conhecem o perigo, tentam ocultar o medo, mas são obrigados a conviver com ambos, quando não são forçados a lidarem com o fantasma de um ou outro acidente que colhe a vida de algum companheiro com quem compartilharam o trabalho e as brincadeiras típicas da construção civil.

No discurso e nas representações mentais dos trabalhadores, pode-se perceber a extensão do medo que responde, em nível psicológico, a todos os riscos que não são controlados pela prevenção coletiva. São frequentes frases como *todo mundo sabe que trabalhamos sobre um barril de pólvora*, quando endereçadas especialmente às indústrias químicas e petroquímicas, representando a ênfase do sentimento penoso de que a fábrica é suscetível de, a qualquer momento, escapar ao controle dos operadores ou a convicção de que a fábrica oculta uma violência própria, explosiva e mortal. [268]

---

(265) BRASIL. Previdência Social. *Anuário Estatístico de Acidentes do Trabalho de 2010 da Previdência Social*. Brasilia, DF, 2010. Disponível em: <http://www.previdencia.gov.br/conteudoDinamico.php?id=1214>. Acesso em 16 jan. 2013.

(266) ACIDENTES de trabalho provocam 7 mortes por dia. *Revista Proteção*, Novo Hamburgo, nov. 2011. Disponível em: <http://www.protecao.com.br/noticias/estatisticas/acidentes_de_trabalho_provocam_sete_mortes_por_dia/J9y5AJyJ >. Acesso em 25 mar. 2013.

(267) SILVA, C. A. D. et al. Construindo o progresso. In: ROCHA, L. et al. (Orgs.). *Isto é trabalho de gente?:* vida, doença e trabalho no Brasil. São Paulo: Vozes, 1993. p. 294-320.

(268) DEJOURS, Christophe. *A loucura do trabalho: estudo de psicopatologia do trabalho*. São Paulo: Cortez-Oboré, 1988.

Também chama a atenção a ideologia defensiva funcional que tem como objetivo mascarar, conter e ocultar uma ansiedade particularmente grave. Tal ideologia age como um mecanismo de defesa elaborado por um grupo social em particular, notadamente, o conjunto dos trabalhadores da construção civil. A especificidade da ideologia defensiva da vergonha resulta da ansiedade a conter, do medo a superar, ao executar atividades, por exemplo, em coberturas, andaimes, periferias de andares de edificações e outros locais elevados. Não raras vezes, o batismo do trabalhador que acabou de ingressar nesse ramo de atividade é a sua rejeição ao uso de equipamentos de proteção individual, tentando provar que não tem medo, pois seria vergonhoso assumir tal angústia no exercício do trabalho perigoso. Esse mecanismo de defesa coletivo age de forma silenciosa para que o domínio mínimo da realidade ameaçadora seja assegurado, tentando vencer o medo em ambientes de trabalho inseguros. (269)

Assim, se o medo não for neutralizado, os trabalhadores não poderão continuar suas tarefas por muito tempo.

Por isso, as atitudes de negação e de desprezo pelo perigo são uma simples inversão da afirmação relativa ao risco. Conjurar o risco exige sacrifícios e provações. E é por isso que os trabalhadores às vezes acrescentam ao risco do trabalho o risco de performances pessoais ou de verdadeiros concursos de habilidade e bravura. Criar uma situação e agravá-la significa, de certo modo, dominá-la.

Esse estratagema tem um valor simbólico que afirma a iniciativa e o domínio dos trabalhadores sobre o perigo e não o inverso. Portanto, essa aparente falta de consciência e percepção do perigo resulta, na realidade, de um sistema defensivo destinado a controlar o medo. A eficácia simbólica dessa estratégia defensiva somente é assegurada pela participação de todos. Ninguém pode ter medo. Ninguém deve demonstrá-lo. Ninguém pode ficar à margem desse *código profissional*. Ninguém pode recusar sua contribuição individual para o sistema de defesa. Nunca se deve falar em perigo, risco, acidente, nem do medo de cair ou de explodir a fábrica, pois os trabalhadores não gostam de ser lembrados do que tão penosamente procuram esconjurar. (270)

Essa ideologia necessita de sacrifícios e mártires. *Se ele morreu é porque queria, procurou isto. Exagerou.* Ora, isso permite, sobretudo, que os outros trabalhadores pensem que não querer é o suficiente para não ser vítima, uma fórmula altamente eficiente para se acalmar o medo. Se um trabalhador não consegue

---

(269) BRASIL. Ministério do Trabalho e Emprego. Superintendência Regional do Trabalho e Emprego no Rio Grande do Sul. *Embargo e interdição*: instrumentos de preservação da vida e da saúde dos trabalhadores: a experiência Seção de Segurança e Saúde dos Trabalhadores (SEGUR/RS). Rio Grande do Sul: SEGUR, 2010. p. 79-80.
(270) DEJOURS, Christophe. *A loucura do trabalho*: estudo de psicopatologia do trabalho. São Paulo: Cortez-Oboré, 1988.

incorporar a ideologia defensiva de sua profissão num canteiro de obras, por conta própria, se não consegue superar a própria apreensão, será obrigado a parar de trabalhar e procurar outro ramo de atividade econômica. Seu grupo profissional, armado da ideologia defensiva, elimina aquele que não consegue suportar o risco. (271)

Todavia, enfrentando ou fugindo do perigo e do medo, uma coisa parece certa: não há como driblar a morte. Para os trabalhadores, a morte não pode, em hipótese alguma, ser tida como esperada. Então, mesmo diante da necessidade de se conviver com o perigo, a morte será sempre percebida como surpresa, obviamente, nada desejada. E diante da impossibilidade de explicá-la e compreendê-la, é preciso ao menos justificá-la. Então, na busca de algum sentido plausível e aceitável, os indivíduos tendem a vê-la como fatalidade.

Nesse sentido, o fatalismo seria um mecanismo adaptativo, uma estratégia de sobrevivência, que permite ao trabalhador subsistir em condições desfavoráveis.

No plano conceitual, o que é o fatalismo senão uma compreensão da existência segundo a qual o destino de todos está de antemão predeterminado? Nesse caso, "aos seres humanos não resta outra opção senão acatar seu destino, se submeter à sorte que lhe está determinada".(272)

O *Dicionário Houaiss da Língua Portuguesa* define fatalismo como:

> doutrina segundo a qual os acontecimentos são fixados com antecedência pelo destino; atitude moral ou intelectual segundo a qual tudo acontece porque tem de acontecer, sem que nada possa modificar o rumo dos acontecimentos; atitude dos que acreditam nessas ideias; doutrina filosófica que professa um rígido determinismo, equivalente à curva mítica ou religiosa na inexorabilidade do destino. (273)

A doutora Izabel Cristina Borsoi assevera que é diante de condições sobre as quais há a consciência do perigo e, ao mesmo tempo, há também a necessidade material e existencial de viver uma espécie de faz de conta no sentido de negar o risco, até mesmo para permanecerem trabalhando, que os operários da construção tendem a explicar de modo fatalista a própria tragédia e a dos outros. Desse modo, a queda livre do elevador de uma altura considerável, em virtude da qual vários trabalhadores morreram, ao mesmo tempo que é relatada por um trabalhador acidentado, um dos sobreviventes na ocasião, como sendo resultado de ausência de manutenção do equipamento e da falta de atendimento das normas

---

(271) DEJOURS, Christophe. *A loucura do trabalho*: estudo de psicopatologia do trabalho. São Paulo: Cortez-Oboré, 1988.*Ibid*.

(272) MARTÍN-BARÓ, I. El latino indolente. Carácter ideológico del fatalismo latinoamericano. In: MONTERO, M. (Coord.). *Psicologia política latinoamericana*. Venezuela: Editorial Panapo, 1987. p. 135-162.

(273) HOUAISS, Antônio; VILLAR, Mauro de Salles. *Dicionário Houaiss da Língua Portuguesa*. Rio de Janeiro: Objetiva, 2009.

de segurança do trabalho, também é percebida, por ele próprio, como desígnio do destino: — *Não tinha perigo não. Perigo mesmo foi só desta vez que eu desci pelo elevador e tinha que acontecer.* O próprio fato de o acidente não ter resultado em morte para este sobrevivente é algo difícil de se conceber, considerando a altura da queda. Sendo assim, até mesmo a sobrevivência torna-se parte do que tinha que acontecer, ou seja, tanto viver como morrer torna-se, ao final, fruto do acaso. (274)

Assim, saúde e doença, vida e morte são processos que se explicam pela intervenção de Deus ou do destino, mesmo que, muitas vezes, os próprios trabalhadores reconheçam que determinadas condições de vida e trabalho sejam fundamentais para a proteção da saúde e da vida e que a ausência de uma política de segurança adequada nas empresas seja a grande responsável por acidentes e mortes. Essa dupla forma de racionalizar os eventos que atropelam a vida pode até parecer um tanto paradoxal. Um olhar mais atento, entretanto, poderá mostrar que se trata de uma visão que atende à necessidade do trabalhador aceitar e se acomodar à uma compreensão pacífica da realidade vivenciada.

Esses indivíduos não estão cegos frente ao mundo em que vivem. Seu saber sensível, para adotar uma expressão gramsciana, permite identificar as causas imediatas de tudo o que ocorre. Suas histórias de vida são geralmente marcadas por um conjunto de adversidades e certo *quantum* de sofrimento, normalmente associado a determinada situação de vida na qual a precariedade e a incerteza são os mais fortes matizes. Iniciam-se no trabalho muito cedo, ainda na infância e, geralmente, em atividades consideradas muito penosas, a exemplo do trabalho agrícola e da preparação de barro para fabricação de telhas. Já adultos e, normalmente, com família constituída, o medo do desemprego, a baixa escolaridade e a falta de qualificação são geralmente os principais motivos para se submeterem ao trabalho nas condições que as empresas oferecem.(275)

Diante da impossibilidade de fugir, é preciso enfrentar o perigo, o trabalho sem segurança. Todavia, os homens não suportam conviver com aquilo que não conhecem e não explicam. O que é estranho tende a gerar angústia, razão por que é preciso compreender, de algum modo, os eventos que ocorrem ao redor, principalmente quando se trata de algo que causa desconforto e sofrimento. Desde a era mitológica, quando ainda não havia uma compreensão filosófica do homem e de seu mundo, os homens vêm perseguindo formas de compreensão de tudo aquilo que os cerca, a começar pelo sentido da própria vida. Assim, se estão diante da

---

(274) BORSOI, Izabel Cristina Ferreira. Acidente de trabalho, morte e fatalismo. *Psicologia e Sociedade*, v. 17, n. 1, Porto Alegre, jan./abr. 2005. Disponível em: <http://www.scielo.br/scielo.php?script=sci_arttext&pid=S0102-71822005000100004&lng=pt&nrm=iso&>. Acesso em 10 dez. 2012.

(275) BORSOI, Izabel Cristina Ferreira. Os sentidos do trabalho na construção civil: o "esforço alegre" sem a alegria do esforço. In: JACQUES, M. da G.; CODO, W. (Orgs.). *Saúde mental e trabalho:* leituras. Petrópolis: Vozes, 2002. p. 309-324.

impossibilidade de explicarem determinados acontecimentos em torno da vida e da morte pelas causas naturais e pelas determinações históricas, tendem a buscar explicações mágicas na tentativa de encontrarem coerência e sentido tanto para a felicidade quanto para a tragédia que possam experimentar.[276]

A época dos mitos se foi, a filosofia se consolidou como fundamento do conhecimento construído pelos homens, a ciência se afirmou como modo de explicação para os eventos naturais e sociais que envolvem os homens e para tudo aquilo que, de alguma forma, afeta suas vidas — o que vai desde a seleção de sementes que melhor possam suprir suas necessidades de alimento até o que pode ocorrer à distância de anos luz da órbita da terra. Em que pese tudo isso, o pensamento mágico se mantém presente na vida dos indivíduos, tanto para explicar a desigualdade social, o sofrimento e a morte como também para amortecer a revolta, minimizar os conflitos, fornecer solo fértil para a resignação e a aceitação quando o sentimento de impotência impera.[277]

Desta forma, se Deus protege e pune, se Deus tem o poder sobre a vida e sobre a morte, tudo o que ocorre aos homens está de antemão determinado por ele. Assim, a religião acaba fornecendo uma munição importante à atitude fatalista que, por sua vez, facilita a aceitação de determinadas condições de desigualdade social e de exploração.

Neste sentido, para o filósofo e psicólogo social Martín-Baró:[278]

> El fatalismo es una realidad social, externa y objetiva, antes de convertirse en la actitud personal, interna y subjetiva. Las clases dominadas no tienen posibilidad real de controlar su propio futuro, de definir el horizonte de su existencia y modelar sus vidas de acuerdo con esta definición. [...] **El lugar de nascimiento se convierte em lugar de destino**.[279] (Grifo nosso)

Para indivíduos, como é o caso de muitos trabalhadores da construção civil, que aprenderam desde a infância que há uma espécie de ordem natural das coisas e que veem na própria condição de vida e nas relações de mando e de exploração até mesmo uma determinada ordem divina, o acidente e a morte só poderiam ser, em última instância, determinados por Deus ou pelo próprio destino. É preciso dar sentido coerente e aceitável àquilo que percebem como inevitável e, deste modo,

---

(276) BORSOI, Izabel Cristina Ferreira. Acidente de trabalho, morte e fatalismo. *Psicologia e Sociedade*, v. 17, n. 1, Porto Alegre, jan./abr. 2005. Disponível em: <http://www.scielo.br/scielo.php?script=sci_arttext&pid=S0102-71822005000100004&lng=pt&nrm=iso&>. Acesso em 10 dez. 2012.

(277) BORSOI, Izabel Cristina Ferreira. Acidente de trabalho, morte e fatalismo. **Psicologia e Sociedade,** v. 17, n. 1, Porto Alegre, jan./abr. 2005. Disponível em: <http://www.scielo.br/scielo.php?script=sci_arttext&pid=S0102-71822005000100004&lng=pt&nrm=iso&>. Acesso em 10 dez. 2012.*Ibid*.

(278) MARTÍN-BARÓ, 1987, p. 135-162.

(279) MARTÍN-BARÓ, 1987, p. 135-162.

a visão fatalista dos acontecimentos atua, inclusive, no sentido de amortecer o medo e facilitar a aceitação do risco. Não fosse isso, voltar ao trabalho depois de ter sofrido algum acidente, ou até mesmo após presenciar a morte de um companheiro, seria uma tarefa ainda mais sofrida, senão impossível.[(280)]

O fatalismo, portanto, é um esquema ideológico, que se origina nas estruturas sociopolíticas e se enraíza psiquicamente, garantindo desse modo a reprodução da dominação social e a manutenção da ordem estabelecida. É um valioso instrumento ideológico, que favorece a estrutura de dominação, visto que induz à aceitação da realidade social, gera comportamentos dóceis e estimula a resignação diante das exigências da vida. A concepção fatalista transforma os acontecimentos sociais em fenômenos naturais, cuja alteração é improvável.

Diante disto, é até mesmo possível esperar atitudes passivas por parte dos trabalhadores em face do descaso das empresas em relação à segurança: por que e para que reivindicar e se indispor com os patrões, arriscando, inclusive, perder o próprio emprego, se, ao final, tudo o que acontece aos homens tem o peso da mão de Deus ou do destino? Quanto às empresas, se a visão fatalista pode contribuir para calar o trabalhador, por que elas, por iniciativa própria, adotariam políticas de segurança adequadas?[(281)]

Se a raiz do fatalismo, em última instância, não está na rigidez mental das pessoas, mas na imutabilidade das condições sociais com as quais elas precisam conviver, então seria possível pensar até mesmo na possibilidade de eliminação da atitude fatalista. Isso implicaria, entretanto, uma mudança da relação entre a pessoa e seu mundo, o que supõe tanto uma mudança pessoal como social. [(282)]

Neste sentido, não basta ao trabalhador desejar ou sonhar que a vida se modifique, não é suficiente tomar consciência de que acidente e morte no trabalho são frutos de reais condições precárias de segurança. É também necessário que ele experimente uma nova condição de vida e trabalho para que, assim, possa começar a construir uma nova concepção de mundo na qual, entre outras coisas, as causas do que acontece de bem e de mal na vida não sejam atribuídas, exclusivamente, a Deus ou ao destino, mas sim às ações, intencionais ou não, dos próprios indivíduos.

A mudança para enfrentar o fatalismo deve ser tanto em nível objetivo, como subjetivo. Para tanto, certamente existem propostas um tanto difusas para o seu enfrentamento, como recuperar a memória histórica e até mesmo a organização

---

(280) BORSOI, Izabel Cristina Ferreira. Acidente de trabalho, morte e fatalismo. *Psicologia e Sociedade*, v. 17, n. 1, Porto Alegre, jan./abr. 2005. Disponível em: <http://www.scielo.br/scielo.php?script=sci_arttext&pid=S0102-71822005000100004&lng=pt&nrm=iso&>. Acesso em 10 dez. 2012.

(281) *Ibid.*

(282) MARTÍN-BARÓ, I. El latino indolente. Carácter ideológico del fatalismo latinoamericano. In: MONTERO, M. (Coord.). *Psicologia política latinoamericana*. Venezuela: Editorial Panapo, 1987. p. 156.

popular e a prática da militância política ou a representação de classe. Em que pese a importância dessas iniciativas, deve-se ter como certo que não pode haver exercício pleno da democracia sem a devida confiança no funcionamento de suas instituições. Neste aspecto, os trabalhadores têm o direito de exigir do Poder Público que dê respostas à altura nas questões afetas à segurança e saúde no trabalho, notadamente, aos acidentes que ainda grassam no Brasil.

❑ 7.2. Da fatalidade à multicausalidade

Na década de 1930, Heinrich esboçou a teoria do dominó, apresentando o acidente como o último evento de uma sequência linear, constituindo tentativa de sistematização que se contrapunha à noção de fatalidade. Essa teoria representa o acidente por uma sequência de cinco pedras de dominó posicionadas de modo que a queda de uma desencadeia a queda das subsequentes.(283)

A terceira pedra da série introduziu as noções de atos e de condições inseguras como fatores imediatamente precedentes ao acidente propriamente dito e à lesão. De acordo com essa teoria, as ações do trabalhador — ou de seus colegas — exercem papel de destaque e devem ser contempladas na prevenção. No Brasil, os atos inseguros, provavelmente, ainda estão entre as causas mais difundidas de acidentes.

Embora a teoria do dominó descreva o acidente como sequência linear de eventos, sua difusão destaca a dicotomia ato inseguro/condição insegura, que também aparece referida como fator humano/fator técnico. A maioria das publicações brasileiras destinadas a profissionais de saúde e segurança no trabalho, editadas até meados da década de 1980, difunde essa concepção, definindo a identificação de atos e condições inseguras como objetivos da investigação, considerando-os causas dos acidentes.

Assim sendo, as primeiras análises desconsideravam o contexto da atividade e seus determinantes e buscavam explicar o acidente na pessoa acidentada por meio da culpabilidade, com base na propensão da vítima ao acidente e da acidentabilidade, como sendo o fato de a pessoa errada estar no lugar errado e no momento errado. Em tais abordagens considerava-se apenas o aspecto localizado do acidente do trabalho. Explicava-se o acidente como resultado de uma falha gerada e efetivada em que se deu a ocorrência, falha essa cuja responsabilidade recaía, de ordinário, sobre o trabalhador. Semelhante abordagem era predominan-

(283) BINDER, Maria Cecília Pereira; ALMEIDA, Ildeberto Muniz de. Acidentes do trabalho: acaso ou descaso? *In:* MENDES, René (Org.). *Patologia do trabalho.* 2. ed. atualizada e ampliada. São Paulo: Atheneu, 2003, *passim*.

te nos sistemas de trabalho das corporações de ofício. Uma versão hodierna desta vertente é a chamada corrente do erro humano, ou, mais eufemisticamente, a não conformidade aos procedimentos. (284)

Em 1967, surge a Teoria da Ignição de Faverge, representando um modelo de pesquisa que promove a ruptura com os modelos existentes. O acidente seria o resultado combinatório de determinado potencial de risco com a ignição específica. Semelhante modelagem traz um elemento bastante atual no estudo de sistemas, que é a importância da contextualização e do grau de relevância dos processos internos ao contexto. O acidente é tido como a resultante da conjugação entre determinada situação de trabalho que contém em si um acidente potencial e um evento disparador, o qual desencadearia as condições concretas da passagem do potencial para o real.

Nessa perspectiva, mantém-se uma repartição dicotômica entre fatores técnicos e fatores humanos, mas são apontados alguns elementos ambientais importantes, características administrativas (fronteiras, sucessão ou interseção de serviços), características da atividade em si (coatividades, atividades esporádicas e recuperação) e, bem assim, considerações sobre a pessoa envolvida (experiência, estado e atitude). A conceituação do processo acidentário estabelecida por esta vertente é uma contribuição fundamental, já que permite uma formulação de acidente como fenômeno, dotado de um mecanismo que pode ser elucidado de modo sistêmico (teoria fenomenológica do tipo caixa translúcida). (285)

A crescente importância dos grandes acidentes industriais vem impulsionando o desenvolvimento e a aplicação de novas técnicas de análises de riscos no interior das indústrias de processo contínuo em geral, particularmente nas indústrias químicas. Os acidentes industriais ampliados proporcionam uma mudança de paradigma nas técnicas de segurança, de modo que houve uma passagem da segurança clássica, pautada em análises de acidentes já ocorridos em um processo de aprendizado empírico para uma abordagem sistêmica, de caráter prospectivo, que busca avaliar e prever qualitativa e quantitativamente a ocorrência de acidentes. A incorporação de métodos sequenciais de análise de eventos desencadeadores de acidentes, como no caso das árvores de causas, traz importantes elementos que são reestruturados em uma abordagem interdisciplinar e complexa do acidente como fenômeno social, técnico e epidemiológico. (286)

Dentre os vários métodos de análises de causas de acidentes do trabalho, o investigativo de árvore de causas, também denominado método ADC, desenvol-

(284) FREITAS, Carlos Machado de *et al.* (Org.). *Acidentes industriais ampliados:* desafios e perspectivas para o controle e a prevenção. Rio de Janeiro: FIOCRUZ, 2000. p. 85.
(285) FREITAS, Carlos Machado de *et al.*. (Org.). *Acidentes industriais ampliados:* desafios e perspectivas para o controle e a prevenção. Rio de Janeiro: FIOCRUZ, 2000. p. 85.
(286) *Ibid.*, p. 55.

vido na década de 70 por investigadores do Instituto Nacional de Pesquisas sobre Segurança do Trabalho da França — INRS, estuda as atividades desenvolvidas pelo trabalhador considerando os vários fatores na origem do acidente, relacionados ao material, à tarefa, ao indivíduo e ao meio e à organização do trabalho. O acidente passa a ser visto como fenômeno complexo e multicausal. (287)

Salienta-se que a correta aplicação desse método possibilita visualizar medidas preventivas que devem ser adotadas para evitar a ocorrência de novos agravos à saúde do trabalhador. O método da árvore das causas baseia-se na Teoria dos Sistemas, a qual aborda o acidente de trabalho como fenômeno complexo, pluricausal e revelador de disfunção na empresa, considerada como um sistema sociotécnico aberto. Exige a reconstrução detalhada e com maior precisão possível da história do acidente, registrando-se apenas fatos, também denominados fatores de acidente, sem emissão de juízos de valor e sem interpretações, para, retrospectivamente, a partir da lesão sofrida pelo acidentado, identificar a rede de fatores que culminou no acidente do trabalho.

Esse método utiliza o conceito de variação, entendida como mudança ocorrida em relação ao funcionamento habitual do sistema (indústria, oficina etc.), considerada indispensável à ocorrência do acidente. Utiliza também o conceito de atividade, constituída de quatro componentes: indivíduo, considerado em seus aspectos físicos e psicofisiológicos; tarefa, entendida como a sequência de operações executadas pelo indivíduo e passível de observação; material, representado por máquinas, instrumentos, ferramentas, matérias-primas e insumos necessários ao desenvolvimento do trabalho; e meio de trabalho, entendido em seus aspectos físicos e em suas relações sociais. (288)

Os fatores relacionados à investigação de acidente de trabalho são, dentre outros, os seguintes: fatores do ambiente (iluminação insuficiente, interferência de ruído e vibrações, dificuldade de circulação, ausência de ordem e limpeza), fatores da tarefa (transporte de carga excessiva, modo operativo inadequado, improvisação), fatores da organização e gerenciamento relacionados à concepção (ausência de projeto ou falha na sua elaboração), fatores da organização e gerenciamento das atividades (demandas, atraso na produção, aumento de pressão por produtividade, não concessão de descanso, falta de análise de risco da tarefa, falhas nas coordenações entre equipes, ausência de supervisão), fatores da organização e gerenciamento de pessoal (equipe numericamente insuficiente para execução da atividade, falta ou insuficiência de treinamento, designação de traba-

---

(287) GOLÇALVES, Carmen Aparecida Herrera; VILELA, Rodolfo Andrade Gouveia; CORDEIRO, Ricardo. Diagnóstico e prevenção de acidente do trabalho em Piracicaba. *In:* ENCONTRO NACIONAL DE ENGENHARIA DE PRODUÇÃO, 22. *Anais.* 2003. Ouro Preto, MG.

(288) BINDER, Maria Cecília Pereira; ALMEIDA, Ildeberto Muniz de. Estudo de caso de dois acidentes do trabalho investigados com o método de árvore de causas. *Cadernos de Saúde Pública.* Rio de Janeiro, v. 13, n. 4, p. 749-760, out./dez. 1997.

lhador não qualificado, meio de comunicação deficiente), fatores da organização e gerenciamento de materiais (falta de materiais, veículo motorizado acessível a qualquer pessoa, independente de habilitação), fatores do material (equipamento mal concebido, dispositivo de proteção ausente, pane em máquina, material exigindo reparação urgente), fatores do indivíduo (fadiga, diminuição da atenção, inexperiência) e fatores de manutenção (manutenção ignorando o estado do sistema, com máquina energizada, não bloqueada ou sob pressão, peças de reposição de má qualidade).

Desta forma, depois de identificados os fatores do acidente — variações e fatos habituais — do modo mais exaustivo possível, a construção da árvore não é senão o estabelecimento das ligações lógicas existentes entre esses fatores, realizado retroativamente a partir da lesão. Esse processo permite ampliar consideravelmente os conhecimentos a respeito dos fatores que participaram da ocorrência do acidente, pois obriga a pesquisa das causas das causas, interrompida quando certos fatos, cronologicamente muito anteriores à lesão, foram esquecidos ou quando o investigador avalia que já dispõe de quadro suficiente coerente e completo do acidente.

É possível, valendo-se dos fatos ou fatores de acidentes específicos e pontuais que compõem a árvore, identificar fatores mais gerais, denominados fatores potenciais de acidentes, cuja presença, como o próprio nome indica, aumenta o risco de ocorrência desses fenômenos. Além disso, por constituírem formulação mais geral, elaborada com base nos fatores do acidente, apresentam característica de serem passíveis de identificação em numerosas situações de trabalho que não exatamente aquelas a partir das quais foram elaboradas. Sua eliminação ou neutralização contribui para a prevenção de novos acidentes, semelhantes ou não ao investigado.

Com essas considerações, ambiciona-se superar os limites das atuais abordagens de análise de acidentes, relacionando-se esses eventos aos aspectos sociais e organizacionais na sua geração, por meio de abordagens que integrem a dimensão social à dimensão técnica dos sistemas geradores de riscos, mediante abordagens denominadas sociotécnicas.

Tais abordagens permitem uma compreensão mais ampla e efetiva das dinâmicas que propiciam um acidente ao integrarem a análise da rede de fatores causais e imediatos que desencadeiam a ocorrência dos eventos dentro dos aspectos gerenciais e organizacionais de uma atividade específica.

A contribuição dos trabalhadores para os acidentes não deve ser considerada como se fossem simples erros ou falhas humanas isoladas, mas como tentativas fracassadas de controle das disfunções do sistema produtivo e, portanto, são importantes fontes de revelação das falhas gerenciais de uma organização.

Casos em que haja uma clara intencionalidade, como nas tentativas de sabotagem ou suicídio, são extremamente raros na prática, embora sejam usados como escusa, frequentemente, por organizações míopes. Afinal, acidentes não têm apenas uma causa, de modo que é completamente inadequado considerar que o trabalhador, situado no final da cadeia hierárquica de um processo produtivo, é o único a falhar, desconsiderando-se, assim, as falhas em projetos, nas tomadas de decisões em nível gerencial, na organização do trabalho, na formação e informação dos trabalhadores e nas máquinas.

Para além dos erros humanos ou falhas dos dispositivos técnicos de caráter imediato, apontados como causa de acidentes, a sua análise deve almejar revelar as decisões e ações subjacentes à cadeia de eventos que culminaram na perda de integridade e segurança do sistema. Tais causas subjacentes aos acidentes ao permanecerem ocultas impedem que ocorra um efetivo aprendizado para o desenvolvimento de estratégias eficazes de controle e prevenção.[(289)]

Nesse sentido, é estreme de dúvidas que qualquer sistema de prevenção dos infortúnios do trabalho há de partir do perfeito conhecimento de suas causas.[(290)] Assim, os métodos de análises de fatores causais de agravos à saúde relacionados ao trabalho correspondem a importante subsídio na definição quanto às medidas efetivamente necessárias na prevenção de semelhantes agravos.

Desta forma, torna-se imperativo superar as concepções monocausais que limitam o aprendizado das organizações com suas falhas e que tendem a culpar os trabalhadores (as próprias vítimas) pelos acidentes. Ainda mais quando se considera que esse tipo de análise monocausal e limitada é empregada frequentemente no Brasil, encontrando-se ainda presente em diversas concepções oficiais sobre acidentes de trabalho, como nas normas da Associação Brasileira de Normas Técnicas — ABNT e na Comunicação de Acidente de Trabalho — CAT do Instituto Nacional do Seguro Social — INSS, em que há um campo específico para o preenchimento do objeto causador do acidente.

❑ 7.3. A retenção do risco na fonte: medida preventiva prioritária

A maioria dos eventos adversos é previsível e prevenível e, ao contrário de constituir obra do acaso, como sugere a palavra acidente, são fenômenos socialmente determinados, relacionados a fatores de risco presentes nos sistemas de produção. O conhecimento derivado da sua análise tem ampliado as possibilidades de prevenção, como será demonstrado neste tópico.

---

(289) FREITAS, Carlos Machado de; PORTO, Marcelo Firpo de Souza; MACHADO, Jorge Mesquita Huet (Org.). *Acidentes industriais ampliados:* desafios e perspectivas para o controle e a prevenção. Rio de Janeiro: Fiocruz, 2000. p. 75-76.

(290) GOMES, Orlando; GOTTSCHALK, Elson. *Curso de direito do trabalho.* Rio de Janeiro: Forense, 1990. p. 324.

Deve-se salientar que a mesma metodologia que se aplica nas investigações de acidentes, indicadas no item anterior, para apurar as suas causas, pode ser aplicada, também, para determinar as causas das doenças ocupacionais.[291]

Como se abordou em outros capítulos, o acidente do trabalho tem como critério a subitaneidade. Ele acontece de forma súbita e num local determinado. A doença ocupacional manifesta-se de forma insidiosa, pois progride e evolui ao longo do tempo e, geralmente, não é diagnosticada em seu estágio inicial.

A probabilidade da ocorrência de dano físico e lesão grave provocada pela exposição ocupacional deve ser objeto de análise preliminar à atividade dos trabalhadores e, na sua avaliação, devem ser considerados os dados estatísticos e epidemiológicos da atividade econômica e os riscos a ela inerentes.

Desta forma, a aplicação de novas técnicas de análises de acidentes e de análises de riscos nas indústrias de processo contínuo e, ainda, os dados estatísticos e epidemiológicos daí gerados, tem conduzido o conhecimento atual na área de prevenção à indicação de que o risco ocupacional deve ser controlado desde sua origem, evitando que possa se propagar a ponto de atingir a integridade física do trabalhador.

A prioridade, por conseguinte, deve estar voltada para as medidas de prevenção, eliminando ou controlando o risco, em vez de se contentar com medidas como o fornecimento de equipamentos de proteção individual para eliminar os efeitos dos agentes nocivos.

O cerne deste princípio deve ser extraído dos arts. 9º e 10 da Convenção n. 148 da OIT, ratificada pelo Brasil. Eles apresentam uma ordem de preferência, uma escala hierárquica entre as medidas a serem adotadas para a eliminação de todo risco, quais sejam:

Artigo 9º

Na medida do possível, deverá ser eliminado todo risco devido à contaminação do ar, ao ruído e às vibrações no lugar de trabalho:

a) mediante medidas técnicas aplicadas às novas instalações ou aos novos procedimentos no momento de seu desenho ou de sua instalação, ou mediante medidas técnicas aportadas às instalações ou operações existentes, ou quando isto não for possível,

b) mediante medidas complementares de organização do trabalho.

Artigo 10

Quando as medidas adotadas em virtude do artigo 9 não reduzirem a contaminação do ar, o ruído e as vibrações no lugar de trabalho aos limites especificados em virtude do artigo 8,

---

(291) ZOCCHIO, Álvaro. *Prática da prevenção de acidentes*: ABC da segurança do trabalho. São Paulo: Atlas, 2002. p. 189.

o empregador deverá proporcionar e conservar em bom estado o equipamento de proteção pessoal apropriado. O empregador não deverá obrigar nenhum trabalhador a trabalhar sem o equipamento de proteção pessoal proporcionado em virtude do presente artigo.(292)

Esse entendimento é enfatizado em outras convenções, como no art. 6º da Convenção n. 176 da OIT, sobre Segurança e Saúde nas Minas, ratificada pelo Brasil: "[...] o empregador deverá avaliar os riscos e tratá-los na seguinte ordem de preferência (a) eliminar os riscos; (b) controlar os riscos na fonte [...]"(293) e no art. 30 da Convenção n. 167 da OIT sobre Segurança e Saúde na Construção, ratificada pelo Brasil, "[...] quando não for possível garantir por outros meios a proteção adequada contra riscos de acidentes ou danos para a saúde, inclusive aqueles derivados da exposição a condições adversas, o empregador deverá proporcionar e manter, sem custo para os trabalhadores, roupas e equipamentos de proteção pessoal adequados aos tipos de trabalho e riscos [...]"(294)

A diretriz normativa no direito comparado está apontando no sentido de priorizar efetivamente a prevenção, em vez de tentar administrar os efeitos nocivos com equipamentos de proteção. Reforça essa tendência o fato de que as medidas de proteção coletivas são implementadas no sentido de eliminar, na fonte, os riscos advindos do processo produtivo, uma vez que os equipamentos de proteção individual apenas visam minimizar as consequências dos danos causados pelo acidente.

No Canadá, a Lei sobre higiene e segurança do trabalho, de 1979, foi taxativa a respeito: "A presente lei tem por objetivo eliminar na raiz os problemas que ameacem a saúde, a segurança e integridade física dos trabalhadores". Para afastar qualquer dúvida o art.3 dessa lei enfatiza: (295)

> El hecho de que se pongan a disposición de los trabajadores medios y equipos de protección individuales o coletivos siempre que resulte necesario habida cuenta de sus necesidades particulares, no habrá de disminuir em absoluto los esfuerzos exigidos para eliminar en la raiz los peligros para su salud, seguridad y su integridad física.

No ano seguinte, em 1980, a Holanda estabeleceu que os perigos para a segurança ou saúde dos trabalhadores deverão, na medida do possível, com caráter prioritário, prevenir-se na origem ou limitar-se o quanto seja possível. (296)

---

(292) OIT. **Convenção n. 148**: Proteção dos Trabalhadores contra os Riscos Profissionais devidos à Contaminação do Ar, ao Ruído e às Vibrações no Local de Trabalho. Genebra, 1977. Vigora no Brasil desde 14.1.1983.

(293) OIT. **Convenção n. 176**: Segurança e Saúde nas Minas. Genebra, 1995. Disponível: <*http://www.oit.org.br/node/516*>. Acesso em 10 mar. 2012. Entrou em vigor no plano internacional em 5.6.1998. Aprovada pelo Decreto Legislativo n. 62, de 18.4.2006, do Congresso Nacional. Ratificada em 18.5.2008. Promulgada pelo Decreto n. 6.270, de 22.11.2007. Vigora no Brasil desde 19.5.2007.

(294) OIT. **Convenção n. 167**: Segurança e Saúde na Construção. Genebra, 1988. Vigora no Brasil desde 19.5.2007.

(295) CANADÁ. *Lei de 8 nov. 1979, art. 2 e 3.* Ginebra: Serie Legislativa, 1979. p. 3.

(296) HOLANDA. *Lei de 8 nov. 1980, art. 3º.* Ginebra: Serie Legislativa, 1980. p.132.

A Diretiva n. 89/391 da União Europeia consagra, no art. 6º, item "2", alínea "c", como princípio geral de prevenção, o combate dos riscos na origem.[297] O Decreto Legislativo n. 626/94 da Itália prevê no art. 3. 1, "c", a obrigatoriedade da *riduzione dei rischi alla fonte*. Na Espanha, a Lei n. 31/1995 prevê a obrigação do empresário de *combatir los riesgos en su origen*.

A legislação da Suíça, de 1993, menciona providências de isolamento acústico ou isolamento das fontes de ruído, aspiração eficaz do ar contaminado ou colocação da fonte em local separado, além de observância dos princípios da ergonomia.[298] O Código do Trabalho do Paraguai, de 1993, também estabelece que o empregador deverá avaliar, evitar e combater os riscos na sua própria origem.[299]

Em Portugal, Lei de 2009, que trata do regime jurídico da promoção da segurança e saúde no trabalho, estabelece como obrigação do empregador "a identificação dos riscos previsíveis em todas as atividades da empresa, estabelecimento ou serviço, na concepção ou construção de instalações, de locais e processos de trabalho, assim como na seleção de equipamentos, substâncias e produtos, com vista à eliminação dos mesmos ou, quando esta seja inviável, à redução dos seus efeitos". Prevê também o "combate aos riscos na origem, de forma a eliminar ou reduzir a exposição e aumentar os níveis de proteção".[300]

Neste mesmo sentido, com o propósito de eliminar na origem os riscos para a saúde do trabalhador, o art. 12 da Convenção n. 155 da OIT, ratificada pelo Brasil, institui as obrigações preventivas desde o projeto, a fabricação e o fornecimento dos equipamentos ou substâncias para uso profissional:[301]

> Deverão ser tomadas medidas, em conformidade com a legislação e prática nacionais, de forma que as pessoas que concebem, fabricam, importam, põem em circulação ou cedem, a qualquer título, máquinas, materiais ou substâncias de utilização profissional:
>
> a) Se assegurem de que, na medida em que isso for razoável e praticamente realizável, as máquinas, os materiais ou as substâncias em questão não apresentem perigo para a segurança e a saúde das pessoas que as utilizarem corretamente;
>
> b) Forneçam informações sobre a instalação e a correta utilização das máquinas e dos materiais, assim como sobre o uso correto das substâncias, os riscos que apresentam as máquinas e

---

(297) DIRECTIVA 89/391. La aplicacion de medidas para promover La mejora de La seguridad y de La salud de los trabajadores en el trabajo. *CEE del Consejo*, de 12 junio de 1989. Disponível em: <*http://eur-lex.europa.eu/LexUriServ/LexUriServ.do?uri=CONSLEG:1989L0391:20081211:ES:PDF*>. Acesso em 10 mar. 2012.
(298) SUÍÇA. Ordenanza del 18 de agosto de 1993, arts. 18, 22 e 23. *Documentos de Derecho Social*, Ginebra, n. 1, p. 117-118, 1994.
(299) PARAGUAI. Lei n. 213, 29 out. 1993, art. 275. *Documentos de Derecho Social,* Ginebra, n. 2, p. 83, 1994.
(300) PORTUGUAL. Lei n. 102, 10 set. 2009. Regime jurídico da promoção da segurança e saúde no trabalho. *Diário da República*, Lisboa, 1ª. série, n. 176, 10 de setembro de 2009, p. 6168.
(301) OIT. **Convenção n. 155**: Segurança e Saúde dos Trabalhadores e o Meio Ambiente de Trabalho. Genebra, 1981. Vigora no Brasil desde de 18.5.1993.

os materiais e as características perigosas das substâncias químicas, dos agentes ou produtos físicos e biológicos, bem como instruções sobre a maneira de os utilizadores se prevenirem contra os riscos conhecidos;

c) Procedam a estudos e a investigações ou acompanhem por qualquer outra forma a evolução dos conhecimentos científicos e técnicos, tendo em vista o cumprimento das obrigações que lhes incumbem em virtude das alíneas a) e b) do presente artigo.

A Lei n. 8.078/1990, que aprovou o Código de Defesa do Consumidor, praticamente incorpora as exigências do art. 12 da Convenção n. 155 da OIT, especialmente nos arts. 6º a 11. O Código de Defesa do Consumidor até vai além, pois estabelece as responsabilidades pelos danos causados, independentemente da existência de culpa, salvo poucas exceções, a teor do que dispõem os arts. 12 a 17. Realmente, o encadeamento legal caminha por roteiros mais inteligentes. Se no passado um produto químico só era proibido quando ficavam comprovados seus efeitos danosos, agora a tendência é de inversão do ônus da prova. Um novo produto somente será comercializado quando ficar comprovada sua inofensividade. Na primeira hipótese, as providências vinham após o dano consumado. Agora se afasta o dano na fonte, sem fazer experiência com a vida do trabalhador.[(302)]

Este é um caso de aplicação do princípio da precaução, que preconiza a adoção de medidas preventivas em face do nível e grau de risco ambiental de determinadas atividades ou substâncias, quando da existência de incerteza científica. Havendo dúvida, deve-se decidir em prol do meio ambiente e contra o empreendedor. Tratando-se de meio ambiente do trabalho, o princípio correlato que deve ser aplicado *mutatis mutandi* é o *in dubio pro operario*.

Do exposto, resta claro que todo o enfoque da legislação aponta para a priorização da eliminação do risco em sua origem. Deve-se registrar, todavia, que no Brasil a exceção tornou-se a regra. Em vez de eliminar as condições de risco na fonte, o empresário prefere a solução mais cômoda e barata, porém menos eficiente, que é o simples fornecimento do equipamento de proteção individual. Em muitas ocasiões, só resta mesmo a opção do fornecimento do equipamento de proteção individual. No entanto, o problema é quando a última alternativa já é adotada em primeiro lugar.

Sabe-se que muitos trabalhadores oferecem resistência para o uso do equipamento de proteção individual, seja em virtude do desconforto causado, seja pelo fato de que, às vezes, ele atrapalha, realmente, o exercício de suas atividades, seja, até mesmo, por comprometer a sua percepção do ambiente em determinadas ocasiões.

Assim sendo, a prioridade deve estar voltada para a prevenção e não ficar concentrada na simples proteção do trabalhador, que deve ser a última barreira contra o agente nocivo. Nessa linha de raciocínio, a Súmula n. 289 do TST estabe-

---

(302) OLIVEIRA, 2010, p. 82.

leceu que "[...] o simples fornecimento do aparelho de proteção pelo empregador não o exime do pagamento do adicional de insalubridade, cabendo-lhe tomar as medidas que conduzam à diminuição ou eliminação da nocividade, dentre as quais as relativas ao uso efetivo do equipamento pelo empregado".[303]

❑ 7.4. O princípio da retenção do risco na fonte e sua efetivação

Identificado o risco a ser combatido, deve-se passar à busca sistemática de soluções, que podem ser classificadas em três itens: quanto ao tipo de elemento preventivo: soluções físicas ou organizacionais; quanto ao ponto de inserção: na fonte, no meio ou no receptor; e quanto ao momento de utilização: soluções preventivas ou corretivas.[304]

No primeiro item, o que se pretende lembrar é que é possível pensar em soluções que demandem a introdução de novos elementos físicos no processo do trabalho, o que caracteriza as soluções físicas. É o caso, por exemplo, da solução do problema do ruído, em uma sala de tecelagem, por meio da substituição dos teares por outros modelos mais silenciosos; da colocação de painéis acústicos absorventes, que dificultem a propagação do som; e, em último caso, do fornecimento de protetores auriculares.

No entanto, é possível também se pensar em soluções em que não sejam necessários novos elementos físicos, bastando apenas se modificar a forma de utilização daqueles mesmos recursos, isto é, soluções organizacionais. Para o mesmo problema acima citado pode-se ter como soluções: a mudança do sistema de manutenção, de corretivo para preventivo; a modificação do *layout* da seção; e redução da jornada de trabalho daquele setor, impondo aos trabalhadores menores períodos de exposição ao ruído.

No segundo item, a ideia básica é que os riscos se originam em algum ponto concreto do processo de trabalho (a fonte de riscos) e se propagam pelo ambiente (através de seu meio específico) até que atinjam alguma pessoa (o receptor ou vítima da agressão). Tal concepção permite vislumbrar soluções que atuem nos diversos pontos deste processo de criação/propagação/concretização de riscos. As respostas apontadas para o problema do ruído são exemplos típicos de cada uma dessas opções.

---

(303) BRASIL. Tribunal Superior do Trabalho. Súmula n. 289. Insalubridade. Adicional. Fornecimento do aparelho de proteção. Efeito. Disponível em: <http://www.tst.gov.br/web/guest/sumulas>. Acesso em 10 mar. 2012.
(304) RODRIGUES, Celso Luiz Pereira. Conceitos básicos sobre segurança do trabalho. *In:* UBIRAJARA MATTOS, Francisco Másculo (Orgs.). *Higiene e segurança do trabalho.* Rio de Janeiro: Elsevier: Abepro, 2011. cap. 2, p. 45-47.

A título de exemplo, pode-se ilustrar a situação com o caso de trabalhadores que estão desenvolvendo suas atividades em uma fábrica de blocos de concreto, expostos a um ruído intenso e acima dos limites de tolerância preconizados na legislação pátria.

Nos termos do princípio da retenção do risco na fonte devem-se adotar algumas condutas a seguir expostas e na ordem então apresentadas.

A medida de controle na fonte deverá ser prioritária, quando viável tecnicamente. A fase de planejamento das instalações é o momento mais apropriado para a adoção dessa medida, pois se pode escolher equipamentos que produzam menores níveis de ruído e organizar o seu *layout* de modo que a máquina de blocos fique localizada em um ponto onde a propagação do som atinja a menor quantidade de trabalhadores possível. Existem, ainda, inúmeras alternativas para esse tipo de controle, como: substituir o equipamento por outro mais silencioso, balancear e equilibrar suas partes móveis, reduzir impactos na medida do possível, aplicar material de modo a atenuar as vibrações, regular o motor, instalar abafador, além de outras.

Não sendo possível o controle do ruído na fonte, deve-se adotar medidas complementares de organização do trabalho. No presente caso, a limitação do tempo de exposição é medida eficaz. Esta limitação pode ser conseguida por meio do rodízio dos empregados nas atividades ou operações ruidosas. Seria o caso de se terem vários operadores da máquina prensa, usada na fabricação de blocos, os quais seriam revezados em suas atividades como operadores junto da máquina com outras atividades, em local distante da fonte do ruído.

Somente no último caso, uma vez não tendo sido alcançado o objetivo de se diminuir a exposição ao ruído aos limites de tolerância aceitáveis, é que se lançaria mão do equipamento de proteção individual, no caso, os protetores auriculares adequados.[305]

Deve-se registrar que existem, entre essas alternativas, profundas diferenças. Do ponto de vista técnico, as ações sobre a fonte de risco tendem a ser mais eficientes do que as relacionadas ao meio de propagação e, principalmente, ao receptor. Afinal, nestes dois últimos casos, o risco continuará presente no local de trabalho. Além disso, convém registrar que existem equipamentos de proteção individual que não atendem às especificações de proteção e, ainda, provocam novos problemas.

À guisa de exemplo, muitos protetores auriculares, como é o caso do tipo plug ou de inserção, não oferecem a atenuação necessária à intensidade do ruído a qual o trabalhador está exposto, além de provocar contaminação no seu aparelho auditivo. Isto decorre de uma inadequada avaliação das condições do ambiente de trabalho, pois, geralmente, num local onde a intensidade sonora é muito elevada e

---

(305) SALIBA, Tuffi Messias. *Manual prático de avaliação e controle do ruído:* PPRA. 4. ed. São Paulo: LTr, 2008. p. 75-79.

o trabalhador está exposto à poeira, a utilização do protetor auricular tipo concha seria a indicação técnica adequada, pois, além de ter fator de atenuação maior do que o de inserção, evita, também, que a poeira seja introduzida no aparelho auditivo do trabalhador.

Na perspectiva financeira, entretanto, as ações sobre a fonte de risco tendem a ser mais caras do que os outros dois tipos, em especial os equipamentos de proteção individual. Também sob o prisma da complexidade técnica, a opção de proteger o receptor é, em geral, mais simples do que as demais, principalmente, a de atacar a fonte do risco, em virtude de que neste caso será necessária certa mudança do processo produtivo.

São estas características (baixo custo relativo, simplicidade de projeto e interferência reduzida no processo produtivo) que fazem com que os equipamentos de proteção individual sejam a prática preventiva mais difundida. Tecnicamente, entretanto, essa opção deve ser usada apenas como complemento de alguma outra medida de prevenção mais potente (sobre a fonte de risco) ou com o caráter de paliativo temporário (enquanto uma solução mais eficiente é desenvolvida).

No terceiro item, que trata de soluções corretivas e, de forma complementar, exsurge a ideia de que nem sempre é possível garantir que as medidas preventivas implantadas terão êxito, tornando necessário pensar também em práticas que evitem a propagação dos danos. Técnicas ligadas a primeiros socorros e a combate a incêndio são exemplos típicos de soluções corretivas.

Vale salientar que a opção ideal, na verdade, consiste na criação de um sistema de soluções de tipos diferentes, de sorte que mesmo que algum de seus componentes venha a falhar (o que é bastante plausível), o sistema produtivo não entre em colapso. Por exemplo, um bom sistema de combate de incêndios inclui medidas como sistemas de alarme (acionados pela presença de fumaça ou a partir de determinada temperatura), de extintores portáteis (para combate aos focos iniciais de fogo), de combate automático (rede de *sprinklers*) e manual, além das óbvias medidas preventivas (controle dos materiais, arranjo físico etc.).

Um exemplo emblemático da retenção do risco na fonte é a obrigatoriedade da elaboração do projeto das instalações elétricas provisórias para os canteiros de obras, sem o qual não é realizada a ligação de energia da obra pela concessionária de serviços elétricos no Estado da Paraíba. Esta medida foi adotada em virtude de um programa elaborado e executado pelo Comitê Permanente Regional — CPR na Paraíba e intitulado Programa de Redução de Acidentes Elétricos na Indústria da Construção, o PRAE. Após seis anos da adoção da referida medida, o número de mortes por choques elétricos nos canteiros de obras em João Pessoa (PB) foi reduzido de modo vertiginoso.[306]

---

(306) BRASIL. Ministério do Trabalho e Emprego. Programa diminui acidentes e inspira nova mentalidade na Construção na Paraíba. *Blog do Trabalho*, Brasília, 22 ago. 2011. Disponível em: <http://blog.mte.gov.br/?p=6154>. Acesso em 10 dez. 2012.

O grande trunfo desse programa é a mudança de mentalidade dos empresários que perceberam a economia de custos quando trocaram a cultura do improviso pela cultura do projeto de engenharia de segurança do trabalho, passando a combater o risco de acidente em sua fonte.

Segundo a auditora fiscal do trabalho em João Pessoa, Soraia di Cavalcanti Pinheiro, uma das coordenadoras do PRAE, de 2005 a 2011 ocorreram dois óbitos por choque elétrico, um em 2008 e outro em 2010. Antes, a cada dez acidentes na cidade, seis tinham como motivo o choque elétrico.

Ela destaca, porém, que o programa obteve êxito porque soube conduzir as empresas a uma mudança de mentalidade quanto à segurança e saúde do trabalhador.

A auditora fiscal do trabalho em João Pessoa, Soraia di Cavalcanti Pinheiro, ainda enfatizou: "Os empresários passaram a se interessar pelo projeto. Eles ainda achavam na época que o custo era alto para se fazer o projeto de engenharia de segurança. Com o tempo, uma das empresas fez um modelo de projeto com quadros móveis. As construções vão aumentando, a energia vai subindo, eles fizeram um modelo e a empresa verificou que com as instalações projetadas eles as aproveitariam em outras obras, com custo diluído. Eles começaram a entender que aquilo não era só gasto. As antigas gambiarras eram jogadas fora após o término da obra e com os atuais projetos não, pois há o reaproveitamento de tudo". "É algo que pode ocorrer no médio e longo prazo. É uma mudança de mentalidade, de cultura e isso demora. O importante é começar a fazer", diz ela.

A medida ora relatada contempla tanto o princípio da retenção do risco na fonte quanto o princípio do não improviso, e é fruto da análise de vários acidentes de trabalho ao longo dos anos, envolvendo choque elétrico nos canteiros de obra da Paraíba e que terminaram por apontar como causa determinante a falta de projeto das instalações elétricas provisórias. Depreende-se daí que só se retém o risco na fonte se são investigadas as fontes do risco, a fim de combatê-las em sua raiz.

Um outro exemplo emblemático do princípio da retenção do risco na fonte exsurge da Lei n. 12.619/12, ao estabelecer que motoristas não podem ultrapassar o tempo de direção de quatro horas sem descanso.

Dirigir cansado continua entre as principais causas de acidentes envolvendo veículos de carga nas rodovias brasileiras. Dados da Polícia Rodoviária Federal revelam que o envolvimento de ao menos um veículo de carga a cada quatro acidentes nas estradas ocorre, em geral, devido ao cansaço e à exaustão dos motoristas, após extenuantes jornadas de trabalho. Dos 192,1 mil acidentes ocorridos em rodovias federais no ano passado (2011), 66,6 mil (34,7%) envolveram caminhões.[307]

---

(307) *Dirigir cansado: principal causa de acidentes com caminhões*. Disponível em: <http://www.vwcaminhoeseonibusribeirao.com.br/falha-humana/>. Acesso em 10 dez. 2012.

De acordo com estudos promovidos pela Associação Brasileira de Medicina de Tráfego — ABRAMET, as causas principais de acidentes nas rodovias brasileiras são a fadiga (18%) e o sono (42%), perfazendo uma estatística de 60% de todos os acidentes, destacando que 93% são provocados por fatores humanos. "Costumamos dizer que hoje, em todo acidente rodoviário tem um motorista profissional envolvido e que o motivo principal é o excesso de trabalho", explica Dr. Dirceu Rodrigues Alves Júnior, diretor do departamento de medicina ocupacional da ABRAMET.

Um dos objetivos da Lei n. 12.619/12, que regulamenta a profissão de motorista e traz significativas modificações no Código de Trânsito Brasileiro — CTB, é justamente tentar garantir o descanso do motorista para aumentar a segurança nas estradas."Atualmente, o motorista é submetido ao estresse físico pelo excesso de movimento e estresse psicológico. Após quatro horas na direção veicular tem lapso de atenção e com oito horas déficit de atenção, quando a possibilidade de acidente aumenta em duas vezes. A nossa recomendação é que durma pelo menos oito horas em local sem barulho, trânsito de pessoas e com pouca ou nenhuma luz", aconselha o médico Dirceu Rodrigues Alves Júnior.(308)

Esse último exemplo trazido à baila é profundamente significativo para a área da saúde e segurança do trabalhador. Sabe-se que a questão dos motoristas profissionais é permeada por outras situações coadjuvantes como a precariedade das estradas, o excesso de velocidade e a utilização de substâncias entorpecentes pelos motoristas. Todavia, com a publicação da Lei n. 12.619/12, o Poder Público resolve enfrentar, finalmente, a principal causa de acidente de trabalho entre os motoristas profissionais: o excesso de jornada de trabalho. Ataca-se, assim, o risco em sua fonte.

Corrobora esse entendimento a jurisprudência do Tribunal Superior do Trabalho ora colacionada:

> **ACIDENTE DE TRABALHO FATAL — INDENIZAÇÃO POR DANO MORAL E MATERIAL — CULPA EXCLUSIVA DA VÍTIMA — EXCLUDENTE DE RESPONSABILIDADE — NÃO CARACTERIZAÇÃO**. O contexto fático delimitado pelo Tribunal Regional no acórdão, o qual é insuscetível de revisão nesta instância extraordinária, nos termos da Súmula nº 126 do TST, torna inadmissível a tese da recorrente quanto à culpa exclusiva da vítima pelo infortúnio. Extrai-se da análise detida da prova pericial produzida e dos depoimentos das testemunhas que o trabalhador, motorista de caminhão em rodovias, era constantemente instado a extrapolar sua jornada pela empregadora e que, no dia do infortúnio que lhe ceifou a vida, exercia a tensa atividade de motorista há nada menos que dezessete horas. Tal contexto fático permitiu que a Corte regional concluísse seguramente a respeito da negligência da empregadora quanto ao dever de manter um ambiente de trabalho saudável, por meio da prevenção individual e coletiva dos riscos, que lhe é imposta pelos arts. 200, inciso VIII, c/c 225, *caput* e § 3º, da Constituição Federal. Portanto, subsiste a responsabilização imposta às reclamadas, uma vez que configurados os requisitos dos arts. 186 e 927, *caput*, do Código Civil, quais sejam, o

(308) *Dirigir cansado: principal causa de acidentes com caminhões*. Disponível em: <http://www.vwcaminhoeseonibusribeirao.com.br/falha-humana/>. Acesso em 10 dez. 2012.

dano, o nexo de causalidade, a culpa e o ato ilícito. Por isso mesmo, reputo incólume o art. 186 do Código Civil. Recurso de revista não conhecido. (RR — 75700-03.2008.5.17.0131, Relator Ministro: Luiz Philippe Vieira de Mello Filho, Data de Julgamento: 26.9.2012, 4ª Turma, Data de Publicação: 26.10.2012). [309]

Como foi explorado ao longo do texto, as medidas de retenção do risco em sua fonte muitas vezes não são adotadas em virtude de dificuldades econômicas para sua implantação. Nesse contexto, a iniciativa do governo federal deve ser festejada, uma vez que, apesar das previsíveis pressões exercidas pela categoria dos motoristas para que o governo instale pontos de descanso para a parada dos motoristas, a fim de que a Lei n. 12.619/12 obtenha efetivo cumprimento, o governo não se furtou de atacar o problema em sua raiz.

Deve-se destacar, ainda, que esse caso deixa claro que as medidas efetivas e eficientes, visando garantir a saúde e segurança do trabalhador, devem priorizar a retenção do risco em sua fonte, logo após serem investigadas as fontes do risco, pois trata-se de medidas muito mais amplas que o mero fornecimento do equipamento de proteção individual, que, no caso dos motoristas de caminhão de carga, seria medida inócua nesse contexto.

De tudo que foi exposto, chega-se às seguintes conclusões:

a maioria dos eventos adversos é previsível e prevenível e, ao contrário de constituir obra do acaso (visão fatalista), como sugere a palavra acidente, são fenômenos socialmente determinados, relacionados a fatores de risco presentes nos sistemas de produção;

todo o enfoque da legislação nacional e de outros países, das normas internacionais, Convenções da OIT e das Normas Regulamentadoras do Ministério do Trabalho e Emprego aponta para a priorização da eliminação do risco em sua origem. Deve-se registrar, todavia, que no Brasil a exceção tornou-se a regra. Em vez de eliminar as condições de risco na fonte, o empresário prefere a solução mais cômoda e barata, porém menos eficiente, que é o simples fornecimento do equipamento de proteção individual;

uma boa e bem realizada investigação das causas de acidentes de trabalho é instrumento de suma importância para a aplicação efetiva do princípio da retenção do risco na fonte, pois só se retém o risco na fonte se são investigadas as reais fontes do risco, a fim de combatê-las em sua raiz. O conhecimento derivado dessa análise tem ampliado as possibilidades de prevenção de novos acidentes.

---

(309) BRASIL. Tribunal Superior do Trabalho. Recurso de Revista n. 75700-03.2008.5.17.0131 da 4ª Turma. Acidente de trabalho fatal. Indenização por dano moral e material. Culpa exclusiva da vítima. Excludente de responsabilidade. Não caracterização. Relator: Ministro Luiz Philippe Vieira de Mello Filho, 26 de setembro de 2012. Disponível em: <http://www.tst.gov.br/>. Acesso em 10 mar. 2012.

CAPÍTULO 8

PRINCÍPIO DA ADAPTAÇÃO DO TRABALHO AO TRABALHADOR

"Melhor é a mão cheia com descanso do que ambas as mãos cheias com trabalho e aflição de espírito". Eclesiastes, 4.6

O princípio da adaptação do trabalho ao trabalhador é apresentado neste capítulo partindo-se de um breve histórico das condições de trabalho do operário na Revolução Industrial até se chegar, num período posterior, ao nascimento da ergonomia. O item subsequente expõe sua conceituação, importância e aplicações e suas interfaces e, ao final, como se dá a efetividade prática do mencionado princípio.

❑ 8.1. Da adaptação do trabalhador ao trabalho à adaptação do trabalho ao trabalhador

Na manufatura e nos ofícios, o trabalhador serve-se do instrumento. Na fábrica, ele serve a máquina. No primeiro caso, ele é quem move o meio de trabalho. No segundo, ele só tem que acompanhar o movimento. Na manufatura, os trabalhadores são membros de um mecanismo vivo. Na fábrica, são apenas os componentes vivos de um mecanismo morto que existe independente deles.

A deplorável rotina de um labor interminável, em que o mesmo processo mecânico se renova sem parar, é parecido com o trabalho de Sísifo, um personagem da mitologia grega, condenado a repetir sempre a mesma tarefa de empurrar uma pedra da base de uma montanha até o seu topo, só para vê-la rolar para baixo novamente. Como a pedra que rola, fazendo eternamente o mesmo movimento, o peso do trabalho volta sempre a cair sobre o operário esgotado.

Assim sendo, ao mesmo tempo em que o trabalhador mecânico cansa ao máximo o sistema nervoso, suprime, também, o jogo variado dos músculos e impede toda atividade livre física e intelectual.[310] Até a maior facilidade do trabalho se torna instrumento de tortura já que a máquina não dispensa o operário do trabalho, mas faz com que o trabalho se torne monótono.

---

(310) ENGELS, F. Situação das classes trabalhadoras na Inglaterra. *Études Économiques*, Paris, 1846. p. 217.

Toda produção capitalista, como geradora não só do valor, mas também da mais-valia, tem esta característica: em vez de dominar as condições de trabalho, o trabalhador é dominado por elas, mas essa inversão de papéis só se torna real e efetiva, do ponto de vista técnico, com o emprego de máquinas.

O meio de trabalho tornado autômato se ergue, durante o processo de trabalho, diante do operário sob a forma de capital, de trabalho morto, que domina e explora a força de trabalho viva. A separação entre forças intelectuais do processo de trabalho e trabalho manual e a transformação delas em meios pelos quais o capital sujeita o trabalho tornam-se efetivas na grande indústria baseada no maquinismo.

A subordinação técnica do operário à marcha uniforme do meio de trabalho e a composição particular do corpo de trabalho, formado por indivíduos de idade e sexo diferentes, criam uma disciplina bem militar, que se torna o regime absoluto das fábricas e desenvolve, amplamente, o trabalho dos supervisores e a distinção dos operários em trabalhadores e supervisores, em soldados e suboficiais da indústria.

A principal dificuldade, na fábrica automática, consistia na necessidade de estabelecer uma disciplina indispensável, por meio da qual os operários perdessem os hábitos irregulares e chegassem à regularidade imutável do perfeito autômato. A elaboração e aplicação de tal código de disciplina, adequado às necessidades e à velocidade do sistema automático, era uma empreitada digna de Hércules.

A escravidão a que a burguesia reduziu o proletariado se manifesta com a máxima clareza no sistema das fábricas. Nele acaba toda a liberdade, tanto de direito, quanto de fato. É preciso que o operário esteja na fábrica às 6 horas da manhã e, se chegar alguns minutos atrasados, o desconto será efetuado em seu salário. Se o atraso for de dez minutos, recusam-lhe a entrada até a hora do almoço e ele perde um quarto do salário. É obrigado a comer, a beber, a dormir de acordo com as ordens do burguês. O sino despótico vai forçá-lo a deixar a cama, o almoço, o jantar. E na fábrica? Nela o fabricante é o legislador absoluto. Dita regulamentos a seu bel-prazer, aumenta ou modifica, à vontade, seu código. Ainda que ele aí inclua os maiores absurdos, os tribunais dirão ao operário: — você aceitou esse contrato livremente, e, portanto, deve se submeter a ele. [(311)]

Nestes termos, os operários são condenados a viver dos nove anos até a morte, sob a palmatória, tanto física quanto intelectual, do burguês.

O código de punições do fiscal substituiu o chicote do antigo feitor de escravos. Todas as punições se revertem em multas ou descontos no salário, e a sagacidade legislativa dos licurgos da fábrica torna a violação de suas leis bem mais rentável do que sua observação.

---

(311) ENGELS, F. Situação das classes trabalhadoras na Inglaterra. *Études Économiques,* Paris, 1846. p. 216.

Pode-se observar, assim, que, nas condições materiais em que o trabalho se realiza na fábrica, todos os órgãos dos sentidos são perturbados ao mesmo tempo pela elevação artificial da temperatura, pelo ar saturado com detritos de matéria-prima, pelo barulho ensurdecedor, além do risco de morte decorrente das máquinas, demasiadamente, juntas umas das outras que, com a regularidade das estações, publicam os boletins de perdas nas batalhas industriais.

Rodas, cilindros, fusos e teares são acionados com grande força. É preciso que os dedos puxem o fio com grande rapidez e segurança, pois a mínima hesitação, a mínima displicência representa um risco para o trabalhador. Um grande número de acidentes é provocado pela pressa em realizar as tarefas. Os patrões têm interesse que as máquinas funcionem sem interrupções. E isso também é importante para os operários que trabalham por peso e por peça. Apesar de ser proibido, na maioria das fábricas, limpar as máquinas enquanto estão em movimento, esse é o costume. (312)

Outro fato que merece registro é que, apesar de haver na época limpeza diária nas máquinas, é no sábado de tarde que se costuma fazer a limpeza a fundo nas máquinas, que não estão paradas para isso. Esse trabalho não é pago, por isso os operários procuram fazê-lo o mais depressa possível. E o número de acidentes é bem maior no sábado do que nos outros dias da semana.

A economia dos meios sociais de produção, amadurecida como numa estufa quente no sistema da fábrica, torna-se nas mãos do capital um roubo sistemático praticado contra as condições vitais do operário durante o trabalho: roubo de espaço, roubo de ar, roubo de luz e roubo de meios de proteção coletiva e pessoal contra as condições perigosas ou insalubres de trabalho. (313)

Posteriormente, em 1900, Frederick Winslow Taylor desenvolve um trabalho de racionalização de tempos e métodos e uma filosofia gerencial que dá origem a uma corrente administrativa chamada taylorismo, cujo instrumento prático de racionalização e melhoria de produtividade foi a cronoanálise e os princípios da administração científica.

Por meio de alguns princípios bem definidos, tornava-se possível melhorar a produtividade das pessoas, eliminando-se tempo e movimentos desnecessários e especializando-se as pessoas nas funções para as quais tinham a melhor qualificação.

Em 1911, época da segunda revolução industrial, em Detroit, Henry Ford instituiu três princípios que mudaram radicalmente a forma de trabalhar das fábricas em todo o mundo, utilizando à risca os princípios básicos do taylorismo, nos seguintes termos: a linha de montagem: agora, o trabalhador ficava fixo numa de-

---

(312) *Reports of the Inspectory of Factories for 31st Oct*, 1866, p. 63 *apud* GORZ, 1996, p. 35.
(313) GORZ, André. *Crítica da divisão do trabalho*. 3. ed. São Paulo: Martins Fontes, 1996. p. 35.

terminada posição e o componente a ser montado é que vinha até ele, resultando numa economia espetacular de movimentos; o ritmo de trabalho era determinado pela máquina e não pelo homem, evitando-se o desperdício de tempo; e a produção em série, com a economia de escala: essa forma de organizar o trabalho resultou num aumento impressionante da produtividade, e numa redução espetacular do preço dos bens de consumo, obrigando as empresas a adotarem a fórmula de Taylor-Gilbreth-Ford como estratégia de sobrevivência e de competitividade.

Na década de 20, 30 e 40, nos Estados Unidos, ocorreu um desenvolvimento espetacular do processo industrial e da produtividade a partir dos princípios de tempos e métodos, cronoanálise e outros valores inerentes ao taylorismo. A seleção médica era muito rigorosa, privilegiando os fisicamente mais capazes e mais hábeis para determinadas atividades, com prejuízos nítidos para mulheres e para pessoas em idade superior a 40 anos, quando as habilidades físicas e manuais diminuem. O princípio desse tempo era expresso na máxima: é necessário adaptar o homem ao trabalho.

Por este prisma, a prioridade era construir a máquina e o posto de trabalho. A tarefa seguinte era procurar a pessoa que a ela se adaptasse. É dessa época a organização do trabalho que priorizava a rapidez, a produção máxima, muitas vezes não razoável.

Essa mentalidade é reproduzida, com genialidade, em 1936, no filme *Tempos Modernos*, de Charles Chaplin, que focaliza a vida urbana nos Estados Unidos nos anos 30, imediatamente após a crise de 1929, ao retratar um trabalhador que tem um colapso nervoso por trabalhar em ritmo frenético, estressante, repetitivo e desumano na linha de produção de uma fábrica, indo parar em um hospício.

Neste contexto, nos descompassos entre o trabalhador, as máquinas e o ambiente de trabalho, perdia sempre o trabalhador, que era facilmente substituído como mera engrenagem de um sistema.

Duas realidades deste período persistem até os dias atuais: a superespecialização e a correria na linha de montagem, cuja velocidade oscila aos sabores da produção à revelia das técnicas desprendidas para a realização das atividades.

A premissa taylorista de considerar o trabalhador como uma máquina movida a dinheiro, que quanto mais trabalha mais ganha, capaz de produzir mais e ganhar mais que os colegas, desencadeia uma clara postura de individualismo, disputa e egoísmo.

É de se observar que essa postura de administrar, bem própria dos Estados Unidos, tem sido adotada em muitas empresas no Brasil, pois muito da formação gerencial brasileira tem matriz americana.

Deve-se registrar que, em decorrência do aparecimento do especialista, aquela pessoa que fazia apenas uma tarefa durante a sua jornada de trabalho, com a movimentação de um grupo muscular específico, ocorre a explosão do número de casos de tenossinovite e outras lesões por esforços repetitivos e traumas cumulativos aos membros superiores.

Nos Estados Unidos, a partir de 1930, com a abordagem humanística, a teoria administrativa passa por uma revolução conceitual: a transferência da ênfase antes colocada na tarefa, pela administração científica e na estrutura organizacional, pela teoria clássica, para a ênfase nas pessoas que trabalham ou que participam das organizações.(314)

A abordagem humanista surge graças ao desenvolvimento das ciências sociais, notadamente a psicologia e, em particular, a psicologia do trabalho. Essa abordagem passou por duas etapas em seu desenvolvimento a seguir comentadas.

A primeira fase é marcada pela análise do trabalho e adaptação do trabalhador ao trabalho. Nesta primeira etapa, domina o aspecto meramente produtivo. O objetivo da psicologia do trabalho ou psicologia industrial é a análise das características humanas que cada tarefa exige do seu executante e a seleção científica dos empregados baseada nessas características por meio de testes psicológicos. Os temas predominantes são a seleção de pessoal, orientação profissional, treinamento e métodos de aprendizagem, fisiologia do trabalho e estudo dos acidentes e da fadiga.

A segunda fase é caracterizada pela adaptação do trabalho ao trabalhador. Nessa etapa, pelo menos em tese, a psicologia industrial está voltada para os aspectos individuais e sociais do trabalho, que predominam sobre os aspectos produtivos. Os temas predominantes são o estudo da personalidade do trabalhador e do gerente, a motivação e os incentivos do trabalho, a liderança, as comunicações e as relações interpessoais e sociais dentro da organização.

Na França, no início do século XX, é criado o primeiro laboratório de pesquisa sobre trabalho profissional, por Jules Amar, o que dá condições à fisiologia do trabalho de se desenvolver. Amar fornece as bases da ergonomia do trabalho físico, estudando os diferentes tipos de contração muscular (dinâmica e estática).

Jules Amar estuda, na Argélia, as ações da luz sobre os seres humanos, protesta contra a exploração sem limites da energia humana e redige o livro *O motor humano*, obra que faz contraponto a Taylor e seus princípios de organização científica do trabalho. Ele defende uma filosofia baseada em um modo energético, entende que o trabalho é o exercício de uma força para vencer uma resistência e tem uma preocupação produtivista com uma vertente social. Entende que um exercício indisciplinado se acompanha de numerosas contrações sem efeito, o que faz aumentar a fadiga, que é prejudicial à saúde do indivíduo e da coletividade.(315)

---

(314) CHIAVENATO, 2008, p. 15.

(315) LAVILLE, Antoine. *Histoire et géographie de l'ergonomie française*. Paris,1988.

Amar propõe que as pessoas de baixa estatura sejam posicionadas no mesmo nível do maquinário, posiciona instrumentos à esquerda para os canhotos, preconiza temperaturas ambientais mais adequadas à execução das tarefas e sugere o rodízio de atividades para evitar o enfraquecimento das faculdades não utilizadas. Ele atua também sobre a seleção de pessoal. Ele também defende a seleção, porém, sem eliminar qualquer trabalhador no processo seletivo, diferentemente de Taylor, que defende uma lógica de exclusão.

Na sua obra *O motor humano*, ele pondera os princípios da divisão do trabalho ao propor que deve haver coordenação entre todas as instâncias do setor produtivo e condena a divisão extrema das tarefas, principalmente, a concepção dos meios e da organização do trabalho divorciadas da execução, que é a gênese de toda a inadaptação industrial, que persiste até os dias atuais.

Durante a Primeira Guerra Mundial (1914-1917) foi criada a Comissão de Saúde dos Trabalhadores na Indústria de Munições em 1915. Quando a guerra terminou, ela foi transformada no Instituto de Pesquisa da Fadiga Industrial, que realizou várias pesquisas sobre o tema.[(316)]

Na Segunda Guerra Mundial (1939-1945), a construção de instrumentos bélicos exigia muitas habilidades do operador e em condições ambientais desfavoráveis e tensas no campo de batalha. Foram criados equipamentos e dispositivos cada vez mais complexos, que eram utilizados sob alto nível de estresse.

Isso acarretou o desenvolvimento de sistemas abaixo do esperado, levando à necessidade de se conhecer mais sobre o homem, suas habilidades e limitações, pra que se conseguisse o máximo do sistema de trabalho.

Na Segunda Guerra Mundial, a falta de compatibilidade entre o projeto das máquinas e dispositivos e os aspectos mecânico-fisiológicos do ser humano se agravou com o aperfeiçoamento técnico dos motores. Foram registradas situações terríveis, agora atingindo tropas e materiais bélicos em pleno uso. Os aviões, por exemplo, passaram a voar mais alto e mais rápido. Os pilotos, porém, sofriam de falta de oxigênio nas grandes altitudes, perda de consciência nas rápidas variações de altitude exigidas pelas manobras aéreas, e vários outros problemas no subssistema fisiológico. Os projetistas não consideravam as alterações do funcionamento do organismo em diversas altitudes, quando submetidos a acelerações consideráveis. Como consequência, muitos aviões se perderam. A perda do material bélico era expressiva, vultosa e, por si só, justificaria a adoção de medidas para equacioná-la. No entanto, dado que o treinamento de um piloto levava de dois a quatro anos, a perda de um piloto treinado se constituía em perda irreversível no *timing* da guerra.[(317)]

---

(316) VERONESI JUNIOR, José Ronaldo. *Fisioterapia do trabalho:* cuidando da saúde funcional do trabalhador. São Paulo: Andreoli, 2008. p. 31-34.

(317) MÁSCULO, Francisco Soares; VIDAL, Mario Cesar (Orgs.). *Ergonomia:* trabalho adequado e eficiente. Rio de Janeiro: Elsevier, 2011. p. 12.

Nessas novas circunstâncias foram formados, tanto na Inglaterra como nos Estados Unidos, novos grupos interdisciplinares, agora com a participação de psicólogos, que se juntaram aos engenheiros e médicos. Os objetivos eram os de elevar a eficácia combativa, a segurança e o conforto dos soldados marinheiros e aviadores. Os trabalhos desses grupos foram voltados para a adaptação de veículos militares, aviões e demais equipamentos militares às características físicas e psicofisiológicas dos soldados, sobretudo em situações de emergência e pânico. E o que interessava nesses estudos era a análise dos materiais que retornavam e o relato de seus problemas operacionais. Assim sendo, em seu nascedouro, a ergonomia se alimentou profundamente de dados e estudos de manutenção bélica.

Os cientistas que haviam participado desse esforço de guerra decidiram continuar a empreitada se voltando para a produção civil, utilizando os métodos, técnicas e dados obtidos para a indústria. Numa precursora forma de extensão universitária são formados laboratórios universitários para atender a demandas industriais, com sucesso. Em decorrência é formada em 1947 a primeira sociedade de ergonomia do planeta, a *Ergonomics Rearch Society*. Nasce a corrente de ergonomia chamada de Fatores Humanos, como uma continuidade da prática acima mencionada em operações civis.

Em 1948 por meio do projeto da cápsula espacial norte-americana, nasce o conceito moderno de ergonomia. Naquele momento foi necessário fazer todo um replanejamento de tempo e meios para se fazer a viagem ao espaço, em decorrência do desconforto pelo qual passaram os astronautas no primeiro protótipo da cápsula espacial. Surge, assim, com a antropometria, o conceito de que o fundamental não é adaptar o homem ao trabalho, mas, pelo contrário, deve-se adaptar as condições de trabalho ao ser humano.

No período do pós-guerra surgiu outra vertente da ergonomia, ensejada pelas necessidades da reconstrução do parque industrial europeu dizimado. No bojo de um amplo pacto social, o projeto de reconstrução abria uma janela para o estudo de condições de trabalho tendo como emblema a fábrica de automóveis Renault que, dadas suas características peculiares, tornar-se-ia um modelo da nova política industrial francesa. A Renault é a primeira indústria francesa a criar um laboratório industrial voltado para uma questão própria: como conceber adequadamente os novos postos de trabalho a partir do estudo da situação existente?

Essa sucessão de fatos culminou com a reunião pela primeira vez, na Inglaterra, de um grupo de cientistas e pesquisadores interessados em discutir e formalizar a existência desse novo ramo de aplicação interdisciplinar da ciência. Essa reunião ocorreu no dia 12 de julho de 1949 e é considerada por alguns a data oficial de nascimento da ergonomia. Esse grupo propôs aproveitar os conhecimentos acumulados no esforço bélico, durante a Segunda Guerra Mundial, para a produção industrial e serviços, agora em tempos de paz.

Nascia assim o conceito moderno da ergonomia: um conjunto de ciências e tecnologias que procura fazer um ajuste confortável e produtivo entre o homem e seu trabalho às características do ser humano.

Esse grupo se reuniu pela segunda vez em 16 de fevereiro de 1950 e na ocasião foi proposto o neologismo ergonomia, formado pelos termos gregos *ergo* (trabalho) e *nomos* (regras, leis naturais). Em ergonomia, o binômio conforto--produtividade andam juntos. Não é possível se pensar somente no conforto, sem se pensar na produtividade. Também não é possível pensar em produtividade sem pensar no conforto, porque, assim sendo, o resultado da produtividade seria transitório.

Itiro Iida assevera que o assento é provavelmente uma das invenções que mais contribui para modificar o comportamento humano e que a espécie humana, *homo sapiens*, já deixou de ser um animal ereto, *homo eretus*, para se tornar um *homo sedam*. Além do assento, é sabido que a tecnologia do mundo moderno provocou mudanças no comportamento humano, tornando-o mais estático, sedentário. [(318)]

Várias escolas de ergonomia desenvolveram linhas diferentes de ação, preservando, no entanto, alguns princípios básicos em comum. A diferenciação entre a escola de ergonomia anglofônica e a escola francofônica foi particularmente significativa.

A grande questão que percorre a ergonomia é a de seus critérios. Trata-se apenas de assegurar, sem grandes problemas, o funcionamento do sistema produtivo, ou de obter primeiramente, ou pelo menos simultaneamente, a saúde plena dos trabalhadores?

Nos EUA e na Inglaterra, os higienistas industriais têm práticas antigas sobre a saúde física. A ergonomia se desenvolveu, de modo independente, durante a Segunda Guerra Mundial, a partir de um diálogo entre engenheiros e psicólogos behavoristas, que têm em comum a linguagem do controle de desempenho do processo industrial. Nela a atividade profissional se decompõe em elementos específicos estudados separadamente, tomando por critério o desempenho. Essa atitude contribui para se considerar a ergonomia como um prosseguimento da OCT (organização científica do trabalho, originalmente desenvolvida por Taylor). Levando em conta os limites da OCT já abordados, tal assimilação é, no mínimo, perigosa.[(319)]

Na Europa Continental e particularmente na França, a influência tradicional dos médicos e dos fisiologistas do trabalho e seu interesse pela ergonomia se tra-

---

(318) IIDA, Itiro. *Ergonomia:* projeto e produção. 8. ed. São Paulo: Edgard Blücher, 2002.
(319) WISNER, Alain. *Por dentro do trabalho, ergonomia:* método & técnica. São Paulo, FTD: Oboré, 1987. p. 189.

duzem por uma tentativa de se harmonizar as correntes da higiene industrial e da ergonomia do tipo americano. Certos ergonomistas franceses tentam também incluir aí sua contribuição à engenharia, o que resulta na corrente psicossociológica.

A escola francofônica opta pela noção de carga de trabalho e privilegia os estudos de campo que enfocam a análise global da atividade. Nesta perspectiva, a análise da atividade aproxima os analistas dos reais problemas enfrentados no cotidiano.

Atualmente, tais diferenças, antes significativas, tendem a perder sua importância com os principais centros de ergonomia procurando lançar mão de todos os conhecimentos disponíveis, organizando-os de forma sistêmica.

Como visto, a ergonomia é relativamente recente no mundo moderno. Embora o termo tenha sido cunhado no século passado, apenas no início deste século foi realizada uma efetiva aplicação prática da ergonomia, qual seja a mudança na escola de arquitetura francesa, que consiste na assimilação do conceito de ergonomia aplicada ao interior das construções.

A ergonomia é uma jovem e fértil disciplina, com muitos temas com os quais deve se fecundar e com muitos conhecimentos e inovações a realizar. Não obstante seus progressos, ainda existem muitos trabalhos e muitos desafios pela frente, como a melhoria do ensino da ergonomia na engenharia e no desenho industrial nos quais ela já existe formalmente e a difusão específica nos campos da arquitetura e da informática, nas quais ainda não é disciplina obrigatória e nem todas as escolas e faculdades adotam. Registre-se também que, mesmo nos meios profissionais em que ela é mais conhecida, tem prevalecido uma visão restritiva de ciência das cadeiras ou do diagnóstico biomecânico, que precisa ser desmistificada.

❑ 8.2. Ergonomia: conceituação, importância e aplicações

É fundamental definir a especificidade da ergonomia, pois, de outra forma, ela se transformaria em uma disciplina tapa-buracos e seria condenada à ineficiência, uma vez que analisaria tudo e nada sintetizaria.[320]

Nessa perspectiva, deve-se fazer uma importante distinção entre a ergonomia e as práticas de projeto, como a arquitetura, o *design* e a engenharia, bem como diante das que operam sobre diagnósticos, como a medicina, a fisioterapia e a administração, separando-as ainda das disciplinas de base, como a anatomia, a fisiologia, a psicologia e, mais recentemente, a linguística.[321]

---

(320) SANTOS, Neri dos; FIALHO, Francisco. *Manual de análise ergonômica do trabalho*. Curitiba: Gênesis, 1995.
(321) MÁSCULO; VIDAL, 2011, p.12.

A ergonomia se situa entre todos esses saberes, buscando nas disciplinas de base elementos e conhecimentos que, examinados à luz de seu estudo particular da atividade de trabalho, permitem enriquecer os diagnósticos e esclarecer os modelos conceituais para o projeto (programação, necessidades ou projeto básico), onde se coloca a relação sociotécnica entre pessoas, tecnologia e organização.

É, portanto, muito importante diferenciar a ergonomia das disciplinas em que vier a se apoiar e das disciplinas que empregam seus resultados. Assim como a medicina não engloba a química no caso de exames laboratoriais, e nem a engenharia engloba o cálculo infinitesimal nos projetos estruturais, não é correto apontar a ergonomia como um capítulo da engenharia de segurança, do *design* de produtos, da arquitetura de locais de trabalho, nem como um conteúdo da medicina do trabalho, da fisioterapia preventiva ou da administração de produção.

A primeira definição de ergonomia é de 1857, sob a égide do movimento industrial europeu. Essa definição foi feita por um cientista polonês, Wojciech Jastrzebowski, em um artigo intitulado *Ensaios de Ergonomia*, ou ciência do trabalho, baseada nas leis objetivas da ciência sobre a natureza.

Essa primeira definição estabelecia a ergonomia como uma ciência do trabalho que requer o entendimento da atividade humana em termos de esforço, pensamento, relacionamento e dedicação.

A partir da definição de Wojciech Jastrzebowski, na qual ergonomia é formada pela junção de dois termos gregos, *ergon* (trabalho) e *nomos* (leis naturais), os pesquisadores têm procurado estabelecer as suas leis fundamentais baseadas no fato dessa disciplina em desenvolvimento poder ser classificada como uma ciência. O conceito de Jastrzebowski para esta proposta trata da maneira de mobilizar quatro aspectos da natureza anímica, quais seriam: a natureza físico-motora, a natureza estético-sensorial, a natureza mental-intelectual e a natureza espiritual-moral. Essa ciência do trabalho, portanto, significa a ciência do esforço, jogo, pensamento e devoção. [(322)]

Uma das ideias básicas de Jastrzebowski é a proposição-chave de que esses atributos humanos se deflacionam e declinam devido a seu uso excessivo ou insuficiente.

Recuperando esse pensamento inaugural e adequando-o a um paradigma de modernidade, pode-se dizer que a ergonomia visou, desde seus primórdios, entender a realidade da atividade de trabalho sem juízo de valor ou suposições pessoais acerca do modo como acontecem. Esse entendimento despojado de preconceitos de qualquer ordem (na acepção da palavra sem preconceitos sobre a atividade e a forma como acontece na situação real de trabalho) é onde reside a força da ergo-

---

(322) KARWOWSKI, W. Complexity, fuzziness and ergonomic incompatibility issues in the control of dynamic work environments. *Ergonomics,* v. 34, n. 6, p. 671-686, 1991.

nomia, capaz de produzir descrições extremamente pertinentes do que se passa num local de trabalho, no uso e manuseio de um produto no emprego de um software, ou na adoção de um esquema organizacional de trabalho. Para a equipe de ergonomia interessa em primeiro lugar como as coisas acontecem.

A ergonomia contribui para a engenharia de produção, tanto fornecendo seus conhecimentos para a subárea da engenharia de produto, como, mais especificamente, na subárea da engenharia do trabalho, que objetiva projetar, implementar e controlar o posto de trabalho e a maneira de trabalhar. Ela engloba os conhecimentos das disciplinas de engenharia de métodos, organização do trabalho, processos de trabalho, higiene e segurança do trabalho e *layout* (planejamento das instalações).

Também, pode-se afirmar que a ergonomia é uma ocupação de pessoas qualificadas para responder às demandas acerca da atividade de trabalho. Essas demandas estabelecem campos de interesse amplos e diversificados, que abrangem temas que vão da anatomia à teoria das organizações, do cognitivo ao social, do conforto à prevenção de acidentes.

A definição internacional de ergonomia, aprovada pelo conselho científico da Internacional Ergonomics Association (IEA), em San Diego, nos Estados Unidos, em 2000, é a seguinte: disciplina científica que trata da compreensão das interações entre os seres humanos e outros elementos de um sistema, e a profissão que aplica teoria, princípios, dados e métodos a projetos que visam otimizar o bem-estar humano e a performance global dos sistemas. Os praticantes de ergonomia, os ergonomistas, contribuem para o planejamento, projeto e a avaliação de tarefas, postos de trabalho, produtos, ambientes e sistemas para torná-los compatíveis com as necessidades, habilidades e limitações das pessoas.[323]

Infere-se, do exposto, uma formulação deontológica, segundo a qual ergonomia, antes de tudo, é uma atitude profissional que se agrega à prática de uma profissão definida. Nesse sentido é possível se falar de um médico ergonomista, de um psicólogo ergonomista, de um designer ergonomista e assim por diante. Essa atitude profissional advém da própria definição estabelecida pela Associação Brasileira de Ergonomia, segundo a qual a ergonomia objetiva modificar os sistemas de trabalho para adequar as atividades nele existentes às características, habilidades e limitações das pessoas com vistas ao seu desempenho eficiente, confortável e seguro.[324]

Essa definição que coloca finalidades — modificar os sistemas de trabalho — propósitos — adequar a atividade às características, habilidades e limitações das pessoas — e critérios — eficiência, conforto e segurança — necessita ser comple-

---

(323) *International Ergonomics Association*. Disponível em: <http://www.iea.cc/01_what/What%20is%20Ergonomics.html>. Acesso em 25 dez. 2012.

(324) ASSOCIAÇÃO BRASILEIRA DE ERGONOMIA. *A definição brasileira da Ergonomia:* contribuição para a definição internacional de Ergonomia. Report 2000 to IEA Council. Rio de Janeiro/San Diego: Brazilian Ergonomics Association, 2000.

mentada por outra, que estabeleça qual a tecnologia a que a ergonomia está referida ou que possua um referente de suas finalidades, propósitos e critérios. Essa tecnologia se aplica à realização (concepção, construção e manutenção) de interfaces entre as pessoas e os sistemas, melhor dizendo, estabelecendo uma relação de adequação entre os aspectos humanos presentes na atividade de trabalho e os demais componentes dos sistemas de produção (tecnologia física, meio ambiente, softwares, conteúdo do trabalho e organização da produção) por meio dessas interfaces. A adequação quer dizer uma orientação para o desenvolvimento das interfaces entre as pessoas e destas com a tecnologia e a organização.[325]

Cabe, neste momento, fazer uma importante observação: essa classificação tem apenas finalidades didáticas para compreensão de conceitos. Uma realidade de trabalho é um sistema complexo onde cada um dos aspectos intervém a seu modo, porém, de forma independente ou sistemática. Por exemplo, a atividade numa central de atendimento é regulada por seus conteúdos organizacionais: deve-se operar segundo um *script*, com margens de tempo preestabelecidas de acordo com o tipo de atendimento, com finalidades distintas em função da natureza do processo (reclamação, suporte ou venda). O operador deve seguir esses parâmetros organizacionais para atender uma pessoa do outro lado da linha numa situação dialogal de forte conteúdo cognitivo, que poderá complicar-se bastante em função do andamento nem sempre controlável da conversa. Os clientes usam termos diferentes daqueles aos quais os operadores estão acostumados, tentam se explicar de formas nem sempre compreensíveis etc. E isso se passa num ambiente físico com vários aspectos a serem devidamente agenciados, que vão desde os aspectos posturais decorrentes da composição do posto de trabalho até as interferências ambientais (acústicas, térmicas e lumínicas) do local sobre a atividade. A combinação de fatores que produzem um efeito contrário ao bom desempenho — jargão de ergonomia, os contrastes — pode ser cruel. A grande incidência de LER/DORTs — lesões por esforços repetitivos e distúrbios osteomusculares relacionados ao trabalho — na população de trabalhadores em *call centers* corrobora essa afirmação, em que pese notáveis esforços de correção de mobiliário feitos por várias empresas em todo o mundo.[326]

Em sua atividade de trabalho o ser humano interage com os diversos componentes do sistema de trabalho: com os equipamentos, instrumentos e mobiliários, por meio de interfaces sensoriais, energéticas e posturais, com a organização e o ambiente por interfaces ambientais, cognitivas, emocionais e organizacionais. O ser humano realiza essas interações de forma sistêmica, cabendo à ergonomia modelar essas interações e otimizá-las, ou seja, buscar formas de adequação para o desempenho confortável, eficiente e seguro em face das capacidades, limitações e demais características da pessoa em atividade.

---

(325) MÁSCULO; VIDAL, 2011, p. 24.
(326) MÁSCULO; VIDAL, 2011, p. 24.

Ainda assim confrontando a caracterização da prática da ergonomia como a de pessoas qualificadas para responder a demandas com a definição da IEA, segundo a qual se trata da compreensão das interações entre os seres humanos e outros elementos de um sistema, para otimizar o bem-estar humano e a performance global dos sistemas, chega-se à evidente conclusão de que a ergonomia vai requerer uma multiplicidade de abordagens que se complementem para dar conta dos principais aspectos de uma demanda.

A ergonomia vai permitir que existam interfaces adequadas. Essas interfaces adequadas atenderão de forma conjunta, integrada e coerente aos critérios de conforto, eficiência e segurança.

Segundo o Comitê de Planejamento Estratégico da *Human Factors and Ergonomics Society*, sociedade que agrupa os ergonomistas norte-americanos e que é a maior sociedade de ergonomia do planeta, essa tecnologia tem como capítulos seus princípios, basicamente estabelecidos pela definição apresentada, suas especificações, no que consistem os resultados úteis, práticos e aplicados dos trabalhos de ergonomia, seus métodos, que codificam a forma de trabalhar da equipe de ergonomia, e suas técnicas, que concretizam a realização de especificações com base nos princípios e mediante o emprego dos métodos pertinentes ao problema de interface que está sendo tratado pela ergonomia.

Os diferentes conceitos de ergonomia existentes convergem e podem ser sintetizados na terminologia do princípio abordado, segundo a qual "ergonomia é o estudo da adaptação do trabalho ao homem".[(327)]

Pode-se inferir do exposto que a principal forma de se entender a ergonomia é por meio de sua ausência que se traduz por perdas de produção em quantidade, em qualidade e ainda produz muitas consequências ruins sobre operadores, usuários e sobre o ambiente como doenças, erros, acidentes e poluição.

A atitude profissional que caracteriza uma equipe de ergonomia tem ao mesmo tempo uma dimensão científica, que traz fundamento às aplicações que realiza, e uma dimensão prática, que torna essa aplicação viável no mundo da produção. A combinação das dimensões científicas e práticas da ergonomia revela sua utilidade como uma disciplina que nasceu e se estabelece, essencialmente, voltada para resolver problemas. Essa, por sinal, tem sido uma grande dificuldade para a ergonomia como atividade acadêmica. [(328)]

A ergonomia está exposta a dois tipos não coerentes de avaliação: a avaliação sob critérios científicos acerca de suas modelagens e formulações; e a avaliação sob critérios econômico-sociais do valor de suas propostas de soluções.

---

(327) VIEIRA, Sebastião Ivone. *Manual de saúde e segurança do trabalho*. Florianópolis: Mestra Editora, 2000.
(328) DANIELLOU, F. *L'ergonomie en quête de ses principes*. Toulouse: Octares Editions, 1991.

A superação desse duplo registro está na compreensão da ergonomia como disciplina, que, em sua integralidade, é útil, prática e aplicada.

A ergonomia é disciplina útil e age por meio de seus procedimentos de modelagem da realidade do uso e da incorporação de conhecimentos para a melhoria de interfaces entre os componentes humanos e os demais constituintes do sistema de produção. Nesse aspecto, ela tem tido bastante sucesso em tratar de problemas onde outras abordagens têm deixado a desejar.

Ela também é disciplina científica e assim se estabelece por meio do estudo das capacidades e limitações e demais características humanas necessárias ao projeto de boas interfaces, assim como procurando modelar a atividade de trabalho para garantir a qualidade operacional desse projeto. Nesse sentido, a ergonomia se situa num cruzamento interdisciplinar entre várias disciplinas como a fisiologia, a psicologia, a sociologia, a linguística e práticas profissionais como a medicina do trabalho, o *design* e as tecnologias de gestão. Toda essa interdisciplinaridade se centra no conceito de atividade de trabalho.

A ergonomia interage, assim, com várias disciplinas no campo das ciências da vida, técnicas, humanas e sociais. Seus conteúdos se orientam para o *design*, arquitetura e engenharia, cuja inserção nesses quadrantes é basicamente a mesma.

Ela, também, reveste-se de um caráter de disciplina prática, buscando encaminhar soluções sempre adequadas aos usuários, operadores e à realidade das empresas e organizações onde as suas intervenções têm lugar. Uma boa ergonomia pode até se limitar à produção de um laudo, de um parecer, de uma avaliação se essa for a sua demanda. Mas essa é uma posição insatisfatória. Qual o interesse de um laudo analítico e de um quadro esquemático se essas construções não desaguarem em um conjunto de medidas e providências concretas de transformação da realidade que as produziram? A resposta para essa indagação vem da ergonomia contemporânea pela via projetual: ou a ação ergonômica se resolve como concepção de sistemas, de artefatos ou de formas organizacionais, na perspectiva da tecnologia de interfaces, ou terá representado um esforço vão. Outro tema prático, para o qual muitas equipes de ergonomistas em todo o mundo estão se voltando, é a aferição da relação custo-benefício das ações ergonômicas.

Pode-se, ainda, encarar a ergonomia como disciplina aplicada. Nesse viés, ela traz os resultados dos tratamentos científicos de modelagem da realidade e do levantamento do estado da arte do problema ao desenvolvimento de tecnologia de interfaces para a concepção, análise, testagem, normatização e controle dos sistemas de trabalho. São assuntos aplicados de ergonomia, portanto, a concepção de sistemas de trabalho, sob o ponto de vista da atividade das pessoas que nele se integram, de produtos, sob o ponto de vista de uso e manuseio pelos adquirentes, de sistemas informatizados, sob a ótica da usabilidade (interatividade facilitada, amigabilidade, customização etc) de estruturas organizacionais do ponto de vista dos que nelas trabalham, e assim por diante.

As normas internacionais mais recentes consagram o princípio da adaptação do trabalho ao trabalhador, adquirindo lineamentos concretos com o efetivo aparecimento da ergonomia. Como visto, atualmente, o primeiro que deve ser considerado no ambiente de trabalho é o homem, depois é que se acrescentam os equipamentos, as condições de trabalho e os métodos de produção.

A norma-princípio em comento foi plasmada no art. 5º da Convenção n. 155 da OIT, ratificada pelo Brasil, com a seguinte redação:

> Artigo 5
>
> A política à qual se faz referencia no artigo 4 da presente Convenção (política nacional coerente em matéria de segurança e saúde dos trabalhadores e o meio ambiente de trabalho) deverá levar em consideração as grandes esferas de ação que se seguem, na medida em que possam afetar a segurança e a saúde dos trabalhadores e o meio ambiente de trabalho:
>
> a) [...]
>
> b) relações existentes entre os componentes materiais do trabalho e as pessoas que o executam ou supervisionam, e adaptação do maquinário, dos equipamentos, do tempo de trabalho, da organização do trabalho e das operações e processos às capacidades físicas e mentais dos trabalhadores [...][329]

No mesmo sentido, a Convenção n. 161 da OIT, ratificada pelo Brasil, no art. 5, alínea "g", prevê como função dos serviços de saúde no trabalho promover a adaptação do trabalho aos trabalhadores.[330]

Merece destaque, nesse tópico, a Diretiva n. 89/391 do Conselho da União Europeia, que adotou, no art. 6º, item 2, alínea "d", como princípio geral a adaptação do trabalho à pessoa, em particular no que diz respeito aos postos de trabalho, escolha de equipamentos e métodos de trabalho e produção.[331] No caso específico do trabalho com terminais de vídeo, a Diretiva do Conselho n. 90/270/CEE, de 29 de maio de 1990, estabelece que os empresários deverão realizar análises dos postos de trabalho, com a finalidade de avaliar as condições de segurança e saúde para os trabalhadores, em particular no que diz respeito aos riscos para a vista e para os problemas fisicos e de cansaço mental.

Na Suécia, a legislação estabelece que o trabalho deverá se adaptar às diferentes aptidões físicas e mentais das pessoas, devendo o empregador se esforçar para oferecer ao trabalhador oportunidade de variações e de contatos sociais, para estabelecer uma relação de cooperação e continuidade entre as tarefas indi-

---

(329) OIT. **Convenção n. 155**: Segurança e Saúde dos Trabalhadores e o Meio Ambiente de Trabalho. Genebra, 1981. Vigora no Brasil desde de 18.5.1993.

(330) OIT. **Convenção n. 161**: Serviços de Saúde do Trabalho. Genebra, 1988. Vigora no Brasil desde 18.5.1991.

(331) DIRECTIVA 89/391. La aplicacion de medidas para promover La mejora de La seguridad y de La salud de los trabajadores en el trabajo. *CEE del Consejo,* de 12 junio de 1989. Disponível em: <http://eur-lex.europa.eu/LexUriServ/LexUriServ.do?uri=CONSLEG:1989L0391:20081211:ES:PDF>. Acesso em 10 mar. 2012.

viduais. Enfatiza a norma que o empregador deverá considerar, na planificação e organização dos trabalhos, que as aptidões dos seres humanos são diferentes.[332]

Na Espanha, determina a legislação "*El empresario tomará en consideración las capacidades de los trabajadores en materia de seguridad y de salud en el momento de encomendarles las tarefas. [...] La efectividad de las medidas preventivas deberá prever las distracciones o imprudencias no temerarias que pudiera cometer el trabajador*".[333]

Em Portugal, a legislação indicou como um dos princípios gerais da prevenção a "Adaptação do trabalho ao homem , especialmente no que se refere à concepção dos postos de trabalho, à escolha de equipamentos de trabalho e aos métodos de trabalho e produção, com vista a, nomeadamente, atenuar o trabalho monótono e o trabalho repetitivo e reduzir os riscos psicossosiais".[334]

Ainda nessa perspectiva de adaptar o trabalho ao homem, estão surgindo novas medidas, como a adoção de horários móveis, regimes de tempo parcial, trabalho à distância, dentre outras.

❑ 8.3. A ergonomia e suas interfaces

Como se pode inferir do exposto, a ergonomia se torna efetiva quando transforma positivamente o meio ambiente do trabalho nas suas várias relações com o trabalhador. Neste tópico, abordam-se as diversas facetas dessas relações, as quais podem ser denominadas interfaces.

Interface é o "[...] elemento que proporciona uma ligação física ou lógica entre dois sistemas ou partes de um sistema que não poderiam ser conectados diretamente; área em que coisas diversas (dois departamentos, duas ciências etc.) interagem."[335] O mencionado termo pode ser também definido como zonas fronteiriças sensíveis de negociação entre o humano e o maquínico, assim como pivô de um novo conjunto emergente de relações homem-máquina[336], ou, ainda, como pontos de intercâmbio de informação e energia do ser humano para a máquina e da máquina para o ser humano.[337]

---

(332) SUÉCIA. Lei n. 677, 30 maio 1991, art. 1º do Capítulo II e art. 3º do Capítulo III. *Documentos de Derecho Social,* Ginebra, v. 1, p. 99, 1992.

(333) ESPANHA. Lei n. 31/1995, de 8 de noviembre, de Prevención de Riesgos Laborales. *Boletín Oficial Del Estado,* 1995-11-10.

(334) PORTUGAL. Lei n. 102, 10 set. 2009. Regime jurídico da promoção da segurança e saúde no trabalho. *Diário da República*, Lisboa, 1.ª série, n. 176, 10 de setembro de 2009, p. 6168.

(335) HOUAISS, Antônio; VILLAR, Mauro de Salles. *Dicionário Houaiss da Língua Portuguesa.* Rio de Janeiro: Objetiva, 2009. p. 1097.

(336) SANTAELLA, Lucia. *Culturas e artes do pós-humano*: da cultura das mídias à *cibercultura.* 2. ed. São Paulo: Paulus, 2004. p. 92.

(337) KROEMER, K. H. E.; GRANDEJEAN, E. *Manual de ergonomia:* adaptando o trabalho ao homem. Tradução de Lia Buarque de Macedo Guimarães. 5. ed. Porto Alegre: Bookman, 2005. p.126.

Importante para a abordagem em questão a definição de interfaces como tais estudadas na ergonomia como qualquer forma de interação entre o componente humano e os demais componentes do sistema de trabalho, sendo que as boas interfaces, ou aquelas consideradas adequadas, atenderão de forma conjunta, integrada e coerente os critérios de conforto, eficiência e segurança.(338)

Apesar de não existir sucessão cronológica exata de fases quanto a publicações de estudos relativos às diversas interfaces, tem-se que a melhor articulação das gerações da ergonomia é a que lhe divide em três gerações: (339)

A primeira geração se concentrou no projeto de trabalhos específicos, interfaces homens-máquinas, incluindo controles, painéis, arranjo do espaço e ambientes de trabalho. A maioria das pesquisas se referia à antropometria e a outras características físicas do homem. Essa aplicação continua a ser um aspecto extremamente importante para a prática da ergonomia em termos de contribuições para a segurança industrial e para a melhoria geral da qualidade de vida.

A segunda geração da ergonomia se inicia com a ênfase na natureza cognitiva do trabalho. Tal ocorreu em função das inovações tecnológicas e, em particular, do desenvolvimento de sistemas automáticos e informatizados.A terceira geração da ergonomia resulta do aumento progressivo da automação de sistemas em fábricas e escritórios, do surgimento da robótica. Essa geração da ergonomia privilegia a macroergonomia ou organização global em nível de máquina/sistema, e concentra-se no desenvolvimento para auxiliar os gerenciadores de processo a decidir sobre a adoção de cursos de ação que atendem aos múltiplos objetivos do mesmo.

Os focos em estudo contribuem para uma melhor compreensão acerca do alcance dos estudos ergonômicos (e, em consequência, das intervenções ergonômicas), os quais não se limitam apenas ao aspecto físico, mas também possuem viés psicológico. Esse maior alcance, aliás, transparece com clareza na jurisprudência do Tribunal Superior do Trabalho:

> **DANO MATERIAL DECORRENTE DE MOLÉSTIA PROFISSIONAL EQUIPARADA A ACIDENTE DO TRABALHO. LER/DORT E DISTÚRBIOS PSÍQUICOS. PENSÃO MENSAL VITALÍCIA. IMPOSSIBILIDADE DE COMPENSAÇÃO COM BENEFÍCIO PREVIDENCIÁRIO**. Trata-se de demanda em que foi deferida indenização por danos material e moral em função da aquisição de moléstia profissional pela reclamante (LER/DORT e distúrbios psíquicos). O artigo 950 do Código Civil prevê o direito à pensão decorrente do dano que acarretou ao trabalhador a perda de sua capacidade laborativa, por culpa do empregador. A complementação de aposentadoria paga por entidade de previdência privada fechada vinculada ao empregador não se confunde com a pensão prevista no artigo 950 do Código Civil, pois o direito do empregado ao benefício complementar decorre apenas de sua condição de empregado, que adere voluntariamente e custeia a referida previdência. Já o benefício previdenciário tem ori-

(338) VIDAL, Mário César. *Apostila introdução à ergonomia.* Rio de Janeiro: CESERG: GENTE: COPPE: UFRJ, 2000. Curso Superior de Especialização em Ergonomia Contemporânea.

(339) MICHEL, Oswaldo. *Acidentes do trabalho e doenças ocupacionais.* 2. ed. São Paulo: LTr, 2001. p. 235.

gem na filiação obrigatória do empregado ao Instituto Nacional do Seguro Social, consoante previsão da Lei n. 8.213/91, e a pensão pretendida pela reclamante fundamenta-se na ocorrência do dano sofrido decorrente de ato ilícito praticado pelo empregador, nos termos dos artigos 186 e 927 do Código Civil. Assim, tendo a reclamante sido aposentada por invalidez, em virtude de acidente de trabalho, por culpa do empregador, faz jus à citada pensão, sem nenhuma dedução ou compensação com a aposentadoria por invalidez ou a complementação de aposentadoria, ao contrário do entendimento adotado pelo Regional. Recurso de revista conhecido e provido. (RR — 19527-53.2010.5.04.0000, Relator Ministro: José Roberto Freire Pimenta, Data de Julgamento: 5.12.2012, 2ª Turma, Data de Publicação: 14.12.2012).[(340)]

Tais focos de estudo, a seguir indicados, expõem vários dos fatores que podem atuar concomitantemente na cadeia de fatores causais relacionados a agravos à saúde do trabalhador. Essa perspectiva contribui especialmente para o sentido prevencionista da intervenção ergonômica.

A interface homem-máquina lida com as respostas do corpo humano à carga física e psicológica. Preocupa-se, principalmente, com os aspectos físicos da ergonomia (anatômicos, antropométricos e sensoriais), objetivando dimensionar a estação de trabalho, facilitar a discriminação de informações e a manipulação dos controles.

A manipulação de materiais, arranjo físico de estações de trabalho, demandas do trabalho e fatores tais como repetição, vibrações, força e postura, relacionadas com distúrbios osteomusculares relacionados ao trabalho são tópicos relevantes neste estudo.

Os fatores humanos relacionados à ergonomia física têm, principalmente, 3 (três) tipos de características: as ligadas à influência do ambiente físico; as antropométricas; e as ligadas aos fatores biométricos.

O calor e o frio, a poeira, os agentes tóxicos, o ruído, as vibrações e as acelerações bruscas são características ligadas à influência do ambiente físico. Esses são domínios no qual a ergonomia se identifica com a medicina do trabalho.

A antropometria se refere ao estudo do tamanho e das proporções do corpo humano, lidando com as medidas físicas corporais de várias populações para verificar o grau de adequação ao ser humano dos instrumentos, máquinas, equipamentos, espaços, enfim, dos postos de trabalho. Esses devem estar adequados e devidamente dimensionados ao tamanho e proporção da população de usuários, pois se estiverem inadequados provocam lesões irreversíveis.[(341)]

---

(340) BRASIL. Tribunal Superior do Trabalho. Recurso de Revista n. 19527-53.2010.5.04.0000 da 2ª Turma. Dano material decorrente de moléstia profissional equiparada a acidente do trabalho. LER/DORT e distúrbios psíquicos. Pensão mensal vitalícia. Impossibilidade de compensação com benefício previdenciário. Relator: Ministro José Roberto Freire Pimenta, 5 de dezembro de 2012. Disponível em: <http://www.tst.gov.br/>. Acesso em 10 mar. 2012.

(341) DINIZ, Raimundo Lopes; SOARES, Marcelo Márcio. *Higiene e segurança do trabalho*. Rio de Janeiro: Elsevier: ABEPRO, 2011. p. 351-352.

As lesões são as consequências da não consideração do dimensionamento e, também, do desrespeito às limitações do Sistema Musculoesquelético — SME, que é estudado pela biomecânica ocupacional.

A biomecânica fundamenta de maneira técnico-científica a análise de forças e posturas que determinam as pressões internas sobre os músculos, tendões, ossos e articulações envolvidos em movimentos repetitivos e atritos dos tendões e músculos. Dessa forma, a biomecânica auxilia na determinação dos limites fisiológicos e da capacidade de recuperação do organismo. Consequentemente, com base nesse diagnóstico, é possível escolher alternativas para a melhoria dos postos de trabalho de modo a não penalizar o trabalhador. [(342)]

Quanto à interface usuário-sistema, também denominada de aspectos cognitivos, devem ser considerados os processos mentais que envolvem as informações a serem detectadas durante a interação do homem com elementos de um sistema.

No processamento de informações, os fatores mais importantes são: percepção, memória, raciocínio, tomada de decisão e resposta psicomotora. De maneira geral, portanto, a ergonomia cognitiva avalia os fatores cognitivos envolvidos no sistema humano-máquina no que diz respeito à detecção de sinais até o processamento de informação, tomada de decisão e emissão de resposta, sendo o seu enfoque o trabalhador, o sistema que o engloba e a tarefa a ser desempenhada de acordo com o conteúdo mental envolvido (trabalho mental), conforme a quantidade e qualidade das informações.

Esse contexto é fundamentado pelo fato de que o trabalhador apresenta limitações para processar uma grande quantidade de informações, uma vez que possui restrições sensoriais, sendo que, se tais limitações humanas forem excedidas, há grande probabilidade de acontecer uma sobrecarga mental acarretando erros, decréscimo de desempenho e até doenças ocupacionais.

Por fim, a interface organização-homem-máquina, também denominada de ergonomia organizacional ou macroergonomia, abrange os fatores humanos e seu ambiente psicossocial. Na análise dos aspectos organizacionais do trabalho, deve-se considerar que alguns fatores influem no desempenho do trabalho como os turnos, a monotonia, a fadiga, a motivação, a idade, o sexo e as deficiências físicas. Leva-se em conta, também, o entendimento das três dimensões: complexidade (grau de diferenciação/segmentação e integração na empresa), formalização (como as tarefas estão padronizadas) e centralização (grau das concentrações das decisões por um indivíduo ou grupo). [(343)]

A organização geral do trabalho pressupõe, em primeiro lugar, o estabelecimento de métodos de trabalho. O conteúdo concreto da organização do trabalho

(342) DINIZ; SOARES, 2011, p. 351-352.
(343) *Ibid.*

envolve, dentre outros, os aspectos de repartição de tarefas no tempo e no espaço, os sistemas de comunicação, cooperação e interligação entre atividades, ações e operações, as formas de estabelecimento de rotinas e procedimentos de produção, os sistemas de supervisão e controle como formulação e negociação de exigências e padrões de desempenho produtivo, os métodos de treinamento, formação e capacitação para o trabalho.[344]

A macroergonomia permite uma efetiva modelagem organizacional, em especial em processos-chave da organização, na qual a modelagem gerencial não seja eficiente para assegurar o sucesso de reestruturações, tal como se dá em sistemas complexos, perigosos ou de demanda flutuante. Na ocorrência de imprevistos, o nível operacional deve assegurar que o funcionamento do sistema continue satisfatório, mediante regulações simples por meio de ajustes feitos, por exemplo, pelos próprios operadores. Por meio da modelagem do trabalho real poderão ser normatizados alguns procedimentos, codificando-se toda uma prática informal como medida essencial para o bom andamento da produção.

A proteção que o Direito oferece para a saúde do trabalhador há de atuar, não apenas sobre as condições de trabalho, mas, sobretudo, em face da organização do trabalho. Aos fatores físicos do meio ambiente devem se agregar conhecimentos do clima social e psicológico do local de trabalho e sua influência no senso de bem-estar do trabalhador.[345]

Na maioria das tarefas, mesmo nas mais desqualificadas, a exploração passa pela profundeza mental. Com efeito, a exploração do corpo passa sempre e necessariamente por uma neutralização prévia da vida mental, através da organização do trabalho.

A submissão dos corpos só é possível graças a uma operação específica sobre os processos psíquicos, etapa fundamental, cujas peças podem ser desmontadas. Tornar dócil um corpo não é coisa simples, pois ele, normalmente, está submetido à sua chefe natural chamada personalidade.

A desapropriação do corpo só é possível graças a uma operação específica sobre a estrutura da personalidade, cujos efeitos, duráveis ou reversíveis, segundo o caso, fazem parte integrante da carga de trabalho. Assim, a carga psíquica de trabalho não seria apenas um efeito acessório do trabalho, mas resultaria, exatamente, de uma etapa primordial, da qual dependeria a submissão do corpo, etapa cujo sucesso seria assegurado pela própria organização do trabalho.[346]

Retomando, ainda, a questão da macroergonomia, e apenas para ilustrar sua importância, a empresa AT&T Global perdeu 298 dias de trabalho devido a aciden-

---

(344) VIDAL, 2000.
(345) DINIZ, Ana Paola Santos Machado. *Saúde no trabalho.* São Paulo: LTr, 2003. p. 48.
(346) DEJOURS, 1992, p. 132.

tes em 1990. Este número caiu para 231 no primeiro ano após o início da primeira rodada de mudanças microergonômicas (1991) e foi a zero depois de completada a segunda rodada de alterações macroergonômicas.[347]

Deve ficar claro que não se trata de menoscabo ou de desnecessidade da microergonomia, trata-se, sim, de inseri-la em uma perspectiva mais ampla, do conhecimento panorâmico e das habilidades da macroergonomia para poder criar sistemas mais harmonizados, de modo que alcancem, em conjunto, uma melhoria sinérgica do desempenho dos sistemas de trabalho e o desenvolvimento da qualidade de vida no plano individual e da sociedade.[348]

Registre-se, também, que a gerência do relacionamento entre o trabalhador e os perigos de seu trabalho em cada nível está associada à produção de acidentes naquele nível. Consequentemente, uma mudança nesse gerenciamento seria associada a uma mudança na produção de acidentes, como é o caso do exemplo da empresa AT&T Global, acima abordado.[349]

Dessa forma, as interfaces supramencionadas estão todas presentes, e de forma simultânea, em cada situação de trabalho, sendo que os riscos de agravos à saúde do trabalhador estão sempre jungidos a uma ou mais interfaces como tais estudadas na ergonomia, daí a necessidade de um estudo aprofundado e detido acerca da identificação, em cada uma delas, dos diversos riscos ocupacionais encontrados.

❑ 8.4. O princípio da adaptação do trabalho ao trabalhador e sua efetividade

Uma das técnicas usadas com muito sucesso para efetivar o princípio da adaptação do trabalho ao trabalhador na empresa é a formação e preparação de um comitê de ergonomia, constituído de um grupo técnico-operacional da própria empresa, inclusive com representantes dos trabalhadores.[350]

O grupo faz um mapeamento ergonômico da empresa, deduz as medidas necessárias para a melhora ergonômica em cada um dos trabalhadores e elabora um cronograma das soluções, que é necessariamente aprovado pela direção da empresa.

---

(347) HENDRICK, Hal W.; KLEINER, Brian M. *Macroergonomia:* uma introdução aos projetos de sistemas de trabalho. Tradução de Mário César Vidal e José Roberto Mafra. Rio de Janeiro: Virtual Científica, 2006. p. 134-135.
(348) *Ibid.*, p. 160-161.
(349) DWYER, Tom. Uma concepção sociológica dos acidentes de trabalho. *Revista Brasileira de Saúde Ocupacional*, São Paulo, v. 22, n. 81, p.18, jan./fev./mar. 1994.
(350) VERONESI JUNIOR, 2008, p. 48.

Uma das etapas mais importantes dessa implantação é o treinamento básico de ergonomia para supervisores e chefias de produção e manutenção, a partir do qual eles mesmos irão deduzir uma série de medidas capazes de melhorar a condição ergonômica de forma eficaz.

Com o tempo, o comitê passa a ter a importantíssima função de fazer análise ergonômica de demandas específicas, utilizando a consultoria para situações mais complexas.

A intervenção ergonômica é dada em várias etapas do processo de trabalho e da empresa. Para facilitar e conseguir melhor resultado ela acontece de forma gradativa, cujas fases são a seguir mencionadas. [(351)]

A primeira fase consiste em transformar condições primitivas em postos de trabalho. A maioria dos trabalhadores executa suas atividades laborais de forma primitiva, sem qualquer conforto ou método de aplicabilidade, sentindo dores durante o dia e recuperando-se parcialmente à noite, não conseguindo identificar as condições de trabalho como ruins, em virtude do desconhecimento completo de um parâmetro diferente do vivenciado.

A segunda fase reside na melhora das condições de conforto relacionadas ao ambiente de trabalho. Nessa fase, tem grande importância a questão do conforto térmico para os trabalhos intelectuais, de nível de ruídos e de iluminação correta para se realizar a atividade.

A terceira fase é a melhora do método de trabalho. Essa é uma das áreas mais sutis da ergonomia, pois, se é relativamente fácil enxergar as condições biomecânicas desfavoráveis, é muito difícil fazer a imersão no método de trabalho, e daí deduzir melhorias de alto significado para o conforto e produtividade do trabalhador.

A quarta fase se caracteriza pela melhora da organização do sistema de trabalho. O sistema de trabalho é organizado, muitas vezes, segundo uma linha de montagem, com uma série de situações antiergonômicas. Atualmente, o sistema é frequentemente organizado sob a forma de células de produção, porém mantendo os mesmos problemas das linhas de montagem. A falta de racionalidade na organização do trabalho acarreta graves consequências sobre o trabalhador.

E a última fase é a da concepção. Trata-se da etapa mais avançada, na qual, antes de se encomendar uma máquina, antes de se construir uma fábrica ou mesmo um escritório, procura-se estudar o impacto ergonômico sobre as pessoas, fazendo as devidas adequações.

---

(351) COUTO, H. A. *Ergonomia aplicada ao trabalho*: manual técnico da máquina humana. Belo Horizonte: Ergo, 1995, v. 1.

Deve-se registrar que essa fase de concepção se reveste de muita importância. Em alguns casos, a falta de estudo prévio do impacto ergonômico das condições de trabalho pode inviabilizar um processo produtivo saudável. A título de exemplo, o autor desse livro, no exercício de suas funções institucionais como auditor fiscal do trabalho, deparou-se com uma fábrica de produção de tijolos (indústria cerâmica) em que as condições térmicas eram insalubres, nos termos preconizados pelo Anexo n. 3, na Norma Regulamentadora n. 15 do Ministério do Trabalho e Emprego, com exposição de calor dos trabalhadores muito acima dos limites de tolerância ali preconizados.

A fábrica de tijolos acima mencionada tinha o pé-direito muito baixo (dois metros e meio), era coberta por telhas de amianto, as bocas dos dezesseis fornos estavam próximas e de frente umas para as outras e a região do país onde a referida fábrica foi instalada é extremamente quente, com temperaturas que chegam aos 42° C. Às 15h, quando as atividades da fábrica são intensas, tem-se o efeito combinado do calor metabólico (produzido pela movimentação dos trabalhadores, carregando os tijolos nos carros de mão), do calor radiante (devido à irradiação solar na telha de amianto) e do calor por condução (emanado dos fornos). Cria-se, então, uma condição de trabalho completamente insalubre, podendo provocar uma série de doenças ocupacionais nos trabalhadores, que vão desde a desidratação e perdas de eletrólitos do corpo, levando à exaustão ou cãimbras, até a perturbação das funções cardiovasculares normais.

Após a análise das condições térmicas na fábrica de tijolos mencionada, o autor do presente estudo chegou à seguinte conclusão: a causa determinante das condições apresentadas foi a falta de estudo prévio do impacto ergonômico das condições de trabalho, ausência de projeto, ou seja, existia um problema de concepção, que, de fato, só poderia ser resolvido com a demolição completa da fábrica e a sua reconstrução nos moldes ergonomicamente aceitáveis.

Feitas essas considerações, é fato que é por meio da Análise Ergonômica do Trabalho — AET que o princípio da adaptação do trabalho ao trabalhador terá sua eficiência garantida. A AET é prevista no ordenamento jurídico brasileiro, tanto em normas trabalhistas (Norma Regulamentadora n. 17 do Ministério do Trabalho e Emprego) como previdenciárias, e sua realização tem trazido uma série de controvérsias entre os ergonomistas e uma certeza entre os profissionais da prevenção: ela tem de ser feita dentro do programa de prevenção da empresa. É o que se pode inferir da jurisprudência do Tribunal Superior do Trabalho ora colacionada:

> **RECURSO DE REVISTA. INDENIZAÇÃO POR DANO MORAL. DOENÇA PROFISSIONAL EQUIPARADA A ACIDENTE DE TRABALHO. NEXO POR CONCAUSA.** Resta presumida a participação culposa da reclamada, quando não há controvérsia acerca da existência de doença ocupacional — LER. **Não basta que a empresa tenha a preocupação com a saúde do empregado, sendo dever legal a adoção de programas de controle de saúde e de prevenção de riscos ambientais.** Necessário que o empregado efetivamente não seja acometido da doença, sendo devida indenização ao empregado acometido de doença ocupacional,

mesmo que dos elementos dos autos se verifique o trabalho como nexo concausal, já que o agravamento de doença do empregado, em razão do trabalho, impõe à empresa o dever de reparar o dano. Recurso de revista conhecido e provido. (RR — 113700-10.2007.5.24.0003, Relator Ministro: Aloysio Corrêa da Veiga, Data de Julgamento: 11.10.2011, 6ª Turma, Data de Publicação: 21.10.2011).[352] (Grifo nosso)

Formalmente, a AET se constituiu em um conjunto estruturado e intercomplementar de análises situadas, de natureza global e sistemática, sobre os determinantes da atividade das pessoas numa organização. Essas análises são engendradas pelas demandas de que se originam as ações ergonômicas necessárias, que buscam, já na fase inicial, definir a natureza do problema a partir dessa demanda, e, constituir-se-ão em referências úteis para a formulação de um diagnóstico.[353]

Assim, numa primeira ordenação, os métodos e técnicas da AET têm pelo menos as seguintes características: combinam técnicas de observação (anotação, fotografia e vídeo, esquemas) com métodos de quantificação (mensurações, estatísticas e escrutínios) e procedimentos interacionais (conversações, entrevistas abertas e fechadas e grupos de foco); buscam combinar procedimentos de descrições (quadros, tabelas, gráficos e ambas), validação (restituição de resultados, autoconfrontações) e modelagem (plantas, perspectivas, maquetes e simulações); e operam com variáveis quantitativas (quantidades, frequências, sequências) e qualitativas (contextos de ocorrências, singularidades, curiosidades anedóticas).

Essas análises são engendradas pelas demandas de que se originam as ações ergonômicas necessárias e permitem, já na fase de esclarecimento inicial de demandas, definir a natureza do problema. Os casos de que tratam as demandas podem ser de dois tipos básicos: casos simples, que são, infelizmente, raros, nos quais as análises convergem rapidamente para uma síntese de recomendações que podem ser diretamente incorporadas nos projetos de transformação positiva da realidade de trabalho; e casos complexos, que são os mais frequentes, nos quais as sínteses são obtidas mediante uma série de esquematizações parciais e, progressivamente, focadas em aspectos da atividade de trabalho.

A AET pode ser conceituada como um itinerário metódico ambientado e contextualizado, um edifício composto por quatro blocos, quais sejam: as premissas: o conjunto de motivações para realização da AET numa empresa e que se materializam na sua demanda gerencial; o fluxo principal de procedimentos: constituído das etapas subsequentes entre a formulação global do problema e seu entendimento final por parte da organização como um todo como resultante

---

(352) BRASIL. Tribunal Superior do Trabalho. Recurso de Revista n.113700-10.2007.5.24.0003 da 6ª Turma. Indenização por dano moral. Doença profissional equiparada a acidente de trabalho. Nexo por concausa. Relator: Ministro Aloysio Corrêa da Veiga, 11 de outubro de 2011. Disponível em: <http://www.tst.gov.br/>. Acesso em 10 mar. 2012.

(353) MÁSCULO; VIDAL, 2011, p. 245-263.

do trabalho da equipe de ergonomia; a documentação e registro: integrado pela massa de dados gerados e manuseados pela equipe de ergonomia ao longo da AET; e o caderno de encargos, que é o resultado da AET.[354]

A metodologia é o itinerário metódico ambientado e contextualizado que, mediante uma série de métodos e técnicas, permite ao profissional entender o objeto de investigação e seu escopo de atuação para realizar a finalidade de sua disciplina de ação sobre a realidade. Para o profissional que trabalha com ergonomia, trata-se de entender a relação da atividade de trabalho com seu contexto (ambiental, tecnológico e organizacional) e com isso propor as modificações necessárias para que se logre uma transformação positiva.

Partindo de uma demanda gerencial, quase sempre nebulosa, por meio de seu fluxo principal e mediante procedimentos de coleta, registro e documentação de dados, a ergonomia chega a seus resultados. De acordo com a demanda real, eles podem ser de três tipos: o laudo ergonômico, o relatório de intervenções e o caderno de especificações ergonômicas.

Um laudo técnico, do ponto de vista previdenciário brasileiro, é o documento que identifica, entre outras especificações, as condições ambientais de trabalho, o registro dos agentes nocivos e a conclusão de que a exposição a estes seria ou não prejudicial à saúde ou integridade física do trabalhador. Um laudo ergonômico seria, nesse sentido, o atestado da existência ou não de fatores de natureza ergonômica que causassem algum tipo de impacto negativo sobre o trabalhador.

O laudo ergonômico é frequentemente solicitado pelas empresas que tenham sido recentemente notificadas pela Superintendência Regional do Trabalho e Emprego e buscam se justificar perante a fiscalização. Nele, busca-se harmonizar os critérios de saúde e de produtividade, como é próprio da ergonomia.

O laudo ergonômico pode ser produzido por perito para atender à demanda no âmbito da Justiça do Trabalho, como demonstra a jurisprudência ora colacionada:

> **RECURSO DE REVISTA. INDENIZAÇÃO POR DANOS MORAIS. RESPONSABILIDADE DO EMPREGADOR. ÔNUS DA PROVA.** O Tribunal Regional, instância soberana no exame da prova dos autos, deliberou, com base no laudo pericial, que o autor é portador de doença de origem ocupacional, em razão das atividades desenvolvidas em condições ambientais que possuem riscos ergonômico e físico; que houve perda parcial da capacidade laborativa, para atividades que demandam esforço excessivo e repetitivo de membros superiores; que há nexo causal entre a doença apresentada pelo autor e suas atividades laborais na empresa, diante da exigência predominante de membros superiores, coluna cervical e lombar, além de ortostatismo prolongado, atenção permanente, ritmo e movimentos repetitivos de membros superiores-; que não houve troca de posto de trabalho do autor, após o surgimento da referida doença; que não há possibilidade de reabilitação do autor para a função desempenhada por ele na ré (ajudante de produção em frigorífico), devendo ser, após a melhora da patologia, readaptado para outra função que não demande esforço excessivo/repetitivo de membros

(354) MÁSCULO; VIDAL, 2011, p. 245-263.

superiores. Nesse contexto fático, inviável de alteração nesta instância extraordinária, a teor da Súmula nº 126 do TST, constata-se que o Tribunal Regional deu a exata subsunção dos fatos ao comando inserto nos artigos 5º, X, e 7º, XXVIII, da Constituição Federal, porquanto estão presentes o dano (incapacidade laboral parcial), a culpa da ré (descumprimento das normas de segurança e medicina do trabalho) e o nexo de causalidade (movimento repetitivo dos membros superiores). De outra parte, o princípio da distribuição do ônus da prova, a que se referem os artigos 818 da CLT e 333, I, do CPC, somente tem aplicação quando não comprovados os fatos. Evidenciado o fato constitutivo do direito à indenização postulada, decorrente da comprovada responsabilidade da ré na moléstia do autor, como se extrai do acórdão regional, impossível reconhecer violação literal desses dispositivos de lei. INDENIZAÇÃO POR DANOS MORAIS. CRITÉRIO DE QUANTIFICAÇÃO DO VALOR ARBITRADO. A acolhida do recurso encontra óbice nas Súmulas nos 296 e 337, I, do TST. ACIDENTE DE TRABALHO. PENSÃO MENSAL VITALÍCIA. LIMITAÇÃO ETÁRIA. A matéria referente à imposição de condenação decorrente de ato ilícito está disciplinada nos artigos 927 e 950 do Código Civil. Da conjugação de tais dispositivos conclui-se que descabe a menção da empresa em limitar a pensão vitalícia à idade de 65 anos. Precedentes do Tribunal Superior do Trabalho. DESPESAS MÉDICAS. ÔNUS DA PROVA. A Corte Regional adotou tese genérica acerca da comprovação dos gastos com tratamento de saúde, uma vez que se limitou a consignar que o deferimento de indenização por danos emergentes imprescinde da respectiva comprovação dos gastos obtidos-. Desse modo, para se concluir que não houve a referida comprovação pelo autor seria necessário o reexame do conjunto fático-probatório dos autos, procedimento vedado nesta instância extraordinária, à luz da Súmula n 126 do TST. Recurso de revista de que não se conhece. (RR – 22900-05.2008.5.12.0012, Relator Ministro: Pedro Paulo Manus, Data de Julgamento: 17.10.2012, 7ª Turma, Data de Publicação: 19.10.2012).[355]

A confecção de um laudo ergonômico, a rigor, requer que uma análise ergonômica do setor ou área de trabalho tenha sido feita, mesmo que resulte de uma apreciação global ou de uma verificação normativa, validada pelos operadores em sessão de restituição. Essa sistemática é a mais elementar forma de AET e, portanto, o laudo é o resultado mais simplificado, e que indica apenas uma aferição básica das condições de trabalho. Em geral, os laudos são insuficientes para realizar transformações positivas e, por essa razão, têm pouca força perante a fiscalização.

O relatório de intervenção ergonômica se constitui num documento muito mais elaborado que o laudo, por conter não apenas os constituintes do laudo, mas, igualmente, a caracterização minuciosa do problema desde sua gênese até a modelagem operante realizada, destacando-se a contextualização da empresa, os critérios de encaminhamento adotados e a indicação geral de problemas suplementares observados e não tratados.

Por se tratar de uma documentação mais extensa e detalhada, os relatórios de intervenção elencam todos os elementos necessários para as mudanças, mediante a formulação de recomendações precisas, que possibilitam a elaboração das mudanças necessárias para a otimização ergonômica da empresa.

---

(355) BRASIL. Tribunal Superior do Trabalho. Recurso de Revista n. 22900-05.2008.5.12.0012 da 7ª Turma. Indenização por danos morais. Responsabilidade do empregador. Ônus da prova. Relator Ministro: Pedro Paulo Manus, 17 outubro de 2012. Disponível em: <http://www.tst.gov.br/>. Acesso em 10 mar. 2012.

O caderno de especificações ergonômicas de uma situação de trabalho — tecnicamente denominado caderno de encargos — consiste no resultado maior da análise ergonômica e pode ser entendido como a descrição e a caracterização do modelo operante da situação de trabalho, analisada e formulada em termos inteligíveis para o demandante. Em outros termos, trata-se de um relatório de intervenção acrescido da especificação das mudanças em termos projetuais (plantas, memorial descritivo de obras, especificação de compras, ordens de serviço e outros detalhamentos necessários). Nesse sentido o caderno de encargos poderá requerer a participação de outras disciplinas para além da ergonomia.

Dessa forma, resta claro que a eficiência do princípio da adequação do trabalho ao trabalhador requer a formação da estrutura de ação ergonômica, produção e comissionamento junto à empresa. É a essa estrutura que as modelagens se reportam e é em face delas que sua produção toma um sentido útil, prático e aplicado.

De tudo que foi exposto, chega-se às seguintes conclusões:

durante muito tempo prevaleceu o pensamento de que era necessário adaptar o homem ao trabalho, enquadrando-o às exigências do serviço. As necessidades da produção, o desenho dos equipamentos, a velocidade das máquinas, o aumento da produção estavam em primeiro lugar. Nesse contexto, nos descompassos entre o trabalhador, as máquinas e o ambiente de trabalho, perdia sempre o trabalhador, que era substituído como mera engrenagem de um sistema;

atualmente, o enfoque da legislação nacional e de outros países, das normas internacionais, Convenções da OIT e das Normas Regulamentadoras do Ministério do Trabalho e Emprego converge para o fato de que é o trabalho que deve se adaptar ao trabalhador e não o inverso;

o princípio da adaptação do trabalho ao trabalhador adquire lineamentos concretos com o efetivo aparecimento da ergonomia, a partir da segunda metade do século XX. A visão de trabalho como *tripalium* (instrumento antigo romano de tortura) ainda persiste no imaginário de muitos empregadores para os quais, se o trabalhador não tiver finalizado o seu dia tremendamente fadigado, não terá sido válido seu labor. Todavia, a visão da ergonomia como conjunto de tecnologia que permite o aumento da produtividade, preservando o conforto do trabalhador, sem que ele fique, anormalmente, fadigado, é, antes de tudo, uma visão compatível com a empresa como sistema social eficaz, na qual o ser humano que ali labora é visto como cidadão e é respeitado em sua dignidade e não simplesmente como um braço ou uma ferramenta descartável.

CONCLUSÕES

De tudo quanto se expôs ao longo deste livro, apresenta-se uma síntese para se fixar as ideias centrais dos princípios do direito à segurança e saúde no trabalho, visando-se alcançar a compreensão e inter-relação desses núcleos, sobre os quais se radica e estrutura a disciplina Direito à Segurança e Saúde no Trabalho:

a) A integridade física e psíquica do trabalhador é um direito fundamental, respaldado na Constituição Federal, art. 6º e art. 7º, XXII, em normas internacionais, Convenções da OIT, na CLT, Capítulo V, Título II, em inúmeras instruções normativas, Normas Regulamentadoras e portarias expedidas pelo Ministério do Trabalho e Emprego.

b) As Convenções da OIT ratificadas antes da Emenda Constitucional n. 45/2004 ostentam no Brasil natureza supralegal, pelo que afastam a aplicação de toda legislação ordinária ou complementar com elas conflitantes. Só não podem contrariar a Constituição da República pela sua supremacia sobre todo o ordenamento jurídico nacional.

As Convenções da OIT n. 148, 155 e 161, ratificadas pelo Brasil antes da Emenda Constitucional n. 45/2004, que tratam de condições de segurança e saúde dos trabalhadores, essenciais para a elaboração dessa produção teórica e relacionadas nos anexos desse livro, ocupam na hierarquia das normas jurídicas um espaço intermediário entre a Constituição Federal e a lei ordinária, tendo, assim, *status* infraconstitucional, mas, ao mesmo tempo, supralegal.

c) Este estudo demonstrou a profunda relevância dos princípios aqui abordados para o sistema jurídico de tutela da saúde e segurança do trabalhador no país.

Para tanto, foi demonstrado que princípio jurídico é a verdade fundante admitida como condição básica de validade das demais normas a ele relacionadas. As normas de segurança e saúde do trabalhador são dotadas de cogência absoluta e asseguram aos trabalhadores direitos indisponíveis, ante o caráter social do qual se revestem e o interesse público que os inspira.

d) O princípio jurídico é o mandamento nuclear de um sistema, verdadeiro alicerce dele, disposição fundamental que se irradia sobre diferentes normas, compondo-lhes o espírito e servindo de critério para sua exata compreensão e inteligência, exatamente por definir a lógica e a racionalidade do sistema normativo, no que lhe confere a tônica e lhe dá sentido harmônico.

e) O Direito Tutelar da Saúde e Segurança do Trabalhador, enquanto segmento jurídico especializado, constitui um todo unitário, um sistema composto de princípios, categorias e regras organicamente integradas entre si. Sua unidade sela-se em função de um elemento básico, sem o qual seria impensável a existência do próprio sistema. Nesse ramo jurídico, a categoria básica centra-se na intensidade da cogência como são tratadas as normas relativas à saúde e à segurança do trabalhador. Trata-se de normas imperativas, indeclináveis e inderrogáveis.

f) Feitas essas considerações, os Princípios Específicos do Direito Tutelar da Saúde e Segurança do Trabalhador apresentados não são trazidos a lume pela mente inventiva do autor deste livro, mas tão somente são identificados e reconhecidos como princípios já existentes no ordenamento jurídico pátrio, que reclamavam, há algum tempo, sua sistematização. Por essa razão, eles foram analisados nessa obra e são a seguir comentados de modo sintético.

g) A Constituição Federal erigiu a princípio constitucional o direito à saúde (art. 6º), o qual, aliás, mostra-se indissociável de dois outros princípios, também constitucionais: o da dignidade da pessoa humana e o da garantia a um meio ambiente do trabalho equilibrado (arts. 1º, III, e 225 c/c 200, VIII).

O princípio da indisponibilidade da saúde do trabalhador se fundamenta na constatação, com matriz constitucional, de que as normas de medicina e segurança do trabalho são parcelas imantadas por uma tutela de interesse público, a qual a sociedade democrática não concebe ver reduzida em qualquer segmento econômico-profissional, sob pena de se afrontarem a própria dignidade da pessoa humana e a valorização mínima deferível ao trabalho (arts. 1º, III, e 170, *caput*, da Constituição Federal).

O dever geral de cautela do empregador lhe impõe a obrigação de proteger o patrimônio físico, psicológico e moral do trabalhador, pois é do empregador o risco do negócio (arts. 2º e 157 da CLT), cabendo ao Estado, via de regra, as atribuições de produção normativa e fiscalização da aplicação das normas relativas à saúde do trabalhador.

h) O princípio do risco mínimo regressivo, emanado do art. 7º, XII, da Constituição, informa que o risco de acidente de trabalho ou doença ocupacional deve decrescer com o avanço da tecnologia e, na sua aplicação, deve-se levar em conta aspectos de natureza técnica, ética, social, política e econômica.

O mencionado princípio tem como meta a redução progressiva dos riscos ocupacionais em direção ao risco zero de modo que, o risco que hoje é considerado tolerável, no futuro poderá ser enquadrado como risco que deve ser eliminado ou minimizado, em razão de novos conhecimentos.

A fronteira onde termina a segurança e a saúde e começa a doença e o acidente deve ser estabelecida com base em informações detalhadas de caráter objetivo e científico. Na dúvida, devem ser implementadas ações preventivas, baseadas nos direitos dos trabalhadores insculpidos nos princípios da precaução, na indisponibilidade da saúde do trabalhador e no do *in dubio pro operario*.

i) O fundamento do poder do empregador está no contrato de trabalho e este poder tem natureza de direito-função, que, tal qual na esfera pública, deve ser exercido no âmbito particular da empresa, tendo em vista não o exclusivo interesse do capitalista, mas o da coletividade dos trabalhadores contratados.

O art. 2.035, parágrafo único, do Código Civil de 2002 prevê que: "Nenhuma convenção prevalecerá se contrariar preceitos de ordem pública, tais como os estabelecidos por este Código para assegurar a função social da propriedade e dos contratos". Assim sendo, o princípio do direito de recusa do obreiro tem respaldo no princípio da função social do contrato, uma vez que na questão relativa à saúde e segurança do trabalhador, todas as normas são cogentes e de ordem pública.

A efetividade do princípio do direito de recusa do obreiro decorre da efetiva aplicação do princípio de instrução do trabalhador. Na prática, o trabalhador só terá condições de interromper suas atividades, quando se deparar com situação de risco grave e iminente para sua vida ou saúde, se ele for devidamente instruído a fazê-lo, estando capacitado a avaliar as situações de consideráveis riscos ocupacionais.

j) A tomada de consciência crítica de que é por meio do trabalho que o homem transforma a natureza e se relaciona com os outros homens para a produção de sua própria existência é o primeiro elemento de um processo que permite perceber que é dentro de velhas e adversas relações sociais que se pode construir outras relações, nas quais o trabalho se torne manifestação de vida e, portanto, seja considerado educativo.

A falta de aplicação do princípio da instrução do trabalhador, como norma supralegal que deve impelir o empregador a responsabilizar-se por informar os trabalhadores, de maneira compreensível, dos perigos relacionados com o seu trabalho e de disponibilizar-lhes programas apropriados de formação e de instruções compreensíveis em matéria de segurança e saúde, assim como em relação às tarefas que lhe são atribuídas, tem se caracterizado como relevante fator de risco, que deve ser combatido com a adoção das medidas pertinentes inspiradoras do princípio comentado.

A efetividade da aplicação do princípio da instrução do trabalhador decorre da efetiva educação, formação e informação em saúde e segurança de todos os intervenientes (níveis de gestão, intermediário e operacional da empresa) em cada um dos seguimentos produtivos existentes e não apenas dos trabalhadores em nível operacional ou de profissionais especializados na área de segurança e saúde.

k) O princípio do não improviso estabelece que a conduta improvisada na área da saúde e segurança do trabalho deve ser terminantemente condenada, uma vez que coloca em risco a saúde, integridade física e, em alguns casos, até mesmo a vida do trabalhador.

O mencionado princípio alcançou um considerável avanço com o desenvolvimento dos sistemas de gestão de segurança e saúde do trabalho, inclusive os do tipo integrado, e com os programas de segurança do trabalhador institucionalizados no Brasil. Todavia, eles, por si só, não se mostraram capazes de superar a fragmentação, desarticulação e superposição, das ações implementadas pelos setores Trabalho, Previdência Social, Saúde e Meio Ambiente, nas questões afetas à saúde e segurança do trabalhador.

Atendendo, assim, às tendências normativas internacionais, notadamente aos compromissos que o Brasil já assumiu ao ratificar diversas Convenções da OIT e à necessidade de se integrar as políticas públicas em torno do tema abordado, foi elaborada a Política Nacional de Segurança e Saúde no Trabalho, que representa, por tudo o que ela significa e foi comentado neste livro, a consagração institucional do princípio do não improviso.

l) A maioria dos eventos adversos é previsível e prevenível e, ao contrário de constituir obra do acaso (visão fatalista), como sugere a palavra acidente, são fenômenos socialmente determinados, relacionados a fatores de risco presentes nos sistemas de produção.

Todo o enfoque da legislação nacional e de outros países, das normas internacionais, Convenções da OIT e das Normas Regulamentadoras do Ministério do Trabalho e Emprega aponta para a priorização da eliminação do risco em sua origem. Deve-se registrar, todavia, que no Brasil a exceção tornou-se a regra. Em vez de eliminar as condições de risco na fonte, o empresário prefere a solução mais cômoda e barata, porém menos eficiente, que é o simples fornecimento do equipamento de proteção individual;

Uma boa e bem realizada investigação das causas de acidentes de trabalho é instrumento de suma importância para a aplicação efetiva do princípio da retenção do risco na fonte, pois só se retém o risco na fonte se são investigadas as reais fontes do risco, a fim de combatê-las em sua raiz. O conhecimento derivado dessa análise tem ampliado as possibilidades de prevenção de novos acidentes.

m) Durante muito tempo prevaleceu o pensamento de que era necessário adaptar o homem ao trabalho, enquadrando-o às exigências do serviço. As necessidades da produção, o desenho dos equipamentos, a velocidade das máquinas, o aumento da produção estavam em primeiro lugar. Neste contexto, nos descompassos entre o trabalhador, as máquinas e o ambiente de trabalho, perdia sempre o trabalhador, que era substituído como mera engrenagem de um sistema.

Atualmente, o enfoque da legislação nacional e de outros países, das normas internacionais, Convenções da OIT e das Normas Regulamentadoras do Ministério do Trabalho e Emprego converge para o fato de que é o trabalho que deve se adaptar ao trabalhador e não o inverso.

O princípio da adaptação do trabalho ao trabalhador adquire lineamentos concretos com o efetivo aparecimento da ergonomia, a partir da segunda metade do século XX. A visão de trabalho como *tripalium* (instrumento antigo romano de tortura) ainda persiste no imaginário de muitos empregadores para os quais, se o trabalhador não tiver finalizado o seu dia tremendamente fadigado, não terá sido válido seu labor. Todavia, a visão da ergonomia como conjunto de tecnologia que permite o aumento da produtividade, preservando o conforto do trabalhador, sem que ele fique, anormalmente, fadigado, é, antes de tudo, uma visão compatível com a empresa como sistema social eficaz, na qual o ser humano que ali labora é visto como cidadão e é respeitado em sua dignidade e não simplesmente como um braço ou uma ferramenta descartável.

n) Os princípios apresentados neste estudo devem atuar como mandamentos de otimização do sistema, devendo se consagrar, definitivamente, na doutrina e contribuir para que os operadores jurídicos compreendam o verdadeiro sentido do trabalho digno e saudável, sem riscos de lesões, doenças ou mortes de trabalhadores.

Esses princípios devem servir, ainda, de guia para a produção, interpretação e aplicação das normas jurídicas de tutela da segurança e saúde do trabalhador.

o) As normas legais de segurança e saúde do trabalhador precisam incorporar o avanço ocorrido no Direito Internacional do Trabalho, assimilar as inovações e os princípios da Constituição Federal de 1988 e disciplinar suficientemente, a internalização das diretrizes estabelecidas nas Convenções da OIT ratificadas pelo Brasil.

p) Um grande passo para que isso aconteça foi dado com a recém-aprovada Política Nacional de Segurança e Saúde no Trabalho, que representa, em nível governamental, a consagração dos princípios específicos de tutela da segurança e saúde do trabalhador e responde às tendências normativas internacionais, às estatísticas elevadas dos acidentes de trabalho, ao acervo doutrinário sobre o assunto, ao número crescente de demandas judiciais por parte de acidentados e seus dependentes, aos compromissos que o Brasil já assumiu ao ratificar diversas Convenções da OIT e às dificuldades do operador jurídico de abordar e compreender o tema.

q) O Direito à Segurança e Saúde no Trabalho está, em termos de representação, no ponto de interseção de dois traços que se cortam em forma de "X", cujas quatro pontas são o Direito do Trabalho, o Direito Previdenciário, o Direito Sanitário e o Direito Ambiental. O Direito à Segurança e Saúde no Trabalho surge da interação dessas quatro disciplinas afins, mas com elas não se confunde, pois possui objeto próprio e princípios específicos.

r) O núcleo normativo em vigor no Brasil sobre a proteção jurídica à segurança e saúde do trabalhador está concentrado nas Normas Regulamentadoras, baixadas por intermédio de Portarias do Ministério do Trabalho e Emprego, em decorrência de delegação normativa expressa na CLT e outras leis ordinárias e têm plena eficácia normativa, como aliás, já decidiu diversas vezes o SFT (ADI ns. 360-7, 996, 1.258, 1.347, 1.388, 1.670, 1.946, 2.398, dentre outras). Apesar disso, elas têm sido pouco reverenciadas pelos profissionais do Direito, sob a alegação de não se tratar de lei apta a criar direitos e obrigações.

s) As normas de tutela do direito da segurança e saúde do trabalhador, que ainda têm o seu núcleo normativo situado em portarias ministeriais, como é o caso das Normas Regulamentadoras do Ministério do Trabalho e Emprego, apesar de terem plena eficácia jurídica, reivindicam, em virtude de sua relevância, a sua elevação para uma produção normativa em nível legal, com a elaboração e publicação de uma lei (Estatuto ou Código — contendo, inclusive, disposições penais) que atenda seus reclames e que venha dar consistente substrato jurídico aos operadores desse ramo do Direito no Brasil e à Política Nacional de Segurança e Saúde no Trabalho.

As conclusões acima expostas plasmam o entendimento do autor sobre o Direito à Segurança e Saúde no Trabalho, que, como foi repisado no transcorrer do livro, tem objeto e princípios próprios e, portanto, não deve ser estudado apenas por engenheiros de segurança e médicos do trabalho, mas deve entrar, em definitivo, no currículo das faculdades de Direito e das provas e concursos na área jurídica, a fim de instrumentalizar estes profissionais com uma formação sólida em segurança e saúde do trabalhador, o que será revertido, por certo, na melhoria das condições de labor dos trabalhadores brasileiros.

REFERÊNCIAS

ACIDENTES de trabalho no Brasil cresceram 13,4%. *Revista Proteção*, Novo Hamburgo, fev. 2010. Disponível em: <http://www.protecao.com.br/noticias/estatisticas/acidentes_de_trabalho_no_brasil_crescem_13,4/J9jgAA>. Acesso em 20 jun. 2012.

ALBALADEJO, M. *Derecho Civil.* 10. ed. Barcelona: Bosch, 1997. Tomo II.

ALVES, José Augusto Lindgren. *Os direitos humanos como tema global.* 2. ed. revista e ampliada. São Paulo: Perspectiva, 2003.

AMORIM JUNIOR, Cléber Nilson Ferreira. A inspeção do trabalho e sua competência para autorizar a prorrogação da jornada de trabalho em atividades insalubres. Jus Navigandi, Teresina, ano 15, n. 2473, abr. 2010. Disponível em: <http://jus.com.br/revista/texto/14656>. Acesso em: 20 set. 2011.

______. O embargo de obra e a interdição de estabelecimento, de máquinas e de setor de serviço previstos no art.161 da CLT. Considerações jurídicas. *Jus Navigandi,* Teresina, ano 16, n. 2791, 21 fev. 2011. Disponível em: <http://jus.com.br/revista/texto/18541>. Acesso em: 26 jun. 2012.

ARANHA, Maria Lúcia de Arruda; MARTINS, Maria Helena Pires. *Filosofando:* introdução à filosofia. São Paulo: Moderna,1986.

ARAÚJO, N. M. *Sistema de Gestão de Segurança e Saúde Ocupacional OHSAS 18001:* 2007 e OIT SSO: 2001. 2. ed. Rio de Janeiro: GVC, 2008, v. 1.

ARENDI, H. *The humam condition*. Chicago: University of Chicago Press, 1958.

ARIZA, Santiago Sastre. Hacia uma teoria exigente de los derechos sociales. *Revista de Estudios Políticos*, Madrid, n. 112, abr./jun. 2001.

ASSOCIAÇÃO BRASILEIRA DE ERGONOMIA. *A definição brasileira da Ergonomia:* contribuição para a definição internacional de Ergonomia: report 2000 to IEA Council. Rio de Janeiro: San Diego: Brazilian Ergonomics Association, 2000.

ASSOCIACION ESPAÑOLA DE NORMALIZACION. *OHSAS 18001:* 2007: Sistema de Gestion de La Seguridad y Salud en el Trabajo: requisitos. Espanha, 2007. Disponível em: <http://www.sgcconsultora.com.ar/pdf/OHSAS_18001-2007(ES).pdf>. Acesso em 20 nov. 2012.

BA: Laudo técnico confirma falta de manutenção em elevador. *Notícias Terra,* 6 out. 2011. Disponível em: <http://noticias.terra.com.br/brasil/noticias/0,,OI5397575-EI8139,00-BA+laudo+tecnico+confirma+falta+de+manutencao+em+elevador+que+caiu.html>. Acesso em 20 jun. 2012.

BANDEIRA DE MELLO, Celso Antônio. *Curso de direito administrativo*. 22. ed. São Paulo: Malheiros, 2007.

BARCELOS, Ana Paula de. *Eficácia jurídica dos princípios constitucionais*: o princípio da dignidade da pessoa humana. Rio de Janeiro: Renovar, 2002.

BARRETO, Amaro. *Tutela geral do trabalho.* Rio de janeiro: Edições Trabalhistas, 1964, v. 1.

BARROS, Alice Monteiro de. *Curso de direito do trabalho.* 2. ed. São Paulo: LTr, 2006,

______. *Curso de direito do trabalho.* 8. ed. São Paulo: LTr, 2012.

BAYLOS, Antonio. *Derecho del trabajo:* modelo para armar. Madrid: Trotta, 1991.

BECK, Ulrich. *Risk society.* London: Sage, 1992.

______. *La sociedade del riesgo:* hacia uma nueva modernidad. Barcelona: Buenos Aires: México,1998.

______. *World risk society.* Cambridge: Polity, 1999.

BERDEIO, J. L. Lacruz. *Manual de Derecho Civil.* 2. ed. Barcelona: Bosch, 1984.

Bernardino Ramazzini. *In:* Wikipedia: a enciclopédia livre. Disponível em: <http://pt.wikipedia.org/wiki/Bernardino_Ramazzini>. Acesso em: 20 jun. 2012.

BINDER, Maria Cecília Pereira; ALMEIDA, Ildeberto Muniz de. Acidentes do trabalho: acaso ou descaso? *In:* MENDES, René (Org.). *Patologia do trabalho.* 2. ed. atualizada e ampliada. São Paulo: Atheneu, 2003, p.770 (5.4), 770-771 (5.4), 733 (5.5), 744 (5.2), 779-780 (5.4).

______. Estudo de caso de dois acidentes do trabalho investigados com o método de árvore de causas. *Cadernos de Saúde Pública,* Rio de Janeiro, v. 13, n. 4, p. 749-760, out./dez. 1997.

BITTAR, Carlos Alberto. *Os direitos da personalidade.* 3. ed. Rio de janeiro: Forense Universitária, 1999.

BOBBIO, Norberto. *Juízo de fato e juízo de valor.* Disponível em: <http://pt.shvoong.com/law-and-politics/law/1835106-ju%C3%ADzo-fato-ju%C3%ADzo-valor-segundo/>. Acesso em: 10 set. 2012.

BORSOI, Izabel Cristina Ferreira. Acidente de trabalho, morte e fatalismo. *Psicologia e Sociedade*, Porto Alegre, v. 17, n. 1, jan./abr. 2005. Disponível em: <http://www.scielo.br/scielo.php?script=sci_arttext&pid=S0102-71822005000100004&lng=pt&nrm=iso&>. Acesso em 10 dez. 2012.

BORSOI, Izabel Cristina Ferreira. Os sentidos do trabalho na construção civil: o "esforço alegre" sem a alegria do esforço. *In:* JACQUES, M. da G.; CODO, W. (Orgs.). *Saúde mental e trabalho***:** leituras. Petrópolis: Vozes, 2002, p. 309-324.

______. Quando o malabarista não é um artista: o perigo, o acidente e o medo na construção civil. *In:* RIGOTTO, R. (Org.). *As tramas da (in)sustentabilidade:* trabalho, meio ambiente e saúde no Ceará. Fortaleza: INESP, 2001.

BRASIL. Conselho Nacional de Educação. *Parecer n. 15/98.* Brasília, 1998. Disponível em: <http://portalsme.prefeitura.sp.gov.br/Documentos/BibliPed/TextosLegais/LegislacaoEducacional/Parecer_CNB_CEB_15_98_InstituiDiretrizesCurricularesNacionaisEnsinoMedio.pdf>. Acesso em 10 out. 2012.

______. *Constituição da República Federativa do Brasil.* Editada por Antônio de Paulo. 18. ed. Rio de Janeiro: DP & A, 2005.

______. Decreto 7.602 de 7 de novembro de 2011. Dispõe sobre a Política Nacional de Segurança e Saúde no Trabalho – PNSST. *Diário Oficial da União,* Poder Executivo, Brasília,

DF, 8 nov. 2011. Seção 1. Disponível em: <http://portal.saude.gov.br/portal/arquivos/pdf/decreto7602_2011_st.pdf>. Acesso em 10 set. 2012.

______. Lei n. 8.080, 19 setembro de 1990. Dispõe sobre as condições para a promoção, proteção e recuperação da saúde, a organização e o funcionamento dos serviços correspondentes e dá outras providências. Disponível em: <http://www.planalto.gov.br/ccivil_03/leis/L8080.htm>. Acesso em 20 nov. 2012.

______. Ministério do Trabalho e Emprego. Programa diminui acidentes e inspira nova mentalidade na Construção na Paraíba. *Blog do Trabalho*, Brasília, 22 ago. 2011. Disponível em: <http://blog.mte.gov.br/?p=6154>. Acesso em 10 dez. 2012.

______. Ministério do Trabalho e Emprego. Superintendência Regional do Trabalho e Emprego no Rio Grande do Sul. *Embargo e interdição*: instrumentos de preservação da vida e da saúde dos trabalhadores: a experiência Seção de Segurança e Saúde dos Trabalhadores (SEGUR/RS). Rio Grande do Sul: SEGUR, 2010.

______. ______. Governo lança Plano Nacional de Segurança e Saúde no Trabalho. Brasília, *Portal do Trabalho e Emprego,* 20 abr. 2012. Disponível em: <http://portal.mte.gov.br/imprensa/governo-lanca-plano-nacional-de-seguranca-e-saude-no-trabalho.htm> . Acesso em 10 out. 2012.

______. *Novo Código Civil comentado.* Coordenação de Ricardo Fiúza. 3. ed. atualizada. São Paulo. Saraiva, 2004.

______. Previdência Social. *Anuário Estatístico de Acidentes do Trabalho de 2010 da Previdência Social.* Brasilia, DF, 2010. Disponível em: <http://www.previdencia.gov.br/conteudoDinamico.php?id=1214>. Acesso em 16 jan. 2013.

______. Supremo Tribunal Federal. Julgamento conjunto dos Recursos Extraordinários n. 466.343 e 349.703, bem como do *Habeas Corpus* n. 87.585 e do de n. 92.566. *Diário Oficial da União*, 5 jun. 2009.

BRASIL. Supremo Tribunal Federal. *Habeas Corpus* n. 94.013 da 1ª Turma. Salvo–conduto. Prisão civil. Depositário judicial. Dívida de caráter não alimentar. Impossibilidade. Ordem concedida. Relator Ministro: Carlos Brito, 13 de março de 2009. Disponível em: <http://www.stf.jus.br/portal/principal/principal.asp>. Acesso em 10 mar. 2012.

______. ______. *Habeas Corpus* n. 95967 da 2ª Turma. Direito processual. Prisão civil do depositário infiel. Pacto de São José da Costa Rica. Alteração de orientação da jusrisprudência do STF. Concessão de ordem. Relatora: Ministra Ellen Gracie, 28 de novembro de 2008. Disponível em: <http://www.stf.jus.br/portal/principal/principal.asp>. Acesso em 10 mar. 2012.

______. ______. *Habeas Corpus* n. 96.772 da 2ª Turma. Prisão Civil. Depositário judicial. A questão da infidelidade depositária. Convenção americana de direitos humanos (Art. 7º, n. 7), Natureza constitucional ou caráter de supralegalidade dos tratados internacionais de direitos humanos. Relator: Ministro Celso de Melo, 21 de agosto de 2009. Disponível em: <http://www.stf.jus.br/portal/principal/principal.asp>. Acesso em 10 mar. 2012.

______. Tribunal Superior do Trabalho. Acórdão 7ª Turma RR-129600-88.2007.5.15.0001. Recorrente: Cláudio Henrique Gomes Leal. Recorridos: Pirelli Pneus S.A., Valmir Moraes e Luiz Carlos Antonio Canto. Relator Ministro: Pedro Paulo Manus, 16 maio 2012. Disponível em: <http://aplicacao5.tst.jus.br/consultaunificada2/>. Acesso em 20 jun. 2012.

______. ______. Agravo de Instrumento AIRR — 1106-41.2010.5.10.0002 da 8ª Turma. Acidente de trabalho. Indenização por danos morais. Configuração de culpa. Relatora: Ministra Dora Maria da Costa, 18 de dezembro de 2012. Disponível em: <http://www.tst.gov.br/>. Acesso em 10 mar. 2012.

______. ______. AIRR — 65540-66.2006.5.03.0069 Abandono de emprego da 1ª Turma. Comprovado nos autos o justo motivo para o reclamante não ter retornado ao serviço, não há falar em contrariedade à Súmula n. 32 desta Corte superior. Agravo de instrumento a que se nega provimento. Relator: Ministro Lelio Bentes Corrêa, 20 agosto de 2008. Disponível em: <http://www.tst.gov.br/>. Acesso em 10 mar. 2012.

______. ______. Recurso de Revista n.113700-10.2007.5.24.0003 da 6ª Turma. Indenização por dano moral. Doença profissional equiparada a acidente de trabalho. Nexo por concausa. Relator Ministro: Aloysio Corrêa da Veiga, 11 de outubro de 2011. Disponível em: <http://www.tst.gov.br/>. Acesso em 10 mar. 2012.

______. ______. Recurso de Revista n. 129600-8.2007.5.15.0001 da 7ª Turma. Recurso de revista que se conhece e a que se dá parcial provimento. Intervalo intrajornada. Turno ininterrupto de revezamento. Redução. Acordo coletivo. Invalidade. Relator: Ministro Pedro Paulo Manus, 16 de maio de 2012. DEJT, Brasília, 25 maio de 2012. Disponível em: <http://www.tst.gov.br/>. Acesso em 10 mar. 2012.

BRASIL. Tribunal Superior do Trabalho. Recurso de Revista n. 4300-35.2009.5.24.0086 da 3ª Turma. Ação civil pública. Obrigação de fazer. Intervalo intrajornada do art. 253 da CLT. Recuperação térmica. Ambientes artificialmente frios. Similaridade com as câmaras frigoríficas. Não concessão das pausas. Relatora: Ministra Rosa Maria Weber, 14 de setembro de 2011. Disponível em: <http://www.tst.gov.br/>. Acesso em 10 mar. 2012.

______. ______. Recurso de Revista n. 19527-53.2010.5.04.0000 da 2ª Turma. Dano material decorrente de moléstia profissional equiparada a acidente do trabalho. LER/DORT e distúrbios psíquicos. Pensão mensal vitalícia. Impossibilidade de compensação com benefício previdenciário. Relator: Ministro José Roberto Freire Pimenta, 5 dezembro de 2012. Disponível em: <http://www.tst.gov.br/>. Acesso em 10 mar. 2012.

______. ______. Recurso de Revista n. 22900-05.2008.5.12.0012 da 7ª Turma. Indenização por danos morais. Responsabilidade do empregador. Ônus da prova. Relator: Ministro Pedro Paulo Manus, 17 de outubro de 2012. Disponível em: <http://www.tst.gov.br/>. Acesso em 10 mar. 2012.

______. ______. Recurso de Revista n. 75700-03.2008.5.17.0131 da 4ª Turma. Acidente de trabalho fatal. Indenização por dano moral e material. Culpa exclusiva da vítima. Excludente de responsabilidade. Não caracterização. Relator: Ministro Luiz Philippe Vieira de Mello Filho, 26 de setembro de 2012. Disponível em: <http://www.tst.gov.br/>. Acesso em 10 mar. 2012.

______. ______. Recurso de Revista n. 9954400-49.2006.5.09.0242 da 5ª Turma. Acidente do trabalho. Responsabilidade subjetiva. Relator Ministro: Emmanoel Pereira, 6 de outubro de 2010. Disponível em: <http://www.tst.gov.br/>. Acesso em 10 mar. 2012.

______. ______. Súmula n. 289. Insalubridade. Adicional. Fornecimento do aparelho de proteção. Efeito. Disponível em: <http://www.tst.gov.br/web/guest/sumulas>. Acesso em 10 mar. 2012.

CAIRO JUNIOR, José. *O acidente de trabalho e a responsabilidade civil do empregador*. 5. ed., São Paulo: LTr, 2009.

CANADÁ. *Lei de 8 nov. 1979, art. 2 e 3*. Ginebra: Série Legislativa, 1979.

CANOTILHO, José Joaquim Gomes. *Direito constitucional e teoria da constituição*. 3. ed. Coimbra: Almedina, 1998.

______. Métodos de proteção de direitos, liberdades e garantias. *Boletim da Faculdade de Direito da Universidade de Coimbra,* Coimbra, p. 806, 2003. Número especial.

CASSAR, Vólia Bomfim. *Direito do trabalho*. 5. ed. Niterói: Impetus, 2001.

CAVASSANI, Amarildo Pereira; CAVASSANI, Edlene Barbieri; BIAZIN, Celestina Crocetta. Qualidade de vida no trabalho: fatores que influenciam as organizações. *In:* SIMPEP, 13, 2006, Bauru. *Anais eletrônicos...* Bauru: UNESP, 2006. Disponível em: <http://www.simpep.feb.unesp.br/anais/anais_13/artigos/784.pdf>. Acesso em 20 jun. 2012.

CHAIB, E. B. D'Angelo. *Proposta para implementação de sistema de gestão integrada de meio ambiente, saúde e segurança do trabalho de empresas de pequeno e médio porte:* um estudo de caso da indústria metal-mecânica. 2005. Dissertação (Mestrado) — Universidade Federal do Rio de Janeiro, Rio de Janeiro, 2005.

CHAGAS, Gustavo Luís Teixeira das. *Legislação de direito internacional do trabalho e da proteção internacional dos direitos humanos.* 2. ed. revista e ampliada. Salvador: JusPODIVM, 2010.

CHIAVENATO, Idalberto. *Administração geral e pública.* 2. ed. Rio de Janeiro: Elsevier, 2008.

CLT acadêmica. 3. ed. São Paulo: Saraiva, 2005.

COMITÊ PERMANENTE NACIONAL. *Ata de Reunião do CPN da Construção Civil.* Salvador, 2011.

CONFERÊNCIA DAS NAÇÕES UNIDAS SOBRE O DESENVOLVIMENTO SUSTENTÁVEL., 2012. *Anais eletrônicos...* Rio de Janeiro: Rio +20, 2012. Disponível em: <http://www.rio20.gov.br/clientes/rio20/rio20/sobre_a_rio_mais_20/sobre-a-rio-20>. Acesso em: 20 jun. 2012.

CORRÊA, Márcia Angelim Chaves; SALIBA, Tuffi Messias. *Manual prático de avaliação e controle de gases e vapores:* PPRA. 3. ed. São Paulo: LTr, 2009.

CORTELLA, Mário Sérgio. *Qual é a tua obra?:* inquietações propositivas sobre ética, liderança e gestão. 18. ed. São Paulo: Vozes, 2012.

COUTINHO, Aldacy Rachid. A autonomia privada: em busca da defesa dos direitos fundamentais dos trabalhadores. *In:* SARLET, Ingo Wolfgang (Org.). *Constituição, direitos fundamentais e direito privado.* 2. ed. revista e ampliada. Porto Alegre: Livraria do Advogado, 2006.

COUTO, H. A. *Ergonomia aplicada ao trabalho:* manual técnico da máquina humana, Belo Horizonte: Ergo,1995, v. 1.

DABIN, Jean. El derecho subjetivo. *Revista de Derecho Privado*, Madrid, 1995.

DALLARI, Suelli Gandolfi; PILAU SOBRINHO, Liton Lanes. O direito à saúde em um contexto autopoiético. *In:* SCHWARZT, Germano (Org.). *A saúde sob os cuidados do direito*. Passo Fundo: UPF, 2003.

DALLARI, Suelli Gandolfi. O direito à saúde. *Revista de saúde pública,* São Paulo, v. 22, n. 1, p. 57-63, fev. 1988. Disponível em: <http://www.scielosp.org> Acesso em: 20 jun. 2012.

______. Uma nova disciplina: o direito sanitário. *Revista de Saúde pública*, São Paulo, v. 22, n. 4, p. 327-334, ago. 1988. Disponível em: <http://www.scielosp.org>. Acesso em 20 jun. 2012.

DALLARI, Suelli Gandolfi; VENTURA, Deisy de Freitas Lima. Reflexões sobre a saúde pública na era do livre comércio. *In:* SCHWARZT, Germano (Org.). *A saúde sob os cuidados do direito.* Passo Fundo: UPF, 2003.

DANIELLOU, F. *L'ergonomie en quête de ses principes.* Toulouse: Octares Editions, 1991.

DE MASI, Domenico. *O ócio criativo:* entrevista a Maria Serena Palieri. Tradução de Léa Manzi. Rio de Janeiro: Sextante, 2000.

Declaração da ECO-92 sobre ambiente e desenvolvimento. Disponível em: <http://www.abdl.org.br/article/view/1824/1/247>. Acesso em 20 jun. 2012.

DEJOURS, Christophe. *A loucura do trabalho*: estudo de psicopatologia do trabalho. Tradução de Ana Isabel Paraguay e Lúcia Leal Ferreira. 5. ed. ampliada, São Paulo: Cortez-Oboré, 1992.

DELGADO, Mauricio Godinho. *Introdução ao direito do trabalhador.* 4. ed. São Paulo: LTr, 2005.

______. *Curso de direito do trabalho.* 4. ed. São Paulo: LTr, 2005.

______. *Curso de direito do trabalho.* 9. ed. São Paulo: LTr, 2010.

DELUIZ, Neise. *Formação do trabalhador:* produtividade e cidadania. Rio de Janeiro: Shape, 1995.

DINIZ, Ana Paola Santos Machado. *Saúde no trabalho*. São Paulo: LTr, 2003.

DINIZ, Raimundo Lopes; SOARES, Marcelo Márcio. *Higiene e Segurança do Trabalho.* Rio de Janeiro: Elsevier: ABEPRO, 2011.

DIRECTIVA 89/391. La aplicacion de medidas para promover La mejora de La seguridad y de La salud de los trabajadores en el trabajo. *CEE del Consejo,* 12 junio de 1989.

Dirigir cansado principal causa de acidentes com caminhões. Disponível em: <http://www.vwcaminhoeseonibusribeirao.com.br/falha-humana/>. Acesso em: 10 dez. 2012.

DWYER, Tom. Uma concepção sociológica dos acidentes de trabalho. *Revista Brasileira de Saúde Ocupacional,* São Paulo, v. 22, n. 81, p.18, jan./fev./mar. 1994.

El trabajo en el mundo. Ginebra: Oficina Internacional del Trabajo, v. 2. p.160, 1985.
ENGELS, F. Situação das classes trabalhadoras na Inglaterra. *Études Économiques,* Paris, 1846, p. 217.

ESPANHA. Lei n. 31/1995, de 8 de noviembre, de prevención de riesgos laborales**.** *Boletín Oficial Del Estado,* Espanha, 1995.

FARIA, Maria da Graça Lobato. *O erro humano.* Lisboa: MESS: DSICT: DICT, 1994.

FERGUSON, A. *An Essay on the history of civil society.* Edinburgh, 1767.

FERRARI, Irany; MARTINS; Melchíades Rodrigues. *CLT:* doutrina — jurisprudência predominante e procedimentos administrativos: segurança e medicina do trabalho artigos 154 a 201. São Paulo: LTr, 2007.

FIGUEIREDO, Guilherme José Purvin de. *Direito ambiental e saúde dos trabalhadores.* 2. ed. São Paulo: LTr, 2007.

FREITAS, Carlos Machado de et al. (Org.). *Acidentes industriais ampliados:* desafios e perspectivas para o controle e a prevenção. Rio de Janeiro: FIOCRUZ, 2000.

FREITAS, Ives Faiad. Meio ambiente laboral equilibrado: um direito fundamental dos trabalhadores. *Jus Navigandi*, Teresina, ano 17, n. 3204, 9 abr. 2012. Disponível em: <http://jus.com.br/revista/texto/21455>. Acesso em 25 jun. 2012.

FREITAS, Juarez. *A interpretação sistemática do direito.* 3. ed. revisada e ampliada. São Paulo: Malheiros, 2002.

FRIGOTTO, Gaudêncio. Trabalho como princípio educativo: por uma superação das ambiguidades. *Boletim Técnico do SENAC.* Rio de Janeiro, 3 set./dez. 1985.

GEDIEL, José Antônio Peres. A irrenunciabilidade a direitos da personalidade pelo trabalhador. *In:* SARLET, Ingo Wolfgang (Org.). *Constituição, direitos fundamentais e direito privado.* 2. ed. revisada e ampliada. Porto alegre: Livraria do Advogado, 2006.

GLEZZI, G.; ROMAGNOLI, U. *Il rapporto di lavoro.* Bologna: Zanichelli, 1995.

GODARD, Olivier. Le principe de précaution: une nouvelle logique de l'action entre science et démocratie. *Le Risque,* Paris, v. 11, p. 17-56, 2000.

GODOY, Cláudio Bueno de. *Função social do contrato:* de acordo com o novo Código Civil. São Paulo: Saraiva, 2004. (Coleção Professor Agostinho Alvim).

GOMES, Dinaura Godinho Pimentel. *Direito do trabalho e dignidade da pessoa humana no contexto da globalização econômica:* problemas e perspectivas. São Paulo: LTr, 2005.

GOMES, Orlando; GOTTSCHALK, Elson. *Curso de direito do trabalho.* Rio de Janeiro: Forence. 1971.

_______._______. Rio de Janeiro: Forence, 1990.

GOMEZ, Carlos Minayo; CARVALHO, Sonia M. de; PORTO, Marcelo Firpo de Souza. Por uma ecologia do trabalho. *In:* LEAL, Maria do Carmo (Org.). *Saúde, ambiente e desenvolvimento:* processos e consequências sobre as condições de vida. São Paulo: Hucitec: Abrasco, 1992, v. 2.

GONÇALVES, Carmen Aparecida Herrera; VILELA, Rodolfo Andrade Gouveia; CORDEIRO, Ricardo. Diagnóstico e prevenção de acidente do trabalho em Piracicaba. *In:* ENCONTRO NACIONAL DE ENGENHARIA DE PRODUÇÃO, 22. *Anais...* 2003. Ouro Preto, MG.

GONÇALVES, Edwar Abreu. *Manual de segurança e saúde no trabalho.* 3. ed. São Paulo: LTr, 2006.

GONZALEZ, Carlos A. *Ley de accidentes del trabajo y enfermedades professionales.* Santiago: Jurídica Manuel Monti, 1995.

GORZ, André. *Crítica da divisão do trabalho.* 3. ed. São Paulo: Martins Fontes, 1996.

GRAMSCI, A *Concepção dialética da história*. Rio de Janeiro: Civilização Brasileira, 1987.

GUIMARÃES, João Roberto Penna de Freitas. Riscos para os trabalhadores de pavimentação de ruas. Disponível em: <http://bvsms.saude.gov.br/bvs/trabalhador/pdf/texto_pavimentacao_ruas.pdf>. Acesso em 20 jun. 2012.

HENDRICK, Hal W.; KLEINER, Brian M. *Macroergonomia*: uma introdução aos projetos de sistemas de trabalho. Tradução de Mário César Vidal e José Roberto Mafra. Rio de Janeior: Virtual Científica, 2006, p. 134-135.

HILDA, Solis. *Workers memorial Day*. EUA: United States Department of Labor. Disponível em: <http://www.dol.gov/_sec/media/speeches/20120426_WMD.htm>. Acesso em 20 jun. 2012.

HOBSBAWN, Eric J. *Mundos do trabalho:* novos estudos sobre história operária. Tradução Waldea Barcellos e Sandra Bedan. São Paulo: Paz e Terra, 2000.

HOLANDA, Sérgio Buarque de. *Raízes do Brasil.* São Paulo: Companhia das Letras, 1995.

HOLANDA. *Lei de 8 nov. 1980, art. 3º*. Ginebra: Serie Legislativa, 1980.

HOUAISS, Antônio; VILLAR, Mauro de Salles. *Dicionário Houaiss da Língua Portuguesa*. Rio de Janeiro: Objetiva, 2009.

IIDA, Itiro. *Ergonomia:* projeto e produção. 8. ed. São Paulo: Edgard Blücher, 2002.

INTERNATIONAL Ergonomics Association. Disponível em: <http://www.iea.cc/01_what/What%20is%20Ergonomics.html>. Acesso em 25 dez. 2012.

JONAS, H. *Le principe responsabilité:* une éthique pour la civilisation technologique. Paris: Les Éditions Du Cerf, 1990.

KARWOWSKI, W. Complexity, fuzziness and ergonomic incompatibility issues in the control of dynamic work environments. *Ergonomics,* v. 34, n. 6,1991.

KOYRÉ, Alexandre. *O mundo da precisão*. Disponível em: <http://www.filoinfo.bem-vindo.net/book/export/html/6>. Acesso em 20 nov. 2012.

KROEMER, K. H. E.; GRANDEJEAN, E. *Manual de ergonomia:* adaptando o trabalho ao homem. Tradução de Lia Buarque de Macedo Guimarães. 5. ed. Porto Alegre: Bookman, 2005.

LARENZ, Karl apud GIL Y GIL, José Luis. *Autotutela privada y poder disciplinario em La empresa.* Madrid: Din Impresores, 1994.

LAVILLE, Antoine. *Histoire et géographie de l'ergonomie française*. Paris, 1988.

LEITÃO, Ana. *Capacidades e competências*. Disponível em: <http://etea07.blogspot.com.br/2007/12/capacidades-e-competncias.html>. Acesso em 10 out. 2012.

LENZA, Pedro. *Direito constitucional esquematizado*. 16. ed. revisada, atualizada e ampliada. São Paulo: Método, 2012.

LOBATO, Anderson Cavalcante. Os desafios da proteção jurisdicional dos direitos sociais, econômicos e culturais. *Estudos jurídicos,* Porto Alegre, v. 32, n. 86, p.11-12, set./dez. 1999.

LOCKE, Jonh. *Segundo tratado sobre el gobierno civil:* um ensayo acerca del verdadero origen, alcance e fin del govierno civil. Madrid: Alianza, 1990.

LÓPEZ, M. F. Fernández. *El poder disciplinario em La empresa.* Madrid: Civitas, 1991.

LUHMANN, Niklas. *Risk:* a sociological theory. Traduzido por Rhodes Barret. New York: Aldine de Gruyter, 1993.

LUKÁCS, Georg. As bases ontológicas do pensamento e da atividade do homem. *Temas de Ciências Humanas,* São Paulo, 1978.

MACHADO, Jorge; SORATTO, Lúcia; CODO, Wanderley (Org.). *Saúde e trabalho no Brasil:* uma revolução silenciosa: o NTEP e a Previdência Social. Petrópolis: Vozes, 2010.

MACIEL, Camila. Geração de emprego na construção civil é menor que em 2011. *Repórter News,* Nortelândia, 8 ago. 2012. Economia. Disponível em: <http://www.reporternews.com.br/noticia.php?cod=367022>. Acesso em: 20 jun. 2012.

MAGANO, Octavio Bueno. *Do poder diretivo na empresa.* São Paulo: Saraiva, 1982.

MANACORDA, M. *Marx y La pedagocia de nuestro tiempo.* Roma: USPG, 1975.

MARX, Karl. *O capital:* livro I. São Paulo: Ciências Humanas, 1978.

MARTIN MARCHESINI, Gualteiro. El poder de dirección. *Revista de Direito do Trabalho,* ano 12, n. 65, jan/fev. 1987.

MARTÍN-BARÓ, I. El latino indolente. Carácter ideológico del fatalismo latinoamericano. *In:* MONTERO, M. (Coord.). *Psicologia política latinoamericana.* Venezuela: Editorial Panapo, 1987.

MÁSCULO, Francisco Soares; VIDAL, Mario Cesar (orgs.). *Ergonomia:* trabalho adequado e eficiente. Rio de Janeiro: Elsevier, 2011.

MELHADO, Reginaldo. *Poder e sujeição:* os fundamentos da relação de poder entre capital e trabalho e o conceito de subordinação. São Paulo: LTr, 2003.

MELLO, Celso Bandeira de. *Curso de direito administrativo.* 22. ed. São Paulo: Malheiros, 2007.

MENDES, René. *A atualidade de Ramazzini:* 300 anos depois. Disponível em: <http://www.saudeetrabalho.com.br/textos-miscelania-6.htm>. Acesso em 20 jun. 2012.

MENDES, René. Saúde e segurança no trabalho: acidentes e doenças ocupacionais. *In:* ______. *O trabalho no Brasil no limiar do século XXI.* São Paulo: LTr, 1995.

MICHEL, Oswaldo. *Acidentes do trabalho e doenças ocupacionais.* 2. ed. São Paulo: LTr, 2001.

MINAS GERAIS. Tribunal Regional do Trabalho (3ª Região). Acórdão 01712-2009-036-03-00-6-RO. Recorrente: União Federal. Recorrida: Construcão CCPS Engenharia e Comércio S.A. Relator: Rogério Valle Ferreiro, 22 de fevereiro de 2012. Disponível em: <jornal.jurid.com.br/download-anexo?id=2762>. Acesso em 20 jun. 2012.

______. ______. Acórdão n. 00017-2011-057-03-00-2 RO da 2ª Câmara Cível do Tribunal de Justiça do Estado de Minas Gerais. Acidente do Trabalho. Perda da visão de um olho pelo reclamante. Responsabilidade da empregadora. Relator: Juiz Sebastião Geraldo de Oliveira, 25 de julho de 2012. Disponível em: <https://as1.trt3.jus.br/juris/consultaBaseCompleta.htm;jsessionid=8A99B626253CA8209E0293961A101665>.

______. ______. Acórdão n. 01099-2005-070-03-00-4 RO da 7ª Turma. Ofensa ao direito à integridade física do trabalhador provada mediante perícia — desnecessidade de prova do dano moral — cláusula geral de tutela à pessoa e aos direitos de personalidade. Relatora: Juíza Convocada Taísa Maria M. de Lima. Minas Gerais, 19 dez. 2006. Disponível em: < http://www.trt3.jus.br/>. Acesso em 10 mar. 2012.

______. ______. Processo RO-01712-2009-036-03-00-6. Embargo de obra. Risco iminente. Apuração. Juiz Relator: Rogério Valle Ferreira, 22 fev. 2011. Disponível em: < http://www.trt3.jus.br/>. Acesso em 10 mar. 2012.

______. ______. RO 000483-2005-108-03-00-8 da 8 ª Turma do Tribunal Regional do Trabalho de Minas Gerais. Ministério do trabalho e Emprego. Previsão constitucional e legal para instituir Normas Regulamentadoras sobre segurança e medicina do trabalho. Relator: Juiz Heliberton de Castro, 3 set. 2005. Tribunal Regional do Trabalho (3ª Região). Disponível em: <http://www.trt3.jus.br/>. Acesso em 10 mar. 2012.

MORAES FILHO, Evaristo de; MORAES, Antonio Carlos Flores de. *Introdução ao direito do trabalho.* 7. ed. São Paulo: LTr, 1995.

NASCIMENTO, Amauri Mascaro. *Direito contemporâneo do trabalho.* São Paulo: Saraiva, 2011.

______. *Iniciação ao direito do Trabalho.* São Paulo: LTr, 2003.

NASCIMENTO, Walter Vieira do. *Lições de história do Direito.* Rio de Janeiro: Zahar, 1979.

NR-10 — Segurança em instalações e serviços em eletricidade. *In:* Segurança e medicina do trabalho. 70. ed. São Paulo: Atlas, 2012, p. 109.

OIT. *Saúde e vida no trabalho: um direito humano fundamental.* 2009. Disponível em: <http://www.ilo.org/public/english/protection/safework/worldday/products09/booklet_09-pt.pdf>. Acesso em 8 mar. 2010.

______. **Convenção n. 81**: Inspeção do Trabalho na Indústria e no Comércio. Genebra, 1947. Disponível: < http://www.oit.org.br/node/457>. Acesso em 10 mar. 2012. Entrou em vigor no plano internacional em 7.4.1950. Aprovada pelo Decreto Legislativo n. 24, de 29.5.1956, do Congresso Nacional. Ratificada em 25.4.1957. Promulgada pelo Decreto n. 41.721, de 25.6.1957. Vigora no Brasil desde 25.4.1958. Denunciada em 5.4.1971. Revigorada em 11.12.1987 pelo Decreto n. 95.461.

______. **Convenção n. 135**: Proteção de Representantes dos Trabalhadores. Genebra, 1971. Disponível: <http://www.oit.org.br/node/489>. Acesso em 10 mar. 2012. Entrou em vigor no plano internacional em 30.6.1973. Aprovada pelo Decreto Legislativo n. 86, de 14.12.1989, do Congresso Nacional. Ratificada em 18.5.1991. Promulgada pelo Decreto n.131, de 22.5.1991. Vigora no Brasil desde 18.5.1991.

______. **Convenção n. 148**: Proteção dos Trabalhadores contra os Riscos Profissionais devidos à Contaminação do Ar, ao Ruído e às Vibrações no Local de Trabalho. Genebra, 1977. Disponível: < http://www.oit.org.br/node/500>. Acesso em 10 mar. 2012. Entrou em vigor no plano internacional em 11.7.1979. Aprovada pelo Decreto Legislativo n. 56, de 9.10.1981, do Congresso Nacional. Ratificada em 14.1.1982. Promulgada pelo Decreto n. 93.413, de 15.10.1986. Vigora no Brasil desde 14.1.1983.

______. **Convenção n. 155**: Segurança e Saúde dos Trabalhadores e o Meio Ambiente de Trabalho. Genebra, 1981. Disponível: <http://www.oit.org.br/node/504>. Acesso em 10 mar. 2012. Entrou em vigor no plano internacional em 11.8.1983. Aprovada pelo Decreto

Legislativo n. 2, de 17.3.1992, do Congresso Nacional. Ratificada em 18.5.1992. Promulgada pelo Decreto n. 1.254, de 29.9.1994. Vigora no Brasil desde 18.5.1993.

______. **Convenção n. 158**: Término da Relação de Trabalho por Iniciativa do Empregador. Genebra, 1982. Disponível em: <http://www.oit.org.br/content/t%C3%A9rmino-da-rela%C3%A7%C3%A3o-de-trabalho-por-iniciativa-do-empregador>. Acesso em 10 mar. 2012. Entrou em vigor no plano internacional em 23.11.1985. Aprovada pelo Decreto Legislativo n. 68, de 16.9.1992, do Congresso Nacional. Ratificada em 5.1.1995. Promulgada pelo Decreto n. 1.855, de 10.4.1996. Passou a vigorar no Brasil em 5.1.1996 e foi denunciada em 20.12.1996 pelo Decreto n. 2.100.

______. **Convenção n. 161**: Serviço de Saúde do Trabalho. Genebra, 1985. Disponível: <http://www.oit.org.br/node/507>. Acesso em 10 mar. 2012. Entrou em vigor no plano internacional em 17.2.1988. Aprovada pelo Decreto Legislativo n. 86, de 14.12.1989, do Congresso Nacional. Ratificada em 18.5.1990. Promulgada pelo Decreto n. 127, de 22.5.1991. Vigora no Brasil desde 18.5.1991.

______. **Convenção n. 167**: Segurança e Saúde na Construção. Genebra, 1988. Disponível: <http://www.oit.org.br/content/conven%C3%A7%C3%A3o-sobre-seguran%C3%A7a-e-sa%C3%BAde-na-constru%C3%A7%C3%A3o>. Acesso em 10 mar. 2012. Entrou em vigor no plano internacional em 17.2.1991. Aprovada pelo Decreto Legislativo n. 61, de 18.4.2006, do Congresso Nacional. Ratificada em 19.5.2006. Promulgada pelo Decreto n. 6.271, de 22.11.2007. Vigora no Brasil desde 19.5.2007.

______. **Convenção n. 176**: Segurança e Saúde nas Minas. Genebra, 1995. Disponível em: <http://www.oit.org.br/node/516>. Acesso em 10 mar. 2012. Entrou em vigor no plano internacional em 5.6.1998. Aprovada pelo Decreto Legislativo n. 62, de 18.4.2006, do Congresso Nacional. Ratificada em 18.5.2008. Promulgada pelo Decreto n. 6.270, de 22.11.2007. Vigora no Brasil desde 19.5.2007.

______. **Convenção n. 187**: Convenção sobre o Marco Promocional da Segurança e Saúde no Trabalho. Genebra, 2006. Disponível em: <http://www.ilo.org/dyn/normlex/es/f?p=NORMLEXPUB:12100:0:NO:12100:P12100_INSTRUMENT_ID:312332:NO>. Acesso em 10 mar. 2012. Entrou em vigor no plano internacional em 20.2.2009.

OLIVEIRA, Sebastião Geraldo de. *Proteção jurídica à saúde do trabalhador.* 5. ed. revista, ampliada e atualizada. São Paulo: LTr, 2010.

PARAGUAI. Lei n. 213, 29 out. 1993, art. 275. *Documentos de Derecho Social,* Ginebra, n. 2, p. 83, 1994.

PARANÁ. Tribunal Regional do Trabalho (9ª Região). REPA 80058-2005-001-09-00-9. Ac. SE 09975/06. Normas de proteção ao trabalhador. Fiscalização. Administração Pública. Poder de Polícia. Relatora Juíza: Marlene T. Fuverki Suguimatsu, 9 de março de 2006. Disponível em: <http://www.trt9.jus.br/internet_base/processoman.do?evento=Editar&chPlc=AAAS5SABaAACyc6AAI>. Acesso em 10 mar. 2012.

PEREIRA, Alexandre Demetrius. *Tratado de segurança e saúde ocupacional:* aspectos técnicos e jurídicos: NR-13 a NR-15. São Paulo: LTr, 2005. v. 3.

PEREIRA, Isa Gonilho; PEREIRA, Cristiana Gonilho; SILVA, Almeida José. *Educação e formação para a segurança e saúde do trabalho.* 2007. Disponível em:<http://cis.engenheiros.pt/2007/comunicacoes/Cristiana_Pereira.pdf>. Acesso em 10 out. 2012.

PFEFFER, Jeffrey. *The human equation.* Boston: Harvard Business School Press, 1988.

Plano Nacional de Segurança e Saúde no Trabalho. Disponível em: <http://portal.mte.gov.br/data/files/8A7C816A38CF493C0138E890073A4B99/PLANSAT_2012.pdf>. Acesso em: 20 nov. 2012.

Plano Nacional de Segurança e Saúde no Trabalho. Disponível em: <http://portal.saude.gov.br/portal/arquivos/pdf/insumos_portaria_interministerial_800.pdf>. Acesso em 20.11.2012.

PORTO, Marcelo Firpo de Souza; MILANEZ, Bruno. Proteção contra riscos químicos. *In:* MATTOS, Ubijara; Aluizio de Oliveira; MÚSCULO, Francisco Soares (Org.). *Higiene e segurança do trabalho.* Rio de Janeiro: Elsevier, 2011. cap. 9, p. 200-201.

PORTUGUAL. Lei n. 102, 10 set. 2009. Regime jurídico da promoção da segurança e saúde no trabalho. *Diário da República*, Lisboa, 1ª. série, n. 176, 10 de setembro de 2009. p. 6168.

RAMOS, Marise Nogueira. O projeto unitário de ensino médio sob os princípios do trabalho, da ciência e da cultura. *In:* FRIGOTTO, Gaudêncio e CIAVATTA (Orgs.). Maria. *Ensino médio:* ciência, cultura e trabalho. Brasília: MEC: SEMTEC, 2004.

REIS, Jair Teixeira dos. *Processo administrativo do trabalho:* doutrina e prática. São Paulo: LTr, 2009.

Responsabilidade civil objetiva do empregador. *Hierarquia Dinâmica,* 27 jan. 2011. Disponível em: <http://hierarquiadinamica.blogspot.com.br/2011/01/responsabilidade--civil-objetiva-do.html>. Acesso em 20 jun. 2012.

RIBEIRO, Darcy. *O povo brasileiro:* a formação e o sentido do Brasil. 3. ed. São Paulo: Companhia das Letras, 1995.

RIGOTTO, Raquel Maria. Saúde e Trabalho. *In:* PEREIRA, William César Castilho. *O adoecer psíquico do subproletariado.* Belo Horizonte: SEGRAC, 1990.

RIO GRANDE DO SUL. Tribunal de Justiça. Apelação Civil n. 70007539596 da 9ª Câmara Cível do Tribunal de Justiça do Estado de Rio Grande do Sul. Acidente de trabalho. Direito de segurança da vítima. Risco profissional. Empregador. Relator: Nereu José Giacomolli, 26 de novembro de 2003. Disponível em: <http://www.tjrs.jus.br/site/>. Acesso em 10 mar. 2012.

ROCHA, Cármen Lúcia Antunes. *O direito à vida digna.* Belo Horizonte: Fórum, 2004.

ROCHA, Júlio César de Sá da. *Direito ambiental do trabalho:* mudança de paradigma na tutela jurídica à saúde do trabalhador. São Paulo: LTr, 2002.

RODRIGUES, Celso Luiz Pereira. Conceitos básicos sobre segurança do trabalho. *In:* UBIRAJARA MATTOS, Francisco Másculo (Orgs.). *Higiene e segurança do trabalho.* Rio de Janeiro: Elsevier: Abepro, 2011. cap. 2, p. 45-47.

RODRIGUES, Maria Helena. Os direitos econômicos, sociais e culturais: uma realidade inadiável. *PROPOSTA: Revista Trimestral de Debate FASE*, v. 31, n. 92, p. 26-27, mar./maio 2002.

RODRIGUEZ, Américo Plá. *Princípios de Direito do Trabalho.* São Paulo: LTr, 1978.

ROMITA, Arion Sayão. *Direitos fundamentais nas relações de trabalho.* 3. ed. São Paulo: LTr, 2009.

SAAD, Eduardo Gabriel; SAAD, José Eduardo Duarte; BRANCO, Ana Maria Saad C. *CLT comentada.* 43. ed. atualizada, revisada e ampliada. São Paulo: LTr, 2010.

SALIBA, Tuffi Messias. *Manual prático de avaliação e controle de poeira e outros particulados:* PPRA. 3. ed. São Paulo: LTr, 2007.

SALIBA, Tuffi Messias; CORRÊA, Márcia Angelim Chaves. *Insalubridade e Periculosidade: aspectos técnicos e práticos.* 9. ed. São Paulo: LTr, 2009.

SANSEVERINO, R. *Il lavoro nell'imprensa*. Torino: Torinese, 1960.

SANTAELLA, Lucia. *Culturas e artes do pós-humano*: da cultura das mídias à *cibercultura.* 2. ed. São Paulo: Paulus, 2004.

SANTOS, Neri dos; FIALHO, Francisco. *Manual de análise ergonômica do trabalho*. Curitiba: Gênesis, 1995.

SARLET, Ingo Wolfgang. *A eficácia dos direitos fundamentais.* 5. ed. revisada, atualizada e ampliada. Porto Alegre: Livraria do Advogado, 2005.

______. Algumas considerações em torno do conteúdo, eficácia e efetividade do direito à saúde na Constituição de 1988. *Revista Diálogo Jurídico*, Salvador, n. 10, p. 2, jan. 2002.

SAVIANI, Dermeval. *A nova lei da educação:* LDB, trajetória e perspectivas. 8. ed. São Paulo: Autores Associados, 2003.

SCLIAR, Moacyr. *Do mágico ao social:* A trajetória da saúde pública. Porto Alegre: L&PM, 1987.

Segurança impulsiona o sistema de cremalheira. *Revista M&T Manutenção e Tecnologia*, fev. 2012. Disponível em: <http://www.revistamt.com.br/index.php?option=com_conteudo&task=viewMateria&id=887>. Acesso em 20 jun. 2012.

SILVA FILHO, José Augusto da. *Ciências sociais e políticas:* na área de segurança, saúde e meio ambiente. São Paulo: LTr, 2003.

SILVA, Antônio Alvares da. *Cogestão no estabelecimento e na empresa.* São Paulo: LTr, 1991.

SILVA, C. A. D. *et al.* Construindo o progresso. *In:* ROCHA, L. et al. (Orgs.). *Isto é trabalho de gente?* Vida, doença e trabalho no Brasil. São Paulo: Vozes, 1993.

SILVA, José Afonso da. *Curso de direito constitucional positivo.* 23. ed. revisada e atualizada. São Paulo: Malheiros, 2004.

______. *Direito ambiental constitucional.* 3. ed. São Paulo: Malheiros, 2000.

SIMITS, Spiros. *Juridification of labor Law. In:* ______. Juridificacion of social spheres: a comparative analysis in the areas of labor, corporate, antitrust and social welfare Law. Berlin: New York: Walter de Gruyter, 1987.

SMITH, Adam. *A riqueza das nações.* São Paulo: Nova Cultural, 1988.

SUÉCIA. Lei n. 677, 30 maio 1991, art. 1º do Capítulo II e art. 3º do Capítulo III. *Documentos de Derecho Social,* Ginebra, v. 1, p. 99, 1992.

SUÍÇA. Ordenanza del 18 de agosto de 1993, arts. 18, 22 e 23. *Documentos de Derecho Social*, Ginebra, n. 1, p. 117-118, 1994.

SÜSSEKIND, Arnaldo. *Instituições de direito do trabalho.* 21. ed. São Paulo: LTr, 2003.

TARTUCE, Flávio. *Função social dos contratos:* do Código de Defesa do Consumidor ao Código Civil de 2002. São Paulo: Método, 2007. (Coleção Professor Rubens Limongi França, v. 2).

TAYLOR, Frederick W. *Princípios de administração científica*. São Paulo: Atlas, 1998.

Torá: a lei de Moisés e as Haftarót. Tradução do rabino Meir Matzliah Melamed. São Paulo: Sêfer, 2001.

VERONESI JUNIOR, José Ronaldo. *Fisioterapia do trabalho:* cuidando da saúde funcional do trabalhador. São Paulo: Andreoli, 2008.

VIDAL, Mário César. *Apostila Introdução à ergonomia*. Rio de Janeiro: CESERG: GENTE: COPPE: UFRJ, 2000. Curso Superior de Especialização em Ergonomia Contemporânea.

VIEIRA, Sebastião Ivone. *Manual de saúde e segurança do trabalho.* Florianópolis: Mestra Editora, 2000.

WADIA, Maneck S. *The nature and scope of management*. Chicago: Foresman & Co, 1966.

WAHRLICH, Beatriz Marques de S. *Uma análise das teorias de organização*. Rio de Janeiro: Fundação Getúlio Vargas, 1971.

WEBER, M. *Economia y sociedade*. 2. ed. México: FCE, 1964.

WEIS, Carlos. O pacto internacional dos direitos econômicos, sociais e culturais. *In: Direitos humanos:* construção da liberdade e da igualdade. São Paulo: Centro de Estudos da Procuradoria-Geral , 1998.

WISNER, Alain. *Por dentro do trabalho, ergonomia:* método & técnica. São Paulo, FTD: Oboré, 1987.

ZOCCHIO, Álvaro. *Prática da prevenção de acidentes*: ABC da segurança do trabalho. São Paulo: Atlas, 2002.

ANEXOS

ANEXO A

Convenção n. 148 da OIT

Aprovada pelo Decreto Legislativo n. 56, de 9 de outubro de 1981,
e promulgada pelo Decreto n. 93. 413, de 15 de outubro de 1986.
Entrou em vigor para o Brasil em 14 de janeiro de 1983.

CONVENÇÃO SOBRE A PROTEÇÃO DOS TRABALHADORES CONTRA OS RISCOS PROFISSIONAIS DEVIDOS À CONTAMINAÇÃO DO AR, AO RUÍDO E ÀS VIBRAÇÕES NO LOCAL DE TRABALHO.

A Conferência Geral da Organização Internacional do Trabalho,

Convocada em Genebra pelo Conselho de Administração do Departamento Internacional do Trabalho, e congregada na citada cidade no dia 1º de junho de 1977 em sua sexagésima terceira reunião;

Recordando as disposições dos convênios e recomendações internacionais do trabalho pertinentes, e em especial a Recomendação sobre a proteção da saúde dos trabalhadores, 1953;

A Recomendação sobre os serviços de medicina do trabalho, 1959;

O Convênio e a Recomendação sobre a proteção contra as radiações, 1960;

O Convênio e a Recomendação sobre a proteção da maquinaria, 1963;

O Convênio sobre as compensações em caso de acidentes do trabalho e doenças profissionais, 1964;

O Convênio e a Recomendação sobre a higiene (comércio e escritórios), 1964;

O Convênio e a Recomendação sobre o benzeno, 1971, e o Convênio e a Recomendação sobre o câncer profissional, 1974;

Depois de ter decidido adotar diversas propostas relativas a meio ambiente de trabalho: contaminação atmosférica, ruído e vibrações, questão que constitui o quarto ponto da ordem do dia da reunião, e depois de ter decidido que tais propostas revisam a forma de um convênio internacional, adota, com data de vinte de junho de mil novecentos e setenta e sete, o presente Convênio, que poderá ser citado como o Convênio sobre o meio ambiente de trabalho (contaminação do ar, ruído e vibrações), 1977:

PARTE I

CAMPO DE APLICAÇÃO E DEFINIÇÕES

Artigo 1º

1 — O presente Convênio se aplica a todas as áreas de atividade econômica.

2 — Todo Membro que ratifique o presente Convênio, depois de consultar as organizações representativas de empregadores e de trabalhadores interessadas, se tais organizações existirem, poderá excluir de sua aplicação as áreas de atividade econômica em que tal aplicação apresente problemas especiais de certa importância.

3 — Todo Membro que ratifique o presente Convênio deverá enumerar no primeiro relatório sobre a aplicação do Convênio que submeter em virtude do artigo 22 da Constituição da Organização Internacional do Trabalho as atividades que tiverem sido excluídas em virtude do parágrafo 2 deste artigo explicando os motivos de tal exclusão, e deverá indicar em relatórios posteriores o estado de sua legislação e prática a respeito das áreas excluídas e a medida em que aplica ou se propõe aplicar o Convênio a tais áreas.

Artigo 2º

1 — Todo Membro poderá, mediante consulta às organizações representativas de empregadores e de trabalhadores, se tais organizações existirem, aceitar separadamente as obrigações previstas no presente Convênio, a respeito de:

a) a contaminação do ar;

b) o ruído;

c) as vibrações.

2. Todo Membro que não aceitar as obrigações previstas no Convênio a respeito de uma ou várias categorias de riscos deverá indicá-lo em seu instrumento de ratificação e explicar os motivos de tal exclusão no primeiro relatório sobre a aplicação do Convênio que submeta em virtude do artigo 22 da Constituição da Organização Internacional do Trabalho. Nos relatórios posteriores deverá indicar o estado de sua legislação e prática a respeito de qualquer categoria de riscos que tenha sido excluída, e a medida em que aplica ou se propõe aplicar o Convênio a tal categoria.

3. Todo Membro que no momento da ratificação não tenha aceito as obrigações previstas no Convênio a respeito de todas as categorias de riscos deverá posteriormente notificar ao Diretor-Geral do Departamento Internacional do Trabalho, quando considerar que as circunstâncias o permitem, que aceita tais obrigações a respeito de uma ou várias das categorias anteriormente excluídas.

Artigo 3º

Para os efeitos do presente Convênio:

a) a expressão contaminação do ar compreende o ar contaminado por substâncias que, qualquer que seja seu estado físico, sejam nocivas para a saúde ou envolvam qualquer outro tipo de perigo;

b) o termo ruído compreende qualquer som que possa provocar uma perda de audição ou ser nocivo para a saúde ou envolver qualquer outro tipo de perigo;

c) o termo vibrações compreende toda vibração transmitida ao organismo humano por estruturas sólidas que sejam nocivas para a saúde ou envolva qualquer outro tipo de perigo.

PARTE II

DISPOSIÇÕES GERAIS

Artigo 4º

1 — A legislação nacional deverá dispor a adoção de medidas no lugar de trabalho para prevenir e limitar os riscos profissionais devidos à contaminação do ar, o ruído e as vibrações e para proteger os trabalhadores contra tais riscos.

2 — Para a aplicação prática das medidas assim prescritas se poderá recorrer à adoção de normas técnicas, repertórios de recomendações práticas e outros meios apropriados.

Artigo 5º

1. Ao aplicar as disposições do presente Convênio, a autoridade competente deverá atuar mediante consulta às organizações interessadas mais representativas de empregadores e de trabalhadores.

2. Os representantes dos empregadores e dos trabalhadores estarão associados na elaboração das modalidades de aplicação das medidas prescritas em virtude do artigo 4.

3. Deverá estabelecer-se uma colaboração o mais estreita possível em todos os níveis entre empregadores e trabalhadores na aplicação das medidas prescritas em virtude do presente Convênio.

4. Os representantes do empregador e os representantes dos trabalhadores da empresa deverão ter a possibilidade de acompanhar os inspetores quando controlarem a aplicação das medidas prescritas em virtude do presente Convênio, a menos que os inspetores considerem, à luz das diretrizes gerais da autoridade competente, que isso pode prejudicar a eficácia de seu controle.

Artigo 6º

1. Os empregadores serão responsáveis pela aplicação das medidas prescritas.

2. Sempre que vários empregadores realizem simultaneamente atividades no mesmo lugar de trabalho, terão o dever de colaborar para aplicar as medidas prescritas, sem prejuízo da responsabilidade de cada empregador a respeito da saúde e da segurança dos trabalhadores que emprega. Nos casos apropriados, a autoridade competente deverá prescrever os procedimentos Gerais segundo os quais esta colaboração terá lugar.

Artigo 7º

1. Os trabalhadores deverão ser obrigados a observarem as ordens de segurança destinadas a prevenir e limitar os riscos profissionais devidos à contaminação do ar, o ruído e as vibrações no lugar de trabalho, e a assegurar a proteção contra ditos riscos.

2. Os trabalhadores ou seus representantes terão direito a apresentar propostas, receber informações e formação, e recorrer perante instâncias apropriadas, a fim de assegurar a proteção contra os riscos profissionais devidos à contaminação do ar, o ruído e as vibrações no lugar de trabalho.

PARTE III

MEDIDAS DE PREVENÇÃO E DE PROTEÇÃO

Artigo 8º

1. A autoridade competente deverá estabelecer os critérios que permitam definir os riscos de exposição à contaminação do ar, o ruído e as vibrações no lugar de trabalho, e fixar, se for possível, sobre a base de tais critérios, os limites de exposição.

2. Ao elaborar os critérios e determinar os limites de exposição, a autoridade competente deverá levar em consideração a opinião de pessoas tecnicamente qualificadas, designadas pelas organizações interessadas mais representativas de empregadores e de trabalhadores.

3. Os critérios e limites de exposição deverão ser fixados, completados e revisados a intervalos regulares, de acordo com os novos conhecimentos e dados nacionais e internacionais, e tendo em conta, na medida do possível, qualquer aumento dos riscos profissionais resultantes da exposição simultânea a vários fatores nocivos no lugar de trabalho.

Artigo 9º

Na medida do possível, deverá ser eliminado todo risco devido à contaminação do ar, ao ruído e às vibrações no lugar de trabalho:

a) mediante medidas técnicas aplicadas às novas instalações ou aos novos procedimentos no momento de seu desenho ou de sua instalação, ou mediante medidas técnicas aportadas às instalações ou operações existentes, ou quando isto não for possível,

b) mediante medidas complementares de organização do trabalho.

Artigo 10

Quando as medidas adotadas em virtude do artigo 9 não reduzirem a contaminação do ar, o ruído e as vibrações no lugar de trabalho aos limites especificados em virtude do artigo 8, o empregador deverá proporcionar e conservar em bom estado o equipamento de proteção pessoal apropriado. O empregador não deverá obrigar nenhum trabalhador a trabalhar sem o equipamento de proteção pessoal proporcionado em virtude do presente artigo.

Artigo 11

1. O estado de saúde dos trabalhadores expostos ou que possam estar expostos aos riscos profissionais devidos à contaminação do ar, o ruído e as vibrações no lugar de trabalho deverá ser objeto de vigilância, a intervalos apropriados, segundo as modalidades e nas circunstâncias que determinar a autoridade competente. Esta vigilância deverá compreender um exame médico antes da contratação e exames periódicos, conforme determinado pela autoridade competente.

2. A vigilância prevista no parágrafo 1 do presente artigo não deverá ocasionar despesa alguma ao trabalhador.

3. Quando por razões médicas for desaconselhável a permanência de um trabalhador num posto que envolva exposição à contaminação do ar, o ruído ou as vibrações, deverão adotar-se todas as medidas compatíveis com a prática e as condições nacionais para transferi-lo a outro emprego adequado ou para assegurar-lhe a manutenção de seus rendimentos mediante pagamentos do seguro social ou por qualquer outro método.

4. As medidas tomadas para tornar efetivo o presente Convênio não deverão afetar desfavoravelmente os direitos dos trabalhadores previstos na legislação sobre segurança social ou seguros sociais.

Artigo 12

A utilização de procedimentos, substâncias, máquinas ou materiais — que serão especificados pela autoridade competente — que envolvam a exposição dos trabalhadores aos riscos profissionais devidos à contaminação do ar, o ruído e as vibrações no lugar de trabalho deverá ser notificada à autoridade competente, a qual poderá, conforme os casos, autorizá-la conforme as modalidades determinadas ou proibi-la.

Artigo 13

Todas as pessoas interessadas:

a) deverão ser apropriada e suficientemente informadas acerca dos riscos profissionais que possam originar-se no lugar de trabalho devido à contaminação do ar, o ruído e as vibrações;

b) deverão receber instruções suficientes e apropriadas quanto aos meios disponíveis para prevenir e limitar tais riscos, e proteger-se contra os mesmos.

Artigo 14

Deverão adotar-se medidas, considerando as condições e os recursos nacionais, para promover a pesquisa no campo da prevenção e limitação dos riscos devidos à contaminação do ar, o ruído e as vibrações no lugar de trabalho.

PARTEI V

MEDIDAS DE APLICAÇÃO

Artigo 15

Segundo as modalidades e nas circunstâncias que a autoridade competente determinar, o empregador deverá designar una pessoa competente ou recorrer a um serviço especializado, exterior ou comum a várias empresas, para que se encarregue das questões de prevenção e limitação da contaminação do ar, o ruído e as vibrações no lugar de trabalho.

Artigo 16

Todo Membro deverá:

a) adotar, por via legislativa ou por qualquer outro método conforme a prática e as condições nacionais, as medidas necessárias, incluindo o estabelecimento de sanções apropriadas, para tornar efetivas as disposições do presente Convênio;

b) proporcionar serviços de inspeção apropriados para zelar pela aplicação das disposições do presente Convênio ou certificar-se de que se exerce uma inspeção adequada.

Artigo 17

As ratificações formais do presente Convênio serão comunicadas ao Diretor-Geral do Departamento Internacional do Trabalho, para seu registro.

Artigo 18

1. Este Convênio obrigará unicamente àqueles Membros da Organização Internacional do Trabalho cujas ratificações tenha registrado o Diretor-Geral.

2. Entrará em vigor doze meses depois da data em que as ratificações de dois Membros tenham sido registradas pelo Diretor-Geral.

3. A partir desse momento, este Convênio entrará em vigor, para cada Membro, doze meses depois da data em que sua ratificação tenha sido registrada.

Artigo 19

1. Todo Membro que tenha ratificado este Convênio poderá, quando da expiração de um período de dez anos, a partir da data em que se tenha posto inicialmente em vigor, denunciar o Convênio em seu conjunto ou a respeito de uma ou várias das categorias de riscos a que se refere o artigo 2, mediante uma ata comunicada, ao Diretor-Geral do Departamento Internacional do Trabalho, para seu registro. A denúncia não surtirá efeito até um ano depois da data em que se tenha registrado.

2. Todo Membro que tenha ratificado este Convênio e que, no prazo de um ano depois da expiração do período de dez anos mencionado no parágrafo precedente, não faça uso do direito de denúncia previsto neste artigo ficará obrigado durante um novo período de dez anos, e daí por diante poderá denunciar este Convênio quando da expiração de cada período de dez anos, nas condições previstas neste artigo.

Artigo 20

1. O Diretor-Geral do Departamento Internacional do Trabalho notificará a todos os Membros da Organização Internacional do Trabalho o registro de quantas ratificações, declarações e denúncias lhe forem comunicadas pelos Membros da Organização.

2. Ao notificar aos Membros da Organização o registro da segunda ratificação que lhe tenha sido comunicada, o Diretor-Geral chamará a atenção dos Membros da Organização sobre a data em que entrará em vigor o presente Convênio.

Artigo 21

O Diretor-Geral do Departamento Internacional do Trabalho comunicará ao Secretário Geral das Nações Unidas, para efeitos do registro e de conformidade com o artigo 102 da Carta das Nações Unidas, uma informação completa sobre todas as ratificações, declarações e atas de denúncia que tenha registrado de acordo com os artigos precedentes.

Artigo 22

Cada vez que o considerar necessário, o Conselho de Administração do Departamento Internacional do Trabalho apresentará à Conferência um relatório sobre a aplicação do Convênio, e considerará a conveniência de incluir na ordem do dia da Conferência a questão de sua revisão total ou parcial.

Artigo 23

1. No caso de que a Conferência adote um novo convênio que implique numa revisão total ou parcial do presente, e a menos que o novo convênio contenha disposições em contrário:

a) a ratificação, por um Membro, do novo convênio revisor implicará, *ipso jure*, na denúncia imediata deste Convênio, independente das disposições contidas no artigo 19, sempre que o novo convênio revisor tenha entrado em vigor;

b) a partir da data em que entre em vigor o novo convênio revisor, o presente Convênio cessará de estar aberto à ratificação pelos Membros.

2. Este Convênio continuará em vigor em todo caso, em sua forma e conteúdo atuais, para os Membros que o tenham ratificado e não ratifiquem o convênio revisor.

Artigo 24

As versões inglesa e francesa do texto deste Convênio são igualmente autênticas.

ANEXO B

Convenção n. 155 da OIT

Aprovada pelo Decreto Legislativo n. 2, de 17 de março de 1992,
e promulgada pelo Decreto n. 1.254, de 29 de setembro de 1994.
Entrou em vigor para o Brasil em 18 de maio de 1993.

CONVENÇÃO SOBRE SEGURANÇA E SAÚDE DOS TRABALHADORES E O MEIO AMBIENTE DE TRABALHO

A Conferência Geral da Organização Internacional do Trabalho,

Convocada em Genebra pelo Conselho de Administração do Departamento Internacional do trabalho, e congregada na citada cidade no dia 3 de junho de 1981 em sua sexagésima sétima reunião;

Depois de ter decidido adotar diversas propostas relativas à segurança, à higiene e ao meio ambiente de trabalho, questão que constitui o sexto ponto da ordem do dia da reunião;

Após ter decidido que tais propostas revisam a forma de um convênio internacional, adota, com data de 22 de junho de mil novecentos e oitenta e um, o presente Convênio, que poderá ser citado como o Convênio sobre segurança e saúde dos trabalhadores, 1981:

PARTE I

CAMPO DE APLICAÇÃO E DEFINIÇÕES

Artigo 1º

1. O presente Convênio se aplica a todas as áreas de atividade econômica.

2. Todo Membro que ratifique o presente Convênio poderá, mediante consulta tão logo seja possível às organizações representativas de empregadores e de trabalhadores interessadas, excluir parcial ou totalmente de sua aplicação determinadas áreas de atividade econômica, tais como o transporte marítimo ou a pesca, nas quais tal aplicação apresente problemas especiais de certa importância.

3. Todo Membro que ratifique o presente Convênio deverá enumerar, no primeiro relatório sobre a aplicação do Convênio que submeter em virtude do Artigo 22 da Constituição da Organização Internacional do trabalho, as áreas de atividade que tiverem sido excluídas em virtude do parágrafo 2 deste Artigo, explicando os motivos de tal exclusão e descrevendo as medidas tomadas para assegurar suficiente proteção aos trabalhadores nas áreas excluídas, e deverá indicar nos relatórios subsequentes todo progresso realizado sobre uma aplicação mais ampla.

Artigo 2º

1. O presente Convênio se aplica a todos os trabalhadores das áreas de atividade econômica abrangidas.

2. Todo Membro que ratifique o presente Convênio poderá, mediante consulta, tão logo como seja possível, às organizações representativas de empregadores e de trabalhadores interessadas, excluir parcial ou totalmente de sua aplicação categorias limitadas de trabalhadores a respeito das quais se apresentem problemas particulares de aplicação.

3. Todo Membro que ratifique o presente Convênio deverá enumerar, no primeiro relatório sobre a aplicação do Convênio que submeta em virtude do Artigo 22 da Constituição da Organização Internacional do trabalho, as categorias limitadas de trabalhadores que tiverem sido excluídas em virtude do parágrafo 2 deste Artigo, explicando os motivos de tal exclusão, e deverá indicar nos relatórios subsequentes todo progresso realizado para uma aplicação mais ampla.

Artigo 3º

Para os efeitos do presente Convênio:

a) a expressão áreas de atividade econômica abrange todas as áreas em que há trabalhadores empregados, incluída a administração pública;

b) o termo trabalhadores abrange todas as pessoas empregadas, incluídos os empregados públicos;

c) a expressão lugar de trabalho abrange todos os lugares onde os trabalhadores devem permanecer ou onde tiverem que acudir por razão de seu trabalho, e que se acham sob o controle direto ou indireto do empregador;

d) o termo regulamentos abrange todas as disposições às que a autoridade ou autoridades competentes conferiram força de lei.

e) o termo saúde, em relação com o trabalho, abrange não somente a ausência de afecções ou de doença, mas também os elementos físicos e mentais que afetam a saúde e estão diretamente relacionados com a segurança e higiene no trabalho.

PARTE II

PRINCÍPIOS DE UMA POLÍTICA NACIONAL

Artigo 4º

1. Todo Membro deverá, mediante consulta com as organizações mais representativas de empregadores e de trabalhadores interessadas e tendo em conta as condições e prática nacionais, formular, pôr em prática e reexaminar periodicamente uma política nacional coerente em matéria de segurança e saúde dos trabalhadores e meio ambiente de trabalho.

2. Esta política terá por objetivo prevenir os acidentes e os danos para a saúde que sejam consequência do trabalho, guardem relação com a atividade de trabalho ou sobrevenham durante o trabalho, reduzindo ao mínimo, na medida em que seja razoável e factível, as causas dos riscos inerentes ao meio ambiente de trabalho.

Artigo 5º

A política a que se faz referência no Artigo 4 do presente Convênio deverá levar em consideração as grandes esferas de ação seguintes, na medida em que afetem a segurança e a saúde dos trabalhadores e o meio ambiente de trabalho:

a) desenho, ensaio, eleição, substituição, instalação, disposição, utilização e manutenção dos componentes materiais do trabalho (lugares de trabalho, meio ambiente de trabalho, ferramentas, maquinaria e equipamento; substâncias e agentes químicos, biológicos e físicos; operações e processos);

b) relações existentes entre os componentes materiais do trabalho e as pessoas que o executam ou supervisionam, e adaptação da maquinaria, do equipamento, do tempo de trabalho, da organização do trabalho e das operações e processos às capacidades físicas e mentais dos trabalhadores;

c) formação, incluída a formação complementar necessária, qualificações e motivação das pessoas que intervêm, de una forma ou outra, para que se alcancem níveis adequados de segurança e higiene;

d) comunicação e cooperação a níveis de grupo de trabalho e de empresa e a todos os níveis apropriados até o nível nacional inclusive;

e) a proteção dos trabalhadores e de seus representantes contra toda medida disciplinar resultante de ações empreendidas justificadamente por eles de acordo com a política a que se refere o Artigo 4 do presente Convênio.

Artigo 6º

A formulação da política a que se refere o Artigo 4 do presente Convênio deveria precisar as funções e responsabilidades respectivas, em matéria de segurança e saúde dos trabalhadores e meio ambiente de trabalho, das autoridades públicas, os empregadores, os trabalhadores e outras pessoas interessadas, considerando o caráter complementar de tais responsabilidades, bem como as condições e a prática nacionais.

Artigo 7º

A situação em matéria de segurança e saúde dos trabalhadores e meio ambiente de trabalho deverá ser objeto, a intervalos adequados, de exames globais ou relativos a determinados setores, a fim de identificar os problemas principais, elaborar meios eficazes de resolvê-los, definir a ordem de prelação das medidas que deva tomar, e avaliar os resultados.

PARTE III
AÇÃO A NÍVEL NACIONAL

Artigo 8º

Todo Membro deverá adotar, por via legislativa ou regulamentar ou por qualquer outro método conforme as condições e a prática nacionais, e mediante consulta com as organizações representativas de empregadores e de trabalhadores interessadas, as medidas necessárias para tornar efetivo o Artigo 4 do presente Convênio.

Artigo 9º

1. O controle da aplicação das leis e dos regulamentos relativos à segurança, a higiene e o meio ambiente de trabalho deverá estar assegurado por um sistema de inspeção apropriado e suficiente.

2. O sistema de controle deverá prever sanções adequadas em caso de infração das leis ou dos regulamentos.

Artigo 10.

Deverão ser tomadas medidas para orientar os empregadores e os trabalhadores com o objetivo de ajudá-los a cumprir com suas obrigações legais.

Artigo 11.

A fim de tornar efetiva a política a que se refere o Artigo 4 do presente Convênio, a autoridade ou autoridades competentes deverão garantir a realização progressiva das seguintes funções:

a) a determinação, quando a natureza e o grau dos riscos assim o exigirem, das condições que regem a concepção, a construção e o acondicionamento das empresas, seu início de exploração, as transformações mais importantes que possam requerer e toda modificação de seus fins iniciais, assim como a segurança da equipe técnica utilizada no trabalho e a aplicação de procedimentos definidos pelas autoridades competentes;

b) a determinação das operações e processos que estarão proibidos, limitados ou sujeitos à autorização ou ao controle da autoridade ou autoridades competentes, bem como a determinação das substâncias e agentes aos quais a exposição no trabalho estará proibida, limitada ou sujeita à autorização ou ao controle da autoridade ou autoridades competentes; deverão levar-se em consideração os riscos para a saúde causados pela exposição simultânea a várias substâncias ou agentes;

c) o estabelecimento e a aplicação de procedimentos para a declaração de acidentes do trabalho e doenças profissionais por parte dos empregadores e, quando for pertinente, das instituições seguradoras ou outros organismos ou pessoas diretamente interessados, e a elaboração de estatísticas anuais sobre acidentes do trabalho e doenças profissionais;

d) a realização de pesquisas cada vez que um acidente do trabalho, um caso de doença profissional ou qualquer outro dano para a saúde acontecido durante o trabalho ou em relação com o mesmo pareça revelar uma situação grave;

e) a publicação anual de informações sobre as medidas tomadas na aplicação da política a que se refere o Artigo 4 do presente Convênio e sobre os acidentes do trabalho, os casos de doenças profissionais e outros danos para a saúde acontecidos durante o trabalho ou em relação com o mesmo;

f) considerando as condições e possibilidades nacionais, a introdução ou desenvolvimento de sistemas de pesquisa dos agentes químicos, físicos ou biológicos no que diz respeito aos riscos que envolverem para a saúde dos trabalhadores.

Artigo 12.

Deverão tomar-se medidas conforme a legislação e prática nacionais a fim de zelar por que as pessoas que desenham, fabricam, importam, fornecem ou cedem a qualquer título maquinaria, equipamentos ou substâncias para uso profissional:

a) se assegurem, na medida em que seja razoável e factível, de que a maquinaria, os equipamentos ou as substâncias em questão não impliquem em nenhum perigo para a segurança e a saúde das pessoas que façam uso correto deles;

b) facilitem informação sobre a instalação e utilização corretas da maquinaria e os equipamentos e sobre o uso correto de substâncias, sobre os riscos que apresentam as máquinas e os materiais e sobre as características perigosas das substâncias químicas, dos agentes ou dos produtos físicos ou biológicos, bem como instruções sobre a maneira de prevenir os riscos conhecidos;

c) efetuem estudos e pesquisas ou se mantenham à par de qualquer outra forma da evolução dos conhecimentos científicos e técnicos necessários para cumprir com as obrigações expostas nos pontos a) e b) do presente Artigo.

Artigo 13.

De conformidade com a prática e as condições nacionais, deverá proteger-se de consequências injustificadas a todo trabalhador que julgar necessário interromper uma situação de trabalho por acreditar, por motivos razoáveis, que esta envolve um perigo iminente e grave para sua vida ou sua saúde.

Artigo 14.

Deverão tomar-se medidas a fim de promover, de maneira conforme às condições e à prática nacionais, a inclusão das questões de segurança, higiene e meio ambiente de trabalho em todos os níveis de ensino e de formação, incluídos os do ensino superior técnico, médico e profissional, com o objetivo de satisfazer as necessidades de formação de todos os trabalhadores.

Artigo 15.

1. A fim de assegurar a coerência da política a que se refere o Artigo 4 do presente Convênio e das medidas tomadas para aplicá-la, todo Membro deverá tomar, mediante consulta tão logo seja possível às organizações mais representativas de empregadores e de trabalhadores e, quando for apropriado, com outros organismos, disposições conforme as condições e a prática nacionais a fim de conseguir a necessária coordenação entre as diversas autoridades e os diversos organismos encarregados de tornar efetivas as partes II e III do presente Convênio.

2. Quando as circunstâncias o exigirem e as condições e a prática nacionais o permitam, tais disposições deveriam incluir o estabelecimento de um organismo central.

PARTE IV
AÇÃO A NÍVEL DE EMPRESA

Artigo 16.

1. Deverá exigir-se dos empregadores que, na medida em que seja razoável e factível, garantam que os lugares de trabalho, a maquinaria, o equipamento e as operações e processos que estejam sob seu controle são seguros e não envolvem risco algum para a segurança e a saúde dos trabalhadores.

2. Deverá exigir-se dos empregadores que, na medida em que seja razoável e factível, garantam que os agentes e as substâncias químicas, físicas e biológicas que estejam sob seu controle não envolvem riscos para a saúde quando se tomam medidas de proteção adequadas.

3. Quando for necessário, os empregadores deverão fornecer roupas e equipamentos de proteção apropriados a fim de prevenir, na medida em que seja razoável e factível, os riscos de acidentes ou de efeitos prejudiciais para a saúde.

Artigo 17.

Sempre que dois ou mais empresas desenvolvam simultaneamente atividade num mesmo lugar de trabalho terão o dever de colaborar na aplicação das medidas previstas no presente Convênio.

Artigo 18.

Os empregadores deverão prever, quando for necessário, medidas para fazer frente a situações de urgência e a acidentes, incluídos meios adequados para a administração de primeiros socorros.

Artigo 19.

Deverão adotar-se disposições a nível de empresa em virtude das quais:

a) os trabalhadores, ao executar o seu trabalho, cooperem com o cumprimento das obrigações de incumbência do empregador;

b) os representantes dos trabalhadores na empresa cooperem com o empregador no âmbito da segurança e higiene do trabalho;

c) os representantes dos trabalhadores na empresa recebam informação adequada sobre as medidas tomadas pelo empregador para garantir a segurança e a saúde e possam consultar as suas organizações representativas sobre esta informação, com a condição de não divulgar segredos comerciais;

d) os trabalhadores e seus representantes na empresa recebam uma formação apropriada no âmbito da segurança e higiene do trabalho;

e) os trabalhadores ou seus representantes e, chegado o caso, suas organizações representativas na empresa estejam habilitados, de conformidade com a legislação e a prática nacionais, para examinar todos os aspectos da segurança e a saúde relacionados com seu trabalho, e sejam consultados a este respeito pelo empregador; com tal objetivo, e de comum acordo, se poderá recorrer a conselheiros técnicos alheios à empresa;

f) o trabalhador informará de imediato ao seu superior hierárquico direto sobre qualquer situação de trabalho que ao seu juízo envolva, por motivos razoáveis, um perigo iminente e grave para sua vida ou sua saúde; enquanto o empregador não tenha tomado medidas corretivas, se forem necessárias, não poderá exigir dos trabalhadores que reiniciem uma situação de trabalho onde exista com caráter continuo um perigo grave e iminente para sua vida ou sua saúde.

Artigo 20.

A cooperação entre os empregadores e os trabalhadores ou seus representantes na empresa deverá ser um elemento essencial das medidas em matéria de organização e de outro tipo que se adotem na aplicação dos artigos 16 a 19 do presente Convênio.

Artigo 21.

As medidas de segurança e higiene do trabalho não deverão implicar em nenhuma carga financeira para os trabalhadores.

PARTE V

DISPOSIÇÕES FINAIS

Artigo 22.

O presente Convênio não revisa nenhum dos convênios ou recomendações internacionais do trabalho existentes.

Artigo 23.

As ratificações formais do presente Convênio serão comunicadas ao Diretor-Geral do Departamento Internacional do Trabalho, para seu registro.

Artigo 24.

1. Este Convênio obrigará unicamente àqueles Membros da Organização Internacional do Trabalho cujas ratificações tenha registrado o Diretor-Geral.

2. Entrará em vigor doze meses depois da data em que as ratificações de dois Membros tenham sido registradas pelo Diretor-Geral.

3. A partir desse momento, este Convênio entrará em vigor, para cada Membro, doze meses depois da data em que tenha sido registrada sua ratificação.

Artigo 25.

1. Todo Membro que tenha ratificado este Convênio poderá denunciá-lo quando da expiração de um período de dez anos, a partir da data em que se tenha posto inicialmente em vigor, para seu registro. A denúncia não surtirá efeito até um ano depois da data em que se tenha registrado.

2. Todo Membro que tenha ratificado este Convênio e que, no prazo de um ano depois da expiração do período de dez anos mencionado no parágrafo precedente, não faça uso do direito de denúncia previsto neste Artigo ficará obrigado durante um novo período de dez anos, e daí por diante poderá denunciar este Convênio quando da expiração de cada período de dez aos, nas condições previstas neste Artigo.

Artigo 26.

1. O Diretor-Geral do Departamento Internacional do Trabalho notificará a todos os Membros da Organização Internacional do Trabalho o registro de quantas ratificações, declarações e denúncias lhe forem comunicadas pelos Membros da Organização.

2. Ao notificar aos Membros da Organização o registro da segunda ratificação que lhe tenha sido comunicada, o Diretor-Geral chamará a atenção dos Membros da Organização sobre a data em que entrará em vigor o presente Convênio.

Artigo 27.

O Diretor-Geral do Departamento Internacional do Trabalho comunicará ao Secretário Geral das Nações Unidas, para os efeitos do registro e de conformidade com o Artigo 102 da Carta das Nações Unidas, uma informação completa sobre todas as ratificações, declarações e atas de denúncia que tenha registrado de acordo com os artigos precedentes.

Artigo 28.

Cada vez que o considerar necessário, o Conselho de Administração do Departamento Internacional do Trabalho apresentará à Conferência um relatório sobre a aplicação do Convênio, e considerará a conveniência de incluir na ordem do dia da Conferência a questão de sua revisão total ou parcial.

Artigo 29.

1. No caso de que a Conferência adote um novo convênio que implique numa revisão total ou parcial do presente, e a menos que o novo convênio contenha disposições em contrário:

a) a ratificação, por um Membro, do novo convênio revisor implicará, ipso jure, a denúncia imediata deste Convênio, independente das disposições contidas no Artigo 25, sempre que o novo convênio revisor tenha entrado em vigor;

b) a partir da data em que entre em vigor o novo convênio revisor, o presente Convênio cessará de estar aberto à ratificação pelos Membros.

2. Este Convênio continuará em vigor, em todo caso, em sua forma e conteúdo atuais, para os Membros que o tenham ratificado e não ratifiquem o convênio revisor.

Artigo 30.

As versões inglesa e francesa do texto deste Convênio são igualmente autênticas.

ANEXO C

Convenção n. 161 da OIT

Aprovada pelo Decreto Legislativo n. 86, de 14 de dezembro de 1989,
e promulgada pelo Decreto n. 127, de 22 de maio de 1991.
Entrou em vigor para o Brasil em 18 de maio de 1991.

CONVENÇÃO SOBRE SERVIÇOS DE SAÚDE DO TRABALHO

A Conferência Geral da Organização Internacional do Trabalho;

Convocada em Genebra pelo Conselho Administrativo da Repartição Internacional do Trabalho e tendo ali se reunido a 7 de junho de 1985, em sua septuagésima primeira sessão;

Observando que a proteção dos trabalhadores contra as doenças profissionais e as doenças em geral e contra os acidentes de trabalho constitui uma das tarefas da Organização Internacional do Trabalho em virtude da sua Constituição;

Observando as Convenções e Recomendações Internacionais do Trabalho sobre a matéria, em particular a Recomendação sobre a Proteção da Saúde dos Trabalhadores, 1953; a Recomendação sobre os Serviços Médicos do Trabalho, 1959; a Convenção Relativa aos Representantes dos Trabalhadores, 1971, bem como a Convenção e a Recomendação sobre a Seguridade da Saúde dos Trabalhadores, 1981, documentos que estabelecem os princípios de uma política nacional e de uma ação em nível nacional;

Após ter decidido adotar diversas propostas sobre os serviços médicos no trabalho, questão que constitui o quarto ponto da agenda da sessão;

Após ter decidido que essas propostas deveriam tomar a forma de uma Convenção Internacional.

Adotada, neste vigésimo sexto dia de junho de mil novecentos e oitenta e cinco, a seguinte Convenção, que será denominada Convenção sobre os Serviços de Saúde do Trabalho, 1985.

PARTE I
PRINCÍPIOS DE UMA POLÍTICA NACIONAL

Artigo 1.

Para os efeitos do presente Convênio:

a) a expressão *"serviços de saúde no trabalho"* designa uns serviços investidos de funções **essencialmente preventivas** e encarregados de assessorar o empregador, os trabalhadores e a seus representantes na empresa sobre:

i) os requisitos necessários para estabelecer e conservar um meio ambiente de trabalho seguro e sadio que favoreça uma saúde física e mental ótima em relação com o trabalho;

ii) a adaptação do trabalho às capacidades dos trabalhadores, tendo em conta seu estado de saúde física e mental;

b) a expressão *"representantes dos trabalhadores na empresa"* designa as pessoas reconhecidas como tais em virtude da legislação ou da prática nacionais.

Artigo 2

Diante das condições e a prática nacionais e mediante consulta com as organizações de empregadores e de trabalhadores mais representativas, quando existirem, todo Membro deverá formular, aplicar e reexaminar periodicamente uma política nacional coerente sobre serviços de saúde no trabalho.

Artigo 3

1. Todo Membro se compromete a estabelecer, progressivamente, serviços de saúde no trabalho para todos os trabalhadores, incluídos os do setor público e os membros das cooperativas de produção, em todas as áreas de atividade econômica e em todas as empresas. As disposições adotadas deveriam ser adequadas e apropriadas aos riscos específicos que prevalecem nas empresas.

2. Quando não puderem ser estabelecidos imediatamente serviços de saúde no trabalho para todas as empresas, todo Membro interessado deverá elaborar planos para o estabelecimento de tais serviços, mediante consulta às organizações de empregadores e de trabalhadores mais representativas, quando existirem.

3. Todo Membro interessado deverá indicar, no primeiro relatório sobre a aplicação do Convênio que submeta em virtude do Artigo 22 da Constituição da Organização Internacional do Trabalho, os planos que elaborou de conformidade com o parágrafo 2 do presente Artigo, e expor em relatórios posteriores todo progresso realizado na sua aplicação.

Artigo 4

A **autoridade competente** deverá consultar as organizações de **empregadores e** de **trabalhadores** mais representativas, quando existirem, sobre as medidas que é preciso adotar para tornar efetivas as disposições do presente Convênio.

PARTE II
FUNÇÕES

Artigo 5

Sem prejuízo da responsabilidade de **cada empregador** a respeito da saúde e a segurança dos trabalhadores que emprega e considerando a necessidade de que os trabalhadores participem em matéria de saúde e segurança no trabalho, os serviços de saúde no trabalho deverão assegurar as funções seguintes que sejam adequadas e apropriadas aos riscos da empresa para a saúde no trabalho:

a) identificação e avaliação dos riscos que possam afetar a saúde no lugar de trabalho;

b) vigilância dos fatores do *meio ambiente de trabalho* e das *práticas de trabalho* que possam afetar a saúde dos trabalhadores, incluídas as *instalações sanitárias*, *refeitórios* e *alojamentos*, quando estas facilidades forem proporcionadas pelo empregador;

c) assessoramento sobre o planejamento e a organização do trabalho, incluído o desenho dos lugares de trabalho, sobre a seleção, a manutenção e o **estado da maquinaria** e dos equipamentos e sobre as **substâncias utilizadas no trabalho;**

d) participação no desenvolvimento de programas para o melhoramento das práticas de trabalho, bem como nos testes e a avaliação de novos equipamentos, em relação com a saúde;

e) assessoramento em matéria de saúde, de segurança e de higiene no trabalho e de ergonomia, bem como em matéria de equipamentos de proteção individual e coletiva;

f) vigilância da saúde dos trabalhadores em relação com o trabalho;

g) fomento da adaptação do trabalho aos trabalhadores;

h) assistência em, pró da adoção de medidas de reabilitação profissional;

i) colaboração na difusão de informações, na formação e educação em matéria de saúde e higiene no trabalho e de ergonomia;

j) organização dos primeiros socorros e do atendimento de urgência;

k) participação na análise dos acidentes do trabalho e das doenças profissionais.

PARTE III
ORGANIZAÇÃO

Artigo 6

Para o estabelecimento de serviços de saúde no trabalho deverão adotar-se disposições:

a) por via legislativa;

b) por convênios coletivos ou outros acordos entre os empregadores e os trabalhadores interessados; ou

c) de qualquer outra maneira com que concorde a autoridade competente, mediante consulta às organizações representativas de empregadores e de trabalhadores interessados.

Artigo 7

1. Os serviços de saúde no trabalho podem organizar-se, conforme os casos, como serviços para uma só empresa ou como serviços comuns a várias empresas. 2. De conformidade com as condições e a prática nacionais, os serviços de saúde no trabalho poderão ser organizados por: a) as empresas ou os grupos de empresas interessadas; b) os poderes públicos ou os serviços oficiais; c) as instituições de serviço social; d) qualquer outro organismo habilitado pela autoridade competente; e) uma combinação de qualquer das fórmulas anteriores.

Artigo 8

O empregador, os trabalhadores e seus representantes, quando existirem, deverão cooperar e participar na aplicação de medidas relativas à organização e demais aspectos dos serviços de saúde no trabalho, sobre uma base equitativa.

PARTE IV
CONDIÇÕES DE FUNCIONAMENTO

Artigo 9

1. De conformidade com a legislação e a prática nacionais, os serviços de saúde no trabalho deveriam ser multidisciplinares. A composição do pessoal deverá ser determinada em função da índole das tarefas que devam ser executadas. 2. Os serviços de saúde no trabalho deverão cumprir suas funções em cooperação com os demais serviços da empresa. 3. De conformidade com a legislação e a prática nacionais, deverão ser tomadas medidas para garantir a adequada cooperação e coordenação entre os serviços de saúde no trabalho e, quando for conveniente, com outros serviços envolvidos na concessão das compensações relativas à saúde.

Artigo 10

O pessoal que prestar serviços de saúde no trabalho deverá gozar de plena independência profissional, tanto a respeito do empregador como dos trabalhadores e de seus representantes, quando existirem, e relação com as funções estipuladas no Artigo 5.

Artigo 11

A autoridade competente deverá determinar as qualificações que se devem exigir do pessoal que tenha que prestar serviços de saúde no trabalho, segundo a índole das funções que deva desempenhar e de conformidade com a legislação e a prática nacionais.

Artigo 12

A vigilância da saúde dos trabalhadores em relação com o trabalho não deverá significar para eles nenhuma perda de vencimentos, deverá ser gratuita e, na medida do possível, realizar-se durante as horas de trabalho.

Artigo 13

Todos os trabalhadores deverão ser informados dos riscos para a saúde que envolve o seu trabalho.

Artigo 14

O empregador e os trabalhadores deverão informar aos serviços de saúde no trabalho de todo fator conhecido e de todo fator suspeito do meio ambiente de trabalho que posa afetar a saúde dos trabalhadores.

Artigo 15

Os serviços de saúde no trabalho deverão ser informados dos casos de doença entre os trabalhadores e das ausências do trabalho por razões de saúde, a fim de poder identificar qualquer relação entre as causas de doença ou de ausência os riscos para a saúde que podem apresentar-se nos lugares de trabalho. Os empregadores não devem encarregar o pessoal dos serviços de saúde no trabalho que verifique as causas da ausência do trabalho.

PARTE V
DISPOSIÇÕES GERAIS

Artigo 16

Uma vez estabelecidos os serviços de saúde no trabalho, a legislação nacional deverá designar a autoridade ou autoridades encarregadas de supervisionar seu funcionamento e de assessorá-los.

Artigo 17

As ratificações formais do presente Convênio serão comunicadas ao Diretor-Geral do Departamento Internacional do Trabalho, para seu registro.

Artigo 18

1. Este Convênio obrigará unicamente àqueles Membros da Organização Internacional do Trabalho cujas ratificações tenha registrado o Diretor-General. 2. Entrará em vigor doze meses depois da data em que as ratificações de dois Membros tenham sido registradas pelo Diretor-Geral. 3. A partir desse momento, este Convênio entrará em vigor, para cada Membro, doze meses depois da data em que sua ratificação tenha sido registrada.

Artigo 19

1. Todo Membro que tenha ratificado este Convênio poderá denunciá-lo quando da expiração de um período de dez anos, a partir da data em que se tenha posto inicialmente em vigor, mediante uma ata comunicada, para seu registro, ao Diretor-Geral do Departamento Internacional do Trabalho. A denúncia não surtirá efeito até um ano depois da data em que se tenha registrado.

2. Todo Membro que tenha ratificado este Convênio e que, no prazo de um ano depois da expiração do período de dez anos mencionado no parágrafo precedente, não faça uso do direito de denúncia previsto neste Artigo ficará obrigado durante um novo período de dez anos, e daí por diante poderá denunciar este Convênio quando da expiração de cada período de dez aos, nas condições previstas neste Artigo.

Artigo 20

1. O Diretor-Geral do Departamento Internacional do Trabalho notificará a todos os Membros da Organização Internacional do Trabalho o registro de quantas ratificações, declarações e denúncias lhe forem comunicadas pelos Membros da Organização. 2. Ao notificar aos Membros da Organização o registro da segunda ratificação que lhe tenha sido comunicada, o Diretor-Geral chamará a atenção dos Membros da Organização sobre a data em que entrará em vigor o presente Convênio.

Artigo 21

O Diretor-Geral do Departamento Internacional do Trabalho comunicará ao Secretário Geral das Nações Unidas, para os efeitos do registro e de conformidade com o Artigo 102 da Carta das Nações Unidas, uma informação completa sobre todas as ratificações, declarações e atas de denúncia que tenha registrado de acordo com os Artigos precedentes.

Artigo 22

Cada vez que o considerar necessário, o Conselho de Administração do Departamento Internacional do Trabalho apresentará à Conferência um relatório sobre a aplicação do Convênio, e considerará a conveniência de incluir na ordem do dia da Conferência a questão de sua revisão total ou parcial.

Artigo 23

1. No caso de que a Conferência adote um novo convênio que implique numa revisão total ou parcial do presente, e a menos que o novo convênio contenha disposições em contrário:

a) a ratificação, por um Membro, do novo convênio revisor implicará, ipso jure, na denúncia imediata deste Convênio, independente das disposições contidas no Artigo 19, sempre que o novo convênio revisor tenha entrado em vigor;

b) a partir da data em que entre em vigor o novo convênio revisor, o presente Convênio cessará de estar aberto à ratificação pelos Membros.

2. Este Convênio continuará em vigor, em todo caso, em sua forma e conteúdo atuais, para os Membros que o tenham ratificado e não ratifiquem o convênio revisor.

Artigo 24

As versões inglesa e francesa do texto deste Convênio são igualmente autênticas.

ANEXO D

Convenção n. 187 da OIT

Apesar de ainda não ratificada pelo Brasil, a avaliação e proposição de medidas para a sua implementação foi realizada por meio do Decreto n. 7602/2011 que dispõe sobre a Política Nacional de Segurança e Saúde no Trabalho no Brasil, em atendimento ao Artigo 19 da Constituição da Organização Internacional do Trabalho.

CONVENÇÃO SOBRE O MARCO PROMOCIONAL DA SEGURANÇA E SAÚDE NO TRABALHO

A Conferência Geral da Organização Internacional do Trabalho:

Convocada em Genebra pelo Conselho de Administração da Organização Internacional do Trabalho, realizada nesta cidade, no seu nonagésimo quinto encontro, em 31 de maio de 2006;

Reconhecendo a magnitude global das lesões, doenças e mortes causadas pelo trabalho, bem como a necessidade de novas medidas para reduzi-las;

Recordando que a proteção dos trabalhadores contra a doença quer seja ou não profissional, e contra os acidentes industriais é um dos objetivos fundamentais da Organização Internacional do Trabalho, estabelecido na sua Constituição;

Reconhecendo o impacto negativo das lesões, doenças e mortes causadas pelo trabalho na produtividade e no desenvolvimento econômico e social:

Observando que no artigo (g) do parágrafo III da Declaração de Filadélfia prevê que a Organização Internacional do Trabalho tem uma solene obrigação de promover, entre as nações do mundo programas para proteger adequadamente a vida humana e a saúde dos trabalhadores em todas as profissões;

Tendo em conta a Declaração da OIT sobre Princípios e Direitos Fundamentais no Trabalho e seu Seguimento -1998;

Observando as disposições da Convenção sobre a segurança e a saúde dos trabalhadores, 1981 (n. 155), A Recomendação sobre segurança e saúde dos trabalhadores, 1981 (n. 164), e de outros instrumentos da Organização Internacional do Trabalho, pendentes ao marco de promoção de segurança e saúde no trabalho;

Recordando que a promoção da segurança e saúde no trabalho faz parte da agenda de trabalho decente para todos, a Organização Internacional do Trabalho;

Recordando as conclusões relativas às atividades normativas da OIT no âmbito da segurança e saúde no trabalho uma estratégia global adotada pela Conferência Internacional do Trabalho na sua nonagésima primeira reunião — (2003), especialmente no que diz respeito à conveniência de assegurar dando prioridade à segurança e saúde nos programas nacionais.

Dando ênfase na importância de promover de forma contínua uma cultura nacional de prevenção na matéria de segurança e saúde.

Após ter decidido adotar certas propostas relativas à segurança e saúde no trabalho, que é o quarto ponto da ordem do dia da reunião, e

Tendo decidido que estas propostas assumem a forma de uma convenção internacional, na data de quinze dias do mês de junho, em dois mil e seis a seguinte convenção, que pode ser citada como a Convenção sobre o marco para a promoção da saúde e segurança no trabalho, 2006.

I. DEFINIÇÕES

Artigo 1

Para efeitos da presente Convenção:

a) o termo política nacional se refere a política nacional de segurança e saúde no trabalho e meio ambiente de trabalho, elaborado em conformidade com os princípios estabelecidos no artigo 4º da Convenção sobre a segurança e a saúde dos trabalhadores, 1981 (N. 155);

b) o conceito de sistema nacional de segurança e de saúde ou sistema nacional refere-se à infraestrutura que compõe o marco principal para a execução de políticas e programas nacionais de segurança e saúde no trabalho;

c) o termo programa nacional sobre segurança e saúde ocupacional ou nacional refere-se a qualquer programa nacional que inclua os objetivos que devem ser alcançados dentro de um período determinado, assim como as prioridades e os meios de ação para melhorar a segurança e a saúde no trabalho, e os meios para avaliar os progressos realizados, e

d) A expressão cultura nacional de prevenção em matéria de saúde e segurança diz respeito a uma cultura em que o direito a um meio ambiente seguro e saudável trabalho é respeitado em todos os níveis, em que governo, empregadores e trabalhadores participam ativamente em iniciativas destinadas à assegurar um meio ambiente de trabalho seguro e saudável através de um sistema de direitos, responsabilidades e deveres, definidos e que seja atribuída a máxima prioridade ao princípio da prevenção.

II. OBJETIVO

Artigo 2

1. Qualquer membro que ratificar a presente Convenção deverá promover a melhoria contínua da segurança e saúde no trabalho, a fim de prevenir lesões, doenças e mortes causadas pelo trabalho através do desenvolvimento de uma política, de um sistema e de um programa nacional, em consulta com as demais organizações mais representativas de empregadores e trabalhadores.

2. Os membros devem tomar medidas ativas para atingir progressivamente um ambiente de trabalho seguro e saudável através de um sistema e programa nacionais de saúde e segurança no trabalho, tendo em conta os princípios contidos nos instrumentos da Organização Internacional do Trabalho (OIT) relevantes para o marco promocional da saúde e segurança no trabalho.

3. Cada membro, em consulta com as organizações mais representativas de empregadores e de trabalhadores, deverá rever periodicamente as medidas que poderiam ser tomadas para que ratifiquem as convenções pertinentes da OIT sobre segurança e saúde no trabalho.

III. POLÍTICA NACIONAL

Artigo 3

1. Todo membro deve promover um ambiente de trabalho seguro e saudável através do desenvolvimento de uma política nacional.

2. Todo membro deve promover e incentivar, em todos os níveis pertinentes, o direito dos trabalhadores a um ambiente de trabalho seguro e saudável.

3. Ao desenvolver a sua política nacional, cada membro deve promover, em conformidade com as condições nacionais e em consulta às mais organizações representativas de empregadores e de trabalhadores, os princípios básicos, tais como: avaliação dos riscos ou perigos do trabalho; consulta na sua origem os riscos e ou perigos do trabalho; e desenvolver uma cultura nacional de prevenção em matéria de segurança e saúde que inclua informação, consulta e formação.

IV. SISTEMA NACIONAL

Artigo 4

1. Os membros devem criar, manter e desenvolver gradualmente e rever periodicamente um sistema nacional de saúde e segurança no trabalho, em consulta com as mais representativas organizações de empregadores e trabalhadores.

2. O sistema de segurança e de saúde deve incluir, entre outras coisas:

a) a legislação, as convenções coletivas se forem o caso, e de qualquer outro instrumento relevante em matéria de segurança e saúde no trabalho;

b) uma autoridade ou órgão ou agências ou autoridades responsáveis pela segurança e saúde no trabalho, designado em conformidade com a legislação e as práticas nacionais;

c) mecanismos para garantir o cumprimento da legislação nacional, incluindo os sistemas de inspeção, e

d) disposições destinadas a promover a cooperação empresarial entre os níveis de gestão, trabalhadores e seus representantes, como um elemento essencial das medidas preventivas relacionadas com o local de trabalho.

3. O sistema de segurança e de saúde deverá incluir, se for o caso:

a) um órgão consultivo tripartite ou organismos no âmbito nacional para abordar questões relativas à segurança e saúde no trabalho;

b) informação e serviços de consultoria em segurança e saúde no trabalho;

c) formação em matéria de segurança e saúde no trabalho;

d) os serviços de saúde no local de trabalho, em conformidade com a legislação e as práticas nacionais;

e) a investigação sobre segurança e saúde no trabalho; f) um mecanismo para cadastrar análise de dados sobre lesões e doenças profissionais, tendo em conta os instrumentos pertinentes da OIT;

g) Disposições com vistas à colaboração com os regimes de seguro e segurança social ou de um seguro que cubra lesões e doenças profissionais, e

h) de mecanismos de apoio para uma progressiva melhoria das condições de segurança e saúde nas micros, pequenas e médias empresas e da economia informal.

V. PROGRAMA NACIONAL

Artigo 5

1. Cada membro deve formular, implementar, monitorar e rever periodicamente um programa nacional de segurança e saúde no trabalho, em consulta com as mais representativas organizações de empregadores e trabalhadores.

2. O programa nacional deve:

a) promover o desenvolvimento de uma cultura nacional de prevenção em saúde e segurança; b) contribuir para a proteção dos trabalhadores, eliminando os perigos e os riscos do seu trabalho ou minimizar, na medida em que for razoavelmente possível, em conformidade com a legislação e as práticas nacionais, a fim de impedir lesões, doenças e mortes causadas pelo trabalho e promover a segurança e a saúde no local de trabalho;

c) elaborar e reexaminar a base de uma análise da situação nacional em saúde e segurança no trabalho, que inclua uma análise do sistema nacional de saúde e segurança no trabalho;

d) incluir objetivos, metas e indicadores de resultados, e

e) sempre que possível, ser apoiadas por outros programas e planos nacionais de complementaridade que contribua para a realização progressiva do objetivo de um ambiente de trabalho seguro e saudável.

3. O programa nacional deve ser amplamente divulgado e na medida do possível, ser respaldada e aplicado pelas mais altas autoridades nacionais.

VI. DISPOSIÇÕES FINAIS

Artigo 6

Esta Convenção não constitui uma revisão de quaisquer recomendações ou convenções internacionais de trabalho.

Artigo 7

As ratificações formais da presente Convenção devem ser apresentadas para registro ao Diretor-Geral da Organização Internacional do Trabalho.

Artigo 8

1. A presente convenção obrigará àqueles membros da OIT apenas mediante os membros da Organização Internacional do Trabalho cujas ratificações tenham sido registradas junto do Diretor-Geral da Organização Internacional do Trabalho.

2. Entrará em vigor doze meses após a data em que as ratificações de dois membros terem sido registradas pelo Diretor-geral.

3. Posteriormente, esta Convenção entrará em vigor para qualquer membro doze meses após a data de registro da sua ratificação.

Artigo 9

1. Todo membro que tenha ratificado esta Convenção poderá denunciar a sua expiração num período de dez anos a partir da data em que tenha entrado em vigor, por uma ata de registro, comunicado ao Diretor-Geral da Organização Internacional do Trabalho. A denúncia não produzirá efeitos até um ano após a data em que tenha sido registrada.

2. Todo membro que tenha ratificado esta Convenção e que, no prazo de um ano após a expiração do período de dez anos, mencionado no parágrafo anterior, não invocará o direito de denúncia prevista no presente artigo será vinculado por um novo período de dez anos e, posteriormente, poderá denunciar a presente Convenção durante o primeiro ano de cada novo período de dez anos, conforme previsto no presente artigo.

Artigo 10

1. O Diretor-Geral da Organização Internacional do Trabalho vai notificar todos os membros da Organização Internacional do Trabalho o registro de todas as ratificações e denúncias comunicadas pelos membros da Organização.

2. Ao notificar os membros da Organização do registro da segunda ratificação que lhe tenha sido comunicado, o Diretor-geral deve chamar a atenção dos membros da Organização sobre a data em que entrará em vigor da presente Convenção.

Artigo 11

O Diretor-Geral da Organização Internacional do Trabalho notificará o Secretário-Geral das Nações Unidas para registro em conformidade com o artigo 102 da Carta das Nações Unidas, informações completas sobre todas as ratificações e denúncias que tenham sido registradas.

Artigo 12

Cada vez que julgar necessário, o Órgão Diretor do Escritório Internacional do Trabalho apresentará à Conferência um relatório sobre a aplicação da Convenção, e considerará a conveniência de colocar na ordem do dia da Conferência a questão da sua revisão.

Artigo 13

1. No caso da Conferência adotar uma nova convenção que implique uma revisão do presente, e a menos que a nova convenção preveja:

a) a ratificação por um membro da nova revisão da Convenção deve implicar "Ipso Jure" a denúncia imediata da presente Convenção, não obstante o disposto no artigo 9, sempre que a nova a convenção revisada tenha entrado em vigor;

b) a partir da data de entrada em vigor da nova Convenção revisada, a presente Convenção deixa de ser aberta à ratificação por parte dos membros.

2. A presente Convenção permanecerá em vigor, em qualquer caso, na sua atual forma e conteúdo para os membros que a tiverem ratificado, não ratificarem a Convenção revisada.

Artigo 14

As versões inglesas e francesas do texto da presente Convenção são igualmente autênticas.

ANEXO E

Política Nacional de Segurança e Saúde no Trabalho

Decreto n. 7.607 de 7 de novembro de 2012

Dispõe sobre a Política Nacional de Segurança e Saúde no Trabalho (PNSST) — D.O.U., 08.11.2011 — Seção 1.

A PRESIDENTA DA REPÚBLICA, no uso das atribuições que lhe confere o art. 84, incisos IV e VI, alínea "a", da Constituição, e tendo em vista o disposto no artigo 4 da Convenção n.155, da Organização Internacional do Trabalho, promulgada pelo Decreto n. 1.254, de 29 de setembro de 1994,

DECRETA:

Art. 1º Este Decreto dispõe sobre a Política Nacional de Segurança e Saúde no Trabalho — PNSST, na forma do Anexo.

Art. 2º Este Decreto entra em vigor na data da sua publicação.

Brasília, 7 de novembro de 2011; 190º da Independência e 123º da República.

DILMA ROUSSEFF
Carlos Lupi
Alexandre Rocha Santos Padilha
Garibaldi Alves Filho

POLÍTICA NACIONAL DE SEGURANÇA E SAÚDE NO TRABALHO

OBJETIVO E PRINCÍPIOS

I — A Política Nacional de Segurança e Saúde no Trabalho — PNSST tem por objetivos a promoção da saúde e a melhoria da qualidade de vida do trabalhador e a prevenção de acidentes e de danos à saúde advindos, relacionados ao trabalho ou que ocorram no curso dele, por meio da eliminação ou redução dos riscos nos ambientes de trabalho;

II — A PNSST tem por princípios:

a) universalidade;

b) prevenção;

c) precedência das ações de promoção, proteção e prevenção sobre as de assistência, reabilitação e reparação;

d) diálogo social; e

e) integralidade;

III — Para o alcance de seu objetivo a PNSST deverá ser implementada por meio da articulação continuada das ações de governo no campo das relações de trabalho, produção, consumo, ambiente e saúde, com a participação voluntária das organizações representativas de trabalhadores e empregadores;

DIRETRIZES

IV — As ações no âmbito da PNSST devem constar do Plano Nacional de Segurança e Saúde no Trabalho e desenvolver-se de acordo com as seguintes diretrizes:

a) inclusão de todos trabalhadores brasileiros no sistema nacional de promoção e proteção da saúde;

b) harmonização da legislação e a articulação das ações de promoção, proteção, prevenção, assistência, reabilitação e reparação da saúde do trabalhador;

c) adoção de medidas especiais para atividades laborais de alto risco;

d) estruturação de rede integrada de informações em saúde do trabalhador;

e) promoção da implantação de sistemas e programas de gestão da segurança e saúde nos locais de trabalho;

f) reestruturação da formação em saúde do trabalhador e em segurança no trabalho e o estímulo à capacitação e à educação continuada de trabalhadores; e

g) promoção de agenda integrada de estudos e pesquisas em segurança e saúde no trabalho;

RESPONSABILIDADES NO ÂMBITO DA PNSST

V — São responsáveis pela implementação e execução da PNSST os Ministérios do Trabalho e Emprego, da Saúde e da Previdência Social, sem prejuízo da participação de outros órgãos e instituições que atuem na área;

VI — Cabe ao Ministério do Trabalho e Emprego:

a) formular e propor as diretrizes da inspeção do trabalho, bem como supervisionar e coordenar a execução das atividades relacionadas com a inspeção dos ambientes de trabalho e respectivas condições de trabalho;

b) elaborar e revisar, em modelo tripartite, as Normas Regulamentadoras de Segurança e Saúde no Trabalho;

c) participar da elaboração de programas especiais de proteção ao trabalho, assim como da formulação de novos procedimentos reguladores das relações capital-trabalho;

d) promover estudos da legislação trabalhista e correlata, no âmbito de sua competência, propondo o seu aperfeiçoamento;

e) acompanhar o cumprimento, em âmbito nacional, dos acordos e convenções ratificados pelo Governo brasileiro junto a organismos internacionais, em especial à Organização Internacional do Trabalho — OIT, nos assuntos de sua área de competência;

f) planejar, coordenar e orientar a execução do Programa de Alimentação do Trabalhador; e

g) por intermédio da Fundação Jorge Duprat Figueiredo de Segurança e Medicina do Trabalho — FUNDACENTRO:

1.elaborar estudos e pesquisas pertinentes aos problemas que afetam a segurança e saúde do trabalhador;

2.produzir análises, avaliações e testes de medidas e métodos que visem à eliminação ou redução de riscos no trabalho, incluindo equipamentos de proteção coletiva e individual;

3.desenvolver e executar ações educativas sobre temas relacionados com a melhoria das condições de trabalho nos aspectos de saúde, segurança e meio ambiente do trabalho;

4.difundir informações que contribuam para a proteção e promoção da saúde do trabalhador;

5.contribuir com órgãos públicos e entidades civis para a proteção e promoção da saúde do trabalhador, incluindo a revisão e formulação de regulamentos, o planejamento e desenvolvimento de ações interinstitucionais; a realização de levantamentos para a identificação das causas de acidentes e doenças nos ambientes de trabalho; e

6.estabelecer parcerias e intercâmbios técnicos com organismos e instituições afins, nacionais e internacionais, para fortalecer a atuação institucional, capacitar os colaboradores e contribuir com a implementação de ações globais de organismos internacionais;

VII – Compete ao Ministério da Saúde:

a) fomentar a estruturação da atenção integral à saúde dos trabalhadores, envolvendo a promoção de ambientes e processos de trabalho saudáveis, o fortalecimento da vigilância de ambientes, processos e agravos relacionados ao trabalho, a assistência integral à saúde dos trabalhadores, reabilitação física e psicossocial e a adequação e ampliação da capacidade institucional;

b) definir, em conjunto com as secretarias de saúde de Estados e Municípios, normas, parâmetros e indicadores para o acompanhamento das ações de saúde do trabalhador a serem desenvolvidas no Sistema Único de Saúde, segundo os respectivos níveis de complexidade destas ações;

c) promover a revisão periódica da listagem oficial de doenças relacionadas ao trabalho;

d) contribuir para a estruturação e operacionalização da rede integrada de informações em saúde do trabalhador;

e) apoiar o desenvolvimento de estudos e pesquisas em saúde do trabalhador;

f) estimular o desenvolvimento de processos de capacitação de recursos humanos em saúde do trabalhador; e

g) promover a participação da comunidade na gestão das ações em saúde do trabalhador;

VIII – Compete ao Ministério da Previdência Social:

a) subsidiar a formulação e a proposição de diretrizes e normas relativas à interseção entre as ações de segurança e saúde no trabalho e as ações de fiscalização e reconhecimento dos benefícios previdenciários decorrentes dos riscos ambientais do trabalho;

b) coordenar, acompanhar, avaliar e supervisionar as ações do Regime Geral de Previdência Social, bem como a política direcionada aos Regimes Próprios de Previdência Social, nas áreas que guardem inter-relação com a segurança e saúde dos trabalhadores;

c) coordenar, acompanhar e supervisionar a atualização e a revisão dos Planos de Custeio e de Benefícios, relativamente a temas de sua área de competência;

d) realizar estudos, pesquisas e propor ações formativas visando ao aprimoramento da legislação e das ações do Regime Geral de Previdência Social e dos Regimes Próprios de Previdência Social, no âmbito de sua competência; e

e) por intermédio do Instituto Nacional do Seguro Social – INSS:

1. realizar ações de reabilitação profissional; e
2. avaliar a incapacidade laborativa para fins de concessão de benefícios previdenciários.

GESTÃO

IX – A gestão participativa da PNSST cabe à Comissão Tripartite de Saúde e Segurança no Trabalho – CTSST que é constituída paritariamente por representantes do governo, trabalhadores e empregadores, conforme ato conjunto dos Ministros de Estado do Trabalho e Emprego, da Saúde e da Previdência Social.

X – Compete à CTSST:

a) acompanhar a implementação e propor a revisão periódica da PNSST, em processo de melhoria contínua;

b) estabelecer os mecanismos de validação e de controle social da PNSST;

c) elaborar, acompanhar e rever periodicamente o Plano Nacional de Segurança e Saúde no Trabalho;

d) definir e implantar formas de divulgação da PNSST e do Plano Nacional de Segurança e Saúde no Trabalho, dando publicidade aos avanços e resultados obtidos; e

e) articular a rede de informações sobre SST.

XI – A gestão executiva da Política será conduzida por Comitê Executivo constituído pelos Ministérios do Trabalho e Emprego, da Saúde e da Previdência Social; e

XII — Compete ao Comitê Executivo:

a) coordenar e supervisionar a execução da PNSST e do Plano Nacional de Segurança e Saúde no Trabalho;

b) atuar junto ao Ministério do Planejamento, Orçamento e Gestão para que as propostas orçamentárias de saúde e segurança no trabalho sejam concebidas de forma integrada e articulada a partir de cada programa e respectivas ações, de modo a garantir a implementação da Política;

c) elaborar relatório anual das atividades desenvolvidas no âmbito da PNSST encaminhando-o à CTSST e à Presidência da República;

d) disponibilizar periodicamente informações sobre as ações de saúde e segurança no trabalho para conhecimento da sociedade; e

e) propor campanhas sobre Saúde e Segurança no Trabalho.

ANEXO F

Directiva del Consejo (89/391/CEE), relativa a la aplicación de medidas para promover la mejora de la seguridad y de la salud de los trabajadores en el trabajo, de 12 de junio de 1989.

EL CONSEJO DE LAS COMUNIDADES EUROPEAS

Visto el Tratado constitutivo de la Comunidad Económica Europea y, en particular, su artículo 118 A,

Vista la propuesta de la Comisión (1), elaborada previa consulta al Comité consultivo para la seguridad, la higiene y la protección de la salud en el lugar de trabajo, En cooperación con el Parlamento Europeo (2),

Visto el dictamen del Comité Económico y Social (3),

Considerando que el artículo 118 A del Tratado obliga al Consejo a establecer, mediante directivas, las disposiciones mínimas para promover la mejora, en particular, del medio de trabajo, con el fin de elevar el nivel de protección de la seguridad y de la salud de los trabajadores;

Considerando que la presente Directiva no puede justificar un posible descenso del nivel de protección ya alcanzado en cada Estado miembro, ya que los Estados miembros se comprometen incluso, en virtud del Tratado, a promover la mejora de las condiciones existentes en este ámbito y se fijan como objetivo su armonización en el progreso;

Considerando que se ha demostrado que los trabajadores pueden estar expuestos en su lugar de trabajo y a lo largo de toda su vida profesional a la influencia de factores ambientales peligrosos;

Considerando que el artículo 118 A del Tratado establece que las directivas deben evitar trabas de carácter administrativo, financiero y jurídico que obstaculicen la creación y el desarrollo de las pequeñas y medianas empresas;

Considerando que la comunicación de la Comisión sobre su programa en el ámbito de la seguridad, la higiene y la salud en el lugar de trabajo (4) prevé la adopción de directivas destinadas a garantizar La seguridad y la salud de los trabajadores;

Considerando que el Consejo en su Resolución de 21 de diciembre de 1987, relativa a la seguridad, la higiene y la salud en el lugar de trabajo (5), toma nota del propósito de la Comisión de presentar ante aquél, en breve plazo, una directiva relativa a la organización de La seguridad y de la salud de los trabajadores en el lugar de trabajo;

Considerando que en febrero de 1988, el Parlamento Europeo adoptó cuatro resoluciones en el marco del debate sobre el establecimiento del mercado interior y la protección en el lugar de trabajo; que estas resoluciones invitan en concreto a la Comisión a elaborar una directivamarco que sirva de base a directivas específicas que cubran todos lós riesgos relativos al ámbito de la seguridad y de la salud en el lugar de trabajo;

Considerando que incumbe a los Estados miembros promover la mejora, en su territorio, de la seguridad y de la salud de los trabajadores; que la adopción de medidas relativas a la seguridad y a la salud de los trabajadores en el trabajo contribuye en casos determinados a preservar la salud y, eventualmente, la seguridad de las personas que viven en suhogar;

Considerando que, en los Estados miembros, los sistemas legislativos enmateria de seguridad y de salud sobre el lugar de trabajo son muy diferentes y que deben ser mejorados; que tales disposiciones nacionales en la materia, a veces completadas por disposiciones técnicas y / o normas voluntarias, pueden conducir a niveles de protección de la seguridad y de la salud diferentes y permitir una competencia que vaya em detrimento de la seguridad y de la salud;

Considerando que hay que lamentar todavía demasiados accidentes de trabajo y enfermedades profesionales; que se deben tomar o mejorar, sin más tardar, medidas preventivas para preservar la seguridad y la salud de los trabajadores, de manera que se garantice un mejor nivel de protección;

Considerando que para garantizar un mayor grado de protección, es necesario que los trabajadores y sus representantes estén informados de los riesgos para su seguridad y su salud, así como de las medidas necesarias para reducir o suprimir estos riesgos; que es igualmente indispensable que puedan contribuir con su participación equilibrada, de conformidad con las legislaciones y / o los usos nacionales, a que se tomen las medidas de protección necesarias;

Considerando que es necesario desarrollar la información, el diálogo y la participación equilibrada en materia de seguridad y de salud en el trabajo entre los empresarios y los trabajadores y / o sus representantes por medio de procedimientos e instrumentos adecuados, de conformidad con las legislaciones y / o los usos nacionales;

Considerando que la mejora de la seguridad, de la higiene y de la salud de los trabajadores en el trabajo representa un objetivo que no podrá subordinarse a consideraciones de carácter puramente económico;

Considerando que los empresarios tienen la obligación de informarse de los progresos técnicos y de los conocimientos científicos sobre el diseño de los puestos de trabajo, habida cuenta los riesgos inherentes para sus empresas, y de informar a los representantes de los trabajadores que ejerzan sus funciones de participación en el marco de la presente Directiva, de manera que se pueda garantizar un mejor nivel de protección de la seguridad y de la salud de los trabajadores;

Considerando que las disposiciones de la presente Directiva se aplican, sin perjuicio de disposiciones comunitarias más rigurosas, existentes o futuras, a todos los riesgos y, entre otros, a los procedentes de la utilización durante el trabajo de los agentes químicos, físicos y biológicos mencionados en la Directiva 80/1107/CEE (1), modificada en último lugar por la Directiva 88/642/CEE (2);

Considerando que, en virtud de la Decisión 74/325/CEE (3), la Comisión consultará al Comité consultivo para la seguridad, la higiene y La protección de la salud en el lugar de trabajo con el fin de elaborar propuestas en este sector;

Considerando que procede crear un Comité cuyos miembros serán nombrados por los Estados miembros, que se encargue de asistir a la Comisión en las adaptaciones técnicas de las directivas específicas previstas por la presente Directiva,

HA ADOPTADO LA PRESENTE DIRECTIVA:

SECCIÓN I
DISPOSICIONES GENERALES

Artículo 1
Objeto

1. El objeto de la presente Directiva es la aplicación de medidas para promover la mejora de la seguridad y de la salud de los trabajadores em el trabajo.

2. A tal efecto, la presente Directiva incluye principios generales relativos a la prevención de los riesgos profesionales y la protección de la seguridad y de la salud, la eliminación de los factores de riesgo y accidente, la información, la consulta, la participación equilibrada de conformidad con las legislaciones y / o los usos nacionales, la formación de los trabajadores y de sus representantes, así como las líneas generales para la aplicación de dichos principios.

3. La presente Directiva no afecta a las disposiciones nacionales y comunitarias, existentes o futuras, que sean más favorables para la protección de la seguridad y de la salud de los trabajadores en el trabajo.

Artículo 2

Ámbito de aplicación

1. La presente Directiva se aplicará a todos los sectores de actividades, públicas o privadas (actividades industriales, agrícolas, comerciales, administrativas, de servicios, educativas, culturales, de ocio, etc.)

2. La presente Directiva no será de aplicación cuando se opongan a ello de manera concluyente las particularidades inherentes a determinadas actividades específicas de la función pública, por ejemplo, en lãs fuerzas armadas o la policía, o a determinadas actividades específicas em los servicios de protección civil. En este caso, será preciso velar para que la seguridad y la salud de lós trabajadores queden aseguradas en la medida de lo posible, habida cuenta los objetivos de la presente Directiva.

Artículo 3

Definiciones

A los efectos de la presente Directiva, se entenderá por:

a) trabajador: cualquier persona empleada por un empresario, incluídos los trabajadores en prácticas y los aprendices, con exclusión de lós trabajadores al servicio del hogar familiar;

b) empresario: cualquier persona fisica o juridica que sea titular de la relación laboral con el trabajador y tenga la responsabilidad de la empresa y / o establecimiento;

c) representante de los trabajadores con una función específica en materia de protección de la seguridad y de la salud de los trabajadores: cualquier persona elegida, nombrada o designada, de conformidadcon las legislaciones y / o los usos nacionales, como delegado de lós trabajadores para los problemas de la protección de la seguridad y de la salud de los trabajadores en el trabajo;

d) prevención: el conjunto de disposiciones o de medidas adoptadas o previstas en todas las fases de la actividad de la empresa, con el finde evitar o de disminuir los riesgos profesionales.

Artículo 4

1. Los Estados miembros adoptarán las disposiciones necesarias para garantizar que los empresarios, los trabajadores y los representantes de los trabajadores estén sujetos a las disposiciones jurídicas necesarias para la aplicación de la presente Directiva.

2. Los Estados miembros garantizarán, en particular, un control y uma vigilancia adecuados.

SECCIÓN II
OBLIGACIONES DE LOS EMPRESARIOS

Artículo 5

Disposición general

1. El empresario deberá garantizar la seguridad y la salud de lós trabajadores en todos los aspectos relacionados con el trabajo.

2. Si un empresario solicitare, en virtud del apartado 3 del Artículo 7, las competencias (de personas o servicios) externas a la empresa y / o establecimiento, ello no le eximirá de sus responsabilidades en dicho ámbito.

3. Las obligaciones de los trabajadores en el ámbito de la seguridad y de la salud en el trabajo no afectarán al principio de la responsabilidad del empresario.

4. La presente Directiva no obstaculizará la facultad de los Estados miembros para establecer la exclusión o la disminución de la responsabilidad de los empresarios por hechos derivados de circunstancias

que les sean ajenas, anormales e imprevisibles o de acontecimientos excepcionales, cuyas consecuencias no hubieren podido ser evitadas a pesar de toda la diligencia desplegada. No se exigirá a los Estados miembros el ejercicio de la facultad mencionada en el párrafo primero.

Artículo 6

Obligaciones generales de los empresarios

1. En el marco de sus responsabilidades, el empresario adoptará lãs medidas necesarias para la protección de la seguridad y de la salud de los trabajadores, incluidas las actividades de prevención de los riesgos profesionales, de información y de formación, así como la constitución de una organización y de medios necesarios. El empresario deberá velar para que se adapten estas medidas a fin de tener en cuenta el cambio de las circunstancias y tender a la mejora de las situaciones existentes.

2. El empresario aplicará las medidas previstas en el párrafo primero del apartado 1 con arreglo a los siguientes principios generales de prevención:

a) evitar los riesgos;

b) evaluar los riesgos que no se puedan evitar;

c) combatir los riesgos en su origen;

d) adaptar el trabajo a la persona, en particular en lo que respecta a la concepción de los puestos de trabajo, así como a la elección de lós equipos de trabajo y los métodos de trabajo y de producción, con miras en particular, a atenuar el trabajo monótono y el trabajo repetitivo y a reducir los efectos de los mismos en la salud.

e) tener en cuenta la evolución de la técnica;

f) sustituir lo peligroso por lo que entraña poco o ningún peligro;

g) planificar la prevención buscando un conjunto coherente que integre en ella la técnica, la organización del trabajo, las condiciones de trabajo, las relaciones sociales y la influencia de los factores ambientales en el trabajo;

h) adoptar medidas que antepongan la protección colectiva a la individual;

i) dar las debidas instrucciones a los trabajadores.

3. Sin perjuicio de las demás disposiciones de la presente Directiva, el empresario deberá, habida cuenta el tipo de actividades de la empresa y / o del establecimiento:

a) evaluar los riesgos para la seguridad y la salud de los trabajadores, incluso en lo que se refiere a la elección de los equipos de trabajo, de las sustancias o preparados químicos y en el acondicionamiento de los lugares de trabajo. Tras dicha evaluación, y en tanto sea necesario, las actividades de prevención así como los métodos de trabajo y de producción aplicados por el empresario deberán:

— garantizar un mayor nivel de protección de la seguridad y de la salud de los trabajadores;

— integrarse en el conjunto de actividades de la empresa y / o del establecimiento y en todos los niveles jerárquicos;

b) cuando confíe tareas a un trabajador, tomar en consideración lãs capacidades profesionales de dicho trabajador en materia de seguridad y de salud;

c) procurar que la planificación y la introducción de nuevas tecnologias sean objeto de consultas con los trabajadores y / o sus representantes, por lo que se refiere a las consecuencias para la seguridad y la salud de los trabajadores, relacionadas con la elección de los equipos, el acondicionamiento de las condiciones de trabajo y el impacto de los factores ambientales en el trabajo;

d) adoptar las medidas adecuadas para que sólo los trabajadores que hayan recibido información adecuada puedan acceder a las zonas de riesgo grave y específico.

4. Sin perjuicio de las demás disposiciones de la presente Directiva, cuando en un mismo lugar de trabajo estén presentes trabajadores de varias empresas, los empresarios deberán cooperar en la aplicación de las disposiciones relativas a la seguridad, la higiene y la salud, asícomo, habida cuenta el tipo de actividades, coordinarse con vistas a la protección y prevención de riesgos profesionales, informarse mutuamente de dichos riesgos, e informar a sus trabajadores respectivos y / o a sus representantes.

5. Las medidas relativas a la seguridad, la higiene y la salud en el trabajo no deberán suponer en ningún caso una carga financiera para los

Artículo 7

Servicios de protección y de prevención

1. Sin perjuicio de las obligaciones contempladas en los artículos 5 y 6, el empresario designará uno o varios trabajadores para ocuparse de actividades de protección y de actividades de prevención de los riesgos profesionales de la empresa y / o del establecimiento.

2. Los trabajadores designados no podrán sufrir un perjuicio derivado de sus actividades de protección y de sus actividades de prevención de los riesgos profesionales. Con el fin de que puedan cumplir las obligaciones resultantes de la presente Directiva, los trabajadores designados deberán disponer de un tiempo apropiado.

3. Si las competencias en la empresa y / o establecimiento son insuficientes para organizar dichas actividades de protección y de prevención, el empresario deberá recurrir a competencias (personas o servicios) ajenas a la empresa y / o al establecimiento.

4. En el caso de que el empresario recurra a dichas competencias, lãs personas o servicios de que se trate deberán ser informadas por el empresario sobre los factores de los que se sabe o se sospecha que tienen repercusiones en la seguridad y la salud de los trabajadores y deberán tener acceso a las informaciones mencionadas en el apartado 2 del artículo 10.

5. En todos los casos:

— los trabajadores designados deberán tener la capacidad necesaria y disponer de los medios necesarios,

— las personas o servicios exteriores consultados deben tener las aptitudes necesarias y disponer de los medios personales y profesionales necesarios, y

— los trabajadores designados y las personas o servicios exteriores consultados deberán constituir un número suficiente, para hacerse cargo de las actividades de protección y de prevención, teniendo en cuenta el tamaño de la empresa y / o del establecimiento y /o de los riesgos a que están expuestos los trabajadores, así como sudistribución en el conjunto de la empresa y / o del establecimiento.

6. La protección y la prevención de los riesgos para la seguridad y la salud que son objeto del presente artículo se garantizarán por uno o varios trabajadores, mediante un solo servicio o mediante servicios diferentes, ya sea(n) interno(s) o externo(s) a la empresa y / o establecimiento. El (los) trabajador(es) y / o el (los) servicio(s) deberán colaborar cuando sea necesario.

7. Habida cuenta el carácter de las actividades y el tamaño de la empresa, los Estados miembros podrán definir las categorías de empresas en las cuales el empresario, si tiene las capacidades necesarias, podrá asumir personalmente las funciones previstas en el apartado 1.

8. Los Estados miembros definirán las capacidades y aptitudes necesarias contempladas en el apartado 5. Podrán definir el número suficiente a que hace referencia el apartado 5.

Artículo 8

Primeros auxilios, lucha contra incendios, evacuación de lós trabajadores, riesgo grave e inminente

1. El empresario deberá:

— adoptar, en materia de primeros auxilios, lucha contra incendios y evacuación de los trabajadores, las medidas necesarias, adaptadas al tamaño y al carácter de las actividades de la empresa y / o el establecimiento y habida cuenta que otras personas pueden encontrarse presentes, y

— organizar las relaciones necesarias con los servicios exteriores, em particular en materia de primeros auxilios, de asistencia médica de urgencia, salvamento y lucha contra incendios.

2. En virtud del apartado 1, el empresario deberá, en particular, designar a los trabajadores encargados de poner en práctica los primeros auxilios, la lucha contra incendios y la evacuación de los trabajadores. Dichos trabajadores deberán poseer la formación conveniente, ser suficientemente numerosos y disponer del material adecuado, teniendo encuenta el tamaño y / o los riesgos específicos de la empresa y / o del establecimiento.

3. El empresario deberá:

a) informar lo antes posible a todos los trabajadores que estén o puedan estar expuestos a riesgos de peligro grave e inminente de dicho riesgo y de las disposiciones adoptadas o que deberán adoptarse en materia de protección;

b) adoptar las medidas y dar las instrucciones que, en caso de peligro grave, inminente y que no pueda evitarse, permitan a los trabajadores interrumpir su actividad y / o ponerse a salvo abandonando inmediatamente el lugar de trabajo;

c) salvo excepción debidamente justificada, abstenerse de despedir a lós trabajadores que reanuden su actividad en una situación laboral en que persista un peligro grave e inminente.

4. Un trabajador que, en caso de peligro grave, inminente y que no pueda evitarse, se aleje de su puesto de trabajo y / o de una zona peligrosa, no podrá sufrir por ello perjuicio alguno y deberá estar protegido contra cualesquiera consecuencias perjudiciales e injustificadas, de conformidad con las legislaciones y / o los usos nacionales.

5. En caso de peligro grave e inminente para su propia seguridad y /o la de otras personas, el empresario hará lo necesario para que todo trabajador que no pudiere ponerse en contacto con su superior jerárquico competente, y habida cuenta sus conocimientos y medios técnicos, esté en condiciones de adoptar las medidas necesarias para evitar las consecuencias de dicho peligro.

Su actuación no le causará perjuicio alguno, a menos que hubiere obrado de forma inconsiderada o cometido una negligencia grave.

Artículo 9

Obligaciones varias de los empresarios

1. El empresario deberá:

a) disponer de una evaluación de los riesgos para la seguridad y la salud en el trabajo, incluidos los que se refieren a los grupos de trabajadores con riesgos expeciales;

b) determinar las medidas de protección que deberán adoptarse y, si fuere necesario, el material de protección que haya de utilizarse;

c) elaborar una lista de los accidentes de trabajo que hayan causado al trabajador una incapacidad laboral superior a tres días de trabajo;

d) redactar informes, destinados a las autoridades competentes y de conformidad con las legislaciones y / o los usos nacionales sobre los accidentes laborales de que son víctimas sus trabajadores.

2. Habida cuenta el carácter de las actividades y el tamaño de lãs empresas, los Estados miembros definirán las obligaciones que deberán cumplir las diferentes categorías de empresas, relativas a la elaboración de los documentos previstos en las letras a) y b) del apartado 1 y en el momento de elaborar los documentos previstos en las letras c) y d) del apartado 1.

Artículo 10

Información de los trabajadores

1. El empresario adoptará las medidas adecuadas para que los trabajadores y / o sus representantes en la empresa y / o el establecimiento reciban, de conformidad con las legislaciones y / o los usos nacionales que pueden tener en cuenta en particular el tamaño de la empresa y / o del establecimiento, todas las informaciones necesarias correspondientes a:

a) los riesgos para la seguridad y la salud, así como las medidas y actividades de protección o de prevención que afecten tanto a la empresa y / o al establecimiento en general como a cada tipo de puesto de trabajo y / o de función;

b) las medidas adoptadas de conformidad con el apartado 2 del artículo 8.

2. El empresario adoptará las medidas adecuadas para que los empresarios de los trabajadores de las empresas y / o establecimientos exteriores que intervengan en su empresa o establecimiento reciban, de conformidad con las legislaciones y / o los usos nacionales, lãs informaciones adecuadas relativas a los puntos considerados en las letras a) y b) del apartado 1, destinados a los trabajadores en cuestión.

3. El empresario adoptará las medidas apropiadas para que los trabajadores que desempeñen una función específica en la protección de la seguridad y de la salud de los trabajadores, o los representantes de lós trabajadores que tengan una función específica en materia de protección de la seguridad y de la salud de los trabajadores, tengan acceso, para el cumplimiento de sus funciones y de conformidad con las legislaciones y / o los usos nacionales:

a) a la evaluación de los riesgos y las medidas de protección previstos en las letras a) y b) del apartado 1 del artículo 9;

b) a la lista y los informes previstos en las letras c) y d) del apartado 1del artículo 9;

c) a la información procedente tanto de las actividades de protección y de prevención, así como de los servicios de inspección y organismos competentes para la seguridad y la salud.

Artículo 11

Consulta y participación de los trabajadores

1. Los empresarios consultarán a los trabajadores y / o a sus representantes y permitirán su participación en el marco de todas las cuestiones que afecten a la seguridad y a la salud en el trabajo.

Ello implica:

— la consulta de los trabajadores;

— el derecho de los trabajadores y / o de sus representantes a formular propuestas;

— la participación equilibrada de conformidad con las legislaciones y /o los usos nacionales.

2. Los trabajadores o los representantes de los trabajadores que tengan una función específica en materia de protección de la seguridad y de la salud de los trabajadores, participarán de forma equilibrada, de conformidad con las legislaciones y / o los usos nacionales, o serán consultados previamente y a su debido tiempo por el empresario sobre:

a) cualquier acción que pueda tener efectos sustanciales sobre la seguridad y la salud;

b) la designación de los trabajadores prevista en el apartado 1 del artículo 7 y en el apartado 2 del artículo 8, así como sobre lãs actividades previstas en el apartado 1 del artículo 7;

c) las informaciones previstas en el apartado 1 del artículo 9 y en el artículo 10;

d) el recurso, previsto en el apartado 3 del artículo 7, en su caso, a competencias (personas o servicios) ajenas a la empresa y / o al establecimiento;

e) la concepción y la organización de la formación prevista en el artículo 12.

3. Los representantes de los trabajadores que tengan una función específica en materia de protección de la seguridad y de la salud de los trabajadores tendrán derecho a solicitar del empresario que tome lãs medidas adecuadas y a presentarle propuestas en ese sentido para paliar cualquier riesgo para los trabajadores y / o eliminar las fuentes de riesgo.

4. Los trabajadores a que se hace referencia en el apartado 2 y lós representantes de los trabajadores contemplados en los apartados 2 y 3 no podrán sufrir perjuicios a causa de sus respectivas actividades contempladas en los apartados 2 y 3.

5. El empresario tendrá que conceder a los representantes de lós trabajadores con una función específica en materia de protección de la seguridad y de la salud de los trabajadores una dispensa laboral suficiente sin pérdida de salario y poner a su disposición los medios necesarios para que dichos representantes puedan ejercer los derechos y lãs funciones resultantes de la presente Directiva.

6. Los trabajadores y / o sus representantes tendrán el derecho de recurrir, de conformidad con las legislaciones y / o los usos nacionales, a la autoridad competente en materia de seguridad y de salud en el trabajo, si consideran que las medidas adoptadas y los medios utilizados por el empresario no son suficientes para garantizar la seguridad y la salud en el trabajo. Los representantes de los trabajadores deberán tener la posibilidad de presentar sus observaciones durante las visitas y verificaciones efectuadas por la autoridad competente.

Artículo 12

Formación de los trabajadores

1. El empresario deberá garantizar que cada trabajador reciba uma formación a la vez suficiente y adecuada en materia de seguridad y de salud y, en particular en forma de informaciones e instrucciones, con motivo de:

— su contratación,

— una mutación o cambio de función,

— la introducción o cambio de un equipo de trabajo,

— la introducción de una nueva tecnología, y específicamente centrada en su puesto de trabajo o en su función.

Dicha formación deberá:

— adaptarse a la evolución de los riesgos y a la aparición de nuevos riesgos, y

— repetirse periódicamente si fuera necesario.

2. El empresario deberá garantizar que los trabajadores de las empresas exteriores que intervengan en su empresa o establecimiento ha yan recibido las instrucciones pertinentes en lo que respecta a los riesgos para la seguridad y la salud durante su actividad en su empresa y / o establecimiento.

3. Los representantes de los trabajadores, que tengan una función especifica en la protección de la seguridad y de la salud de los trabajadores, tendrán derecho a una formación adecuada.

4. La formación prevista en los apartados 1 y 3 no podrá correr a cargo de los trabajadores o de los representantes de los trabajadores. La formación prevista en el apartado 1 deberá impartirse durante el tiempo de trabajo. La formación prevista en el apartado 3 deberá impartirse durante el tiempo de trabajo o de conformidad con los usos nacionales, y sea dentro o fuera de la empresa y / o del establecimiento.

SECCIÓN III

OBLIGACIONES DE LOS TRABAJADORES

Artículo 13

1. Competerá a cada trabajador velar, según sus posibilidades, por suseguridad y su salud, así como por las de las demás personas afectadas, a causa de sus actos u omisiones en el trabajo, de conformidad con suformación y las instrucciones de su empresario.

2. A fin de realizar dichos objetivos, los trabajadores con arreglo a suformación y a las instrucciones de su empresario, deberán en particular:

a) utilizar correctamente las máquinas, aparatos, herramientas, sustancias peligrosas, equipos de transporte y otros medios;

b) utilizar correctamente el equipo de protección individual puesto a sudisposición y, después de su utilización, colocarlo en su sitio;

c) no poner fuera de funcionamiento, ni cambiar o desplazar arbitrariamente los correspondientes dispositivos de seguridad de las máquinas, aparatos, herramientas, instalaciones y edificios, y utilizar tales dispositivos de seguridad correctamente;

d) indicar inmediatamente al empresario y / o a los trabajadores que tengan una función específica en materia de protección de la seguridad y de la salud de los trabajadores, toda situación laboral que, por un motivo razonable, consideren que entraña un peligro grave e inminente para la seguridad y la salud, así como todo defecto que se haya comprobado en los sistemas de protección;

e) contribuir, de conformidad con los usos nacionales y durante el tiempo que fuere necesario, junto con el empresario y / o los trabajadores que tengan una función especifica en materia de protección de la seguridad y de la salud de los trabajadores, a que puedan cumplirse todas las tareas o exigencias impuestas por la autoridad competente con el fin de proteger la seguridad y la salud de los trabajadores en el trabajo;

f) contribuir, de conformidad con los usos nacionales y durante el tiempo que fuese necesario, junto con el empresario y / o los trabajadores que tengan una función específica en materia de protección de la seguridad y de la salud de los trabajadores, a que el empresário pueda garantizar que el medio y las condiciones de trabajo Sean seguros y no presenten riesgos para la seguridad y la salud dentro de su ámbito de actividad.

SECCIÓN IV

DISPOSICIONES VARIAS

Artículo 14

Vigilancia de la salud

1. Para garantizar la adecuada vigilancia de la salud de los trabajadores en función de los riesgos relativos a su seguridad y salud en el trabajo se fijarán medidas de conformidad con las legislaciones y / o lós usos nacionales.

2. Las medidas contempladas en el apartado 1 permitirán que cada trabajador, si así lo deseare, pueda someterse a una vigilancia de salud a intervalos regulares.

3. La vigilancia de la salud puede ser parte de un sistema nacional de sanidad.

Artículo 15

Grupos expuestos a riesgos Los grupos expuestos a riesgos especialmente sensibles deberán ser protegidos contra los peligros que les afecten de manera específica.

Artículo 16

Directivas específicas — Modificaciones — Alcance general de la presente Directiva

1. A propuesta de la Comisión basada en el artículo 118 A del Tratado, el Consejo adoptará directivas específicas relativas, entre otras cosas, a los ámbitos que se mencionan en el Anexo.

2. La presente Directiva y, sin perjuicio del procedimiento mencionado en el artículo 17 en lo referente a las adaptaciones técnicas, lãs directivas específicas podrán ser modificadas de conformidad con el procedimiento previsto en el artículo 118 A del Tratado.

3. Las disposiciones de la presente Directiva se aplicarán plenamente al conjunto de los ámbitos cubiertos por las directivas especificas, sin perjuicio de las disposiciones más rigurosas y / o específicas contenidas en dichas directivas específicas.

Artículo 17

Procedimiento de Comité

1. La Comisión estará asistida por un Comité para introducir adaptaciones de carácter estrictamente técnico en las Directivas específicas previstas en el artículo 16, apartado 1, en función:

a) de la adopción de Directivas en materia de armonización técnica y de normalización;

b) del progreso técnico, de la evolución de las normativas o especificaciones internacionales y de los nuevos conocimientos. Estas medidas, destinadas a modificar elementos no esenciales de lãs Directivas específicas, se adoptarán con arreglo al procedimiento de reglamentación con control contemplado en el apartado 2. Por imperiosas razones de urgencia, la Comisión podrá recurrir al procedimiento de urgencia contemplado en el apartado 3

2. En los casos en que se haga referencia al presente apartado, serán de aplicación el artículo 5 bis, apartados 1 a 4, y el artículo 7 de la Decisión 1999/468/CE, observando lo dispuesto en su artículo 8.

3. En los casos en que se haga referencia al presente apartado, serán de aplicación el artículo 5 bis, apartados 1, 2, 4 y 6, y el artículo 7 de la Decisión 1999/468/CE observando lo dispuesto en su artículo 8.

Artículo 17 bis

Informes de aplicación

1. Cada cinco años, los Estados miembros presentarán un único informe a la Comisión sobre la aplicación práctica de la presente Directiva, así como de las Directivas específicas a tenor de lo dispuesto en el artículo 16, apartado 1, que recogerá los puntos de vista de los interlocutores sociales. El informe incluirá una evaluación de los diversos aspectos relacionados con la aplicación práctica de las diferentes Directivas y suministrará datos desglosados por género, cuando se disponga de los mismos y resulte procedente.

2. La Comisión establecerá la estructura del informe, así como um cuestionario que especifique el contenido del mismo, en cooperación con el Comité consultivo para la seguridad y la salud en el trabajo. El informe constará de una parte general que cubrirá las disposiciones de la presente Directiva relacionadas con los principios y aspectos comunes aplicables a todas las Directivas contempladas en el apartado 1. La parte general se complementará con capítulos específicos sobre la aplicación de cada uno de los aspectos particulares de cada Directiva, e incluirá indicadores específicos, cuando se disponga de los mismos.

3. La Comisión facilitará a los Estados miembros la estructura del informe, junto con el cuestionario mencionado anteriormente, a más tardar seis meses antes de que finalice el período que abarque dicho informe. El informe se remitirá a la Comisión en el plazo de 12 meses a partir de la finalización del período de cinco años que abarque dicho informe.

4. Sobre la base de estos informes, la Comisión llevará a cabo uma evaluación global de la aplicación de las Directivas en cuestión, habida cuenta, en particular, de su pertinencia, las investigaciones y los nuevos conocimientos científicos en los distintos ámbitos. La Comisión informará, en el plazo de 36 meses a partir de la finalización del período de cinco años, al Parlamento Europeo, al Consejo, al Comité Económico y Social Europeo y al Comité consultivo para la seguridad y la salud en el trabajo, acerca de los resultados de esta evaluación y, si procede, de toda iniciativa destinada a mejorar el funcionamiento del marco reglamentario.

5. El primer informe abarcará el período que va de 2007 a 2012, inclusive.

Artículo 18

Disposiciones finales

1. Los Estados miembros pondrán en vigor las disposiciones legales, reglamentarias y administrativas necesarias para dar cumplimiento a ló dispuesto en la presente Directiva, a más tardar el 31 de diciembre de 1992. Informarán de ello inmediatamente a la Comisión.

2. Los Estados miembros comunicarán a la Comisión el texto de lãs disposiciones de Derecho interno ya adoptadas o que adopten en el ámbito regulado por la presente Directiva.

Artículo 19

Los destinatarios de la presente Directiva son los Estados miembros.